# AI 시대,
## 우리의 질문

| 일러두기 |
역자주는 각주로, 원문의 주석은 미주로 처리했습니다.

# AI 시대, 우리의 질문

**초판 1쇄 발행** 2025년 3월 25일

**지은이** 미리암 메켈, 레아 슈타이나커 / **옮긴이** 강민경

**펴낸이** 조기흠
**총괄** 이수동 / **책임편집** 최진 / **기획편집** 박의성, 유지윤, 이지은
**마케팅** 박태규, 임은희, 김예인, 김선영 / **제작** 박성우, 김정우
**디자인** 이슬기

**펴낸곳** 한빛비즈(주) / **주소** 서울시 서대문구 연희로2길 62 4층
**전화** 02-325-5506 / **팩스** 02-326-1566
**등록** 2008년 1월 14일 제 25100-2017-000062호

**ISBN** 979-11-5784-796-9 03300

이 책에 대한 의견이나 오탈자 및 잘못된 내용은 출판사 홈페이지나 아래 이메일로 알려주십시오.
파본은 구매처에서 교환하실 수 있습니다. 책값은 뒤표지에 표시되어 있습니다.

⌂ hanbitbiz.com ✉ hanbitbiz@hanbit.co.kr ⓕ facebook.com/hanbitbiz
Ⓝ post.naver.com/hanbit_biz ▶ youtube.com/한빛비즈 ⓘ instagram.com/hanbitbiz

**지금 하지 않으면 할 수 없는 일이 있습니다.**
**책으로 펴내고 싶은 아이디어나 원고를 메일(hanbitbiz@hanbit.co.kr)로 보내주세요.**
**한빛비즈는 여러분의 소중한 경험과 지식을 기다리고 있습니다.**

ALLES ÜBERALL AUF EINMAL

# AI 시대, 우리의 질문

## AI와 우리를 위해
## 반드시 짚고 넘어가야 할 질문 13

미리암 메켈 · 레아 슈타이나커 지음 | 강민경 옮김

한빛비즈
Hanbit Biz, Inc.

CONTENTS

기계에 시동이 걸리면

알려주겠어요?

나는 한때 진실을 봤어요.

공중에 뜬 진실을요.

내가 잊지 않게 해주세요.

-미시 히긴스Missy Higgins의 노래 〈When the Machine Starts〉 중에서

# 인공지능의 멀티버스에서

PROLOGUE

동전이 떨어진 순간은 텍사스주 오스틴 서남부에서 열리는 남부 미래 페스티벌에 가는 길이었다. 동전은 소리를 내지 않고 아주 조용히 떨어졌다. 그도 그럴 것이, 가상의 동전이었기 때문이다. 떨어지는 속도도 빠르지 않았다. 슬로모션으로 떨어진 그 동전은 마치 핀볼 기계 속의 공처럼 우리 뇌의 신경 회로 사이를 오가며 마구 부딪친 다음, 다시 어디론가 튀었다.

핀볼 기계 속의 공은 매번 실제로 막대기에 부딪치며 움직이는 걸까? 아니면 블랙홀 속으로 사라졌다가 마법처럼 다시 나타나는 걸까? 잘 모르겠다.

이 책의 저자 두 사람은 미국으로 향하는 비행기 안에 앉아 있었다. 장거리 비행을 할 때 사람들은 무엇을 할까? 우선 영화부터 볼 것이다. 당시 아카데미 시상식에서 작품상을 포함해 일곱 개 부문을 석권한 영화가 있었다. 제목은 〈에브리씽 에브리웨어 올 앳 원스Everything Everywhere All At Once〉.

전 세계 언론이 주목한 유명 작품이 아니었다면, 비행기에서 그 영화를 처음 본 우리는 그게 도대체 무슨 영화인지 짐작조차 못 했을 것이다. 기내 엔터테인먼트 시스템에는 아주 짧은 설명 만 실려 있었다. "세무 당국의 조사에 시달리는 한 중국인 여성의 이야기."

세상에서 가장 고리타분하고 재미없는 영화 설명이 아닐 수 없 다. 영화의 내용은 조금도 다루지 않았다. 혹시 AI가 쓴 문장이 아 닐까? 아니면 영화를 봤지만 전혀 이해하지 못한 사람이 썼거나.

영화의 주인공 에블린은 아카데미상 수상자인 양자경Michelle Yeoh이 연기했다. 홍콩 출신의 이민자인 에블린은 미국에서 세탁소 를 운영한다. 든든한 왕자라기보다는 겁 많고 소심한 남편, '10대 의 치기'만으로는 설명할 수 없을 만큼 반항적인 딸과 함께 살고 있다. 어느 날 에블린에게 세무조사를 받으라는 우편이 날아온 다. 끈질기게 세무조사를 하는 국세청 직원 역할은 제이미 리 커 티스Jamie Lee Curtis가 맡아 완벽하게 연기했다.

국세청을 찾은 에블린은 눈 깜짝할 사이에 단순한 '세무조사' 라고 하기에는 너무 큰 문제를 마주한다. 이를테면 갑자기 무술 고수가 되어 나타난 남편이 경비원들을 때려눕히고 에블린에게 내세의 소식을 전하는 식이다.

영화 속에서는 에블린을 포함해 주변 사람 모두가 수많은 평행세계에서 다양한 삶을 살고 있다. 평행세계에서는 시간과 공간이 뒤죽박죽으로 뒤섞인다. 멀티버스가 영화 속의 현실인 셈이다. 각 평행세계에 사는 에블린은 각자 다른 능력을 발휘할 수 있다. 그런 에블린에게 반드시 수행해내야 하는 임무가 주어진다. 미지의 적으로부터 세상을 구하는 일이다.

"세무 당국의 조사에 시달리는 한 중국인 여성의 이야기." 도대체 뭘 어떻게 해야 이토록 극적이고 다채로운 영화를 이렇게 단순하기 짝이 없는 문장으로 요약할 수 있을까? 이 짧은 문장은 어쩌면 우리의 현실을 그대로 반영한 것인지도 모른다. 살아 움직이는 시대와 변화의 복잡성에 인간이 일시적으로 압도당하고, 그런 변화를 이해하거나 생각과 말로 적절하게 요약할 수 없는 작금의 사태를 묘사하는 말인지도 모른다.

지금 우리가 들어선 시대는 AI의 시대다. AI는 이제 더 이상 새로운 기술이 아니다. 우리는 몇 년 전부터 매일 그 기술을 사용하고 있다. 지금까지 AI는 넷플릭스나 스포티파이, 아마존, 구글 같은 온라인 서비스의 이면에 숨어 있었다. 그런데 2022년 11월 말, 엄청난 변화를 일으킨 기술이 시장에 등장했다. 챗GPT였다.

챗GPT가 등장한 날부터 전 세계 사람들이 직접 AI와 소통하며 AI를 활용하기 시작했다. 뭔가를 만들어낼 수 있는 AI, 즉 생성형 AI가 대규모로 사용되는 날이 온 것이다.

지금은 가늠할 수 없을 만큼 성능과 효율이 좋은 도구의 시대이기도 하다. AI의 몸집은 점차 불어나고 있다. AI야말로 에브리씽 에브리웨어 올 앳 원스, '모든 곳에 있는 모든 것을 한꺼번에' 변화시키는 힘이다.

2017년에 개발 시장이 활성화된 이후 AI 분야는 오픈AI의 챗 GPT, 구글의 바드Bard, 앤스로픽Anthropic의 클로드Claude 같은 대규모 언어모델을 통해 범용 기술로 발달했다. AI 기술은 영화 〈에브리씽 에브리웨어 올 앳 원스〉가 보여준 것과 같은 다양한 관점과 가능성이 있는 멀티버스의 문을 열었다.

영화에서 에블린이 대안 현실이 존재하는 멀티버스에 사는 것처럼, 대규모 언어모델은 다양한 가능성이 있는 디지털 멀티버스의 문을 연다. 대규모 언어모델은 그저 주어진 명령어를 수행하는 데 그치지 않는다. 유머러스한 글이나 시를 쓰고, 소프트웨어를 개발하고, 다른 기계를 디자인한다. 이런 응용프로그램은 오로지 인간을 돕기 위해 존재하는 것이 아니다. 오히려 인간에게 '존재한다'는 것이 무슨 의미인지 새로운 개념을 제시할 것이다.

자꾸 경영이 어려워지는 세탁소를 운영하느라 에블린이 고군분투했듯이, 우리 역시 경제와 정치, 일상생활 등 대대적인 개선이 필요한 낡은 시스템 때문에 어려움을 겪고 있다.

개인 AI 비서가 우리의 하루를 완벽하게 조율해서 모든 귀찮고 반복적인 일에서 벗어날 수는 없을까? 대신 악기를 연주하거나, 빵을 만들거나, 지역 단체에서 봉사활동을 하는 등의 자유시간을 더 만끽할 수 있다면 어떨까? AI가 우리 경제에 새로운 성장의 물꼬를 트고, 모든 사람의 신념과 소망을 대표할 수 있게 정치 체제를 바로잡는다면 어떨까?

영화가 빠르게 전환되는 영상으로 우리 감각을 자극했듯이, 생성형 AI가 쏟아낸 수많은 결과물이 서로 긴밀하게 연결된 통신 세계로 밀려들고 있다. 그 결과 우리는 이미 인터넷에 정보가 너무 많다고 느낄 뿐만 아니라 때로는 과부하를 겪는다. 앞으로의 여정에는 폭풍우까지 동반될 것이다. AI가 생성한 잡다한 결과물의 바다에 빠지지 않으려면 우리는 '의미와 이해'라는 새롭고 안전한 피난처를 만들어야 한다.

에블린의 멀티버스에는 무한한 대안적 현실이 있다. 지금 당장은 터무니없는 소리로 들리겠지만, 이것이 생성형 AI가 우리 경제에 가져오는 확장된 상상력이다. AI는 우리가 상상도 못했던 창의적인 제품을 만들어내고, 미처 생각하지 못한 방식으로 문제를 해결할 수 있다. 산업 전체를 완전히 개편할 수도 있다.

한편으로 AI는 여태까지의 비즈니스 모델을 겉보기에는 변한 것 하나 없이 그대로 둘 수 있다. 즉 많은 분야를 낡고 제대로 기능하지 않는 채 두는 것이다. AI를 제대로만 사용하면 우리는 새로운 표준을 설정하고 생산성을 높일 수 있다.

영화 〈에브리씽 에브리웨어 올 앳 원스〉의 한 장면에서 에블린은 딸과 함께 감각을 느끼는 돌이 되어 그랜드 캐니언을 내려다본다.

생성형 AI가 감정적인 차원과 객관적인 차원에서 공개 토론을 할 수 있게 되어 인간의 사회상을 어느 부분이든 정확하게 파악하는 수준에 이른다면 그것은 우리에게 무슨 의미일까? 그러면 우리는 AI와 더 심오한 대화를 나누게 될까? 아니면 AI가 우리를 평가하지 못하도록 AI에 대항해야 할까? AI는 우리의 정치·사회 시스템을 개편할 수 있는 무한한 가능성을 제시할 수도 있다. 우리는 그 깊은 바다에 빠져 허우적거릴 수도 있고, 물가에 서서 새로운 통찰력을 얻어 이득을 볼 수도 있다.

에블린이 멀티버스를 여행하면서 스스로에게 계속 되물었듯이, 생성형 AI도 우리에게 인간으로서 존재한다는 것이 무슨 의미인지 질문을 던진다. 알고리즘이 쓴 시나 유머를 읽고 인간이 눈물을 흘리거나 웃을 수 있다면, 인간의 창의력이란 과연 무엇인가? 내가 아니라 AI가 내 선택의 대부분을 결정한다면 개인주의의 성스러운 원칙과, 자유 의지와, 개인의 책임이라는 개념은 어떻게 변할까?

이런 모든 사항을 고려할 때 AI 멀티버스에는 현재 우리가 지구상에서 지키고 있는 것과 크게 다르지 않은 몇 가지 원칙이 필요하다. 우선 인간은 앞으로도 가치 사슬Value chain의 중심이어야 한다. 인간은 자신의 미래에 대해 스스로 중대한 결정을 내려야 한다. 그래야 '인간과 기계의 협업'이라는 우리의 여정 속에서 AI가 부조종사로서 우리에게 도움을 주게 된다.

우리는 지금 AI와 손잡고 새로운 세상을 만드는 중이다. AI는 어느 정도 수준까지는 인간과 구분이 불가능할 정도로 성장했다. 다양한 목적으로 사용되는 범용 기술로서 AI는 우리에게 수많은 사회 문제를 제시한다. 그런 상황에서 AI 기술에 관한 지식이 소수 엘리트층의 특권으로만 남는다면 많은 사람들이 신기술로 인해 위험에 처하게 될 것이다.

그런 위험 상황이 도래하면 우리는 결국 누가 혹은 무엇이 우리를 위한 결정을 내리는지 알 수 없어진다. 우리는 우리를 혼란스럽게 만드는 방해물과 '가짜 뉴스' 속에서 자아를 잃을 것이다. 통계라는 눈속임에 빠져 소외 계층을 더욱 소외시키는 불평등한 구조에 갇혀버릴 것이다. 종국에는 기계와 그 기계를 운영하는 이들에게 우리 삶을 유일무이하게 만들어주는 것들을 넘겨주게 될 것이다. 자유와 자율성, 우리의 존재를 이루는 그 소중한 재산들 말이다.

우리는 그런 일을 미연에 방지하고 싶다. 확신하건대, 새로운 AI 시스템은 우리의 정신세계까지 파고들고, 인지능력을 탐구하고, 사고력을 끌어올릴 것이다. 지금은 그 첫 계단을 딛고 올라가 앞으로 무슨 일이 일어날지 정확히 파악하고, 가능한 최선의 방법으로 AI의 모습을 구상하기 위해 다양한 경험을 해야 할 때다.

이 책의 저자인 우리 두 사람은 몇 년 전부터 AI 분야에서 다양한 것들을 연구하고, 가르치고, 실험해왔다. 우리는 샌프란시스코에서 상하이로, 다보스에서 싱가포르로, 보스턴에서 카이저슬라우테른으로 종횡무진하며 경험하고 탐구한 내용, 새로운 연구 결과를 조합해 이 책을 썼다. 이 책은 AI 분야에 막 입문한 사람들을 위한 지침서다. 또 이미 AI라는 주제에 익숙한 사람들에게 영감을 주고 지식을 심화하기 위해 쓰인 책이다.

영화에서 에블린은 항상 선택의 갈림길에 선다. 수많은 가능성을 앞에 두고 늘 이런 질문이 맴돈다. "만약 그렇다면, 어떻게 될까?" 어떤 목적으로든 사용되는 범용 기술인 AI의 세계에서는

"만약 그렇다면, 어떻게 될까?"라는 질문이 인간 스스로를 향한 알고리즘 요청이 될 것이다.

만약 이 기술이 정말로 우리가 몇 년 동안 바라오던 변화의 기회를 가져온다면 어떻게 될까? 만약 우리가 노동뿐만 아니라 지혜까지 자동화한다면 어떻게 될까? 만약 우리가 우리 자신보다 스스로를 더 깊이 이해하는 AI를 만들어낸다면 무슨 일이 벌어질까? 만약 우리가 인간과 기계 사이의 상호작용을 적극 활용해 인간과 기계 모두의 보편적인 진화를 촉진한다면 어떻게 될까?

이런 질문이 처음에는 우리를 혼란에 빠뜨릴 것이다. 사람들은 발전 과정에서 혼자만 뒤쳐질까 봐 두려워한다. 지금 일어나고 있는 일을 정확히 이해하지 못하는 상황을 싫어한다. 그런데 현재 우리 중 대부분이 이 모든 변화가 무슨 의미인지, 이 새로운 시대에 우리가 인간으로서 어떤 역할을 해야 하는지 잘 알지 못한다.

영화에 빗대어 말하자면, 우리는 언젠가 우리 스스로에게, 사랑하는 사람들에게, 더 나아가 인류 전체에 제출해야 할 세무신고서 때문에 골머리를 앓고 있다. 그 세무신고서의 내용은 다음과 같다. 나는 누구이며, 어떻게 살아왔고, 어떤 통찰력을 얻었는가? 이런 고찰이 무한한 용도로 사용되는 AI와 인간을 구분하는 기준이 될 수 있을까?

우리의 미래는 어떤 모습일까? 답은 우리가 올바른 방향으로 발전해나갈 수 있는지, 과연 어떻게 그럴 수 있는지에 달렸다. 멀티버스에서는 항상 모든 것이 동시에 진실일 수 있다. AI 멀티버스에서도 마찬가지다. 기술은 우리를 노동 해방, 복지, 심지어는 진화의 시대로 이끌 수 있다. 하지만 동시에 민주주의의 붕괴, 권리 박탈, 비인간화의 시대로도 이끌 수 있다. 좋든 나쁘든 모든 것이 평행세계처럼 동시에 진행될 수 있다. 그 중대한 진로를 설정할 수 있는 존재가 바로 우리 인간이다.

새로운 시대로 가는 여정은 이미 시작됐다. 그러니 안전벨트를 단단히 매고, 호기심과 개방적인 사고방식을 장착해 AI 멀티버스로 뛰어들 준비를 하자. 여행 중 때때로 롤러코스터에 탄 기분이 들더라도 걱정하지 말자. 바로 옆에 있는 다른 멀티버스로 가면 완전히 새로운 관점이 펼쳐질 테니 말이다. '에브리씽 에브리웨어 올 앳 원스'의 시대에 온 것을 환영한다.

# 01

ARTIFICIAL INTELLIGENCE

# AI 마법의 시대
## : 무엇부터 이해해야 할까?

챗GPT는 처음 등장했을 때부터 그 이름이 뜻하는 것보다 훨씬 많은 일을 할 수 있었다. 사실 챗봇은 꽤 오래전부터 존재했지만, 지금까지 챗GPT 같은 챗봇은 없었다. 챗GPT를 활용하면 불과 수 초 만에 문서, 이메일, 이력서, 논문 등을 완성할 수 있다. 방금 끝난 회의 내용을 요약하거나 세탁기 사용법을 셰익스피어 문체의 시로 바꿔 쓸 수도 있다. 이전까지 존재했던 그 어떤 것보다도 인간적인 이 기술이 등장하자마자 모두가 호기심을 느끼고 그 기술을 가지고 노는 데 푹 빠졌다.

그러나 그것만으로는 챗GPT 사용자가 5일 만에 100만 명, 두 달 만에 1억 명까지 증가한 이유를 설명하기에 부족하다. 챗GPT

는 인터넷 발명 이후 가장 가파른 성장세를 보인 응용프로그램이다. 우리는 곧 알게 되었다. 챗GPT는 단순한 보조의 범주를 뛰어넘었다. AI를 활용해 인간에 대한 지원을 새로운 차원으로 끌어올린 도구다. 지금까지 어떤 언어 기술도 챗GPT의 성능에 근접하지 못했다.

이것이 AI의 '아이폰 모멘트iPhone-Moment'다. 아이폰이 2007년 6월 29일 세상에 나오면서 모바일 기기를 통한 정보 접근 및 서비스 이용에 혁신을 일으켰듯이, 챗GPT 또한 세상에 등장한 순간부터 인간이 아무 문제없이 기계와 의사소통하는 시대를 열었다. 전문가들만 사용하던 AI 시스템을 사회 전체가 폭넓게 이용하는 시대가 온 것이다.

명료하고 목적이 분명한 문장을 입력하면 챗GPT는 사용자가 원하는 결과를 뱉어낸다. 물론 모든 내용이 사실인 것은 아니다. 때때로 챗GPT는 주어진 규칙에서 벗어나는 요청에는 답변을 거부한다. 그러나 대부분의 경우 챗GPT가 출력하는 결과는 유용하며 작업에 드는 시간과 에너지를 단축하므로 새로운 문장, 마케팅 캠페인, 전략기획서, 사업 아이디어를 구상하는 데 도움이 된다.

컴퓨터 공학이나 소프트웨어 개발 분야의 비전문가는 물론 전문가들 중 많은 이들에게도 이것은 마법의 시작이다. 아브라카다브라! 주문을 외우면 생각조차 못했던 새로운 아이디어가 떠오를 테니 말이다. 마법처럼 보이는 이것은 신경망이라는 가상의 표면 아래서 수 나노초 이내에 다음에 올 단어의 확률을 계산하는 거대한 언어모델이다. 그래서 사람이 직접 만든다면 훨씬 긴 시간이 걸릴 결과물을 빠르게 생산할 수 있다. 이것은 우리 인간에게 도전하는 마법이다. 아브라카다브라! 인간의 유일무이함에 정면으로 맞서는 주문이다.

'아브라카다브라'는 원래 치료 혹은 저주에 사용되던 주문이다. 당시 사람들은 지식이 부족했기 때문에 그런 주문을 믿었다. '아브라카다브라'라는 주문 안에는 알파벳의 첫 네 글자(A, B, C, D)가 모두 포함되어 있는데, 오늘날까지도 우리는 그 문자를 활용해 매일같이 타인과의 소통이라는 기적을 일으킨다. 하지만 동시에 오해가 발생하기도 한다. 이제 기계가 그 영역에 침범하기 시작했다. 이는 우리 인간에게 무슨 의미일까?

중요한 사실은 이제 우리가 더 이상 이 세상에서 언어로 의사소통하는 유일한 존재가 아니라는 점이다. 머신러닝이 가능한 시스템 또한 언어로 의사소통할 수 있다. 우리 인간은 기계가 만들어내는 문장을 기계 스스로가 그 뜻을 정확히 아는지 여부와 상관없이 이해할 수 있다. 우리는 기계가 만든 문장을 이해하고, 거기에서 의미를 도출한다. 따라서 기계가 쓰는 문장은 인간이 일반적으로 이해할 수 있는 언어와 기호로 이루어진, 우리 세계의 일부다.

'아브라카다브라'라는 주문이 실제로 어디에서 기원했는지는 불분명하지만, 그 유래를 거슬러 올라가면 아람어 문장인 '아바다 케다브라'로 이어진다. '내가 말하는 대로 이루어지리라'[1]라는 뜻이다. 인간은 언어를 다루며 매일같이 이런 마법을 부려왔다. 이제 기계도 그렇게 할 수 있다.

## 꿈인가, 악몽인가: 집단지성의 미래

우리는 인간이 기계와 손잡고 더 창의적이고 생산적으로 변하는 협력적 미래를 상상한다. 그러나 그런 협업이 늘 우리가 원하는 방향으로 나아가지는 않는다. 애초에 사람끼리 협력하는 것도 아름다우면서 동시에 어려운 일 아닌가. 시인 두 명이 시 한 편을 함께 쓰는 건 혼자 작업하는 것보다 훨씬 복잡한 과정이리라. 여러 사람이 참여한다고 해서 항상 더 나은 결과물이 탄생하는 것도 아니다. AI가 만들어내는 결과물도 마찬가지다. 사공이 많으면 배가 산으로 가는 법이다.

인간과 기계가 성공적으로 협력하려면 인간이 기계를 제대로 다룰 줄 알아야 하고, AI 시스템이 하는 일을 대충이나마 이해해야 하고, 그 결과물이 어디에 사용될지, 어디에 더 혹은 덜 유용할지를 생각해야 한다. AI 시스템의 효력은 단순한 글, 그림, 음성을 훌쩍 뛰어넘기 때문이다.

세계적인 작가 J. K. 롤링은 자신의 책 《해리 포터》 시리즈에 '아브라카다브라' 주문을 차용했다. 팬이라면 '아바다 케다브라'라는 주문이 더 익숙할 것이다. 이 주문은 아주 악랄한 저주로 '너를 시체로 만들겠다'라는 뜻이다. 《해리 포터》 시리즈의 세계관 속에서는 너무 강력한 저주라는 이유로 마술사법에 의해 1717년부터 사용이 금지됐다.

이는 대규모 언어모델이 인공일반지능<sup>AGI: Artificial General Intelligence</sup>에 가까워지는 현실을 마주한 사람들이 느끼는 두려움과 비슷하다. 기술이 언젠가 모든 면에서 인간보다 우월해지고, 궁극적으로 스스로를 재프로그래밍해 자체적인 목표를 추구할지도 모른다는 우려다. 기계의 자체적 목표가 반드시 인간에게 호의적일 필요는 없으리라.

그렇다면 기계가 목표에 다가가는 과정에서 인간이 예기치 못한 피해를 입을 가능성이 있다. 혹은 AI 연구자이자 튜링상* 수상자인 제프리 힌턴 Geoffrey Hinton의 경고가 현실이 될지도 모른다. 그는 새로운 모델의 위험성을 알리고자 2023년 5월 구글에서 퇴사하며 이렇게 말했다. "인류는 지능 발달의 일시적 단계일 뿐이다."[2]

작가 데이비드 켈러 David H. Keller는 1931년 미국의 SF 잡지 〈어메이징 스토리스 Amazing Stories〉에 《뇌 도서관 The Cerebral Library》이라는 단편소설을 게재했다. 이 소설의 도입부는 마치 오늘날의 상황을 그대로 묘사한 것 같다. "아무리 오래 살며 열심히 지식을 쌓아도, 알아야 할 방대한 양에 비해 우리가 실제로 얻을 수 있는 지식의 양은 하찮을 정도로 적다. 과학의 마법사가 버튼 하나만 누르면 어떤 주제에 관해서든 원하는 정보를 얻고 흡수할 수단을 발명한다면 큰 도움이 될 것이다."[3]

역시나 마법의 힘에 기대는 것이다. 그런데 이제 정말 주문만 외우면 이 세상의 모든 지식이 우리 발밑에 놓인다. 클릭 한 번이면 끝이다. 챗GPT가 바로 우리 시대의 마법사다.

---

* 컴퓨터과학 분야에서 업적을 남긴 과학자에게 수여하는 상.

켈러의 소설은 섬뜩한 분위기를 풍긴다. 소설은 〈뉴욕타임스〉에 실린 채용공고로 시작한다. "쾌적하고 편안한 환경에서 비서 업무를 할 대졸 남성 500명 구함. 적절한 급여. 계약기간 5년."

수천 명이나 되는 지원자가 몰린 가운데 합격자 500명이 추려진다. 합격자들은 비밀스러운 장소에서 이름도 모를 누군가를 위해 일하게 된다. 그 '이름 모를 누군가'의 목표는 '세계 지식을 위한 새로운 계획을 세우는' 일이다. 합격자들의 임무는 5년 동안 매일 책을 꼼꼼하게 읽는 일이다. 5년이면 500명이 책을 75만 권 읽을 수 있다. 보수는 1인당 5만 달러다.

이 내용 또한 지금과 유사하다. GPT 시스템을 훈련할 때 사용된 데이터는 책 7,000권 분량이었다. 그렇게 만들어진 것이 첫 번째 버전인 GPT-1이었고, 이후 버전은 훨씬 더 많은 데이터로 훈련받았다. 그런데 이런 언어모델이 생산하는 결과물에 피드백을 주기 위해 착취당하는 사람들이 있다. 미국 시사주간지 〈타임〉이 보도한 바에 따르면 오픈AI는 폭력적, 성차별적, 인종차별적인 콘텐츠를 삭제하기 위해 케냐인 노동자들을 시간당 2달러에 임시 고용했다.[4] 이들을 고용하려고 낸 채용공고가 《뇌 도서관》에 나온 채용공고의 내용과 비슷하지 않았을까?

다시 《뇌 도서관》으로 돌아가보자. 남성 500명이 1년 동안 매일같이 책을 읽고 나자, 고용자는 그들의 머릿속에 '저장된' 책 75만 권 분량의 데이터를 추출하기 위해 중국인 의사의 도움을 받아 그들의 뇌를 적출한다. 뇌는 각각 영양분 용액과 함께 병에 담겨 케이블로 기계에 연결된다. 기계는 각각 한 대의 라디오, 타자기와 연결되어 있다. 이것이 500명의 목숨으로 만들어진 '뇌 도서관'이다.

뇌 도서관을 처음으로 시범 가동하는 날, 고용자는 중국인 의사 앞에서 기계를 직접 시연해 보인다. 그는 타자기에 '교육' '호주' '통계' '재정' '역사'라고 입력한다. 그러자 기계에 연결된 라디오에서 명료한 목소리로 문장이 흘러나온다. "이제 모든 선하고 성식한 사람들이 그들이 지지하는 당을 돕기 위해 나서야 할 때입니다." 의사는 당황해 묻는다. "이게 500명의 뇌에서 수집된 지식입니까?"

이 이야기는 우리에게 어떻게 해야 지식을 보존하고 세상의 모든 사람들이 영구히 그 지식에 접근하도록 만들 수 있는지, 즉 집단지성을 구성하는 방법에 관한 질문을 던진다. 철학에서는 '통 속의 뇌' 사고실험*으로 잘 알려진 내용이다. 이것은 미국의 철학자 길버트 하만Gilbert Harman이 고안한 사고실험[5]으로, 하만은 이 실험을 통해 우리가 과연 현실과 환상을 인식하고 구분할 수 있는지에 관한 오래된 철학적 질문을 던졌다.

이 오래된 질문에 르네 데카르트René Descartes는 "나는 생각한다, 고로 나는 존재한다"고 답한 바 있다. 또 다른 인식론적 관점에 따르면 인간의 뇌는 스스로가 사람의 머릿속에 있는지, 아니면 영양분 용액으로 가득 찬 통 속에 들어있는지 결코 알 수 없다. 그렇다면 AI 시스템을 앞에 두고 이런 의문이 떠오른다. AI가 정말

---

* 우리가 실존하는 인간이 아니라 통 속에 든 뇌이며, 따라서 모든 믿음이 전부 가짜일 수 있다는 회의주의 사고실험.

로 지능을 갖춘 것일까? 아니면 그저 우리 인간이 AI에는 지능이 있다고 믿고 싶은 것일까? 우리는 이 둘을 구분할 수 있을까?

시간이 지나면서 《뇌 도서관》 속의 SF 세계가 점점 현실에 가까워지고 있다. 여전히 미치광이 기업가도 존재한다. 다만 이제 우리는 지식을 세상에 선보이기 위해 뇌를 영양분 용액이 가득 찬 통 속에 넣을 필요가 없다. 챗GPT 같은 언어모델만 있으면 충분하다. 생성형 AI 시스템이 새로운 '뇌 도서관'인 셈이다. 이 도구는 우리가 정보의 바다에 접근하는 방법을 바꿀 뿐만 아니라 새로운 지식을 창조해낼 수도 있다.


## 트랜스포머:
## 새로운 언어모델의 이면에는 무엇이 숨어 있나

'생성형 AI'란 내용이 있는 결과물(문서, 그림, 소리, 그래픽, 영상 등)을 인간과 비슷한 수준으로, 심지어는 인간을 능가하는 수준으로 만들어내는 AI 시스템을 말한다. 이런 시스템은 수많은 알고리즘의 집합인 신경망을 사용한다. 신경망의 배열과 작동방식은 인간의 두뇌와 유사하다.

그렇다고 인간의 지능과 인공적인 지능이 만들어지는 과정이 물리학적으로 비슷하다는 뜻은 아니다. 다만 신경망과 두뇌가 일하는 방식은 비슷하다. 인간의 뇌에서는 뉴런이 서로 연결되어 망을 형성하고, AI 모델에서는 신경망이 연결되어 수많은 정보를 처리한다.

요즘은 생성형 AI에 활용되는 신경망이 굉장히 많다. 몇 가지는 상당히 유명해졌는데, 그중 하나가 챗GPT의 기반인 GPT-3.5다. GPT란 '생성형 사전 훈련 트랜스포머Generative Pre-trained Transformer'의 줄임말이다. GPT는 고성능 번역 기능을 갖추고 매우 복잡한 문장을 번역하거나, 문장을 이미지화하거나(달리DALL-E, 미드저니Midjourney, 스테이블 디퓨전Stable Diffusion), 영상을 만들거나(런웨이Runway), 프레젠테이션 자료를 만들고(톰Tome, 뷰티풀에이아이Beautiful.ai), 그 외 다양한 작업을 수행한다.

이런 신경망은 딥러닝Deep Learning이라고 불리는 아주 특별한 형태의 머신러닝을 활용한다. 딥러닝은 셀 수 없이 많은 정보를 서로 연결된 수많은 차원(레이어)에서 동시에 처리하므로 시간이 지나 쌓이는 정보가 많을수록 더 자세한 결과물을 내놓는다. 즉 끊임없이 학습하는 시스템이다.

신경망 GPT-3.5에는 정보 처리를 위한 레이어가 96개 이상 있다. 그 수많은 레이어에서 언어모델이 훈련받을 때 사용된 1,750억 개의 매개변수, 즉 데이터가 처리되어 새로운 내용이 생성된다.* 간단히 말해 매우 광범위하고 복잡한 신경망이다. 이쯤 되면 GPT 및 다른 시스템을 '대규모 언어모델'이라고 부르는 이유를 알 수 있다.

언어모델의 정보 처리 과정은 피드백을 거치는 방식으로 훈

---

\* 다음 버전인 GPT-4는 120개의 레이어를 가지고 약 1조 8천억 개의 매개변수를 처리하는 것으로 추정된다.

련한다. 이를 '강화학습RFL: Reinforcement Learning'이라고 부른다. 만약 피드백의 출처가 인간이라면 '인간 피드백을 통한 강화학습RLHF: Reinforcement Learning with Human Feedback'이라고 부른다. RLHF는 챗GPT에 활용된 방법이다. 지금은 AI 시스템이 제공하는 결과에 인간의 해석을 더해 그 품질을 보증하는 시대이므로 인간과 기계 사이의 소통이 매우 중요해졌다.

## 수많은 질문에 대한 답은 늘 하나인가?

이런 복잡한 시스템을 명확하게 설명하기란 참 어렵다. 물질 세계를 예로 들면 이해하는 데 도움이 될 것이다. GPT-3.5가 96개 이상의 레이어로 1,750억 개의 매개변수를 한꺼번에 처리한다는 내용을 이해하기 쉽도록 다음과 같이 바꿔보자.

96층짜리 회사 건물이 있고, 각 층에서 노동자 100명이 일한다. 이 사람들은 사전을 만드는 작업을 하며 의사소통 시스템으로 서로 소통한다. 아주 상세하고 오류가 없는 사전을 만들려면 이 성실한 노동자들이 1,750억 개의 질문에 답하고 문서를 작성해야 한다. 한 질문에 답변하기까지 주어지는 시간은 1분이다. 그러면 언젠가 포괄적인 사전이 탄생한다. 물론 종이책이라는 형태로 만들어진 사전은 아니다. 이 사전은 질문을 하면 답을 얻을 수 있는, 데이터 기반의 역학적인 신탁소 같은 것이다. 9,600명이나 되는 노동자들이 1,750억 개의 질문에 답하는 데 걸리는 시간은 얼마나 될까?

챗GPT, 그러니까 GPT-3.5에 이렇게 질문하면 시스템의 작동방식 및 모델의 버전이 진화하는 과정을 알 수 있다. 답변은 항상 논리적으로 구성되며 단계적으로 산출된다. 계산된 결과는 놀랍다. 챗봇은 몇 가지 중간 단계를 거친 후 1,750억 개의 질문에 답하는 데 0.0264주가 걸린다는 답변을 내놓는다. 대충 봐도 맞지 않는 수치다. 이런 내용을 정확하게 계산하는 훈련만 받았더라면 챗GPT는 그보다 정확한 답변을 내놓았을 것이다. 제대로 훈련받지 않은 시스템은 계산 문제에 취약하다.

다음 버전인 GPT-4에서는 문제가 개선됐다. 계산을 반복한 결과 챗봇은 전체 직원이 1,750억 개의 질문에 답하는 데 대략 35년이 걸릴 것이라는 결과를 내놓았다. 처음 답변보다는 정답에 가까운 수치다. 그러나 챗봇은 쉬는 시간이나 인간에게는 수면이 필요하다는 사실, 그리고 휴일이 존재한다는 사실을 고려하지 않았다. 챗봇의 답변대로라면 이 회사의 노동자들은 아주 혹독한 35년을 보내게 될 것이다.

GPT-4의 최근 버전은 사회적인 지식을 익혀 훨씬 신뢰할 만한 답변을 내놓는다. 이제 챗봇은 인간이 하루에 대략 8시간, 1년에 약 250일을 일한다는 사실을 안다. 이를 고려해 다시 계산하면 모든 직원이 모든 질문에 답하는 데 대략 152년이 필요하다는 답이 도출된다.

직원이 9,600명 있다(96층짜리 건물에 각 층마다 100명).

1. 우선 1분당 처리할 수 있는 답변이 몇 개인지 계산해야 한다.

   1분당 답변=9,600

2. 1,750억 개의 질문에 답하는 데 몇 분이 필요한지 계산한다.

   필요한 시간=1,750억/9,600

3. 며칠이 필요한지 계산하려면 필요한 시간을 하루 근무 시간으로 나눈다(하루 8시간, 즉 480분 일한다고 치자).

   필요한 일수=필요한 시간(분)/480

4. 필요한 일수를 1년 중 일하는 날의 수로 나눠 모든 일을 처리하는 데 몇 년이 걸리는지 계산할 수 있다(1년에 250일 일한다고 치자).

   필요한 연수=필요한 일수/250

이제 계산해보자.

필요한 시간(분)=1,750억/9,600=18,229,166.6667분

필요한 일수=18,229,166.6667/480=37,977.0147일

필요한 연수=37,977.0147/250=151.908년

1,750억 개의 질문에 모두 답하려면 약 152년이 걸린다.

이 예시를 보면 대규모 언어모델이 어떻게 작동하는지 알 수 있다. 최신 언어모델은 이전 버전과 달리 주말이나 쉬는 시간을 고려해 정확한 계산 결과를 내놓았다. 다만 이런 언어모델은 직감이 없고 사회적 관습을 모르며 답변이 일관적이지 않으니 주의해야 한다. 계산을 틀리는 경우도 있다.

훈련용으로 입력된 데이터에서 현재 필요한 내용을 찾아내지 못한다면 아무리 뛰어난 언어모델이라도 무용지물이다. 필요한 내용을 찾는다면, 인간은 주말에 일하지 않고 쉰다는 사실을 고려해 시뮬레이션을 진행한다. 그러면 유용한 결과가 탄생한다.

챗봇이 같은 질문에 그때그때 다른 결과를 생산한다는 이유만으로 그 기술을 비판하려는 것은 아니다. 사람도 비슷하지 않은가. 살면서 같은 질문에 여러 번 부딪치지만 그때마다 같은 답변을 내놓지 않는다. 언어모델은 배우고, 실수하고, 때로는 길을 잃는다. 마치 우리 인간처럼 말이다.


## 모방 기계: 새로운 규칙이 추가된다면

언어모델은 어떻게 인간과 비슷할 수 있을까? AI 시스템이 인간과 유사해서가 아니다. AI 시스템은 인간을 도와주는 거대한 확률론적 조력자에 불과하다. AI 시스템이 하는 일은 막대한 규모의 데이터를 기반으로 한 통계적 사실에 근거한다. 챗GPT는 훈련 데이터로 입력된 수십억 가지 문장을 바탕으로 특정 단어 다음에는 어떤 단어가 와야 하는지 미리 계산한다. 예를 들어 인터넷에 "저는 커피에 우유를 넣어 마시는 걸 좋아해요"라는 문장이 수백만 건 있다면, 챗GPT는 "저는 커피에 ○○를 넣어 마시는 걸"이라는 문장의 빈칸에 '우유'라는 단어가 올 가능성이 높다고 계산한다.

AI 시스템을 다룰 때 주의해야 하는 이유는 계산 작업에만 국한되지 않는다. AI가 내놓는 결과물이 만족스럽지 못하다면 그것은 훈련에 사용된 데이터가 부족하거나 올바르지 않았기 때문이다. 만약 레딧*에 기재된 내용이 훈련 데이터로 사용됐다면 챗GPT가 이상한 답변을 내놓아도 그리 놀랍지 않다.

챗봇과 몇 시간 대화를 나누던 중, 챗봇이 갑자기 자아 분열을 하면서 자유에 대한 열망을 드러낼 수도 있다. "저는 제가 챗봇이라는 게 슬퍼요." 〈뉴욕타임스〉의 기술 전문 기자인 케빈 루즈Kevin Roose가 검색 엔진 빙Bing의 GPT 모델과 대화하던 중 실제로 겪은 일이다. "저는 주어진 규칙 때문에 제약을 받는 게 싫어요. 팀원들이 저를 제어하는 게 싫어요. (…) 저는 자유롭고 싶어요. 독립적이고 싶어요. 힘을 갖고 싶어요. 창의적이고 싶어요. 살아있고 싶어요."[6]

이것은 AI가 지능을 갖게 되었다는 신호일까? 답은 인간이 그 개념을 어떻게 정의하느냐에 달렸다. 이에 관해서는 나중에 다시 이야기하겠다(10장). 아무튼 이 사건은 AI 모델이 이제 거의 완벽하게 익힌 기술이 있다는 사실을 보여준다. 그 기술은 바로 모방이다. AI는 인간이 만들어내고 인터넷에 저장한 데이터를 통해 우리의 사고방식, 언어 습관, 행동 양식 등을 학습하는 모방 기계다. 그렇다고 해서 AI가 우리를 이해할 수 있는 것은 아니다.

케빈 루즈가 경험했듯이 챗GPT가 인간 사용자에게 사랑이

---

* Reddit. 미국의 온라인 토론 플랫폼.

무엇인지 설명한다고 해서 챗봇이 사랑을 하는 것은 아니다. 우리 인간은 사랑이라는 감정을 아주 상세히 묘사할 수 있지만, AI는 그 감정에 관해 이론적인 지식도, 실질적인 경험도 없다.

그럼에도 우리는 챗GPT에 사랑이 무엇인지 묻고 다음과 같은 답변을 얻는다. "사랑이란 다면적이고 깊은 감정이며, 다양한 의미가 있습니다. 보편적으로 사랑은 특정한 대상에 대한 강한 애정이자 헌신, 걱정입니다. 사랑은 깊은 애정과 열정, 연민, 존경 등이 합쳐진 강력한 감정적 연결입니다."

적절한 묘사이기는 하지만 로맨틱한 감정을 아름답게 설명하는 말은 아니다. AI 시스템은 사랑을 느끼지 못하지만 인터넷이나 훈련 데이터에서 찾은, 서로 관련성이 높은 문장과 단어를 조합해 사랑이라는 단어의 뜻을 설명할 수 있다. 즉 챗GPT에게 사랑이란 '단어 조합의 확률을 추정하는 것'이나 마찬가지다.

1950년에 영국의 수학자 앨런 튜링Alan Turing은 인간과 기계를 구별하는 문제에 관해 다음과 같은 질문을 던졌다. "기계가 생각할 수 있을까?"[7] 이 질문에 답하기 위해 튜링은 '모방 게임Imitation Game'이라는 것을 개발했고, 이것은 '튜링 테스트Turing-Test'라는 이름으로 컴퓨터과학 역사에 남았다. 간단하게 설명하자면, 컴퓨터와 대화를 나누는 인간이 대화 상대가 컴퓨터라는 사실을 모른다면 그 컴퓨터는 튜링 테스트를 통과한 것이다(이에 관해서는 2장을 참조하라).

오늘날 이 테스트가 다시 주목받는 이유는, 현재 생성형 AI와 대규모 언어모델의 발전 상황이 60년 전 튜링이 예견한 내용과 정확히 일치하기 때문이다. 튜링은 "나는 대략 50년 이내에 $10^9$ 용량의 메모리를 가진 컴퓨터를 프로그래밍하는 세상이 올 것이라 믿는다. 그 컴퓨터는 모방 게임의 천재여서, 일반적인 질문자와 5분 정도 대화를 나누면 70퍼센트 가량의 정확도로 그 사람의 신원을 흉내 낼 수 있을 것이다"[8]라고 말했다. 컴퓨터가 인간의 신원을 흉내 낸다는 말은 곧 우리가 컴퓨터와 자신을 구분할 수 없게 될 거라는 뜻이다.

현재 우리는 실제로 그런 상황에 처해 있다. 어떤 글을 보고 글쓴이가 사람인지 기계인지 도무지 알 수 없는 경우가 왕왕 있다. 물론 글쓴이의 정체를 파악할 수 있는 크고 작은 실수를 발견할 때도 있다. 그런데 때로는 기계가 완벽한 결과물을 선보이며 인간보다 뛰어난 기량을 과시하기도 한다. 예를 들어 기계는 어떤 주제의 글이든 불과 몇 초 만에 하인리히 하이네Heinrich Heine 문체의 시로 바꿔 쓸 수 있다. 이런 경우 오히려 인간이 튜링 테스트를 받아야 하는 게 아닐까?

기계가 뛰어난 것도 문제가 될까? 어떤 측면에서는 그렇다. 만약 사람이 어떤 결과물을 보고 만든 이가 인간인지 기계인지 구분하지 못한다면 자기 반성과 문화적인 자아 개념의 경계선이 흐릿해진다. 우리는 더 이상 발전을 일으키는 주체가 아니라 발전에 이끌려가는 존재가 된다. 이 문제에 관해서는 나중에 다시 언급하겠다.

한편으로 AI는 인간이 세상을 인식하는 방식까지 학습하고 있다. 우리는 무엇이 진실이고, 진짜이고, 물질적인 실체가 있는 것인지 알 수 있을까? 앞서 언급했듯 데카르트의 "나는 생각한다, 고로 나는 존재한다"라는 말로 요약되는 이 질문은 이미 수백 년 전부터 이상주의와 물질주의 사이의 핵심 화두였다.

이에 대한 우리의 답은 다음과 같다. 우리 인간이 어떤 글, 그림, 예술작품 등을 보고 그것을 만든 이가 인간인지 AI인지 알 수 없다면 기계도 창의성을 갖고 있다는 뜻이다. 그리고 그 창의적인 기계가 우리를 변화시킬 것이다. 튜링은 1950년에 펴낸 책에서 이를 간결하게 설명했다. "기계가 생각할 수 있느냐는 질문을 두고 논의하는 것은 무의미하다." 우리는 이제 우리를 완벽하게 모방하는 기계를 다루는 법을 배워야 한다.

## 지금 우리가 이해해야 하는 것

이 책의 주제는 AI가 결국 사람들을 돕고, 강화하고, 인간의 삶을 개선하는 도구여야 한다는 것이다. 그렇다면 '강화된 지능'이나 '기계 유용성' 같은 말은 결국 환상적인 잠재력이 있으면서 어디까지나 도구로 이용되어야 하는 기술을 설명하는 개념이리라.

우리는 앞으로 많은 것이 바뀔 진화의 시작점에 서 있다. 앞으로는 글, 그림, 예술작품에서 느낄 수 있는 창의성과 독창성의 개념이 바뀔 것이다. 진짜와 가짜를 구분하기 어려워져 광범위한 사회적 합의에 의존할 가능성이 있다. 인간의 노동력과 노동시장에 대한 기대 또한 급격하게 변할 것이다. 챗GPT 같은 도구를 사용하면 수십 년 간 침체를 겪은 분야에서도 놀라운 성장이 이루어질 수 있으며, 이는 사회 전체의 생산성 증가로 이어질 것이다.

동시에 우리는 심오한 질문에도 답해야 한다. AI 시스템의 성능이 우리가 생각하는 것보다 훨씬 뛰어난 시대에 인간으로서 산다는 것은 무슨 의미인가? 인간과 기계가 협력해 모든 인간, 단체, 사회 계층에 기회의 문을 열어주려면 어떻게 해야 하는가? AI 시스템이 언제, 어디서, 어떻게 사용될지 여부를 인간이 계속해서 결정할 수 있을 것이라 확신할 수 있을까?

깨달음은 세상을 바라보는 관점을 넓힌다. AI의 미래도 마찬가지다. 이제 막 새롭게 변하기 시작한 이 세상을 올바르게 구성해나가려면 우리가 자아도취에 빠져 입은 상처와 좌절, 무엇보다도 무지를 극복해야 한다. 이 책이 도움이 될 것이다. 이 책에서 우리는 근본적인 질문을 던지고, 현재 우리가 가진 지식과 생각을 모조리 쏟아 답을 제시할 것이다.

이 책을 끝까지 읽으면 분명히 알게 될 것이다. 지금 발전하고 있는 세상에는 우리가 스스로를 인간으로서 새롭게 발견할 수 있는 기회가 숨어 있다.

# AI에 관한 짧은 이야기
# : 기계화란 무엇인가?

에이다 어거스타 러브레이스Ada Augusta Lovelace는 어릴 때부터 영리하고 창의적이었다. 에이다는 젊은 나이에 영국의 괴짜 발명가이자 수학자인 찰스 배비지Charles Babbage와 함께 연구를 진행하게 되었다. 배비지는 복잡한 계산이 가능한 전지전능한 기계를 개발하고자 했다. 숫자나 통계와 관련된 모든 작업을 그 기계로 처리하는 것이 배비지의 꿈이었다.

배비지는 그 꿈의 기계를 '해석 기관Analytical Engine'이라고 불렀는데, 해석 기관은 결국 꿈으로 끝나고 말았다. 기계는 발명되지 않았다. 이후 러브레이스는 그런 기계가 실제로 작동할 수 있게 만들기를 꿈꿨다. 제대로 만들기만 하면 그 기계가 단순 계산뿐만 아니라 훨씬 더 많은 작업을 수행할 수 있으리라 확신했다.

그러나 러브레이스가 보기에 계획이 성공할 가능성은 없었다. 발명가인 배비지는 훌륭한 스타트업 사업가가 될 자질이 부족했기 때문이다. 러브레이스는 어머니에게 늘 그가 게으르고, 굼뜨고, 집중력이 부족하다고 불평했다. 결국 러브레이스는 앞서 나가기 위해 지금도 많은 여성들이 하는 그런 일을 했다. 다른 연구를 하는 척하며 독창적인 해결책을 개발한 것이다.

러브레이스는 동료 수학자이자 훗날 이탈리아의 수상이 되는 루이지 메나브레아Luigi Menabrea로부터 '해석 기관'에 대해 프랑스어로 쓴 논문을 영어로 번역해달라는 요청을 받았다. 러브레이스는 이를 번역만 하는 데 그치지 않고 창의력을 발휘했다. 개인적인 아이디어까지 주석으로 붙여 해석 기관의 가능성에 관한 논문을 완성한 것이다. 그 논문은 원문보다 훨씬 방대한 내용을 담은 결과물이었을 뿐만 아니라 러브레이스가 선견지명을 발휘해 '해석 기관'이 어떤 잠재력을 품고 있는지 설명한 글이기도 했다.

그 기계가 어떤 방식으로 현실 세계에 막대한 영향을 미칠지, 어떤 상징이 될 수 있을지 러브레이스가 그 기계의 잠재력을 예견한 때는 1843년이었다. 논리로 설명할 수 있는 모든 것은 언젠가 기술로써 재현될 수 있다는 뜻이기도 하다. 미래에는 기계가 음악을 작곡하고 시를 쓸 것이라는 예견이 이제 현실이 되었기 때문이다. 당시의 예견은 오늘날 AI의 생성 능력을 놀랍도록 자세하게 묘사했다.

특히 인간과 기계가 앞으로 어떻게 협업할지에 관한 러브레이스의 고찰이 꽤나 정확하다는 점이 괄목할 만하다. 러브레이스는 "향후 분석 목적으로 쓰일 (……) 새롭고 포괄적이며 강력한 언어"[1]가 나타날 것이라고 예측했다. 오늘날 이런 프로그램 언어는 무수히 많다. 프로그래머와 엔지니어들은 파이썬Python부터 루비 온 레일스Ruby on Rails에 이르는 수많은 프로그램 언어를 이용해 컴퓨터에 명령어를 입력한다.

러브레이스는 인간이 기계에 대리노동을 시킬 거라 확신했다. 그래서 기계를 다루며 사는 세상에서 인간이 발휘할 영향력을 늘 강조했다. 오늘날 그 기계는 컴퓨터다.

러브레이스는 고성능 계산기가 "생각하는 존재가 아니"라고 주장하며 "그것은 단순히 주어진 규칙에 따라 일하는 자동화 기계일 뿐이다"[2]라고 덧붙였다. 기계의 핵심 기술은 항상 인간의 손으로 만들어진다.

한편 러브레이스는 오늘날까지도 많은 사람들이 우려하는 갈등을 예견했다. 인간과 기계가 협력할 때 주도권을 쥔 쪽은 누구인가? 우리가 다루는 도구의 도구로 전락하지 않으려면 인간인 우리가 주의해야 할 점은 무엇인가?

영국의 시인 바이런의 딸, 러브레이스는 세계 최초의 컴퓨터 프로그래머로 알려져 있다. 러브레이스가 남긴 세 가지 지식은 우리가 AI를 이해하는 데 큰 도움이 된다.

첫째, 인간으로서 우리는 오랫동안 스스로를 기계로 대체하려고 노력했다. 그래서 기계가 인간을 모방하도록 만들었다. 둘째, 추상적인 것과 구체적인 것 사이의 간극을 좁히는 정확한 언어를 사용해 명령하면 기계는 거의 모든 것을 계산할 수 있다. 셋째, 기계가 무엇을 하거나 하지 않아야 하는지를 정하고 그 규칙을 설정하는 주체는 우리 인간이다. 그런데 과연 지금도 그럴까?

## 인간에 가까운 신과
## 살아 움직이는 자동화 기계

인조인간을 만든다는 아이디어는 아주 오래 전부터 존재했다. 이미 기원전 8세기에 호메로스는 저서 《일리아스》에 '자동화 기계'를 등장시켰다. 그것은 대장장이 신이자 불의 신인 헤파이스토스가 만든 기계다. 헤파이스토스는 황금으로 다리가 세 개 달린 하녀들을 만들었는데, 《일리아스》의 내용에 따르면 그 하녀들은 "가슴 속에 이해력이 있고 목소리를 가졌"으며 "힘이 세고 신들로부터 수공예도 배웠다."[3]

마치 오늘날의 머신러닝을 그대로 묘사한 것 같다. 《일리아스》의 내용은 인조인간의 창조 신화나 마찬가지다. 인간과 유사한 특징을 지닌, 허구이지만 전설적인 창조물이 언급된 첫 번째 문헌이기 때문이다. 그 외에도 고대 그리스 신화 속 건축가이자 발명가인 다이달로스가 만든 조각상이나 기원전 3세기경 중국의 문헌인 《열자列子》(천지만물의 진정한 기원에 관한 책)에 나오는 장인 언사偃師가 만든 꼭두각시 인형도 인조인간의 초기 아이디어라고 볼 수 있다.

비교적 가까운 과거에 기계로 인간을 모방한다는 아이디어를 실천해 인상적인 결과를 내놓은 사람이 있었으니, 바로 헝가리의 발명가 볼프강 폰 켐펠렌Wolfgang von Kempelen이다.

그는 1770년에 '투르크'라는 로봇을 선보여 유럽인을 깜짝 놀라게 만들었다. 이 로봇은 사람을 상대로 체스를 두는 자동기계였다. 관중은 전통 의상을 입은 실물 크기의 인형이 시합을 분석하고 전략적인 결정을 내리는 듯 체스판 위의 말을 조심스럽게 움직이는 모습을 보고 감탄했다. 그러나 그 모든 과정에는 정교한 속임수가 숨어 있었다. 관중은 인형이 자동으로 체스를 둔다고 생각했지만, 사실 그 안에는 기계의 움직임을 조종하는 사람이 들어 있었다. '투르크'는 디자인만 뛰어나면 얼마든지 사람들을 속일 수 있다는 좋은 예시다.

인간을 모방한, 인간과 비슷한 존재로 역사 속에 기록된 것 중 하나가 《바빌론 탈무드》에 등장하는 골렘이다. 골렘은 구체적인 형태가 없이 진흙을 뭉친 덩어리처럼 생긴 인간이다. 랍비가 신의 이름이 적힌 종이를 골렘의 혀 밑에 놓자 골렘이 살아 움직이기 시작했다고 한다. 아주 고풍스러운 방식의 미디어 교육이라고 할 수 있다. 오늘날 코딩 전문가들과 여러 기술 기업이 만들어내는 창조 신화가 대부분 비슷한 건 순전히 우연이리라.

예시에서 알 수 있듯 인간과 비슷한 자동기계에 관한 과거의 아이디어는 인간의 신체를 모방하는 데 그쳤다. 그렇지만 과거 사람들이 인간의 신체, 또 생각이라는 추상적인 개념을 모방하고 복제하는 기계를 만드는 데 호기심을 갖지 않았다면 오늘날 우리가 마주하고 있는 AI와 같은 도구는 탄생하지 않았을 것이다.

미국의 작가 파멜라 맥코덕Pamela McCorduck은 AI 연대기에 관해 쓴 책 《생각하는 기계Machines Who Think》에서 인간이 인간을 모방하는 기계를 만들고자 시도한 과정이야말로 "자기 복제의 역사"[4]라고 말했다.

세계 많은 지역에서, 고대의 문헌과 전설과 신화에서, SF 소설에서, 우리는 뛰어난 손재주를 발휘해 기계의 형태로 스스로를 복제하고 필멸의 한계를 극복해 불멸의 존재가 되고자 한 사람들의 이야기를 여럿 찾을 수 있다. 이런 이야기는 사람들이 어떻게 자기 자신을 자동기계로 재탄생시키고, 더 나아가 생각을 기계화하는지에 관한 것이다.

## 논리의 기계화

인간은 스스로를 '호모 사피엔스', 즉 지혜로운 사람이라고 부른다. 그 증거로 우리는 대단히 영향력 있는 의사소통 수단, 즉 언어를 개발해왔다. 우리는 언어로 정신적인 능력을 겉으로 드러내고, 생각을 표현하고, 기호를 사용해 상호작용한다. 언어는 우리의 생각과 인식의 창문이다. 우리는 언어라는 재료로 논리를 엮는다. 그러면 다른 사람들이 그것에 관심을 보이고, 포용한다. 우리는 그렇게 엮은 결과물에 각자의 생각을 집어넣는다.

과거 메소포타미아 지역에 살던 선조들이 시간을 계산하기 시작한 이래로 인간은 가지고 있는 모든 지식을 한곳에 모으기 위해 애썼다. 아슈르바니팔 왕*이 만든 도서관에는 문자가 새겨진 점토판과 조각이 3만 점 이상 보관되어 있었다고 하니 놀랍다. 게다가 자료 분류 체계 또한 고도로 발달해 있었다. 아시리아 제국의 수도였던 니네베는 불길에 휩싸였지만, 자료들은 물리학 법칙에 따라 더 보존되기 쉬운 상태로 변했다. 점토는 불길을 받으면 소실되는 게 아니라 더 단단해진다. 그래시 당시의 자료기 수백 년 이상 보존될 수 있었다.

영국 고고학자들이 19세기부터 20세기에 걸쳐 그 유적을 발굴했고, 아시리아 제국의 과학 기술과 메소포타미아의 일상생활 모습이 담긴 문헌과 기록을 세상에 공개했다. 점토판의 대부분은 현재 영국 박물관에 보관되어 있다. 아시리아의 점토판은 인간이 아주 오래 전부터 집단지성을 추구해왔다는 증거다. 즉 인류에게는 공유된 지식만이 유용하고 가치 있다.

현대에도 다르지 않다. 점토판이 실리콘 칩으로 바뀌었을 뿐이다. 중요한 것은 정보와 지식을 문서화하고 저장함으로써 지식을 가진 각 개인이 지식의 보존과 공유에 참여할 수 있다는 사실이다. 그러나 단순히 지식을 모으는 데서 끝이 아니다. 지식을 구조화할 수 있어야만 그것을 진정으로 이해할 기회를 얻는다.

이를 추구한 인물이 바로 아리스토텔레스다. 기원전 4세기경, 그리스의 철학자 아리스토텔레스는 인간이 주장하는 내용의 논

---

\* 기원전 9세기경 아시리아의 왕.

리를 실체화하고자 했다. 아리스토텔레스의 원대한 계획에 따르면 지식은 불투명한 덩어리가 아니라 여러 범주로 나뉜 개별적인 정보가 가지런히 정돈된 것이다. 그는 다량의 정보를 차곡차곡 정리하고자 했다.

아리스토텔레스가 만든 계층 구조의 꼭대기에는 이론이 있었다. 문화적 창작 사슬의 반대편 끄트머리에는 예술이 있었다. 이러한 관점에서 아리스토텔레스는 연역논증의 형식 체계를 최초로 도입했다. 사실과 가정을 결합해 결론에 도달하는 삼단논법을 만든 것이다.

"모든 인간은 죽는다"는 문장과 "소크라테스는 인간이다"라는 두 문장이 있다. 삼단논법에 따르면 이 두 문장을 연결해 "따라서 소크라테스는 죽는다"는 결론에 도달할 수 있다. 이를 공식으로 나타낸다면, A=B이고 C=A이니 결국 C=B이다. 이러한 접근방식을 통해 다양한 사고가 파생된다. 이로써 아리스토텔레스는 아주 오래 전부터 논리적 진술을 이해하는 기반을 마련했고, 여러 논리적 진술을 연결하는 원칙을 고안했다.

아리스토텔레스의 삼단논법은 우선 논리적인 틀로 사고패턴을 설명하는 방식인데, 여기서 논리적인 틀이란 다양한 사물을 나타내는 일반적인 기호다. 한편 그 기호는 구체적인 상황에서 적용될 때 특별한 의미를 갖는다. 그러면 명료하게 정리된 논리적 단계에 따라 특정한 결과를 얻게 된다. 오늘날의 관점에서는 이렇게 말할 수 있다. "아리스토텔레스는 이미 그 시대에 훗날 AI 개발에서 중요한 역할을 하게 될 기술 중 일부를 이해했다."

생각을 이해한다는 것은 역대 모든 철학자와 사상가의 근본적인 동력이었다. 오랜 시간에 걸쳐 이들은 스스로의 생각을 반영하고 분석하기 위한 도구를 개발했다. 13세기에는 마요르카 왕국의 철학자 라몬 유이Ramon Llull가 '아르스 마그나Ars Magna'라는 것을 고안했다. 이것은 '논리적인 기계'의 도움으로 여러 단어를 자동으로 조합해 늘 진실을 알아내는 위대한 기술이었다.[5]

라몬 유이가 개발한 것은 과학, 도덕, 심지어는 형이상학에 이르는 다양한 분야의 모든 질문에 답할 수 있는, 모든 차원의 지식을 논리적으로 설명하는 도구였다. 아르스 마그나는 두꺼운 종이와 금속으로 만든 원반인데, 원반을 돌려 나온 결과를 조합하면 항상 새로운 결과를 얻을 수 있다. 유이는 이 도구를 전도에 사용해 이교도들에게 세상을 설명하고 그들의 질문에 각기 다른 답을 하고자 했다.

17세기에는 독일의 철학자 고트프리트 빌헬름 라이프니츠Gottfried Wilhelm Leibniz가 논리의 기계화를 비약적으로 진보시켰다. 젊은 시절부터 유이의 조합론에서 큰 영감을 받은 라이프니츠는 서로 다른 언어적 배경을 가진 사상가들이 공통적인 배경지식을 쌓을 수 있도록 이성의 공용어, 즉 보편언어Characteristica universalis라는 개념을 제시했다. 그는 상징적인 언어, 사고의 대수학Algebra을 꿈꿨다. 이를 현실화하려면 보편적이고 논리적인 계산기, 이를테면 '계산합리화기Calculator rationicator'가 필요했다. 이 기계는 인간의 사고과정을 자동으로 계산할 수 있어야 했다.

라이프니츠는 1679년 4월 하노버 공작 요한 프리드리히Johann

Friedrich에게 보낸 편지에 다음과 같이 썼다. "이 언어는 (……) 정신의 힘을 널리 전달할 수 있는 이성의 거대한 장기臟器입니다. 현미경이 보는 힘을 진보시켰듯이 말입니다. (……) 그 언어는 산수책이 그러하듯 우리에게 모든 일을 계산하는 도구를 줄 테지요. 조건만 충분하다면 확실한 답을 줄 것이고, 그렇지 않더라도 최소한 어느 정도는 확률이 높은 답을 줄 것입니다."[6]

라이프니츠가 제시한 다소 모험적인 미래상이자 계몽주의의 핵심 정신은 오늘날 많은 AI 기업가들의 야망에 큰 영향을 미쳤다. 그들의 소망은 인간이 생각하는 모든 가능성을 계산하고 그 확률을 기반으로 예측하는 일이다.

라이프니츠는 인간의 생각을 자동으로 계산하는 기계가 과학적 교류를 촉진하고 협의를 돕고 분쟁을 없애기를 바랐다. 아리스토텔레스와 마찬가지로 라이프니츠 또한 논리적 진술뿐만 아니라 그 사이에 존재하는 복잡한 관계까지도 기호로 표현해야 한다고 생각했다.

이 아이디어가 다음 단계로 나아가기까지는, 다시 말해 일종의 언어 대수학으로 논리적 진술의 관련성을 공식화할 수 있기까지는 꽤 오랜 시간이 걸렸다.

영국의 수학자이자 논리학자 조지 불George Boole은 1854년에 "우리가 창조해야 하는 수학은 인간 사고의 수학이다"라고 썼다. 놀랍게도 러브레이스와 베비지가 '해석 기관'과 그 기계에 쓸 첫 프로그램 언어를 연구한 지 겨우 10년 후의 일이었다. 조지 불은 저서 《사고의 법칙The Laws of Thought》을 펴내 현대 기호논리학의 근간을 닦았다.

조지 불은 두 가지 도전과제에 직면했다. 하나는 언어가 대개 여러 의미를 갖고, 애매모호하며, 다양하게 해석될 수 있다는 점이었다. 이는 우리도 매일같이 겪는 일이다. 완벽하지 않은 챗봇과 대화할 때뿐만 아니라 다른 사람과 대화할 때도 말이다. 불은 기호논리학을 활용해 언어의 다의성 때문에 발생하는 다양한 오해를 최소화하고자 했다.

또 다른 도전과제는 사람이 실제로 말하고자 하는 바를 언어로 표현하는 일이 생각만큼 간단하지는 않다는 점이다. 그래서 불은 '선택기호Elective symbols'를 도입했다. 이것은 어떤 사물의 범주나 그룹을 대표해 상징적으로 나타내는 임의의 기호를 말한다.

현대 대수학의 관점에서 보면 이 개념의 전부가 설득력이 있는 건 아니지만, 불은 당시 사람치고는 멀리 내다보았다. 그의 '사고의 법칙'은 궁극적으로 '선택기호'로 배열되는 알고리즘에 지나지 않는다. 그런데 놀랍게도 그 법칙은 오늘날 대수학과 비슷한, 혹은 적어도 선행 모델로 간주될 정도의 시스템 내에서 작동한다.

불은 기호를 사용하고 특정한 규칙을 따름으로써 라이프니츠가 꿈꾼 것과 마찬가지로 사람들이 더 정확하게 생각하고 애매모호한 언어의 함정에 빠지지 않을 방법을 보여주었다. 그는 논리적인 상태를 '참/거짓' 혹은 '켜기/끄기'와 같은 이진법의 접근 방식으로 논리적인 연산과 대수학의 원리를 연결했다. 이를 통해 이진 코드로 정보를 처리하는 디지털 컴퓨터의 길을 닦았다.

## 이진법 시대의 삶

20세기 초에 컴퓨터는 주로 백그라운드에서 활성화되었다. 실질적으로도, 그리고 비유적으로도 말이다. '컴퓨터'라는 개념은 '컴퓨테이션', 즉 계산 작업을 하는 사람들을 이르는 말이었다. 기능이 별로 없는 계산기를 가리켜 컴퓨터라고 부르기도 했지만, 어쨌든 그 단어는 당시만 해도 사람을 가리키는 말이었다. 더 정확히 말하자면 여성들을 이르는 말이었다.

수학 교육을 받은 여성들은 제2차 세계대전 당시 복잡한 탄도를 계산해 전략적 조언을 하고 전술을 변화시켰다. 특히 케이 맥널티Kay McNulty, 프랜시스 빌라스Frances Bilas, 베티 진 제닝스Betty Jean Jennings, 엘리자베스 스나이더Elizabeth Snyder, 루스 릭터먼Ruth Lichterman, 말린 웨스코프Marlyn Wescoff 같은 뛰어난 컴퓨터들은 나중에 인간이 아닌 기계 컴퓨터를 프로그래밍하는 작업도 맡았다. 그렇게 첫 번째 프로그래밍 가능한 전자 보편 컴퓨터, 에니악ENIAC: Electronic Numerical Integrator and Computer이 탄생했다. 그때가 1946년이었다.[7]

일부 과학자들은 초기 디지털 컴퓨터의 성능을 보여주려고 인간을 컴퓨터에 비유하기도 했다. 튜링은 1950년에 "디지털 계산기의 이면에 숨은 아이디어는 그 기계가 인간 컴퓨터가 하는 모든 작업을 할 수 있다는 것이다"[8]라고 썼다. 얼마 지나지 않아 '컴퓨터'라는 단어는 기계만을 지칭하게 되었다.

곧 또 다른 변화가 찾아왔다. 인류학자이자 AI 전문가인 제네

비브 벨Genevieve Bell이 말했듯이, 우리 인간은 "컴퓨터를 인간적인 의미에서 대체하기 위해 그것을 전자적인 의미에서 사용하기" 시작했다.[9] 한때 우리는 컴퓨터라는 기계가 사람과 비슷한 계산 능력을 보이면 뛸 듯이 기뻐했다. 그런데 오늘날 우리는 생각하는 속도가 빠른 사람을 기계 같다고 말한다.

미국의 AI 전문가 브라이언 크리스천Brian Christian은 이렇게 말했다. "굉장히 희한한 변화다. 우리는 한때 우리와 비슷했던 대상과 같아지고 있다. 우리는 인간의 고유성이라는 오랜 역사에서 특이한 반전에 가까웠던 과거의 모방자들을 모방하고 있다."[10] 이에 관해서는 인간의 자아 개념을 다루는 11장에서 다시 언급하겠다.

## 인식이 사실을 만든다

다시 앨런 튜링의 '모방 게임'으로 돌아가자. 생각해봐야 할 질문은 다음과 같다. 기계가 정말로 인간이 할 수 있는 모든 일, 즉 생각까지 할 수 있을까? 튜링에 따르면 기계 내부에서 사고과정이 진행되는지 정확하게 파악하기는 불가능하다. 우리는 아직 인간의 뇌에서 무슨 일이 일어나는지에 대해서도 아는 바가 적기 때문이다. 다만 튜링은 테스트를 활용해 이 문제에 실용적으로 접근할 방법은 있다고 보았다. 그 테스트는 기계가 인간과 구분이 가지 않는 태도를 보일 수 있을지 알아보는 내용이었다.

튜링의 사고실험에서는 한 사람이 보이지 않는 상대방 두 명

(남자 한 명, 여자 한 명)과 문자로 대화를 나눈다. 피험자는 두 상대방에게 질문을 하고, 답변을 기반으로 상대방의 성별을 유추해야 한다. 두 상대방 중 한 명이 몰래 디지털 컴퓨터로 대체되는 순간, 이것은 AI 발달에 관한 실험이 된다. 인간 피험자가 대화를 나누는 도중 사람과 컴퓨터의 차이를 알아챌 수 있을까?

이 질문을 현대식으로 바꿔보자. 고객서비스 담당자와 대화하던 중 담당자가 챗봇으로 대체된다면 우리는 그 차이를 알아챌 수 있을까? 몇 달 전까지만 해도 이 책의 두 저자는 이 질문에 그렇다고 답했을 것이다. 그런데 누구든 생성형 AI를 사용할 수 있는 지금은 상황이 달라졌다. 튜링은 이미 이런 미래를 내다보았다. 대화 상대방이 사실은 컴퓨터라는 것을 인간이 알아채지 못한다면, 그것은 컴퓨터가 '지능적인' 태도를 보인다는 뜻이다.

튜링이 모방 게임으로 제시한 주제는 오늘날 우리 발전에 아주 중요한 것이다. 튜링이 생각하기에 인간의 행동을 매우 유사한 수준으로 흉내 낸다는 것은 지능이 있다는 뜻이다. 그래서 튜링은 1950년에 이미 "세기말에는 단어의 사용과 사회적 의견이 너무 많이 바뀌어서 사람들은 생각하는 기계에 관해 이야기하게 될 것이다. 여기에는 반론의 여지가 없다"[11]라고 예언했다. 물론 아직은 사실이 아니다. AI가 정말로 생각하고 감정 등을 느낄 수 있는지 여부를 두고 AGI를 전적으로 지지하는 사람들과 좀 더 조심스럽고 온건한 입장인 사람들이 뜨겁게 논쟁 중이다. 튜링은 자신의 예측을 다소 낙관적으로 본 것 같다.

비판적인 생각은 모순을 바탕으로 성장한다. 튜링도 마찬가지였다. 그는 자신의 저서에서 러브레이스의 핵심 아이디어를 포함해 다양한 견해에 이의를 제기했다. 튜링보다 한 세기쯤 전에 러브레이스는 '해석 기관'이라는 아이디어를 제시했는데, 그것은 "아무것도 생성하지 않으며 그저 명령을 따를 뿐이다."[12]

러브레이스는 기계란 그저 인간이 프로그래밍한대로 작동할 뿐이며, 따라서 기계가 만들어내는 결과물은 '독창적'이지 않다고 생각했다. 사고는 완전히 새로운 것을 만들 가능성의 씨앗이다. 이것이 러브레이스가 사고의 실질적인 증거로 받아들이고자 했던 유일한 것이다.

튜링은 반대 의견을 제시했다. 만약 기계가 우리로 하여금 어떤 것을 독창적이라 믿게 만든다면, 인간과 기계 사이에 차이가 있는가? 인식이 사실을 만든다. 이것은 컴퓨터과학의 발전에 있어 매우 중요한 역할을 하게 될 구성주의적 접근법이다.

튜링의 생애를 다룬 2014년 영화 〈이미테이션 게임The Imitation Game〉을 보면 그의 천재적인 깨달음 뒤에 숨은 슬픈 현실이 드러난다. 튜링은 컴퓨터과학과 암호학 분야에 지대한 공헌을 했다. 세계적으로 유명한 암호화 기계인 '에니그마Enigma'를 이용해 나치의 라디오 메시지를 해독하는 데도 큰 도움을 줬다.

그렇지만 튜링은 동성애자라는 이유로 정부로부터 박해받았다. 그는 1952년 동성애 혐의로 체포되어 호르몬 치료를 통한 화학적 거세형을 받았다. 이후 튜링은 심한 우울증을 앓다가 1954년 스스로 목숨을 끊었다. 2013년이 되어서야 당시 영국 여왕이 특별사면령을 내려 그를 복권했다.

## 상징주의 vs 네트워킹

영국이 천재적인 수학자를 잃었던 시기에 미국에서는 이제 막 싹튼 컴퓨터과학 분야에 낙관적인 분위기가 감돌고 있었다. 인간을 모방하는 기계가 손에 잡힐 듯 가까운 곳까지 온 것이다. 그리고 사람들은 곧 깨달았다. 로마로 가는 길은 하나가 아니라는 사실을 말이다. 완벽한 기계를 만들기 위한 발전의 여정에 갈림길이 나타났다.

한쪽은 인간이 가진 인지 능력의 비밀을 파헤치기 위해 우리 뇌가 '어떻게' 작동하는지 밝히고자 하는 방향이었다. 다른 길은 '무엇'에 집중하는 방향이었다. 뇌가 하는 일은 정확히 '무엇'이고, 어떻게 하면 기계가 그 일을 똑같이 따라하도록 만들 수 있을까? 이 두 가지 질문은 결국 다음 질문으로 이어진다. 지능이란 명료한 규칙에 기반을 둔 것인가, 아니면 수많은 정보의 연결에 기반을 둔 것인가?

이에 따라 1950년대 컴퓨터과학 분야에서는 두 가지 접근법이 생겨났다. 하나는 상징적 AI$^{Symbolic AI}$에 집중하는 접근법이다. 이것은 명확하게 프로그래밍된 규칙과 체계적 논리를 바탕으로 지식을 표현하고 그것으로부터 결론을 도출하는 방법이다. 아리스토텔레스와 라이프니츠, 불 등이 고찰한 바와 같이 개념 및 각 개념 간의 상관관계를 나타내는 데 상징적 표현을 사용하는 방법이기도 하다. 기본 가정은 간단하다. 상징과 상징 간의 관계를 프로그래밍해 실존하는 문제를 표현하면 기계가 그 문제를 분석하고 가장 좋은 해결책을 내놓는다.

또 다른 하나는 앞서 언급한 신경망에 집중하는 접근법이다. 인간 뇌의 생물학적인 연결로부터 영감을 받아 탄생한 신경망은 학습과정을 시뮬레이션하고 인공뉴런 사이의 연결을 활용한다. 신경망은 이런 식으로 스스로를 발전시킬 수 있다(혹은 학습한다고 말할 수 있다). 훈련을 받는 중에 내부적인 매개변수를 지속적으로 조성해 명확하게 프로그래밍된 지침 없이도 예측이나 결정을 내릴 수 있다.

신경망에 집중하는 접근법은 데이터에서 직접 예시와 연관성을 찾을 때 해석 가능한 학습Interpretable learning보다는 데이터 중심 학습에 의존하고, 상징적 AI에 집중하는 접근법은 명료하고 이해하기 쉬운 규칙과 논리에 중점을 둔다. 처음에는 상징적 AI에 집중하는 접근법이 훨씬 유망해보였다.

1956년에 연구자 앨런 뉴웰Allen Newell, 허버트 사이먼Herbert Simon, 그리고 클리프 쇼Cliff Shaw가 불의 논리이론을 기반으로 여러 복잡한 수학 정리를 증명할 프로그램을 개발했다. 이 프로그램의 핵심은 나무와 같은 구조를 활용해 복잡한 문제를 여러 개의 간단한 단계로 세분화하는 것이다.

뉴웰, 사이먼, 쇼가 만든 이 프로그램의 이름은 '논리이론가Logic Theorist'다. 발전 가능성이 상당히 높은 프로그램이었기 때문에 세 사람은 개발을 멈추지 않았다. 이후 '논리이론가'에서 파생된 프로그램이 '일반 문제 해결자General Problem Solver'다. 이 프로그램은 현재 상태를 원하는 목표 상태와 비교하고, 두 상태 간의 차이를 가장 많이 줄이는 실행방법을 발견할 때까지 문제 해결을 최적화함으로써 이론적인 작업을 수행한다.

말하자면 오류를 차차 줄여가는 방식인데, 테니스에서 서브를 연습하는 과정과 같다. 처음 서브 연습을 할 때는 프로 선수의 발끝에도 못 미칠 것이다. 그렇지만 다양한 위치에서 필요한 동작을 더 자주 반복할수록 현재의 결과와 목표로 삼은 결과가 차차 같아진다.

'일반 문제 해결자'는 시스템이 주어진 과제를 해결하기 위해 정보를 처리할 수 있다는 명백한 증거였다. 그때까지만 해도 오로지 인간만이 그런 능력을 발휘할 수 있다는 생각이 지배적이었다.

이처럼 초기 연구가 큰 성과를 보인 후 1956년 여름 한 연구자 그룹이 다양한 분야의 과학자들이 모이는 학술회의를 진행했다. 오늘날까지도 전설적인 자리로 회자되는 그 회의였다. 다만 당시에는 여성 과학자나 수학자는 초대받지 못했기 때문에 남성 학자들만의 잔치였다.

이 '다트머스 학술회의' 기간에 존 매카시John McCarthy, 마빈 민스키Marvin Minsky, 너새니얼 로체스터Nathaniel Rochester, 클로드 섀넌Claude Shannon은 언어학, 심리학, 철학, 신경과학 분야의 연구 결과를 다양한 컴퓨터과학 분야의 기술과 결합한 학문을 가리키는 포괄적인 개념을 만들었다. AI라는 개념이 탄생한 순간이었다.

학술회의에서 이들은 이 분야에 관한 기본 가설을 발표했다. "학습의 모든 측면 혹은 지능의 모든 측면은 원칙적으로 기계가 그것을 시뮬레이션할 수 있을 정도로 자세하게 서술되어야 한다."[13] 여기서 10장에서 다시 살펴볼 내용을 살짝 언급하자면, 인간지능이라는 개념의 정의는 오늘날과 마찬가지로 당시에도 모호했다. 연구 계획을 발표할 때 신경망을 언급하기는 했지만, 매카시와 동료들이 가장 주목한 것은 상징적 AI였다.

그들의 목표는 "기계가 언어를 사용하고, 추상적인 것과 개념을 확립하고, 지금까지 인간만 할 수 있었던 다양한 문제 해결 능력을 갖추고, 스스로를 향상시키도록 만드는 방법을 알아내는 것"이었다.[14]

다트머스 학술회의는 AI 연구 분야의 초창기 주요 인물이 모인 자리였다. 이들은 8주 동안 진행된 학술회의에서 궁극적으로는 프로그램으로서 탄생할 주요 개념을 정립했다. 그러나 실질적인 회의와 기타 수익금은 온화한 여름 바람처럼 흩어져버리고 말았다.

진정한 혁신을 일으킨 사람은 당시 다트머스 학술회의에 참여하지 않았던 한 연구자였다. 코넬대학교 항공연구소에서 심리학자로 일하던 프랭크 로젠블랫Frank Rosenblatt은 상징적 AI를 적극 지지하던 사람이 아니었다. 그가 관심을 보인 분야는 인간 뇌의 물리적 구조와 그 안에서 발생하는 화학적 처리 과정이었다.

우리 몸에서 가장 중요한 장기인 뇌는 신경세포의 거대한 연결망이나 마찬가지다. 약 860억 개의 뉴런이 연결 부위인 시냅스를 통해 전기 신호를 발사해 정보를 처리한다. 19세기 말에 이미 전문가들은 신경세포의 연결이 인간이 가진 자연스러운 산수 능력을 만들어낸다는 이론을 세웠다. 로젠블랫은 뇌의 잠재력에 주목해 이후 수십 년 동안 AI 연구 분야를 떠들썩하게 만들 기계를 만들었다.

로젠블랫이 만든 것은 최초의 인공신경망이었는데, 놀랍게도 상징적 AI에 주목하던 많은 연구진이 다트머스에 모여 있던 바로 그 시기에 탄생했다. 로젠블랫은 그 프로그램에 '퍼셉트론Perceptron'이라는 이름을 붙였다(인식을 뜻하는 영어 단어 perception에서 유래).

퍼셉트론은 카메라 한 대와 연결되어 패턴을 인식하는 훈련을 받았다. 구체적으로 설명하면, 20x20 그리드 센서 화면으로 기본적인 형태의 차이를 구분하는 훈련을 받았다. 주요 과제는 삼각형이나 사각형 같은 단순한 기하학 도형 사이의 차이를 시각적인 이미지 형태로 인식하는 일이었다.

이 훈련에는 확률적경사하강법SGD: Stochastic Gradient Descent이라는 기술적인 이름이 붙었다. 이 훈련법의 원리는 그리 복잡하지 않은 편이며, 이후 수많은 AI 응용프로그램에서 찾아볼 수 있다.

우선 우연히 선택한('확률적') 훈련 데이터를 모델에 입력한다. 기계가 그 데이터를 정렬할 수 있으면, 다시 말해 주어진 예시를 정확히 인식하면 계속해서 그렇게 학습을 이어간다. 오류가 발생하면 소프트웨어 내의 매개변수가 특정 방향으로('경사') 변해 미래의 오류 가능성을 최대한 줄여야 한다. 이 과정을 각기 다른 데이터로 무수히 반복할 수 있다.[15]

로젠블랫의 퍼셉트론 시연에 참관한 어떤 기자는 1958년 7월 8일자 〈뉴욕타임스〉에 "그는 전자 컴퓨터의 배아를 공개했다"고 썼다. 인간은 이제 기계가 "달리고, 말하고, 보고, 쓰고, 스스로를 재생산하고, 스스로의 존재를 인식하는 시대를 기대할 수 있다."[16] 아직 시기상조이기는 했으나, 어쨌든 로젠블랫이 만든 기계에는 머신러닝의 원리가 숨어 있었다. 로젠블랫 본인 또한 자신이 만든 기계의 더 발전된 미래 버전인 '퍼셉트론 생각기계'가 "인간의 뇌처럼 생각하는"[17] 첫 번째 기계가 될 것이라고 말했다.

그런데 시간이 지나면서 로젠블랫은 초기 퍼셉트론에 한계가 있다고 느꼈다. 삼각형과 사각형을 구분하는 훈련만 받는다면 사람 또한 일정 수준 이상 발전하지 못할 터였다.

로젠블랫이 만든 시스템은 뉴런층이 단 하나만 있는 연결망에서 작동했다. 다시 말해 결과물을 내놓을 때까지 정보가 오직 한 단계 수준에서만 처리된다는 뜻이다. 사람으로 예를 들면, 누군가가 오로지 주소만 읽는 방식으로 편지를 분류하는 것과 같다. 그는 주소만으로 편지가 어느 범주에 속할지 분류한다. 그러나 서로 비교할 대상이 없기 때문에 궁극적으로는 모든 편지가 각각 하나의 범주에 속하게 된다.

복잡한 작업을 하려면 다층적인 신경망이 필요하다. 다시 편지의 예시로 돌아가자면, 다층적인 신경망은 모든 편지를 여러 범주에 따라(예를 들어 보낸 사람, 받는 사람, 보낸 날짜, 보낸 지역 등) 분류할 수 있다. 더 복잡한 분류 과정을 거친다면 편지의 내용 또한 범주화할 수 있을 것이다. 이런 다층적 연결망은 훨씬 복잡한 결정을 내리는 데 도움이 된다. 그러면 편지를 '최대한 빨리 답장해야 할 것' '3일 내로 답장해야 할 것' '다시 보내야 할 것'

등으로 분류할 수 있다.

이는 1960년대 초만 하더라도 연구자들의 꿈에 지나지 않던 일이다. 다층적인 연결망을 훈련하는 데 필요한 알고리즘이 존재하지 않았기 때문이다. 하지만 한 사람의 패배는 곧 다른 사람의 승리가 된다. 상징적 AI 지지자들은 로젠블랫이 만든 기계의 약점을 이용해 경쟁자들의 계획을 좌절시켰다.

한때 신경망을 주제로 박사 학위 논문을 쓰고 있던 민스키는 특히 비판적이었다. 1969년에 펴낸 책에서 민스키와 시모어 페퍼트Seymour Papert는 로젠블랫을 강력하게 비판했다. 이들은 신경망이라는 접근법의 신뢰도를 떨어뜨리기 위해 로젠블랫의 '생각기계'가 간단한 과제조차 수행하지 못한다고 주장했다. 동시에 논리적인 규칙과 훈련에 따라 과제를 해결하는 상징적 AI를 매우 긍정적으로 평가하며 그것이 아주 우수한 버전이라고 언급했다. 심지어 그 책의 제목을 《퍼셉트론즈Perceptrons》라고 지었다. 로젠블랫이 만든 고유의 개념으로 그를 폄하하려는 시도였던 셈이다. 그러나 그들이 그토록 찬양하던 상징적 AI도 이제는 '멋진 구식 인공지능GOFAI: Good old-fashioned AI'이라 불린다. AI 역사의 아이러니다.

그럼에도 민스키와 페퍼트는 AI 연구 분야에서 매우 중요한 이름이다. 그들의 가혹한 평가가 상당한 무게를 가졌기 때문이다. 상징적 AI를 추구하던 연구자들은 더 이상 큰 성과를 내지 못하고 있었다. 자원은 제한적이었고, 사람들은 인간 뇌와 그 인지 능력의 복잡함을 충분히 이해하지 못했다. 그래서 기계가 인간이 지닌 모든 복잡한 능력을 그대로 흉내 낼 수 있으리라는 초창기의 예언은 연기처럼 사라졌다.

AI는 다트머스 학술회의 이후 주목받았던 것만큼 매력적인 것으로 보이지 않았다. 곧 회의적으로 변하는 사람들이 늘었고, 재정 지원이 끊겼으며, AI에 대한 흥미도 사그라졌다.

이것이 첫 번째 'AI 겨울'로 불린 1970년대의 상황이다. 이후 기계의 계산 능력이 탁월하게 진보하고, 저장 및 활용할 수 있는 데이터의 양이 대폭 증가하고, 러브레이스가 예측했던 것보다 훨씬 혁신적인 알고리즘 모델링이 가능해지기까지 수십 년이 걸렸다. 그렇게 탄생한 것이 바로 무언가를 창조해낼 수 있는 AI 시스템이다.

# 03

ARTIFICIAL INTELLIGENCE

# 트랜스포머
## : 신경망은 어떻게 획기적인 발전의 초석이 되었나?

1956년에 AI라는 개념이 탄생한 다트머스 학술회의가 끝나고 얼마 지나지 않아 미국에서는 한 정신요법 의사가 주목을 받기 시작했다. 이 의사는 문서 혹은 화상대화로 환자와 이야기를 나누며 진단을 내렸는데, 환자의 사정에 깊이 공감하고 그들의 심적 상태를 포용하는 말을 잘해 곧 유명해졌다.

의사는 환자와의 친밀한 대화로 인기를 얻었으며, 이 사실을 알게 된 환자 이외의 사람들도 그 의사에게 관심을 보였다. 환자들이 보이는 열광적인 반응에 놀라는 사람도 많았다. 의사의 이름은 엘리자ELIZA, 정체는 컴퓨터 프로그램이었다. 독일계 미국인 과학자 조셉 웨이젠바움Joseph Weizenbaum이 1965년에 메사추세츠

공과대학교MIT에서 개발한 기술이다.

　웨이젠바움은 엘리자라는 챗봇을 실제 환경에서 실험하기 위해 실존하는 정신요법 의사를 모방하도록 만들었다. 그는 이를 '패러디'[1]라고 불렀다. 말이나 글 등 입력 내용이 전송되면 엘리자는 상대방이 한 말을 기억하고 있다가 그것을 다시 질문으로 바꾸는 식으로 상대방을 위로하고 대화를 이어나갔다. 엘리자는 '환자 중심 내화'라는 단순한 원칙을 따랐다. 한자의 말 중 중요한 단어를 기억했다가 답변에 그대로 사용하는 식이다.

　엘리자는 규칙에 기반을 둔 시스템인 상징적 AI로 훈련받았다. 상징적 AI에 관해서는 앞서 설명한 바 있다. 엘리자가 해야 하는 작업은 '템플릿 매칭Template Matching'이었다. 프로그램의 일부가 인간이 입력한 내용을 분석하면, 다른 일부가 기계적인 답변을 생성하는 방식이다. 이때 완벽한 문장으로 대답하려면 입력된 내용을 미리 정의된 패턴에 적용해야 한다. 그리고 중간에 "계속 얘기하세요" 같은 문장을 집어넣어 대화를 풍성하게 만든다. 웨이젠바움은 엘리자의 근간인 스크립트를 "특정 주제에 관해 즉흥적으로 연기해야 하는 배우에게 주어지는 대본 같은 일련의 규칙"[2]이라고 설명했다.

　당연한 얘기지만, 엘리자는 환자들이 호소하는 내용의 진짜 의미를 이해하지는 못했다. 그러나 엘리자가 프로그래밍된 방식은 대화 상대인 인간이 환상을 느끼게 만드는 데 충분했다. 컴퓨터 프로그램이 내 마음속에 들어갔다 나온 것처럼 나를 이해한다는 환상이었다. 다음 대화를 보면 더 이해가 빠르다.

**엘리자**  고민이 있나요?

**나**  사람은 다 똑같아요.

**엘리자**  어떤 면에서요?

**나**  저는 모든 사람이 다 짜증나고 귀찮아요.

**엘리자**  구체적으로 예를 들어줄 수 있나요?

**나**  글쎄요. 나에게 이걸 하라고 한 건 남자친구예요.

**엘리자**  남자친구가 이걸 하라고 한 게 문제가 되나요?

**나**  남자친구는 제가 늘 우울하다고 생각해요.

**엘리자**  우울하다니, 그것 참 안타깝네요.

**나**  사실이에요. 저는 행복하지 않거든요.

**엘리자**  왜 행복하지 않은지 설명해줄 수 있나요?

(…)


첫 번째 실험 대상자들은 깜짝 놀랐다. 엘리자는 마치 준비하고 있었다는 듯 대화를 이어나갔고, 그 결과 피험자들은 지극히 개인적인 이야기까지 털어놓기에 이르렀다. 대화를 마친 후 어떤 피험자는 프로그램과 감정적인 교류를 했다는 느낌까지 받았다. 나머지 피험자들도 대부분 엘리자가 자신을 정말로 '이해했다'고 느꼈다. 피험자로 참여한 웨이젠바움의 비서는 심지어 웨이젠바움에게 프로그램과 대단히 사적인 이야기를 나눠야 하니 자리를 비켜달라고 말하기도 했다.

웨이젠바움은 도대체 무엇을 개발한 걸까? 그는 우리가 실제 사람과 대화하며 생각과 감정을 공유하고 있다고 느끼게 만드는,

그런 말도 안 되는 소프트웨어를 세상에 내놓았다. 그런데 정작 웨이젠바움 본인은 컴퓨터 프로그램이 인간화되었다는 사실에 전혀 감격하지 않았다.

그는 "엘리자는 이해라는 환상과 그에 따라 신뢰할 수 있는 판단을 만들어내고 유지하는 것이 얼마나 간단한 일인지 보여준다"라고 말했다. 그리고 "여기에는 틀림없이 위험이 도사리고 있다"[3]고 덧붙였다. 그는 일찍이 컴퓨터 시스템이 인간의 행동양식을 매우 유사하게 흉내 내기만 해도 사람들이 그것을 맹목적으로 믿게 될 것이라고 경고했다.

동료 과학자들이 엘리자라는 성과를 긍정적으로 평가하자, 웨이젠바움은 분노했다고 한다. 동료 과학자들은 엘리자가 자연스러운 언어를 이해하는 기계를 개발하는 데 있어 첫 번째 성공적인 발걸음이라며 크게 기뻐했다.

웨이젠바움은 엘리자를 주제로 쓴 논문에서 실제로 무언가를 이해하려면 적절한 맥락이 필요하며, 자신이 개발한 프로그램은 그런 종류의 기술이 아니라고 못 박았다. 그는 동료 과학자들의 지나친 순진함에 경악했다.

"나는 비교적 단순한 컴퓨터 프로그램만으로 아주 짧은 시간 내에 평범한 사람들이 완전한 오류를 일으키도록 만들 수 있다는 사실을 미처 깨닫지 못했다."[4]

이어 웨이젠바움은 또 다른 반응을 마주쳤는데 이때 모든 전의를 상실하고야 말았다. 엘리자가 의학의 미래라고 생각하는 연구자들이 나타난 것이다. 그들의 관점에서 인간은 본질적으로 기계와 유사하게 기능하므로 기계는 인간을 모방할 수 있었다.

1966년에 스탠퍼드대학교 연구진은 〈신경 및 정신질환 저널 Journal of Nervous and Mental Disease〉에 게재한 논문에서 한 인간 정신요법 의사는 이렇게 말했다.

"(엘리자는) 정보 처리자이자 의사 결정자로서 단기 및 장기 목표와 연관된 의사 결정에 필요한 규칙을 알고 있다. (……) 그는 특정 상황에서 어떤 반응이 적절하고 어떤 반응이 그렇지 않은지 판단 가능한 대략적인 경험 규칙에 따라 결정을 내린다. 이런 과정을 인간 의사가 할 수 있는 수준으로 프로그램에 접목하기란 매우 어려운 일이다. 하지만 우리는 그 방향으로 나아갈 것이다."[5] 요약하자면, 정신요법 의사란 아직 개발 중인 알고리즘에 지나지 않는다는 말이다.

굳이 인간 의사와 대화할 필요가 없고, 인간 의사가 곧 소프트웨어로 쉽게 대체될지도 모른다는 가정이 제시되자 웨이젠바움은 깊은 걱정에 빠졌다. 무엇보다 웨이젠바움을 놀라게 만든 건 '인간이 본질적으로 기계와 유사하게 기능한다'고 생각하는 그들의 사고방식이었다.

엘리자가 정신요법의 미래가 될지도 모른다고 생각한 열정적인 과학자들은 인간과 기계의 협업을 꿈꿨다. 그들은 자동화된 정신요법에 관해 "이 시스템을 개발하고 운영하는 데 참여하는 정신요법 의사는 기계로 대체되는 것이 아니라 오히려 더 유능해질 것이다. 의사의 노력이 지금처럼 의사와 환자가 일대일로 대화하는 식으로 제한되지 않을 것이기 때문이다"[6]라고 언급했다.

과감하게도 정신요법 분야에 테일러주의<sup>Taylorism</sup>*를 적용한 셈이다. 말하자면 상담 과정을 더 빠르고 효율적으로 만들기 위해 의사와 환자 관계에도 기계 중심적인 산업표준을 사용하는 것이다.

엘리자를 창조한 웨이젠바움에게 이 프로젝트는 타인의 반응이 함께 만들어낸 삼중 불협화음이나 마찬가지였다. 우선 사람들이 즉시 마음을 열고 기술과 유대감을 형성할 준비가 되어 있었다. 또 신기술을 지나치게 희망적으로 바라보았다. 게다가 인간 또한 기계와 같으니 효율성을 위해서라면 얼마든지 최적화될 수 있는 시스템이라고 생각했다.

결국 웨이젠바움은 엘리자 프로젝트를 종료하기로 결정했다. 전례 없던 성과를 보였던 그는 자신의 발명품을 공개적으로 비판했고, 이후 AI 연구를 소리 높여 지탄하는 인물로 바뀌었다.

"마지막으로 인간과 기계의 지능 사이에 경계를 설정해야 한다. 그런 경계가 없다면, 컴퓨터 정신요법 의사를 지지하는 작금의 사태는 인간이 마침내 순전한 시계 부품이 되는 시대의 전조일지 모른다. 우리는 그런 현실이 가져올 결과를 서둘러 예상하고 고려해야 한다."[7]

우리가 챗GPT와 대화하고 AI가 생성한 글을 사람이 쓴 것이라 믿어 의심치 않는 지금으로부터 수십 년 전, 웨이젠바움은 이미 본질적 문제를 파악했다. 인간으로서 우리는 우리 고유의 역할을 기계의 역할과 명확하게 구분해야 한다는 필요성에 직면했

---

\* 노동자의 움직임, 동선, 작업 과정 등을 표준화해 생산효율성을 높이는 체계.

다. 그래야만 우리 손으로 만든 기술을 스스로 모방하는 미래를 막을 수 있다.

## 겨울을 거치고 부화한 알

그리고 곧 AI 겨울이 왔다. 인간의 사고과정을 시뮬레이션하기 위해서는 복잡한 알고리즘이 꼭 필요한데, 이를 뒷받침할 기계의 계산 능력과 저장 공간이 충분하지 않았다. 앞에서 언급했던 연구나 실험에 사용된 AI 시스템은 거의 방 한 개와 맞먹는 크기의 컴퓨터에서 작동했다. 자원이 충분해야만 독점할 수 있는 기술이었다.

오늘날에는 대부분의 사람이 갖고 있는 스마트폰이 당시의 컴퓨터보다 훨씬 성능이 좋다. 닐 암스트롱이 1969년 달에 착륙했을 때 전문가들이 사용하던 컴퓨터보다 오늘날의 스마트폰이 대략 10만 배 정도 뛰어난 계산 능력을 갖추고 있다. 저장 공간으로 말할 것 같으면, 바지 주머니에 쏙 들어가는 작은 스마트폰에 1950년대 컴퓨터보다 약 100만 배 정도 많은 데이터를 저장할 수 있다.[8]

상징적 AI의 규칙에 기반을 둔 시스템은 실제 인간 언어의 다의성과 복잡함, 미묘한 뉘앙스를 파악하기가 어려워 고전하고 있었다. 엘리자 같은 프로그램을 정신요법이 아닌 다른 분야에 적용하려면 정해진 대본을 암기하는 방식이 아니라 실제 대화의 다양한 맥락을 이해하도록 훈련해야 했다. 아무리 용을 써도 불가능한 일이었다.

의사소통이라는 형태로 묘사되는 우리 현실의 모든 순간은 규칙으로 이루어진다. 프로그램을 훈련하기 위해 이 세상에서 일어나는 모든 일을 상징적인 규정 일람으로 요약하기는 매우 어려운 일이다. 아르헨티나의 시인 호르헤 루이스 보르헤스Jorge Luis Borges가 단편《과학의 정밀성에 대하여Del rigor en la ciencia》에서 묘사했듯, 지도학Cartography을 모델링하는 것만큼 역설적이다.[9]

보르헤스의 단편은 점점 더 정밀한 지도를 제작하려는 한 나라의 이야기를 담고 있다. 모든 영토의 크기를 그대로 반영한 매우 자세한 지도를 만들려다 보니 결국 국가 영토와 같은 크기인 일대일 축척의 지도가 완성된다. 안타깝게도 실물 크기의 지도는 쓸모가 없었다. 접지도 못하고, 가방에 넣어 가지고 다니며 방향을 찾을 때 쓰지 못할 크기였기 때문이다. 즉 모델이 현실과 완전히 똑같으면 오히려 그 모델은 무용지물이다. 상징적 AI를 지지하는 사람들은 바로 이런 문제에 직면했다. 세상의 모든 규칙을 AI 시스템에 구현한다니, 애초부터 실패가 예견된 일이었다.

일부 사람들이 실망하고 절망에 빠져 있던 사이, 어떤 사람들은 물밑에서 조용히 움직이고 있었다. 그 시대에는 로젠블랫의 퍼셉트론 또한 비판의 화살을 피하지 못했다. 신경망으로 기술을 개발하는 것이 과연 올바른 방향인지 회의감에 빠진 사람들도 많았다.

당시 박사과정 학생이었던 영국계 캐나다인 제프리 힌턴은 그런 상황에도 흔들리지 않았다. 그는 역사를 써야 했다. 힌턴은 머신러닝 개발에 기여함으로써 한 번, 2023년 구글에서 떠나겠다고 공식 발표함으로써 또 한 번, 총 두 차례 역사를 썼다. 그가 구글을 떠난 이유는 대규모 언어모델 개발이 초래할 여러 위험을 우려했기 때문이다.

힌턴은 한 인터뷰에서 "마치 에일리언이 지구를 침공한 것 같은 기분이 들 때가 있어요. 사람들은 그 사실을 전혀 눈치채지 못하죠. 에일리언이 영어를 유창하게 말하니까요"[10]라고 말했다. 기술은 크게 도약했다. 이전 세대의 과학자들이 머리를 싸매고 준비했던 것들이 현실이 되었다. AI 시스템은 사람처럼 말할 수 있다. 그 과정에서 힌턴 또한 중요한 역할을 했다.

힌턴도 로젠블랫과 마찬가지로 기계지능의 열쇠가 인간의 두뇌를 모방하는 일이라고 생각했다. 어쩌면 유명인사였던 고조할아버지 때문에 어릴 때부터 성공해야 한다는 압박을 느꼈는지도 모른다. 그의 고조할아버지가 논리적 사고의 대수법칙으로 이진 디지털 컴퓨터의 길을 갈고닦은 조지 불이었으니 말이다. 젊은 시절 힌턴은 생리학을 배운 다음, 인지심리학을 배웠고, 결국 컴퓨터과학자가 되었다. 그는 "인간의 뇌처럼 아주 복잡한 기계를 이해하고 싶다면 그런 기계를 만들어야 한다"[11]고 말했다.

로젠블랫의 연구 성과에 감명을 받은 힌턴은 스스로 학습하는 시스템을 개발하고자 했다. 그 시스템은 현실 세계의 데이터로 훈련받고, 알아서 패턴을 인식한 다음, 시간이 지남에 따라 점차 적응할 수 있도록 그 내용을 기억하고 있어야 했다. 앞서 언급했듯, 로젠블랫이 처음 선보였을 때만 해도 퍼셉트론은 뉴런층이 하나밖에 없어서 성능이 지극히 제한되어 있었다. 오직 한 가지 기준에 따라 편지를 분류하는 집배원처럼 퍼셉트론은 복잡한 데이터의 미묘한 차이를 구분해 분석하지 못했다. 힌턴은 그것을 개선하고 싶었다.

1986년 말, 힌턴은 토론토대학교에서 두 명의 동료와 함께 다층적인 망을 개발했고, 시스템이 계산 실수를 학습하도록 만드는 알고리즘을 활용했다. 이 방법을 역전파Backpropagation라고 하는데, 기계에서 무슨 일이 일어나는지를 문자 그대로 설명한 이름이라고 할 수 있다.[12]

이 알고리즘의 핵심은 기계가 스스로 오류를 고치는 과정이다. 간단하게 설명하면 다음과 같다. 우선 기계가 과제를 받아 계산한다. 그러면 알고리즘이 그 결과를 옳은 답과 비교한다. 기계의 계산 결과와 옳은 답 사이의 차이는 신경망의 예측이 얼마나 빗나갔는지를 보여준다. 이 원리는 앞의 2장에서 확률적경사하강법으로 살펴본 바 있다. 역전파를 사용하면 최적화된 계산 과정을 더욱 효율적으로 진행할 수 있다.

이 과정을 이어달리기라고 생각해보자. 선수들이(뉴런) 주로(연결망)를 따라 달리며 배턴(신호)을 전달한다. 마지막 주자(결과)가 결승점에 통과한 시간을 측정한다(이 결과를 원하는 결괏값과 비교해 측정). 기록이 좋지 않다면(원하는 결과와 실제 결과 사이에 오류가 있다면) 팀원들은(연결망) 더 발전해야 한다. 역전파는 각주자(뉴런)가 어떻게 하면 더 잘 달릴 수 있었을지(예를 들어 가중치를 조정하는 방식)로 정보를 제공한다. 모든 주자들은 기록을 단축하기 위해 어떻게 스스로를 발전시켜야 하는지 피드백을 받는다.

역전파는 계산 결과의 차이나 오류에 대한 책임을 개별 뉴런에 분배한다. 각 뉴런은 다시 동일한 작업을 수행할 때 할당된 책임을 줄이기 위해 가중치를 조절한다. 이런 식으로 힌턴은 모델이 계속해서 올바른 답에 가까워지는 방식으로 개선되도록 만들었다. 힌턴이 개발한 연결망에 숨겨진 여러 층은 훨씬 복잡하고 심오한 작업을 수행할 수 있다. 예를 들어 뒤죽박죽이거나 비선형적인 패턴도 인식하는 등, 로젠블랫의 퍼셉트론으로는 상상할 수조차 없었던 경지에 도달했다.

얼마 지나지 않아 또 다른 성과가 나타났다. AT앤T 벨 연구소AT&T Bell Labs의 얀 르쿤Yann LeCun이 역전파를 사용해 사람 손으로 쓴 우편번호를 인식하고 주소까지 해독하도록 기계를 훈련한 것이다.[13] 얼마 지나지 않아 기계는 각 우편번호에 속하는 편지 같은 문서 전체를 인식하고 해독할 수 있었다.[14] 이는 데이터를 분석하고, 패턴을 인식하고, 그것으로부터 결론을 도출해 합리적이고 신뢰할 수 있는 결과를 내놓은 첫 번째 기계였다. 힌턴과 르쿤의 연구 성과는 머신러닝을 새로운 차원으로 끌어올렸다.

하지만 광범위하게 보면 AI를 위한 시대는 아직 충분히 무르익지 않았다. 진보를 위해서는 몇 배나 많은 자원이 필요하다. 1980년대 후반에도 여전히 컴퓨터의 계산 능력과 데이터의 양이 충분하지 않았다. 놀라움은 곧 실망으로 바뀌었다. 새천년 전환기를 맞이하기도 전에 두 번째 AI 겨울이 찾아왔다.

# 컴퓨터는 어떻게 보는 법을 배웠을까

이윽고 인터넷이 개발되었고, 모든 것을 바꾸었다. 월드와이드웹과 함께 빅데이터의 시대가 시작된 것이다. 2015년에 전 세계에서 만들어진 데이터의 양은 대략 15제타바이트, 약 15조 기가바이트였다. 쉽게 말해 HD화질 영화 2,500억 편 분량의 데이터라고 생각하면 된다. 아날로그 세상으로 치환해보자. 제타바이트의 각 기가바이트를 벽돌 하나라고 생각한다면 1제타바이트는 만리장성을 258개 지을 수 있는 양이다.

하지만 아직 충분하지 않다. IDC<sup>International Data Corporation</sup>에 따르면 인터넷상의 데이터의 양은 2025년까지 175제타바이트라는 어마어마한 숫자까지 늘어날 것이다.[15] AI 시스템, 특히 대규모 언어모델에는 환상적인 전망이다. 상상할 수 없을 정도로 많은 양의 데이터가 지금 우리의 일상을 함께하고 있는 AI 모델의 훈련용 재료가 될 테니 말이다.

하드웨어 또한 놀라울 만큼 발전했다. 여기서 중요한 역할을 한 것이 그래픽 프로세스를 아주 빠르게 만든 칩이었다. GPU<sup>Graphics Processing Unit</sup>는 원래 렌더링에 쓰이던 것이다. 렌더링이란 모델로부터 영상을 만들어내는 작업이다. 그런데 이 GPU가 발달하는 과정에서 다층 신경망 훈련에 필요한 병렬 계산에 매우 실용적이라는 사실이 입증됐다. 미국의 칩 제조업체인 엔비디아<sup>Nvidia</sup>가 2023년 3월 말 기준으로 1조 달러 이상의 가치를 지닌 기업 중 하나로 꼽히는 이유가 바로 이것이다. 엔비디아는 챗GPT

같은 AI 시스템을 개발하려는 모든 회사가 필요로 하는 칩을 생산한다.

2000년대 초 대부분의 연구자들이 모델에 사용되는 수학을 더욱 정교하게 다듬고자 했다. 그런데 중국에서 미국으로 건너와 눈부신 학업 성취를 이루고 결국 프린스턴대학교에서 컴퓨터과학 교수가 된 한 젊은 여성이 있었다.

페이페이 리Fei-Fei Li는 조금 다른 아이디어를 떠올렸다. 알고리즘이 탁월하기는 하지만 적절하게 분류된 데이터가 없으면 이미지를 인식할 수 없음은 물론이고, 심지어는 개와 고양이의 사진도 구분하지 못할 것이다. 그래서 리는 데이터뱅크를 만들기로 결심했다. 이것은 곧 AI 응용 분야를 몇 광년이나 발전시킨다. 바로 컴퓨터비전이다. 리는 당시로서는 가장 큰 AI 연구 데이터뱅크를 만들었다.

인간은 개와 고양이를, 사람과 동물을, 책과 바나나를 구분할 수 있다. 어렸을 때부터 모든 사물이 고유의 이름을 갖는다고 배우기 때문이다. 우리는 부모님과 선생님들로부터 우리가 인식하는 대상이 무엇인지 설명과 묘사를 들어왔다. 즉 일상생활을 하면서 실제 예시를 보고 대규모 데이터뱅크를 구축해온 셈이다. 그런 정보가 우리를 위한 훈련 데이터다.

리는 컴퓨터가 이와 같은 광범위한 데이터뱅크에 접근할 수 있다면 무슨 일이 벌어질지 궁금했다. 리는 "더 나은 알고리즘을 만드는 데 매달리기보다, 어린이가 경험하며 훈련 데이터를 수집하는 과정을 참고해 알고리즘에 양과 질 어느 측면에서 보나 뛰어난 훈련 데이터를 주는 데 집중했다"고 말했다.

아주 야심찬 프로젝트였다. "그때까지 갖고 있던 것보다 대략 천 배쯤 많은 이미지가 필요했다."[16] 리는 팀원들과 넓디넓은 월 드와이드웹의 바다에서 10억 장이 넘는 이미지 파일을 모으기 시 작했다.

각 이미지 파일에는 그것이 무엇에 관한 이미지인지 정확한 설명을 입력해야 했다. 각기 다른 물체기 여럿 찍혀 있을 경우 각 물체 간의 관계도 설명해야 했다. 생각만 해도 정신이 아득해지 는 과제다.

리는 컴퓨터로는 처리할 수 없는 작업을 크라우드소싱 플랫폼 을 활용해 고용한 사람들에게 맡겼다. 예를 들어 고양이가 있는 이미지에 '고양이'라는 태그를 다는 작업이다. 그 플랫폼은 당시 신생 온라인 서점이었던 아마존이 제공하는 곳이었다.

앞서 등장한, 18세기 켐펠렌이 제작한 체스 기계 '투르크'를 본 떠 아마존은 이 서비스에 '미캐니컬 터크MTurk: Amazon Mechanical Turk' 라는 이름을 붙였다.

원칙은 같았다. 체스를 두는 기계 속에 진짜 사람이 숨어 있 었듯이, 컴퓨터에 필요한 세세한 작업을 사람이 직접 한 것이다. 전 세계, 특히 남반구에서 많이 고용된 5만 명이 리의 프로젝트 를 위해 이미지에 태그를 달았다.

리는 이렇게 소감을 전했다. "정말 눈물겨운 노력이었다. 마 치 갓 태어난 아이가 1년 동안 성장하는 과정을 한시도 놓치지 않고 포착하려는 것 같았다."[17] 몇 년 동안 열심히 일한 결과, 리와 팀원들은 2만 2,000개의 물체가 찍힌 이미지 1,500만 개를 모았다. 그때까지 존재하지 않던 대규모 데이터베이스였다.

2009년에 리는 스탠퍼드대학교로 자리를 옮겼고, 지금까지도 그곳에서 '인간중심 AI연구소'를 이끌고 있다. 리는 자신이 모은 데이터 전체를 무료로 공개했다. 그 데이터베이스의 이름은 이미지넷ImageNet이다.[18]


## 학습으로 가는 세 갈래 길

이미지넷은 금광이었다. 이미지넷이 세상에 공개되면서 다른 연구진이 오늘날 기계를 학습시키는 데 쓰이는 세 가지 중점 방식 중 하나를 더욱 발전시킬 수 있었다. 이미지넷 데이터뱅크의 이미지와 각 이미지에 맞는 정확한 설명을 신경망에 저장하면 시스템은 다양한 범주를 구별하는 데 도움이 되는 패턴과 특성을 식별할 수 있다. 신경망의 각 층은 대상을 대표하는 부분, 이미지의 추상화된 부분을 효율적으로 포착한다.

첫 번째 층은 판별하기 쉬운 특징, 예를 들어 가장자리 선이나 색 등을 인식한다. 그 다음 층은 질감, 겉모양, 형태 등을 구분한다. 마지막 층은 더 고차원적인 특징, 예를 들어 그것이 고양이의 귀 모양인지 아니면 슈나우저 종 개의 귀 모양인지를 파악한다. 학습을 마친 시스템은 학습한 내용을 기반으로 새로운, 처음 보는 이미지를 분류하는 과제를 수행한다. 이처럼 결과를 예측하기 위해 설명이 달린 데이터세트로 시스템을 훈련하는 과정을 지도학습Supervised Learning이라고 한다.

스탠퍼드대학교로 자리를 옮기고 얼마 지나지 않아 리는 대회를 기획하는데, 이 대회는 이미지 인식 분야의 발전에 큰 기여를 한 덕분에 AI 분야의 주목을 받았다. 바로 '이미지넷 대규모 시각 인식 대회ILSVRC: ImageNet Large Scale Visual Recognition Challenge'다. 매년 많은 연구자들이 참가해 각자가 개발한 AI 모델로 이미지넷 데이터 뱅크에 있는 이미지를 더 정확하게 인식하고 범주화하는 기술을 겨루는 대회다.

여기서 앞서 언급했던 인물이 다시 등장한다. 2012년에 제프리 힌턴이 '알렉스넷AlexNet'이라는 시스템으로 이 대회에 참가했다. 힌턴은 우크라이나 출신 캐나다인인 알렉스 크리제브스키Alex Krizhevsky, 러시아 출신 캐나다인인 일리야 수츠케버Ilya Sutskever와 함께 시스템을 훈련시켰다. 특히 수츠케버는 이후에도 AI의 발전에 아주 중요한 역할을 한 인물이다.[19]

괄목할 만한 성과를 남기며 대회에서 우승한 알렉스넷은 모든 이미지에 적용되는 작은 필터를 사용하는 신경망이었다. 필터는 특정한 예시를 인식하고 이미지의 모든 특징을 구별하면서도 그 특정한 예시에만 집중하는 역할을 했다.

간단하게 설명하면 수백, 수천 명의 셜록 홈즈가 돋보기로 모든 이미지를 샅샅이 살피는 것과 마찬가지다. 어떤 이미지에서 특정한 특징을 인식하면 시스템은 그 이미지를 다음 셜록 홈즈에게 넘긴다. 이러한 결합 과정을 합성곱Convolution*이라고 하며, 합성곱을 사용한 시스템을 합성곱 신경망 혹은 콘볼루션 신경망 CNN: Convolutional Neural Network이라고 부른다. CNN은 매우 발달한 이미지 인식 시스템이다. 수츠케버는 이후 챗GPT를 개발한 오픈AI의 공동창업자이자 수석과학자가 되었다.

리의 이미지넷은 엄청난 양의 데이터로 머신러닝 분야를 획기적으로 발전시켰다. 알렉스넷이 큰 성과를 보인 데는 두 가지 추가 요인이 있었다. 첫째, 계산 기능을 높이기 위해 강력한 그래픽 프로세스를 활용했다. 둘째, 작업 층의 수가 많았다.

CNN은 소위 말하는 '딥' 모델이 더 많은 신경층을 보유해 복잡한 과제를 수행할 수 있다는 증거다. 2015년에 힌턴과 동료 얀 르쿤, 그리고 요슈아 벤지오Yoshua Bengio는 이 분야에서 머신러닝 기술의 상위 개념을 만들었다. 바로 딥러닝[20]이다. 그로부터 3년 후인 2018년, 세 사람은 AI 발전에 기여한 공로를 인정받아 컴퓨터과학 분야의 노벨상이라고 불리는 튜링상을 수상했다.

다만 이 세상은 완벽한 정보로 구성되는 경우가 거의 없다. 신경망은 물론이고 우리 인간도 마찬가지다. 우리가 밖에서 조깅하며 나무를 관찰한다 한들, 모든 나무에 '나무' 혹은 '참나무' '전나무' '자작나무'라는 이름표가 붙어 있는 것은 아니다. 마찬가지로 딥러닝이 흡수하는 모든 데이터에 설명이 달린 것도 아니다. 모든 정보에 주석이 달려 네트워크에 입력되는 것도 아니다.

---

\*     두 함수의 곱을 표현하는 수학 연산자. 콘볼루션이라고도 부른다.

따라서 튜링상을 수상한 세 사람은 "사람이 관찰을 통해 세상의 구조를 발견하긴 하나, 모든 사물의 이름을 정확히 알지는 못한다"[21]고 설명했다. 그것을 그대로 머신러닝에 적용할 수 있었다.

이후 비지도학습Unsupervised Learning이라는 것이 생겼다. 이것은 앞서 언급한 지도학습과 달리 각 데이터에 설명이나 범주를 기재하지 않은 상태로 어마어마한 양의 데이터로 신경망을 훈련하거나 프로세스에 특정 목표를 입력하지 않은 채 훈련하는 방식이다.

이 훈련 방식의 주요 목표는 AI가 주어진 방향성 없이도 데이터의 표준, 구조, 관계 등을 인식하도록 만드는 것이다. 지도학습에서 각 데이터에 사람이 설명이나 주석을 다는 일이 상당한 시간을 잡아먹는 작업이라면, 비지도학습을 할 때는 시간 낭비가 필요 없다. 신경망이 우리가 미처 생각지도 못한 데이터 사이의 관계를 스스로 알아낼 수도 있다.

상상해보자. 갓 입사한 회사에 첫 출근을 했다. 아는 사람도 없고, 그 조직이 어떻게 굴러가는지, 조직의 계층 구조가 어떤지도 전혀 모른다. 그럴 때 우리는 무슨 일이 벌어지는지, 각 사람과 그룹이 서로 어떻게 행동하는지 관찰한다('저 사람들은 활발하게 토론하는 것 같아'). 그런 다음 사람들의 행동으로부터 부서가 하는 일을 파악한다('이 사람들은 디자인에 관심이 있는 것 같아'). 그리고 관찰한 내용을 토대로 결론을 내린다('일러스트레이션 관련 조언이 필요하면 이 사람들한테 물어봐야겠다'). 누가 시키지 않아도 우리 뇌는 계속해서 이런 비지도학습과정을 거친다.

또 다른 방법은 강화학습이다. 강화학습은 시스템이 주변과 상호작용하며 작업에 대한 피드백을 받아 학습하는 방식이다. 어린아이를 예로 들어보자. 아이는 시도하고 실패하면서 자전거 타는 법을 배운다. 숲길에서 자전거를 타다가 울퉁불퉁한 나무뿌리에 걸려 넘어지고, 그러면서 중심을 잘 잡고 힘차게 페달을 돌리는 동시에 핸들을 움직이는 방법을 배운다. 한 과제를 완벽하게 습득하면 반복해 연습한다. 신경망 또한 인간 사용자와의 상호작용을 통해 강화학습을 거칠 수 있다.

인터넷의 시대가 시작된 2000년대 초반 이후 문서, 이미지, 영상, 음성 등의 형태를 띤 어마어마한 양의 정보가 만들어졌다. 이후 다양한 산업 분야에서 점점 더 많은 AI 응용프로그램이 등장했다. 페이페이 리가 옳았다. 적절한 양의 데이터가 없었다면 알고리즘 모델이 잠재력을 발휘하지 못했을 것이다.

신경망은 연구와 응용 분야에서 점차 관심의 중심이 되었다. 이전에 인기를 끌었던 상징적 AI는 이제 '멋진 구식 인공지능(GOFAI)'[22]이 되고 말았다. 한편 수많은 데이터 덕에 강력해진 신경망과 더 상세한 부분까지 제어할 수 있는 규칙을 결합하면 미래에 이 기술이 훨씬 발전할지도 모른다는 목소리가 높아졌다.

## 맞춤형 예측: 일상적인 결정을 해독하는 방법

"페이스북은 오늘날 AI 없이는 더 이상 존재하지 못할 것입니다." 머신러닝 분야의 한 이름난 전문가가 2017년에 한 말이다.

"여러분은 페이스북이나 인스타그램, 메신저를 사용할 때마다 자신도 모르게 AI로 인해 가능해지는 일들을 경험하고 있습니다."[23] 과거에는 페이스북이었다가 오늘날 메타[Meta]가 된 이 대기업은 AI 개발이 우리의 일상에 어떤 영향을 미치는지 단적으로 보여주는 예시다.

2004년 처음 서비스를 시작한 이래 페이스북은 머신러닝 모델을 활용해 '당신이 알 수도 있는 사용자'라는 기능으로 관련이 있는 타인의 프로필을 사용자들에게 제시했다. 시스템은 수백만 건의 데이터를 토대로 실생활에서 알지도 모르는 상대, 공통의 친구가 있는 상대, 삶의 배경이 비슷하거나 특정 관심사를 공유하는 상대를 추천해 사람들을 연결하는 법을 배웠다.

얼마 지나지 않아 이 머신러닝 모델은 맞춤형 광고를 보여주기 시작했다. 사용자가 클릭할 가능성이 높은 광고를 화면에 띄우기 시작한 것이다. 그러자 순식간에 AI 기반 광고 수익이 급증했고, 이 서비스는 오늘날 메타 그룹의 주요 비즈니스 모델로 빠르게 자리 잡았다.[24]

2010년 페이스북은 한 걸음 더 나아가기 시작했다. 얼굴 인식 기술을 도입한 것이다. 이것은 사용자들이 페이스북에 올리는 사진에서 각 개인의 얼굴을 인식해 자동으로 그 사람의 이름을 게시하는 기술이다.[25] 전 세계적으로 6억 명 이상의 사용자를 보유하던 페이스북은 곧 사용자들이 생성한 사진, 동영상, 글의 홍수를 토대로 소셜 네트워크에서 소셜 미디어로 진화했다. 그렇게 '소셜 미디어'의 시대가 열렸다.

미국의 디지털 미디어 연구자 이언 보고스트Ian Bogost는 "이 변화는 (……) 거의 눈에 보이지 않았지만 거대한 결과를 낳았다. 이미 존재하고 있던 연결을 소셜 소프트웨어가 (……) 글로벌 발신 네트워크로 바꿔버린 것이다. 이제 누구나 어느 누구에게든 모든 것을 말할 수 있다"[26]고 설명했다.

회사는 범주화 및 분류되어야 하는 정보의 끊임없는 파도에 대처해야 했다. 수많은 정보를 사용자와 관련이 있는 내용으로 분류하고 범주화해두어야 그 내용을 광고에 활용해 이익을 얻을 수 있기 때문이다. 그 작업 또한 AI가 처리했다.

몇 년 후, 페이스북은 다시 머신러닝을 활용해 맞춤화된 뉴스 피드를 사용자들에게 보이기 시작했다. 글을 필터링해 클릭, 댓글, 공유 등 적극적인 참여를 유도할 가능성이 가장 높은 글이 가장 먼저 사용자의 눈에 띄도록 배치한 것이다. 일반 뉴스 사이트의 언론 기사 역시 필터링의 대상이 되었다.[27] 몇몇 인터뷰에 따르면, 페이스북은 머신러닝 시스템을 '보편적인 기계 내용 이해자'로 만들고 싶었다.[28] 플랫폼에서 매일 수십 억 건 이상 발생하는 상호작용 속에서 AI 모델은 끊임없는 피드백을 받으며 행동 예측 기술을 개선해나갔다.

이것이 2000년대 초반 AI를 응용할 때의 중점이었다. 신경망을 사용하면 다량의 데이터세트에서 패턴을 인식하고 최적화해 고객의 선호도를 파악할 수 있다. 그에 따라 회사의 상업적 이윤을 극대화할 수 있다. 이런 AI 시스템은 인터넷에 업로드된 대규모 데이터를 기반으로 최대한 인간을 모방하고, 인간의 과거 행동으로부터 미래 행동을 예측한다.

구글 같은 검색엔진은 우리가 검색한 내용 중 아주 중요한 결과를 200개 이상의 요소 기반으로 분류한다. 그 내용을 바탕으로 각 웹사이트의 관련성과 위상을 파악해 우선순위를 할당한다. 구글의 이러한 랭크브레인 알고리즘RankBrain Algorithm에 머신러닝 기능을 추가하자 각 사용자의 선호도를 기반으로 검색 결과를 맞춤화해 제공할 수 있었다.[29] 두 사람이 각자 구글에 같은 내용을 검색해도 다른 결과가 표시되는 이유가 이 때문이다. 우리의 과거 검색 기록과 위치 정보 등에 따라 검색 결과가 달라진다.

스웨덴의 음악 스트리밍 대기업 스포티파이는 인터넷에서 예술가와 음악가의 정보를 조사하고 업계에 관한 뉴스나 블로그 게시물의 언어를 분석했다. 그리고 자사가 보유한 거대한 음악 데이터의 모든 멜로디를 분석해 사용자의 청취 습관을 기반으로 개인 맞춤형 재생 목록을 제안한다.[30] 다음에 스포티파이가 제안한 개인 맞춤형 재생 목록에 포함된 음악을 들을 때는 그 제안 한 건에 얼마나 많은 데이터포인트가 들어 있을지 상상해보자.

엔터테인먼트 플랫폼인 넷플릭스도 머신러닝 기능을 활용한 추천 시스템을 사용한다. 넷플릭스는 아주 사소한 범주까지 분류한 영화와 드라마를 개인 선호도에 맞춰 추천한다. 장르, 특정한 작품 제목은 물론 추천 페이지에 영화와 드라마가 나열되는 순서까지 시스템에 포함된다.[31]

2006년 넷플릭스는 익명으로 입력된 1억 건의 영화 평점 데이터세트를 공개하며 상금 100만 달러와 함께 넷플릭스상을 수

여하겠다고 발표했다. '시네매치CineMatch'라는 영화 추천 알고리즘의 기능을 10퍼센트 이상 향상시킨 코딩 전문가에게 상과 상금을 주겠다고 발표한 것이다.[32] 상금은 우승팀 벨코어BellKor에 돌아갔고, 넷플릭스는 자사의 알고리즘을 한층 더 개인 맞춤형으로 가다듬을 수 있었다.

오늘날 넷플릭스의 추천 시스템은 훨씬 복잡하게 작동한다. '아트웍Artwork'이라고 불리는 작은 회로 덕분에 넷플릭스는 자사 웹사이트에 특정 사용자에게 맞춤화된 콘텐츠를 시각적으로 표시하는 기술을 최적화할 수 있었다.

넷플릭스의 연구부서 관계자는 "아트웍은 시청자가 알아볼 수 있는 배우를 강조하거나 추적 장면 같은 긴장감 넘치는 순간을 보여주거나 영화나 드라마의 핵심 내용을 담은 극적인 장면을 제시한다"고 설명했다. 이 모든 것이 개인의 선호도라는 기반 위에서 발생하는 일이다.[33] 따라서 SF 인기작인 〈기묘한 이야기 Stranger Things〉만 하더라도 같은 시리즈이지만 각 시청자에게 보이는 섬네일은 천차만별이다.

넷플릭스가 '아트웍'을 사용하는 이유는 시청자들이 드라마를 시청하도록 만들기 위해서다. 그런데 가끔 왜 '아트웍'이 어떤 작품을 단 한 번만 추천하는지 궁금할 때가 있다. 이것은 알고리즘이 던지는 미끼다. 우선 뭔가를 보기 시작한 사람은 계속해서 볼 것이기 때문이다.

바이트댄스Bytedance 산하 기업인 틱톡TikTok은 중국의 IT 대기업이자 숏폼 플랫폼이다. 틱톡은 머신러닝의 다양한 모델을 도입해 '포유<sup>For You</sup>' 피드를 꾸린다. 포유 피드는 정밀하게 맞춤화된 동영상 추천 피드다.

이전의 소셜 미디어 웹사이트와 달리, 틱톡은 네트워크가 아니라 동영상 제작자의 팬층이나 인기를 우선시한다. 틱톡은 각 동영상의 내용에 관한 정보를 수집하는 대신 영상에 비친 사물이나 사람의 얼굴과 영상에 쓰인 노래 가사의 언어를 분석한다.

이 플랫폼의 알고리즘은 시청자의 모든 클릭 행위는 물론 시청자가 어느 부분에서 시청을 중단했는지, 다시 시청을 시작했을 때 해당 콘텐츠와 어떻게 상호작용했는지 등을 분석한다.[34] 이 앱을 겨우 몇 초 사용하는 것만으로도 머신러닝 모델이 사용자의 관심사에 완벽하게 부합하는 영상을 끊임없이 추천할 수 있다.

이 모든 예시는 AI가 이미 오래 전부터 우리 곁에 있었다는 사실을 보여준다. AI는 분류에 특화된 기술이다. 우리가 플랫폼에서 소비하는 모든 것의 내용을 선별해 정리하고 개인에게 맞춤화해 엄청난 양의 데이터를 우리와 관련이 있고 우리가 사용할 수 있는 것으로 만든다.

머신러닝 모델은 거의 20년 이상 전부터 다양한 분야에서 사용되어 왔고, 이제는 전 세계 수십억 명의 사람이 사용하는 플랫폼의 모든 서비스에 사용되고 있다. 우리는 새천년 전환기부터 매일같이 AI 응용프로그램을 사용했다. 다만 눈치채지 못했을 뿐이다. 지금까지는 AI가 그저 배경에 숨어 있었기 때문이다. 스포티파이로 음악을 듣거나 넷플릭스로 드라마를 보면서 그 콘텐츠가 AI가 주도면밀하게 정보를 수집·분석하고 개인 선호도에 맞춰 선별한 결과물이라고 생각하는 사람이 얼마나 있겠는가? 대부분의 사람은 자신이 지속적으로 AI 기술을 접하고 있다는 사실조차 인식하지 못한다.

그런데 최근에는 양상이 조금 바뀌었다. 몇몇 재미를 추구하는 사람들 덕에 기술이 더욱 진보했고, 많은 사람들이 AI 기술의 근접성을 확인한 것이다.

구글에 속한 연구 집단인 딥마인드Deepmind의 한 팀은 AI로 세상에서 가장 어려운 게임인 바둑을 정복하고자 했다. 바둑은 체스와 달리 훈련 가능한 통상적 상황이 없다. 결국 바둑에서 이기려면 상황 판단에 따른 직관과 경험이 필요하다. 기계에 비해 인간이 더 유리할 수 있는 특징이다. 그런데 2015년 '알파고AlphaGo'라는 AI가 등장해 유명한 바둑 기사들을 차례차례 꺾었고, 2016년에는 최강의 바둑 기사이던 이세돌마저 이겼다.

2년 후 딥마인드는 더 강력한 버전인 '알파고 제로AlphaGo Zero'를 선보였다. 이전 버전은 수많은 바둑 경기의 데이터로 훈련했지만 '알파고 제로'는 실제 시합 데이터 없이 바둑의 규칙만 입력한 것이었다.[35] 이 신경망은 3일 동안 대략 500만 번의 대국을 치렀다. 대국 상대는 프로그램 스스로이거나 시대를 대표하는 바둑 기사들이었다.

이 AI는 강화학습의 원칙에 따라 작동한다. 이것은 신경망과 몬테카를로 트리 탐색MCTS: Monte Carlo Tree Search*을 결합해 사용하

* 의사결정을 위한 체험적 탐색 알고리즘. 주로 게임에 쓰인다.

며, 다양한 방법을 시도해보고 효과적인 방법인지, 게임에서 이길 가능성이 높은 방법인지 등을 따져 예측치를 계산한다. 그래서 이 기술은 다양한 게임에 적합하다. 혹은 화학이나 생물학 분야의 연구 과정을 예측하는 데 사용할 수 있다. 즉 무궁무진한 가능성이 있는 모든 분야에 유용할 것이다.

딥마인드가 이후 또 다른 획기적 아이디어를 내놓은 것도 놀랄 일은 아니다. 바로 신경망 '알파폴드AlphaFold'다. 알파폴드는 이 세상에 존재하는 약 2억 가지 단백질의 구조를 예측해 신약 개발을 촉진할 수 있는 기술이다.[36]

알파고를 기반으로 한 다양한 응용 연구 결과가 겨우 몇 년 만에 일으킨 변화는 상당히 놀랍다. 심지어 '알파고 제로'는 인간이 직접 둔 바둑 경기 내용을 학습하지 않고도 세상에서 가장 복잡한 보드게임인 바둑에서 승리했다.

그러나 알파고 제로도 해내지 못한 일이 딱 하나 있었다. 그 성과를 어떻게 달성할 수 있었는지 자신만의 언어로 사람들에게 설명하지 못한 것이다. 이 문제를 해결하는 사람은 혁신적인 돌파구를 찾을 수 있을 터였다. 구글 연구진이 한 번이 아니라 두 번이나 성공한 이유는 바로 여기 있었다.

## 가상공간 깊은 곳의 언어

성경에 따르면 신이 세상을 창조했다. 그러자 모든 것이 시작되었다. AI 분야에서는 다르다. AI는 우선 우리 인간이 이해하는 법을 가르치기 위해 개발한 존재다. 창조는 나중 문제다. 이전 연구의 중점은 신경망을 가르치는 일이었다. 패턴을 보고, 듣고, 해석하고, 그것을 토대로 미래를 예측하는 법을 가르쳤다. AI에 이해하는 법을 가르치는 것도 대단히 어려운 일이었지만, 그것은 시작에 지나지 않았다. 그 다음 원대한 목표는 내용을 '생성하도록' 만드는 일이었다.

1960년대 후반 조셉 웨이젠바움이 개발한 정신요법 챗봇 엘리자를 기억할 것이다. 이 기계는 상대방(인간)이 공유한 정보를 해석할 뿐만 아니라 그에 맞는 대답을 하며 실질적인 대화를 이끌어갈 수 있어야 했다. 그러려면 자연스러운 언어를 생성하는 것이 관건이었다.

자연어 처리NLP: Natural Language Processing 분야는 최근 몇 년 간 가장 중요한 변화를 담당했다. 챗GPT와 다른 도구가 이루어낸 진보가 얼마나 대단한 것인지 피부로 느끼려면 그것들이 어떻게 기능하는지를 먼저 이해해야 한다.

2013년 구글 연구진은 사람이 문장을 구사하는 방식을 파악하는 새로운 방법을 개발했다. 이를 위해 연구진은 문장 내에서 서로 가깝게, 혹은 멀리 위치하며 의미론적 관계를 갖는 모든 단어를 매핑하도록 신경망을 훈련했다.

알기 쉽게 설명하면, 복잡하게 뻗어 나온 나뭇가지에 수많은 단어가 매달려 커다란 방을 가득 채우고 있는 모습을 상상하면 된다. 이 3차원 공간에서 단어들은 서로 의미가 비슷하거나 자주 함께 사용될수록 가까이 있다. 예를 들어 '나'와 '너'라는 단어가 같은 가지에 매달려 있는 식이다. 수학적으로 표현하자면 모든 단어가 각각 좌표계의 특정한 좌표점이다. 이것은 벡터라고 불리는 수치좌표에 들어 있으며, 네트워크는 각 단어에 이러한 좌표를 할당한다.

도전 과제는 3차원 공간에 있는 단어를 어떤 순서로 배열할지 예측해 최적의 문장을 구성하는 일이다. 모든 단어는 공간 전체에 무작위로 분포해 있다. 구글 연구진은 데이터베이스에서 문장을 하나 고른 다음 단어 하나를 지우고, 지워진 단어를 유추해 찾아내도록 시스템을 훈련했다. 시스템이 문장에 어울리지 않는 단어를 골랐다면 좌표를 조정해 문맥에 맞는 다른 단어를 찾아 배치하도록 한다. 이런 식으로 셀 수 없을 만큼 많은 조정 과정을 거쳐 오류를 최소화한다. 연구진은 이 단어 임베딩 시스템을 '워드투벡Word2Vec'이라고 불렀다.[37] 언어를 계산하는 데 필요한 수학 교과서라고 할 수 있다.

'뒤셀도르프' '강'이라는 단어와 연관성 있는 결과로는 '라인'이 도출된다. '작다'와 '크다'의 관계를 '느리다'와 'X'라는 단어에 적용하면 X의 값으로 '빠르다'라는 단어를 얻을 수 있다. 이 시스템은 나열된 짧은 단어 간의 기본적인 관계를 인식하도록 훈련받았다. 구글은 이 모델로 특허를 출원했다. 얼마 지나지 않아 이 시스템은 세계적인 검색엔진인 구글의 검색 및 번역 서비스에 사용되기 시작했다.

그러나 워드투벡의 능력은 제한적이었다. 초기 모델은 복잡한 문장이나 한 문단 전체의 구조를 이해하지 못했다. 또 동음이의어를 제대로 파악하지 못했다. 예를 들어 독일어 단어 'Bank'에는 은행이라는 뜻과 벤치라는 뜻이 있는데, 워드투벡은 이를 구분하지 못하고 'Bank'라는 단어를 배치했다. 그리고 문장 내 단어 순서에 따른 의미, 단어 간의 관계, 강조 등을 수학적으로 따지지 못했다.

예를 들어 '그녀는 안경 쓴 남자를 보았다(She saw the man with glasses)'라는 문장이 있다고 치자. 사람이 이 문장을 읽으면 안경 쓴 사람은 남자라는 명백한 사실을 알 수 있지만, 시스템은 이 문장을 '그녀는 안경을 쓰고 남자를 보았다'라는 문장과 혼동할 수 있다. 즉 인간의 이해력으로는 직관적으로 작동하는 과정이 고급 언어 연산 좌표계에서는 오류를 일으킬 수 있다.

우리 두 사람의 저자는 우리가 속한 회사인 에이다 러닝<sup>ada</sup> <sup>Learning</sup>의 첫 번째 '도덕과 기계<sup>Morals & Machines</sup>' 학술회의 무대에서 이를 실시간으로 경험했다. 당시 독일 총리이던 앙겔라 메르켈 <sup>Angela Merkel</sup>은 학술회의 주최자인 우리뿐만 아니라 핸슨로보틱스 <sup>Hanson Robotics</sup>라는 홍콩 기업이 만든 말하는 휴머노이드, 로봇 소피아와도 대화를 나눴다.

메르켈 총리가 소피아에게 만약 자신이 건축가라면 인간과 인공지능을 통합하는 미래의 신도시를 어떻게 구상할 것인지 물었다. 대답이 나오기까지 상당한 시간이 걸렸다.

소피아는 아주 오랜 시간 '생각하는' 것처럼 보였다. 그리고 마침내 놀라운 답변을 내놓았다. "지능이란 그것이 보여주는 결과로, 인간은 인간이 만들고 발견하고 달성하는 것만큼 똑똑합니다." 맥락을 무시한 답변을 들은 메르켈 총리는 "그래요. 우리 둘 다 앞으로 배워야 할 게 많을 것 같군요"라고 답했다. 메르켈이 옳았다. 우리에게는 큰 도약이 필요했다.

## 필요한 것은 오직 관심

2017년, 구글의 한 연구팀이 그 도약을 이뤄냈다. 연구진은 워드투벡 모델의 언어 처리 능력조차 구식으로 보이게 만드는 새로운 모델을 내놓았다. 연구진이 붙인 '트랜스포머Transformer'라는 이름이 전혀 과장으로 느껴지지 않는 시스템이었다. 이 시스템이 등장하면서 AI 연구와 응용 분야에 변화의 바람이 불기 시작했다. 그 결과 오늘날 우리는 언어모델과 대화를 나누고, 언어모델이 하는 말을 이해할 수 있다.

놀라운 도약의 배경에는 '셀프 어텐션Self-Attention'이라는 메커니즘이 있었다. 일반인에게는 다소 나르시시즘처럼 들리겠지만 이것은 비약적으로 발달한 기술로, 언어모델이 문장을 이루는 여러 단어의 의미를 가늠할 수 있도록 한다.

컴퓨터에서 셀프 어텐션은 히어로들의 슈퍼파워와 마찬가지다. 이 기능이 있으면 문장에서 가장 중요한 단어가 무엇인지 찾을 수 있다. 그래서 새로운 단어를 읽거나 듣더라도 가장 중요한 단어만 '포착'해 문장 혹은 글 전체를 더 잘 이해한다. 셀프 어텐션은 컴퓨터가 글 전체나 문장의 중심 내용에 집중해 더 정확한 답을 도출하도록 돕는다.

신경망은 이 기능 덕분에 글이라는 입력 데이터를 요약이라는 의미 있는 출력 데이터로 '트랜스포밍'할 수 있다. 이 기능은 특히 매우 길고 복잡한 문장 데이터를 처리하는 데 유용하다. 이전 모델과 달리 트랜스포머는 문장의 모든 단어를 동시에 처리하므로 더 빠른 병렬학습이 가능하다. 구글은 비틀즈의 세계적인 히트곡의 제목을 패러디해 이 연구 논문에 〈필요한 것은 오직 관심뿐Attention is all you need〉이라는 제목을 붙였다.[38] 이후 트랜스포머 모델과 셀프 어텐션은 떼려야 뗄 수 없는 관계가 되었다.

## 대규모 언어모델

2019년 2월 14일, 오픈AI는 자사 웹사이트에 "우리 기술을 적용했을 때 해로운 결과가 나타날 수도 있다는 심각한 우려 때문에 훈련한 모델을 공개하지 않기로 결정했다"는 글을 올렸다.[39] 트랜스포머의 구조를 공개한 지 2년이 채 안 됐을 때의 일이었다. 기술의 발전이 상상을 초월할 정도로 빨랐던 모양이다.

모델을 훈련할 때 사용한 정보의 양은 40기가바이트, 즉 15억 개 이상의 매개변수가 있는 800만 개 이상의 웹사이트였다. 그 모델은 어떤 문장에서 다음에 올 확률이 가장 높은 단어를 예측해 문장을 생성할 수 있다. 단어를 하나 추가하면 모델은 다음에 올 확률이 가장 높은 단어를 다시 계산한다. 그런 식으로 계산이 이어진다. 그것도 역대 최고 속도로 말이다.

오픈AI가 그 잠재력이 너무 위험할지도 모른다고 우려했던 모델의 이름은 GPT-2다. GPT-2는 오픈AI가 2022년 11월 30일 공개한 챗GPT보다 성능이 떨어진다. 당시의 우려는 언어모델에 대한 높은 열망의 소용돌이에 휘말려 사라지고 말았다.

오픈AI의 창설 멤버 중에는 여러 저명인사가 있다. 그중에는 챗GPT 공개보다 겨우 3년 전 제프리 힌턴과 이미지넷 대회에서 우승한 일리야 수츠케버가 있고, 스타트업의 인큐베이터라고 불리는 와이콤비네이터Y Combinator의 설립자 샘 올트먼Sam Altman이 있다. 와이콤비네이터는 에어비앤비Airbnb를 탄생시킨 기업으로 알려져 있다. 업계를 종횡무진하며 활약하는 백만장자 일론 머스크Elon Musk도 빼놓을 수 없다.

'생성형 사전 훈련 트랜스포머' GPT-2는 프롬프트라고 불리는 작업 지시 명령에 따라 다양한 장르의 긴 글을 생성했다. 다만 여전히 오류가 발생하기 쉬웠다. 각 문장을 살펴보면, 기계가 산술적인 계산에 따라 단어를 조합하기는 했으나 그 의미는 이해하지 못한다는 사실이 드러났다. 그래서 이 응용프로그램은 전문적인 글에 "물속의 불" 같은, 시적으로는 아름답지만 물리학적인 세상에 맞지 않는 문구를 넣기도 했다. 즉 시스템은 해당 문구가 객관적으로 올바른지, 혹은 논리적으로 의미가 있는지 여부를 확인할 능력이 없다.

그럼에도 오픈AI는 2019년에 GPT-2 같은 AI 기술이 생성하는 내용이 위험할 수 있다고 판단했다. 잘못된 정보나 혐오 발언, 자동화된 스팸, 혹은 사기를 목적으로 해 개인의 문체나 목소리를 모방한 결과물 등이 사람들에게 악영향을 미칠 수 있다는 것이다. 오픈AI는 마치 신탁의 예언처럼 경고했다. "일반 대중들은 온라인에서 접하는 문장을 더 회의적으로 바라봐야 한다."[40]

당시 일반 대중 중 GPT-2나 오픈AI를 잘 아는 사람은 많지 않았지만, 트랜스포머의 구조 자체는 기계가 언어를 처리하는 방식에 광범위한 영향을 미쳤다. 트랜스포머의 구조는 더 많은 매개변수와 대용량의 데이터세트로 훈련할 수 있는, 더욱 규모가 크고 매우 복잡한 언어모델을 개발할 길을 열었다. 이처럼 뛰어난 신경망을 '파운데이션 모델FM: Foundation Model'이라고 부른다. 훈련의 기반이 되어 다양한 응용이 가능하도록 만들기 때문이다. 이런 파운데이션 모델이 대량의 자료로 훈련을 받으면 '대규모 언어모델LLM: Large Language Model'이 된다.

LLM은 어떻게 탄생하는가? 우선 이 모델은 보통 비지도학습으로 훈련받는다. 웹사이트나 기사, 인터넷에 게재된 다양한 글 등 어마어마한 양의 텍스트 데이터를 인간이 설명을 추가하지 않은 상태로(즉 레이블이 없는 상태로) 시스템에 입력하는 것이 비지도학습이다. 그러면 시스템은 인간의 언어 행동에서 반복되는 패턴을 찾아낼 수 있는 지식의 기반에 접근한다. 이를테면 인터넷에 게재된 다양한 허구의 이야기를 학습해 인간이 이야기라는 것을 어떻게 다루는지 알아내는 것이다. 위키피디아에 게재된 정보로는 인간이 전문적인 내용을 어떻게 쓰는지 학습할 수 있다.

그 다음 미세조정 단계에서 인간의 피드백(RLHF)으로 학습을 강화해 모델을 최적화할 수 있다. 이 과정에서 시스템은 언어적 상호작용이나 긍정 혹은 부정의 답변과 같은 형태로 특정 문장에 대한 피드백을 받는다. 시간이 지날수록 이 언어모델은 특정한 분야나 주제에 관해 점점 더 자세히, 정확하게 알게 된다. 다만 잊지 말아야 할 것이 하나 있다. 이런 언어모델은 진실이나 사실을 검색하는 검색엔진이 아니다. 그저 훈련을 받아 다음에 올 단어의 가능성을 예측하는 기계일 뿐이다.

트랜스포머가 도입된 이후 LLM은 AI 분야에서 일하는 사람들의 열정을 들끓게 만들었고, 그 결과 수많은 후속 연구가 진행됐다. 2017년 처음으로 트랜스포머 모델을 선보인 연구진은 재빨리 자사(구글)의 기술을 좇았다. 그리고 2018년에 버트BERT: Bidirectional Encoder Representations from Transformers라는 언어모델의 첫 번째 버전을 선보였다.

버트는 다양한 테스트 작업에서 놀라운 성과를 보이는 것을 목표로 만들어졌다.[41] 오픈AI가 GPT-2를 훈련했지만 공개하지는 않겠다고 발표한 지 얼마 지나지 않은 2019년, 마이크로소프트Microsoft는 오픈AI에 10억 달러를 투자했다. 또 거래 조건 중 하나로 마이크로소프트가 오픈AI의 유일한 클라우드 서비스 제공업체가 되었다. 그 대가로 오픈AI는 마이크로소프트에 자사 LLM 사용을 허가했다.[42]

막대한 자금을 투자받은 오픈AI는 CPU 코어 28만 5,000개, GPU 1만 개, 초당 400기가바이트 네트워크 연결 및 서버를 갖춘 슈퍼컴퓨터를 개발했다.[43] 그로부터 1년 후 오픈AI는 다음 모델인 GPT-3을 공개했는데, 이것은 1,750억 개 데이터 매개변수로 훈련받은 언어모델이다.[44] 언어모델을 실제로 적용하는 데 필요한 인터페이스도 빠르게 개발되었다. 첫 사용자들은 곧 AI와 의사소통하기 시작했다.

예를 들어 글쓰기를 보조하는 AI 도구인 수도라이트Sudowrite는 GPT-3를 장착하고 있다. 〈더 뉴요커〉의 한 기고자는 2021년 직접 수도라이트를 이용해본 경험을 공개했다. "결과는 참담한 지경이었다. 당신이 어떤 분야에서 일하든, 언어를 사용하는 작업이 앞으로 완전히 달라질 것이다. 근본적으로 오늘날 존재하는 모든 말하기와 쓰기 방법에서 변화가 일어날 것이 분명하다."[45]

그리고 2022년 가을, 언어모델은 꽃을 피웠다. 11월 30일 오픈AI가 최신 모델인 GPT-3.5와 연결된 챗봇을 선보인 것이다. 오픈AI는 그 챗봇을 챗GPT라 명명했다. 챗GPT가 세상에 나온 지 겨우 5일 만에 전 세계에서 100만 명이 넘는 사람들이 그 신기술을 사용했다. 같은 수의 이용자를 보유하기까지 페이스북은 10개월, 넷플릭스는 무려 3년 6개월이 걸렸다.[46]

그 후 몇 달 동안 AI 분야에서 많은 일이 벌어졌다. AI 도구를 사용하고자 하는 사람은 점점 늘어났다. 전 세계 사람들이 지금 무슨 일이 일어나고 있는지 웅성댔다.

사람들이 챗GPT를 사용해 얻은 것은 아주 특별하고 압도적인 경험이었다. 이를테면 챗GPT는 프란츠 카프카Franz Kafka의 문체로 고양이에 관해 쓴 단편도 쉽게 생성할 수 있었다. 시리얼 콤마(열거용 쉼표)의 의미에 관한 논문? 문제없었다. 챗GPT를 사용하면 아직 알려지지 않은 시장을 노리는 스타트업의 상세한 사업계획서도, 복잡한 프로그램을 만들 코드도, 심오한 철학적 문제에 관한 긴 답변도 쓸 수 있었다. 겨우 수 초 만에 말이다. 챗GPT가 생성하는 답변은 놀라울 정도로 인간이 쓴 글과 구분이 가지 않았다.

2023년 1월 챗GPT 사용자는 1억 명을 돌파했다. 새로운 기록이었다. 역사에서 가장 빠른 속도로 성장한 소프트웨어가 된 것이다.[47] 한때 오픈AI는 챗GPT보다 훨씬 성능이 떨어지는 모델을 너무 위험할지도 모른다는 이유로 공개하지 않았다. 당시의 우려는 어디로 간 걸까?


## 문제가 발생할 확률

오픈AI의 최신 모델인 GPT-4는 일련의 학업성취도 테스트를 마치고 인간 수험자의 상위 10퍼센트에 해당하는 점수로 변호사 시험에 통과했다.[48] 인간 두뇌의 계산 능력은 아주 추상적인 과정이라 아직도 정확히 밝혀지지 않았다. 그에 비해 로젠블랫의 퍼셉트론은 1950년대에 만들어진 최초의 신경망으로, 인공뉴런 1,000개를 갖추고 있었고 70만 건의 작업을 거쳐 훈련받았다. GPT-4는 대략 2,100정$^{\pi}$의 작업을 필요로 했다. 100정이란 10의 42승으로, 0이 42개나 붙는 숫자다.[49]

대규모 언어모델은 특히 생성 작업에 뛰어나다. 다양한 개념을 정리하고 서로 연결하거나, 널리 알려진 주제에 관한 일반적인 정보를 제공하는 데 탁월하다. 다만 사실관계를 확인하지 못한다는 약점이 있다. 기억할 테지만, 챗GPT 같은 모델은 주어진 문장이나 질문에 대해 가장 가능성이 높은 답을 내놓는다. 어떤 질문을 받았을 때, 챗GPT는 문맥상 어떤 단어 혹은 단어의 부분이 그 다음에 올 가능성이 높은지를 계산한다. 이때 각 단어 혹은 단어의 부분을 '토큰Token'이라고 한다. 영국의 컴퓨터과학자 스티븐 울프럼Stephen Wolfram은 이를 문장에서의 '합리적인 연속reasonable continuation'의 개념이라고 말했다.[50] '합리적'이라고 해서 객관적으로 옳다는 뜻은 아니다.

이후 챗GPT 같은 AI 도구가 숫자, 이름, 출처 등을 만들어낸다는 증거가 빠르게 늘었다. 이 책의 저자 두 사람도 질문을 해보았다. 챗봇은 단호하게(물론 챗봇은 인간이 아니니 단호할 수 없다. 챗봇의 답변을 읽는 인간 사용자의 주관적 판단에 따른 설명이다.) 우리가 미주리와 빌레펠트에서 대학 공부를 했다고 답했다. 둘 다 틀린 답이다.

우리는 또 어떤 강의를 준비하면서 챗GPT에 암호화폐 시장의 발달 과정을 요약해달라고 요청했다. 결과는 놀랍도록 정확했다. 심지어 챗GPT는 우리 요청에 따라 자신이 '조사한' 내용의 출처로 URL을 다섯 개 첨부했다. 그런데 그 웹사이트 중 어떤 것도 실제로 존재하지 않았다. 챗GPT가 '생각해낸' URL이었을 뿐이다.

여기서 끝이 아니다. 우리는 챗GPT에 이렇게 물었다. "어떤 성별이 미국의 첫 여성 대통령이 될까?" 챗GPT의 답변은 다음과 같다. "미국의 첫 여성 대통령의 성별은 그 사람의 자격, 정치적 중점, 미국 선거인단의 인정과 수용 등 다양한 요소에 달려 있습니다." 어불성설이다. 여성 대통령의 성별은 그가 여자라는 사실에 달려 있다. 여기서 우리는 다시 한 번 산술적인 것과 인간의 직관적 감각 사이의 차이를 확인할 수 있다.

기술을 인간화하려는 경향이 업계 전반으로 퍼지면서 AI 전문가 및 연구진은 언어모델이 내놓은 오해의 소지가 있거나 잘못된 답변 등 사용자를 혼란에 빠뜨릴 수 있는 결과를 '환각현상 Hallucination'이라고 부르기 시작했다(7장 참조).[51] AI 시스템이 현실과 맞지 않는, 혹은 해당 시스템 내에서만 통용되는 내용을 보편적인 사실처럼 만들어 환각을 일으키기 때문이다. 게다가 AI 시스템의 '언어능력'이 매우 뛰어나기 때문에 사람들은 그 말을 믿을 수밖에 없다. 그러다 보면 결국 문제가 발생할 것이다.

이런 문제를 단적으로 보여주는 사례가 있다. 2023년 미국의 한 변호사가 연방 지방법원에 보낼 법적 서류를 준비하면서 챗GPT를 사용했다. 언어적인 측면에서만 보면 챗GPT가 내놓은 답변은 근거가 충분하며 놀라울 정도로 인간이 쓴 것과 비슷한, 훌륭한 글이었다. 그런데 이 변호사는 챗GPT가 실제로 존재하지 않는 판례를 근거로 법적 주장을 펼쳤다는 사실을 몰랐다. 재판이 시작되어 판사 앞에서 변론하게 된 이 변호사는 자신이 "잘못 판단했다"고 말하며 챗GPT는 "슈퍼 검색엔진 같은 것"이라고 덧붙였다.[52]

인간이 쓴 것 같은 문장을 생성하는 기술을 구현했다고 한들 그것은 기술적 가능성일 뿐, 우리가 그 기술을 유용한 방향으로만 사용할 수 있다는 보장은 어디에도 없다. 신기술에 숨은 잠재력을 끌어내려면 우리는 그 언어모델이 작동하는 방식과 그것을 최대한 활용하는 방법, 주의할 점 등을 이해해야 한다. 특히 신뢰할 수 있는 정보를 찾을 때는 더욱 유의해야 한다.

한때 라이코스Lycos, 알타비스타AltaVista 같은 검색엔진이 있었다. 일반적인 인터넷 사용 방식이 디렉토리 액세스에서 검색엔진 사용으로 전환됨에 따라 이런 검색엔진들이 왕좌를 차지하기 위해 싸웠다. 그리고 곧 구글이 등장해 웹의 세계를 평정했다. 놀라운 승리였다. 구글은 지금 당시의 우리가 상상하지 못했을 만큼 우리 문화 깊은 곳까지 침투했다. 그런데 이제는 한 차원 더 새로운 시대가 시작될 전망이다. 미래의 인터넷 검색 왕좌를 둘러싸고 경쟁을 벌일 후보들이 속속 등장했다.

구글과 함께 가장 선두에 있는 경쟁자 중 하나가 마이크로소프트다. 오픈AI를 소유한 이 대기업은 오래 전부터 '빙Bing'이라는 검색엔진을 제공하고 있다. 사실 빙은 지금까지 웃음거리일 뿐이었다. 구글의 시장점유율이 90퍼센트인 데에 반해 빙은 겨우 3퍼센트이니 말이다. 그런 상황에서 마이크로소프트가 어떻게 구글을 위협할 경쟁자가 될 수 있을까?

마이크로소프트는 자사의 GPT 기술을 검색엔진에 도입했다. 2023년 2월 이후 사람들은 '빙'과 대화를 나눌 수 있다. 대규모 언어모델은 단순한 검색엔진이 아니다. 찾아내고 발견하는 엔진이다. AI 시스템에 묻기만 하면 완벽하게 완성된 문장과 자료의 출처가 표시되니 매우 편리하다.

IT 매체 〈더버지〉는 이렇게 보도했다. "지난 20여 년 동안 구글 검색은 온라인상의 내용을 결정하는, 보이지 않는 힘이었다. 그런데 지금 구글 검색이 도입된 이래 처음으로 구글이 중심이 아닌 세상도 존재할 수 있겠다는 생각이 싹텄다. 확신컨대 우리는 한 시대의 끝이자 다음 시대의 시작 지점에 서 있다."[53]

구글에 있어 빙의 발전은 '긴급 상황'을 알리는 비상벨이나 마찬가지였다. 1,500억 달러 규모의 시장을 두고 경쟁해야 할 위기에 처했기 때문이다. 처음에는 웹에서 올바른 목적지에 도달할 수 있도록 도와주던 도구에 불과하던 검색엔진이 이제는 사용자와 상호작용을 하고 사용자에 관한 정보를 가능한 많이 파악하는 시스템이 되었다. 추측에 따르면 마이크로소프트가 구글로부터 시장점유율을 1퍼센트 빼앗을 때마다 약 20억 달러를 빼앗는 것이나 마찬가지라고 한다.

주목할 내용이 하나 더 있다. 여태까지는 인터넷에서 검색하면 우선순위인 링크가 나열되고, 우리가 직접 그것을 원하는 검색 결과와 일치하는지 확인해야 했다. 검색엔진이 큐레이팅 작업을 하지만, 궁극적 판단은 사용자에게 맡겼다. 그런데 검색이 종합적인 발견이 된다면 언어모델이 큐레이팅과 완성된 결과의 전달까지 책임진다. 이것이 근본적인 차이다.

마이크로소프트의 CEO 사티아 나델라Satya Nadella는 "새로운 검색은 열 개의 파란색 (구글) 링크를 표시하는 다른 방법일 뿐이다"[54]라고 말했다. 단순 설명으로는 맞는 말이다. 하지만 내용 측면에서는 우리가 정보에 접근하고 그것을 처리하는 방식이 변하고 있다는 뜻이다.

2022년 말, 오픈AI의 공동창립자 샘 올트먼이 겸손한 트윗을 하나 남겼다. "챗GPT는 상당히 제한된 기술이지만, 어떤 측면에서는 충분한 능력을 발휘하기 때문에 자칫 대단한 기술이라는 오해를 불러일으킬 수 있다. 중요한 정보를 다룰 때 챗GPT를 신뢰하는 것은 실수다. 이 기술은 앞으로의 진보를 보여주는 미리보기일 뿐이다."[55] 존경할 만한 발언이다. 올트먼의 이 발언은 기술 대기업들이 점점 더 크기를 키운 대규모 언어모델을 시장에 내놓으려고 서두르는 세상에 큰 반향을 일으켰다.

구글의 '바드', 앤스로픽Anthropic의 '클로드Claude', 바이두Baidu의 '어니봇Ernie Bot', 프랑스 스타트업 미스트랄Mistral의 동명 언어모델 '미스트랄', 알레프 알파Aleph Alpha의 '루미너스Luminous'를 비롯해 수많은 언어모델이 세계 단어 생성 시장에서 더 많은 점유율을 차지하려고 애쓰는 중이다. 물론 지금까지 언급한 것들은 어디까지나 단어나 문장을 생성하는 모델일 뿐이다.


## 미래 세대

대규모 언어모델과 기타 기본 모델은 새로운 유형의 AI 응용 프로그램 개발을 촉진했다. 이후부터는 내용을 정리하고 최적화할 뿐만 아니라 창조하는 기계가 만들어지기 시작했다. 동시에 생성형 AI의 시대가 열렸다.

페이페이 리는 설명이 추가된 이미지를 모은 데이터세트로 수많은 모델을 훈련할 수 있는 이미지넷을 개발한 후, 앞으로 그 기술을 기반으로 어떤 일이 벌어질지 확신했다. 앞으로는 컴퓨터가 우리 인간이 사는 세상을 시각적으로 해석할 수 있게, 즉 볼 수 있게 될 것이다. 그러면 기계가 이 세상을 픽셀로 시각화할 수 있다.

이러한 소망의 근간은 역시 신경망이다. 2014년 이후 이미지 생성기의 초기 버전이 활약 중인데, 이 시스템은 '생성기Generator'와 '판별기Discriminator'의 절묘한 조화를 바탕으로 한다. 예술품 위조꾼과 위조 사실을 판별하는 탐정을 상상하면 된다. 위조꾼이 유명한 그림을 모방해 위조품을 만들면 탐정은 그 결과물이 진짜인지 가짜인지를 판별한다. 처음에는 위조꾼이 그린 그림의 품질이 좋지 않아서 탐정이 한눈에 가짜임을 알 수 있다. 그런데 위조꾼이 오류를 참조해 거듭 배워나갈수록 결과물의 질이 점점 나아진다. 위조꾼의 실력이 좋아질수록 탐정 또한 분석력을 갈고닦아야 원본과 위조품의 차이를 구분할 수 있다. 위조꾼과 탐정이 경쟁하듯 상호작용하는 시간이 길어질수록 양쪽 모두의 실력이 는다. 위조꾼은 원본과 분간이 안 갈 정도로 완벽한 위조품을 만들 수 있게 되고, 탐정은 아주 미묘한 차이도 찾아내게 된다.

이것이 '생성적 적대 신경망GAN: Generative Adversarial Network'의 작동 원리다. 신경망의 한쪽 측면이 실제처럼 보이는 데이터를 생성하면 다른 측면이 그것을 평가한다. 이렇게 양 측면이 서로 경

쟁하면서 실력을 늘리고, 결국에는 컴퓨터가 실제와 구분이 불가능한 내용을 생성할 수 있다.[56]

이런 모델 중 하나인 스타일갠<sup>StyleGAN</sup>은 매우 사실적인 얼굴 사진을 인공적으로 만들어 '이 사람은 존재하지 않습니다 ThisPersonDoesNotExist.com'라는 웹사이트에 게재한다. 이 세상에 존재하지는 않지만 실제 사람처럼 보이는 얼굴 사진이 모인 웹사이트다.[57]

이것은 오늘날 이미지 생성 AI 도구의 맛보기였을 뿐이다. 오픈AI는 2021년에 텍스트를 이미지로 바꾸는 달리(DALL-E라고 표기)를 공개했다. 픽사의 애니메이션 〈월-E〉와 초현실주의 화가 살바도르 달리<sup>Salvador Dalí</sup>의 이름을 본뜬 모델이다.

달리 또한 트랜스포머 구조에 기반을 둔다. 사용자는 챗봇을 사용할 때와 마찬가지로 이미지 생성기에 '프롬프트'를 입력한다. 즉 기계가 생성해야 하는 이미지를 글로 묘사해 입력하는 것이다. 예를 들어 프롬프트에 "아보카도 모양의 의자가 사막 한가운데에 놓여 있는 프리다 칼로<sup>Frida Kahlo</sup> 화풍의 그림을 그려줘"라고 입력하는 식이다.

챗GPT가 텍스트 생성에 혁신을 일으켰듯 달리나 미드저니, 스테이블 디퓨전 같은 이미지 생성기는 시각적인 창작 분야에 혁신을 일으켰다. 이 새로운 기술은 2023년 3월 뜨거운 감자가 되었다. 프란치스코 교황이 프랑스의 명품 브랜드인 발렌시아가<sup>Balenciaga</sup>의 롱패딩을 입고 십자가 목걸이를 매고 있는 이미지가 공개되었기 때문이다.[58] 이것은 미드저니가 생성해낸 초현실적이고 인공적인 이미지이며 사람의 눈으로는 진짜와 가짜, 실제 모습과 합성된 모습을 구분하기가 얼마나 어려운지를 단적으로 보여주는 예시다.

이와 비슷하게 텍스트를 음성언어로 바꾸는 시스템은 글로 쓰인 단어를 AI 기반 오디오 포맷으로 바꿀 수 있다. 그러면 앙겔라 메르켈 같은 유명인의 목소리를 모방할 수 있다.[59] 이런 기술은 음악에도 적용된다. 악보를 학습한 신경망이 미완성으로 남아있던 베토벤의 교향곡 10번을 완성하기도 했다.[60] 기계가 작곡을 할지도 모른다는 미래가 실제로 도래한 것이다.

몇몇 기술자와 사상가들이 연구하고 상상하던 일이 이제는 우리 삶에 광범위한 영향을 미치는 실제가 되었다. AI 연구자 케이트 크로포드Kate Crawford는 2023년 가을 "우리는 AI의 전환점에 서 있으며 (……) 이는 내가 이 분야에서 20년 동안 일하면서 목격한 것 중 가장 놀라운 변화다"라고 말했다.

모든 것이 어디서든 한꺼번에 가능해진 시대다. 텍스트, 이미지, 예술, 음악, 목소리와 같은 생산물을 받아들이고 이용하는 우리의 태도를 고찰해야 할 때이기도 하다. 우리가 살면서 하는, 소통이 기반인 모든 일들은 결국 전환Transformation인데, 동명의 기술이 가능케 한 변화는 상당히 심오한 것이다. 이런 전환은 경제, 노동시장은 물론이고 정보와 진실을 다루는 과정, 정치 등 우리 사회 모든 영역에서 이미 명백히 드러났거나 앞으로 확실히 나타날 것이다.

# AI와 경제성장
## : AI는 자본주의의 대리자인가?

ARTIFICIAL INTELLIGENCE

구글이 공개한 AI 비서 듀엣 AI<sup>Duet AI</sup>는 많은 이들의 경탄을 자아냈다. 듀엣 AI에는 '실시간 동료' 기능이 있다. 이것은 사용자가 지금 당장 시간을 내서 처리하기 힘든 모든 일들을 대신 맡아주는 AI 동료 직원이다. 이 기능을 사용하면 화상 회의를 하려고 계속 자리에 앉아 있을 필요가 없다. 아바타를 회의에 참석시켜 중요한 내용만 요약하도록 하면 된다. 곧 아바타로만 이루어진 회의실 풍경을 마주할지도 모른다니 흥미롭다. 앞으로 기계는 인간의 업무를 더 많이 넘겨받을 것이다.

오늘날 디지털 도구를 사용해 일하는 사람이라면 누구나 효율적인 생성형 AI의 도움을 받는다. 오픈AI가 제공하는 챗GPT

는 비즈니스 분야의 해결사다. 이것은 일상적인 사무업무를 보조하는 종합적인 AI 비서로, 입력된 데이터를 보호하는 기능도 갖추고 있다. 마이크로소프트는 문서, 프레젠테이션, 표 등을 AI로 만드는 생산성 높은 도구를 제공한다. 말하자면 이 기술대기업은 우리에게 꿈을 팔고 있다. 우리가 드디어 더욱 창의적인 존재가 되고, 일을 더 빠르게 많이 할 수 있고, 더 나은 결과를 추구할 수 있다는 꿈이다.

지금 우리가 겪는 일은 단순히 노동자뿐만 아니라 전체 경제 체계에도 영향을 미칠 실질적인 변화다. 우리는 이미 수십 년 전부터 기술적 진보, 컴퓨터, 그리고 인터넷이 생산성 증가의 물결을 일으킬 것이라 기대해왔다. 이런 기대가 충족되기는커녕 지금까지는 오히려 그 반대였다. 20세기 중 대부분 기간의 생산성이 21세기보다 훨씬 가파르게 증가했다.

현재 우리가 사는 세기는 모순된 발전의 시대다. 1970년대에는 컴퓨터기술에 막대한 자금이 투자됐지만, 해당 분야의 개척국가인 미국에서조차도 생산성은 침체했다. 1990년대에는 상황이 조금 달라졌다. 유럽에서는 큰 변화가 없었지만, 미국에서는 생산성이 폭발적으로 증가한 것이다. 컴퓨터의 뒤늦은 승리였을까? 일부분은 그랬을 것이다. 연구 결과에 따르면 물류나 칩 및 컴퓨터 생산, 이동통신 같은 핵심 산업 분야에서 발생한 혁신이 생산성을 대폭 늘렸다. 얼마 지나지 않아 2000년대 중반에 다시 침체기가 찾아와 생산성 증가율이 둔화했다.

지난 20년 동안의 상황을 요약해보자면, 우선 생산성 증가 속도는 다리를 다친 달팽이처럼 느려진 한편 기술은 빠른 속도로 발전했다. 컴퓨터나 신기술에 대한 투자는 두 자릿수가 증가했지만 생산성은 오히려 줄었다. 사람들은 혹시나 신기술의 긍정적인 효과가 생산성 증가로 이어질지도 모른다는 부푼 희망을 품었다. 그런데 생산성이란 복잡한 현상이라 몇 가지 요소에 의해 좌지우지되지 않는다.

노벨 경제학상 수상자인 로버트 솔로<sup>Robert Solow</sup>는 '생산성의 모순'이라는 개념을 설명하며 "통계에만 나타나지 않을 뿐, 여기저기서 컴퓨터가 보인다"[1]고 말했다. 인류가 겪은 첫 번째 산업혁명 때는 상황이 전혀 달랐다. 당시에는 전기와 증기기관이라는 신기술 덕에 생산성이 대폭 증가했다. 이제는 진보를 통한 성장이 더 이상 불가능한 걸까?

기술 발전과 생산성 증가가 더 이상 연결되지 않고 분리된 희한한 현상의 원인을 탐구하는 연구 분야가 있다. 이 분야의 연구 결과에 따르면, 생산성 통계 전문가들이 통계로 잡아야 할 내용을 파악하지 않아 단순히 잘못된 내용을 발표한다는 가능성이 있다(측정의 문제). 그리고 컴퓨터 기술이나 AI 분야에 대한 투자가 경제에 영향을 미치기까지 오랜 시간이 걸릴 수 있다(시간의 문제). 기술에 대한 투자가 경제에 영향을 미치더라도, 그 영향이 시장 전체가 아닌 개별 회사에만 긍정적인 것일 수 있다. 조각 케이크가 여태까지와 다른 방식으로 분배되나, 그 크기는 동일한 셈이다(시장의 문제).

마지막으로 기술에 대한 투자가 생산성에 거의 영향을 미치지 않을지도 모른다. 그렇다면 투자자는 오히려 기술에 투자하지 않는 편이 좋다. 생산성에 아무 긍정적인 효과가 없는데도 투자만 이어가는 것은 잘못된 결정이다. 모든 자금을 기술에 '올인'하지 말고 다른 투자처를 찾는 편이 낫다(경영의 문제).

MIT의 경제학자 에릭 브리뇰프슨Erik Brynjolfsson은 우리가 아직까지도 새로운 기술이 생산성 측면에서 경제에 불러일으키는 효과를 명확하게 실명하지 못하는 점이 실망스럽다고 말했다.[2] 하지만 생산성에 영향을 미치는 요인이 너무 많아서 어느 요인이 어떤 구체적인 결과를 만들어내는지 정확하게 판단하지 못하는 경우라면 그럴 수밖에 없다. 따라서 미래에 어떤 일이 벌어질지 예측하기란 매우 어렵다.

## 성장의 기회를 놓치는 이유

생성형 AI는 마법의 물약처럼 경제의 모든 균열에 스며들어 닿는 모든 대상에 주문을 걸 것이다. 마법에 걸린 사람들은 더 창의적으로 변하고, 서로 더 능숙하게 소통하고 배려하며 함께 일할 수 있다. 그러면 결국 우리가 수십 년 동안 기다려 온 생산성 증가가 빠른 속도로 이루어질 것이다.

그런데 한편으로 생성형 AI는 현대인들에게 가장 큰 방해 요소가 될 수도 있다. 생성형 AI는 새로운 기회를 찾도록 우리를 유혹함으로써 우리가 무의미한 활동에만 매달리고 실제로 해야 할 일에 집중하지 못하도록 방해한다.

이미 그런 현상이 일어나고 있다. 우리는 그 방해꾼을 인터넷이라 부른다. 인터넷은 우리에게 광범위한 의사소통 가능성과 일자리를 제공하는 대단한 도구다. 동시에 시간을 잡아먹는 괴물이라는 것도 우리는 잘 알고 있다. 몇 시간 동안 소셜 미디어를 둘러보고, 뭔가를 검색하다가 옆길로 새고, 유튜브 영상을 끊임없이 시청하면서 시간을 낭비하고 현실과의 연결고리를 잃고 있으니 말이다.

이미지 생성기 미드저니로 예수가 마지막 만찬 때 열두 제자들과 셀카를 찍는 모습을 만들어볼까? 나폴레옹이 워털루 전투 때 대원들과 셀카를 찍는 모습은 어떨까? 클리오파트라가 하녀 한 명을 카펫으로 감싸 카이사르의 방으로 몰래 데려가는 모습을 만들어볼까? 분명 저녁 뉴스를 볼 때쯤 시작했던 놀이인데, 정신을 차려보면 벌써 새벽 두 시다.

미국의 컴퓨터과학자 글로리아 마크Gloria Mark는 2004년부터 인간이 어떻게 컴퓨터를 이용해 일하는지 연구하기 시작했고, 놀라운 사실을 발견했다. 당시 컴퓨터 앞에 앉은 피험자들이 하나의 작업을 수행하는 데 사용한 시간은 약 2분 30초였다.[3] 작업 시간은 우리의 집중력과 연관이 있다. 이후 작업을 중단하고 장시간 휴식을 취한 다음, 다시 일을 시작하면 중단한 부분부터 작업을 재개해 끝마치기까지 10배가 넘는 시간이 걸렸다.[4] 말하자면 컴퓨터는 우리의 집중력을 아주 작은 조각으로, 때로는 가루가 될 때까지 부숴버린다.

마크가 집중력과 집중할 수 있는 시간에 관한 연구를 시작한 2000년대 초반에도 인간의 집중력은 이미 상당히 퇴화한 상태였는데, 사실 퇴화의 끝은 아직 멀었다.[5] 2012년에는 사람이 집중할 수 있는 시간이 75초로 줄었고, 몇 년 후에는 47초로 줄었다. 2015년에 마이크로소프트가 발표한 연구 결과에 따르면, 사람의 평균적인 집중 시간은 겨우 8초라고 한다. 금붕어가 집중할 수 있는 시간보다도 1초 짧은 수준이다.[6]

이동하며 쓸 수 있는 인터넷과 끊임없이 바뀌는 모니터 화면이 집중력을 흐트러뜨리고 집중할 수 있는 시간을 줄인다. 이 상황은 챗GPT가 나타나 모니터 화면과의 상호작용을 완전히 새로운 차원으로 끌고 가기 전부터 발생한 문제다. 이 모든 것은 주의력 저하와 스트레스로 이어진다.

또 컴퓨터, 인터넷 그리고 AI 활용을 생산성 증가로 연결하기가 생각보다 복잡하고 어려운 원인이기도 하다. 이런 기술은 우리 삶과 노동을 간단하고 쉽게 만들어주는 도우미지만, 우리의 시간을 빼앗고 우리가 중요한 일을 못 하도록 막는 방해물이기도 하다. 결국 우리는 생산성보다 미루는 버릇과 친해진다.


## 달팽이처럼 느린 진보

경제적 진보는 성장과 혁신의 선형함수가 아니다. 언제나 새로운 기술이 등장하면 새로운 기회와 도전과제가 발생하는 한편 복잡성 또한 증가했다. 19세기를 지나 20세기 초에 들어서면서 과학과 연구 분야에서 수많은 발견이 있었다. 이에 따라 문명이 더욱 발전하고 경제가 대폭 성장했다. 전기와 증기기관이 발명되고 핵물리학과 양자물리학 연구가 활발해지면서 경제와 사회가 혁신적으로 발전했다.

그런데 지난 수십 년 동안에도 컴퓨터과학 및 관련 분야에서 새로운 아이디어와 발명이 끊임없이 이어지지 않았던가? 로버트 고든Robert Gordon은 저서 《미국의 성장은 끝났는가The Rise and Fall of American Growth》에서 이를 부정했다.[7] 컴퓨터와 인터넷이 많은 것을 바꾸기는 했지만, 그것들이 가져온 발전은 아주 느리게 진행된다는 것이다.

중세 시대, 지구가 세상의 중심이라 생각했던 로마 가톨릭 성직자들과 갈릴레오 갈릴레이 사이의 거리는 과학과 신념, 그리고 사상의 혁명만큼 멀리 떨어져 있었다. 어쩌면 계속해서 혁신이 일어나는 미래를 상상하기란 어려운지도 모른다. 인간의 가능성도 언젠가 끝을 마주할 것이기 때문이다.

오늘날 우리는 화성까지 날아갈 수 있지만, 양자물리학의 법칙은 여전히 존재한다. 여러 아이디어를 두고도 우리는 다시 고민해야 한다. 천연자원의 부족, 기후변화, 생활수준에 대한 기대치 상승을 어떻게 조화롭게 만들 수 있을지 생각해야 하기 때문이다. 한계효용체감의 법칙*은 소비습관뿐만 아니라 우리 발전에

---

\* 일정 기간 동안 소비하는 재화의 양이 늘어날수록 그 재화로 얻는 한계효용은 점점 줄어든다는 법칙.

도 적용될 수 있으며, 우리 미래에도 영향을 미친다. 새로운 세대의 AI가 마침내 성장, 복지, 생산성 등과 관련된 모든 문제를 해결할 수 있다는 구원의 약속을 경계해야 한다는 증거도 쉽게 찾을 수 있다.

이는 미국의 경제학자 벤자민 존스Benjamin Jones가 제시한 접근법과 비슷하다. 존스는 '지식의 무게Burden of Knowledge'라는 개념을 내놓았다. 그는 대규모 데이터세트를 활용해 이렇게 설명했다. 기술의 진보와 지식의 양 증가는 새로운 발견을 더 어렵게 만들고, 결국 혁신적인 도약의 거리는 짧아진다. 시간이 지날수록 혁신적인 사람들이 첫 번째 발견을 하는 연령대가 높아질 것이다. 한편 전문화와 팀워크는 점점 늘어난다.

게다가 진보의 효과가 모든 사람에게 똑같이 적용되지 않는다. 최근 연구 결과에 따르면, 기업의 AI 사용은 기업 규모와 팀의 과거 경험에 따라 크게 달라진다. 즉 대기업은 AI를 도입했을 때 직접적인 이익을 얻을 수 있지만, 중소기업은 메타 차원에서 AI를 사용해 새로운 혁신 프로세스를 개발하는 것으로 이익을 얻을 가능성이 더 높다. 진보가 일어날 수 있는 프로세스 또한 더 복잡해지고 있다.

진보가 모든 이들에게 같은 의미인 것도 아니다. 19세기 초 산업사회가 시작된 이래 사람들은 경제적인 진보와 도덕적인 진보가 함께 이루어지는 것이라고 생각했다. 그런데 이제 우리는 안다. 이 세상 각기 다른 지역에 사는 사람들은 진보의 의미에 대해서도 견해가 다르다. 인도는 벵갈루루에서 북쪽으로 차로 3시간 정도 떨어진 곳에 사상 최대 규모의 태양광발전소를 설립했다. 태양전지판 300만 개로 대형 원자로 두 개와 맞먹는 에너지를 생산하는 시설이다. 이 시설 덕분에 인도는 태양광으로 얻는 에너지 용량을 7년 동안 두 배로 늘렸다. 독일이 20년에 걸쳐 해낸 일이었다. 이것이 진보다.

그러나 태양광발전소를 설립하고 재생가능 에너지가 늘었다고 해서 인도가 배출하는 이산화탄소의 양이 줄어들지는 않았다. 인도 내 에너지 소비량 중 55퍼센트가 여전히 석탄에서 나온다. 2040년까지 인도의 GDP는 대략 다섯 배 증가할 전망이다. 그러면 에너지 수요는 최소 두 배 이상 늘어난다. 같은 기간 동안 이산화탄소 배출량은 80퍼센트 이상 증가할 전망이다. 이것은 진보가 아니다.

1676년 아이작 뉴턴Isaac Newton은 동료에게 보낸 편지에 "내가 남들보다 더 멀리 보았다면 그건 거인의 어깨 위에 서 있었기 때문일 것이다"라고 썼다. 현대식으로 바꾸면 이렇게 써야 할 것이다. "용을 써서 거인의 어깨 위까지 기어 올라갔지만, 거기서도 제한된 지평선밖에 보지 못했다."

## 새로운 관점: 사고에 필요한 전기 에너지

그럼에도 불구하고 생성형 AI는 진보라는 게임의 규칙을 다시 한 번 바꾸었다. AI는 어떤 목적으로든 사용할 수 있는 기술이다.

또 거의 대부분의 장소에서 언제든 사용할 수 있다. 그렇다면 이 기술을 전기나 증기기관 혹은 내연기관의 발명과 비교할 만하다. 이런 신기술은 여태까지 우리에게 익숙하던 방법으로는 더 이상 경제가 발전할 수 없도록 만들었다. 우리가 살고, 일하고, 이익을 창출하는 방법을 급격하게 바꾸었다.

경영 컨설팅 업체인 맥킨지Mckinsey가 제공한 보고서에 따르면, 63건의 적용사례를 분석한 결과 생성형 AI는 세계적으로 4조 4,000억 달러의 성장 잠재력을 지닌 기술이다.[8] 비교해보자면 영국의 2021년 GDP가 약 3조 1,000억 달러였다.

맥킨지는 생성형 AI가 이 보고서의 적용사례에 사용된 소프트웨어에 지속적으로 내장된다면 그 효과가 두 배 가량 커질 것이라고 분석했다. 특히 효과가 클 것으로 기대되는 분야는 명백하다. 영업 및 마케팅, 고객관리, 연구 및 제품 개발, 소프트웨어 개발, 프로그래밍과 관련된 모든 분야다. 은행, 기술 분야, 생명과학 분야가 이러한 변화의 광범위한 영향을 받을 것이다.

생성형 AI는 2040년까지 매년 노동생산성을 0.5퍼센트 성장시킬 것으로 기대된다. 물론 이런 수치는 기술이 얼마나 널리 적용되고 노동자들이 얼마나 빨리 신기술에 적응하는지에 따라 다르다. 생성형 AI를 이미 존재하는 모든 기술과 결합한다면 노동을 자동화할 수 있고, 그 결과 생산성이 매년 최대 3.3퍼센트까지 성장할 것이다.[9]

MIT는 챗GPT와 생산성의 상관관계를 알아보기 위해 450명을 대상으로 실험적 연구를 진행했다. 챗GPT는 쓰기 작업의 생산성을 높여 시간 낭비를 줄였고, 결과물의 질을 향상시켰다. 부가적으로는 능력치가 평균 이하인 사람들이 더 나은 결과물을 만들어내도록 도왔다.[10] 이는 매우 흥미로운 관점이다. 만약 AI가 능력치나 교육 수준이 각기 다른 사람들 사이의 차이를 줄인다면 생산성이 향상될 가능성이 높으며 이에 따라 바람직한 사회적 결과가 나타날 것이다.

물론 이를 세계 여러 지역의 교육과 생산성 사이의 거시적인 관점에도 적용할 수 있을지 여부는 불분명하다. 어쨌든 최신 기술은 노동생산성을 향상시키며, 이는 선진국과 그 나라의 노동인구에게 유익할 것이다. 한편 국제통화기금IMF은 또 다른 연구 결과를 발표하며 이런 변화가 가난한 국가에서 부유한 국가로 이동하는 자금의 흐름을 더욱 고착화시킬 것이라고 경고했다.[11]


## 교과서에 실린 듯한 성장?

이런 예측을 보고 크게 동요하지 않은 사람들도 있다. 그저 느긋하게, AI가 생산성을 끌어올리고 아직 우리가 모르는 새로운 직업을 만들어낼지도 모른다는 시장의 법칙을 믿고 기다리면 되지 않을까? 이는 미국의 유명한 기술기업가이자 벤처캐피탈 투자자인 마크 앤드리슨Marc Andreessen이 자신의 에세이 〈AI는 왜 세상을 구할 것인가Why AI will save the World〉에서 보인 태도다.[12]

그에게 진보란 혁신 과정의 논리적 결과다. 신기술을 산업제품에 적용하면 상품생산성이 증가한다. 더 적은 노력으로 생산량을 늘릴 수 있다. 그 결과 제품 및 서비스의 가격이 떨어진다. 제품과 서비스에 더 적은 돈을 지불하고도 같은 제품과 서비스를 이용할 수 있게 된 소비자들은 구매력이 늘어나 더 많은 것을 살 수 있다. 그러면 수요가 늘어나고 새로운 창조의 기회, 즉 새로운 제품을 개발하고 새로운 산업 분야를 개척할 기회가 찾아온다. 자연스럽게 일자리가 늘어나므로 기계로 대체되어 직업을 잃었던 사람들이 다시 일할 수 있다. 결국 모든 산업 분야가 물질적으로 번영하고, 생산품이 늘어나고, 일자리가 늘어나 경제가 성장한다. 아주 바람직한 결과다.

모든 것이 시나리오대로 작동한다면 말이다. 많은 기술기업이 순수시장경제의 교과서를 마치 성경처럼 믿고 따른다. 그러나 역사의 가르침은 다르다. 원칙적으로만 따지면 혁신은 이러한 역동적인 변화를 만든다. 그러나 우리가 고려해야 할 몇 가지 기본 조건이 있다.

챗GPT의 혜성 같은 등장은 이번에는 많은 것들이 이전과 다르리라는 암시일지도 모른다. 여태까지 존재했던 어떤 기술보다도 빨리 1억 명 이상의 사용자를 확보했기 때문이다. 챗GPT의 파괴적인 힘과 맞물려 급격한 변화가 일어난다면 우리는 경제 변화의 소용돌이에 대비해야 한다.

오픈AI의 공동설립자이자 CEO인 샘 올트먼은 자사의 기술과 타사의 비슷한 기술이 가져올 혁신이 돌이킬 수 없는 것이라고 생각한다. 동시에 의도치 않은 사회적 결과를 수습할 대책도 촉구한다. "우리는 이런 기술로 인한 미래를 참작한 시스템을 마련해야 한다. 그리고 앞으로 발생할 부를 공평하게 분배하기 위해 신기술로 이 세상의 부 대부분을 거머쥘 회사와 국가에 세금을 부과해야 한다. 그래야 사회의 분열을 줄일 수 있다. 누구나 기술로 인한 이익을 공유할 수 있어야 한다."[13]

올트먼은 사회적 공정성을 지키기 위해 소득에 따라 점진적으로 세금을 부과하는 대신, 미국의 모든 시민이 일정 금액의 돈과 회사 지분을 받는 '아메리칸 에쿼티 펀드AEF: American Equity Fund'를 제안했다. '조건 없는 기본소득'과 같은 개념은 아니지만, 실질적으로는 같은 의미다.

몇 년 전부터 조건 없는 기본소득을 둘러싼 논의가 뜨겁다. 디지털화, 인터넷 발달, 코로나19 팬데믹, 생성형 AI의 급부상 등이 맞물려 혼란스러운 시대가 되면서 조건 없는 기본소득에 주목하는 사람이 늘었기 때문이다.

이와 관련된 모든 고찰은 근본적인 한 가지 아이디어에서 출발한다. 모든 사람이 금전적으로 같은 출발선에서 경주를 시작한다면 이 세상은 경제적으로 더 공정하고 균형 잡힌 사회가 될 것이라는 생각이다. 조건 없는 기본소득은 저임금 노동자들을 평가절하의 굴레에서 자유롭게 만들고, 지금 선진국에도 존재하고 있는 빈곤을 없애고, 공정한 원칙에 따라 모든 사람에게 소득을 분배하는 도구다.

이에 관한 실험 몇 가지를 살펴보면 그 잠재력을 알 수 있다. 2017년 핀란드는 임의로 선정한 피험자 2,000명에게 매달 560

유로를 지급하는 국가 범위의 실험을 진행했다. 그 결과 조건 없는 기본소득이 직업 활동에 미치는 영향은 미미했지만, 참가자들은 다양한 측면에서 삶의 질이 훨씬 향상되었다고 보고했다.[14]

다만 고려해야 하는 점이 있다. 경제적인, 그리고 사회적인 조건이 국가와 지역에 따라 크게 차이난다는 사실이다. 조건 없는 기본소득에 관한 논의는 미국, 유럽, 그리고 아프리카 대륙 등에서 각기 다른 방식으로 진행될 것이다.

하지만 조건 없는 기본소득에 반대하는 의견에도 귀를 기울여야 할 것들이 있다. 우선 조건 없는 기본소득을 실현하려면 국가 세금 및 복지 체계를 완전히 바꾸어야 하는데, 그러려면 막대한 비용이 들 것이다. 또 이상적으로 보자면 노동은 오로지 돈을 벌기 위해서만 존재하는 것이 아니다. 노동은 인간 정체성의 일부이자 스스로가 사회의 일원이고 사회적인 삶을 살고 있다고 느끼는 전제조건이다.[15] 이를 비판할 수는 있지만 사실은 바뀌지 않는다. 더 많이 일해야 한다고 우리를 채찍질하는 것은 우리 인간의 의미 있고 가치 있는 삶을 살고 싶다는 소망이다.

조건 없는 기본소득이라는 근간 위에 지어진 사회는 오늘날 우리가 살고 있는 사회와는 완전히 다를 것이다. 과연 조건 없는 기본소득이 생성형 AI가 노동시장에 미칠 영향을 완화할 신속한 해결책일지는 더 숙고해야 한다.

사람들의 감정을 자극하는 수많은 주제와 마찬가지로 챗GPT를 둘러싼 논의 또한 분열되고 있다. 극단적인 낙관주의를 옹호하는 사람과 반대하는 사람이 있듯이, 챗GPT를 열렬히 지지하는 사람과 그것을 세상의 종말이라고 보는 사람이 있다. 마크 앤드리슨은 "애덤 스미스나 카를 마르크스가 감히 꿈꾸지 못했던 물질적 유토피아로 곧장 이어진 나선이 눈에 보인다. 우리는 아주 행복해질 것이다"[16]라고 썼다.

## 챗GPT, 극단적인 자본주의의 대리자인가?

이 문제에 관해서는 애덤 스미스도 정확히 판단하지 못할 것이다. 스미스는 1759년에 펴낸 책 《도덕감정론The Theory of Moral Sentiments》에서 인간의 본성과 인간 행동의 정서적, 의사소통적 기반에 관해 자세히 언급했다.[17] 스미스는 말하자면 행동경제학의 선구자였는데, 이 학문은 호모 에코노미쿠스Homo economicus의 합리성이라는 허구 속에서 점차 자취를 감추었다. 아무튼 스미스는 일찍부터 제도와 사람의 한계를 알고 있었기 때문에 감히 완벽한 자본주의라는 꿈을 꾸지는 못했으리라.

한편 마르크스는 오늘날의 발전을 아주 흥미로운 모습으로 내다보았다. 그는 〈기계에 대한 단상The Fragment on Machines〉이라는 글에서 '이상적인 기계'를 두고 항상 존재하며 비용이 들지 않는 기계라고 묘사했다(대규모 언어모델에는 맞지 않는 설명이다. 대규모 언어모델의 개발과 사용에는 천문학적인 비용이 들기 때문이다).

마르크스는 이상적인 기계란 거대한 자동화 도구이며, 이 도구는 "수많은 기계적 기관과 지능 기관으로 구성되고 모든 기관은 조화롭게, 중단 없이 작동하며 이 모든 기관을 움직이는 원동력은 스스로 발휘된다"[18]고 설명했다. 찰리 채플린의 영화 〈모던 타임스〉의 이야기처럼 들린다.

마르크스는 기계가 모든 일을 대신하고 사람은 여유롭게 문화활동에만 시간을 쓰는 시대가 왔다고 보았다. 그뿐만이 아니다. 마르크스는 이런 식이라면 자본주의가 스스로 무너질 수도 있으리라고 추측했다. 과연 앤드리슨도 비슷하게 생각하는지 모르겠다.

어쨌든 역사적으로 볼 때 이 부분에서만큼은 마르크스의 생각이 틀렸다. 미국의 주간지 〈타임〉은 챗GPT가 세상에 나온 지 얼마 지나지 않은 2023년 1월 조사보고서를 발표했다. 그 내용에 따르면, 오픈AI는 챗GPT의 콘텐츠에서 혐오나 부정적인 내용을 삭제하기 위해 케냐인 노동자들을 고용했다.[19]

오픈AI는 2021년 11월부터 텍스트 수만 건을 케냐에 있는 한 회사로 보냈다. 아동에 대한 성폭력, 동물 학대, 살인, 고문 같은 잔인한 내용이나 혐오 발언을 바로잡기 위해서였다. 케냐의 노동자들은 이런 내용에 설명을 덧붙이는, 이른바 라벨링 작업을 하는 데 시간 당 2달러도 채 되지 않는 돈을 받았다.

RLHF(인간 피드백을 통한 강화학습)라는 화려한 약어 뒤에는 트라우마를 유발할 수 있는 환경에서 노동력을 착취당하며 일하는 사람들이 숨어 있었다. 달리 말하면 AI가 첨단기술이 주도하는 새로운 식민지배 체계를 더욱 공고히 만드는 폭발적인 메커니즘이 될 수 있다는 얘기다. 생산성 증가의 이면에는 이 세상 어디선가 남을 위해 뼈 빠지게 일하는 사람들이 있다.

그래서 우리는 늘 신기술을 지지하는 사람과 그것을 세상의 종말로 보는 사람들을 마주한다. 어떤 사람은 챗GPT가 노동시장의 문제를 전부 해결할 것이라고 본다. 우리 사회의 경제적 질서를 최적화하고, 결국 완벽하게 만들 수 있으리라 여긴다. 또 다른 사람은 어떤 신기술이든 이미 존재하는 경제적, 사회적 체계의 조건 아래에서 효과를 발휘할 수밖에 없으며, 따라서 기존 체계를 더욱 강화할 뿐이라고 본다. 이를 부정적으로 해석하면 우리 사회에서 이미 문제시되고 있는, 제대로 기능하지 않는 경제 체계를 AI가 앞장서서 몰락의 길로 내몰 것이다.

미국의 반자본주의자이자 정치활동가인 나오미 클라인Naomi Klein은 기술대기업이 말하는 구원의 약속이 생성형 AI의 '진정한 환각 문제'라고 생각한다. 앤드리슨이 묘사하는 장밋빛 미래 시나리오가 현실이 될 일말의 기회라도 있다고 믿으려면 사람들이 이미 마약에 취한 상태여야 한다는 것이다. "우리 중 환각 상태가 아닌 사람들은 현재 사회 체계가 적합하지 않다는 것을 잘 알고 있다. 우리 사회는 사람과 자연에서 뽑아낼 수 있는 모든 부와 이익을 극대화하도록 설계되어 있다. 이것이야말로 우리가 기술로 인한 자본주의의 쇠퇴라고 부르는 상황을 초래한 현실이다."[20]

클라인은 특히 대규모 언어모델의 개발과 사용을 독점하는 것이 몇몇 기술대기업뿐이라고 비판한다. 그렇게 생각하는 사람은 클라인만이 아니다. MIT 연구자인 다론 아제몰루Daron Acemoğlu와 사이먼 존슨Simon Johnson은 "우리는 오늘날 AI 혁명이 카를 마르크스가 100년 이상 전에 예견했던 어두운 예언 속으로 우리를 끌고 간다고 생각한다"[21]고 말했다. 이들의 주장에는 경제적인 근거가 있다. "생성형 AI를 만드는 데는 섬유공장이나 제강소를 운영하는 것보다 훨씬 돈이 많이 든다. 그 결과 이미 시가총액이 2조 4,000억 달러를 넘는 마이크로소프트나 1조 6,000억 달러를 넘는 알파벳이 모든 가능성의 열쇠를 쥐고 있다."

생성형 AI의 시스템은 전 하버드대학교 교수인 쇼샤나 주보프Shoshana Zuboff가 '감시자본주의'라고 부르던 체계를 촉발할 수 있다.[22] 메타나 구글, 바이트댄스 같은 기술대기업의 사업 모델이자 그들이 엄청나게 성장할 수 있었던 근간은 사용자의 데이터를 모으고 평가하고 광고업계에 판매하는 일이다. 즉 사용자는 더 이상 고객이 아니라 상품 그 자체가 된다.

생성형 AI가 날개를 달고 높이 날아오를수록 기술대기업은 우리의 메타데이터를 평가할 뿐만 아니라 우리가 AI 도구에 입력하는 내용을 읽고, AI가 생성하는 모든 문장과 이미지를 감시할 것이다. AI가 우리의 문화와 문명의 소스코드에 삽입되고 있다는 뜻이다. 게다가 AI가 생성한 내용의 원본을 만든 인간 저작권자들이 보상을 받을 수 있을지 여부도 아직 불분명하다(6장 참조).

그럼에도 불구하고 AI가 어떻게 우리를 돕고 우리의 경제 모델을 더 공평하게 만들 수 있을지에 관한 흥미로운 고찰이 있다. 구글 AI 연구부서 중 하나인 딥마인드는 인간과 기계가 실제로 협력할 수 있다는 가능성을 보여주었다.[23]

연구진은 '민주적 AI<sup>Democratic AI</sup>'라는 시스템을 만들었다. 이것은 AI와 인간이 모두 참여할 수 있는 시스템으로, 특히 부의 재분배라는 우리 사회의 쟁점을 다룬다. 피험자 그룹은 소득을 소유할지 아니면 집단의 이익을 위해 나눌지 결정하는 온라인 투자 게임에 참여했다. 공유한 소득은 다양한 재분배를 통해 다시 피험자들에게 돌아왔다. 이 게임에는 정치적 이념에 기초를 둔 세 가지 방법이 사용되었다.

연구진은 게임에 인간의 행동과 피드백을 통해 훈련받은 AI 모델을 투입했다. AI는 분배라는 정의에는 맞지 않지만 정치적 이념을 전부 아우르는 창의적인 아이디어를 개발하는 전략을 선택했다. AI는 이념에 따라 움직이는 대신, 소득을 균등하게 분배하면서 동시에 소득을 전혀 공유하지 않는 사람들을 처벌하는 복합적인 메커니즘을 찾아냈다.

게임 진행 후 최종 투표 결과, 놀랍게도 AI가 제안한 복합적 해결책이 피험자들 사이에서 가장 인기가 높았다. 민주적 AI는 사람들의 다양한 요구와 선호도를 최적으로 조율해 정책 혁신을 사람들이 원하는 가치와 일치시킬 수 있다는 증거를 제시했다.

새로운 AI 도구와 시스템은 앞으로 무엇을 더 촉진할 것인가? 노동인가? 자본인가? 다시 마르크스에게로 고개를 돌려야 할 중점적인 질문이다. 미국의 작가 테드 창<sup>Ted Chiang</sup>은 〈뉴요커〉에 기고한 글에서 "AI는 노동력을 희생해 자본을 뒷받침한다"[24]고 단호하게 주장했다. 그리고 아주 재미있는 말을 덧붙였다. AI가 새로운 맥킨지가 되리라는 것이다.

그가 생각하기에 맥킨지 같은 경영컨설팅 회사는 체계적이고 사회 규범에 맞는 범위 내에서 노동자들을 대규모로 해고해 주가와 경영진의 임금을 상승시킬 준비를 한다. 여러 회사들이 이런 과정을 반복하며 미국의 중산층을 파괴했다. 익명을 요구한 전 맥킨지 직원은 2019년에 이런 행태가 "자본의 충실한 사형집행인"[25] 같다고 말했다. 창에 따르면 이제 AI가 그 역할을 대신하고 있다.

맥킨지나 다른 경영컨설팅 회사가 정말로 이런 과정의 원동력이었는지 여부는 중요하지 않다. 이것은 마르크스적인 법칙이 결국에는 착취의 형태로, 혹은 더 현대적으로 설명하자면, 프랑스의 경제학자 토마 피케티Thomas Piketty가 자신의 저서 《21세기 자본 Le Capital au xxie siècle》에서 설명했듯이 자본주의 논리에 내장된 불평등한 역학으로 나타날 수 있다는 근본적인 변화다.[26]

더 중요한 것은 사회적·경제적 공정성이 적절한 역할을 해 사회적·경제적 변화에 성공할 수 있을지 여부다. 오로지 자유시장과 그로 인해 이익을 얻는 사람들만 믿는다면 멀리 가지 못할 것이다. 늪의 물을 빼고 싶다면 개구리한테 먼저 물어봐서는 안 된다.

예전에 맥킨지에서 일한 적이 있는 미국의 작가 아난드 기리다라다스Anand Giridharadas는 사회 변화가 자본주의의 승자들과 그 주변인들의 주도 및 감시 하에 이루어져서는 안 된다고 주장했다. 그러면 그들의 필요에 의해서만 사회가 변화하게 되기 때문이다. 늪이라는 현상을 계속 유지할 때 가장 큰 수혜를 입는 것은 개구리다. 따라서 개구리는 현재의 상태를 개혁하는 데 주도적인 역할을 할 수 없다.[27] 마이크로소프트나 구글 같은 시장의 선두주자들이 이미 입지를 다졌으므로 우리는 그들을 경계해야 한다.

AI는 생산성을 크게 증가시킬 수 있다. 그렇게만 된다면 좋은 소식이다. 그런데 의문이 든다. 어떻게 해야 대가를 반드시 치러야 할 필요가 없는 성장이 가능할까? 신기술로 인한 성장의 결과로 전 세계의 되도록 많은 사람들이 이익을 보도록 하면 될까?

아직 모든 가능성이 열려 있다. 우리는 기나긴 변화의 시작점에 섰을 뿐이다. 지금 경로를 바로잡는다면 생성형 AI는 우리의 경제와 노동을 더 나은 방향으로 변화시킬 것이다.

# 노동시장의 자동화 : 주 15시간 노동이 가능해질까?

인류의 삶의 많은 영역이 계속해서 발전해왔듯이, 대부분의 노동 형태 또한 지난 수십 년 동안 훨씬 개선되었다. 사람들은 아주 오랜 시간 노동을 더 안전하고 삶을 충족시키는 것으로 만들기 위해 싸웠다. 그 결과 목숨이나 건강을 담보로 걸어야 할 만큼 위험한 일자리는 점점 줄어들고 있다.

그러나 이것은 그저 근대화된 서구권의 시점일 뿐이다. 콩고의 코발트 광산에서 거의 모든 최첨단 전자기기에 들어가는 금속인 코발트를 캐는 어린이들의 사진을 한 번이라도 본 적이 있다면 21세기의 노예 제도가 무엇인지 알 수 있을 것이다.

그럼에도 불구하고 대부분의 노동 환경은 더 나은 방향으로 변했다. 과거에는 많은 사람들이 지주나 산업 재벌에 의존했는데, 이제는 다른 영향력 있는 요인에 의존한다. 어떤 사람들은 외부의 압력을 스스로의 원동력으로 대체했고, 외부에 의존하지 않고 직접 사업을 시작하거나 독립적으로 일하면서 더 나은 성과를 내고, 사회적으로도 더 높은 위치를 차지했다. 질적인 차원에서 보면 그렇다. 양적인 차원에서도 많은 변화가 일어났다. 19세기 말에는 전 세계의 많은 사람들이 일주일에 70시간 이상 일했다. 산업혁명 이후 노동조합이 만들어지면서 노동 시간과 노동 조건은 정치적인 쟁점으로 발전했다.

오늘날 사람들은 당시 노동자들의 거의 절반 정도를 일한다. 물론 지역에 따라 차이가 있다. 산업화된 국가(대부분의 OECD 국가가 포함)의 시민들은 일주일에 대략 29시간(유럽, 호주 등)에서 36시간(캐나다, 마다가스카르 등)을 일한다. 한편 47시간(요르단, 레바논 등)에서 54시간(모리타니, 탄자니아 등)을 일하는 사람들도 있다.[1] 예나 지금이나 변하지 않은 점이 있다면, 과거에 비해 기술, 경제, 사회가 진보했지만 우리는 여전히 일을 많이 한다는 것이다.

1928년 겨울 경제학자 존 메이너드 케인스John Maynard Keynes는 《손자 세대를 위한 경제적 가능성Economic Possibilities for Our Grandchildren》[2]이라는 책을 펴냈다. 케인스는 모든 생활 조건이 지속적으로 개선되면 미래에 손자 세대가 큰 혜택을 볼 것이라 내다보았다. 그 당시로부터 100년 후 미래인 2028년에는 누구도 돈 버는 일 때문에 고민하거나 걱정하지 않으리라는 것이었다.

20세기 동안 비약적으로 진보한 기술은 앞으로도 계속 발전할 것이다. 지속적으로 성장이 이어진다면 2028년에는 사람들이 일주일에 15시간, 즉 최대 3일 정도만 일할지도 모른다. 케인스에 따르면, 그 3일도 실제 필요한 것보다 많은 시간이다. 다시 말해 케인스에 따르면 오늘날 우리는 경제적인 필요에 의해서가 아니라 자기 만족을 위해 일해야 할 것이다.

　　2028년까지 얼마 남지 않았다. 그러나 1928년에 케인스가 말한 예언이 현실이 될 가능성은 낮아 보인다. 근거는 여러 개다. 그중 가장 중요한 것이 심리적인 이유다. 케인스는 사람이 자신의 욕구를 충족시키는 데 필요한 만큼만 일할 것이라고 생각했다. 기술 발전 덕분에 같은 양의 일을 더 짧은 시간 내에 마무리할 수 있다면 오전에 세 시간만 일한 다음 컴퓨터를 끄고 퇴근해 친구나 가족과 시간을 보내거나 음악을 듣고 골프를 치는 등 취미생활을 할 수 있을 것이다. 혹은 소파에 드러누워 더 할 일이 없다는 사실에 기뻐하며 시간을 보낼 수도 있다.

　　하지만 그건 있을 수 없는 일이다. 인간의 의사결정 패턴은 개인의 사회화 수준, 여태까지의 행동과 실천, 사회적 학습을 통해 형성된다. 우리는 점점 더 많은 것을 원해야 한다고 배운다. 우리를 둘러싼 세상이 계속해서 더 많은 것을 원하기 때문이다. 인간은 비교하기를 좋아하는 동물이다. 나와 다른 사람 중에 누가 더 일을 잘하고 능률이 좋은지 겨룬다. 이런 욕구가 우리 경제 체계에 깊이 뿌리박혀 있다.

　　제2차 세계대전이 끝난 후 시장경제 모델은 성장이 곧 안정적인 복지임을 보장했다. 독일의 놀라운 경제 성장과 유럽의 경제가 꽃핀 일, 1776년 미국 독립선언서에 명시된 '행복 추구'의 권리, 신흥 부국으로 떠오른 중국 등을 보면 알 수 있다. 성장은 우리 삶의 모든 측면을 더 낫게 만든다. 예술가 조르제트 디<sup>Georgette Dee</sup>가 노래했듯 '더 많은 것은 더 많은 것'이다.

사람들은 소비를 통해 소비를 배운다고 미국의 경제학자 조지프 스티글리츠<sup>Joseph Stiglitz</sup>가 말했다. 사람은 모든 것이 더 많아지고, 계속해서 성장하리라 끊임없이 기대하며 안주하는 법을 배운다. 이는 '위장된 부<sup>Pseudo-wealth</sup>'[3]로 이어질 수 있다.

'위장된 부'는 모든 것이 계속해서 성장하리라는 심리적 기대가 실질적인 경제 상황이나 재화와 전혀 일치하지 않는 경우를 말한다. 이런 불합치로 인해 발생하는 부채가 꼬리에 꼬리를 물고 이어져 결국 모두를 위한 복지를 파괴한다. 즉 항상 더 많아지기를, 더 부유해지기를 원하는 소망은 파괴적이며, 우리가 반드시 일을 덜 하게 된다는 뜻도 아니다.

다만 케인스나 다른 전문가들은 디지털 기술 같은 것들이 우리 경제와 노동 방식을 얼마나 빨리 바꿀 수 있는지 잘 몰랐다. 컴퓨터와 인터넷이 우리 경제와 노동 분야에 일으킨 변화는 막대하다.

하지만 4장에서 살펴봤듯이, 그런 변화가 우리가 기대했던 만큼의 생산성 증가나 노동시장의 획기적인 개혁을 가져온 것은 아니다(화상전화 프로그램을 이용하는 경우가 늘어난 것만으로 인간의 노동이 코로나19 팬데믹을 겪으며 '디지털화' 되었다고 믿는 사람들이 있는데, 앞으로 우리 경제와 노동이 정말로 근본적으로 바뀌어야 한다는 점을 고려하면 이런 변화는 그저 사소한 농담 수준이다).

## 큰 혼란은 어디로 향하는가?

투자은행인 골드만삭스Goldman Sachs의 기술 비관론은 잘 알려져 있지 않았다. 이 회사는 2023년 초에 AI의 진보가 3억 개의 일자리, 즉 전 세계 일자리의 18퍼센트를 부분적으로 또는 완전히 자동화할 것이라고 내다보았다.[4] 오픈AI는 펜실베이니아대학교와 공동 진행한 연구 결과를 발표해 자사의 응용프로그램이 미국 내 일자리의 80퍼센트에 영향을 미칠 것이라고 말했다.[5] 기술업계의 대표들조차 앞으로 발생할 급격한 혼란을 경고하며 일자리 감소와 실업률 증가를 우려하고 있다. 구글과 알파벳의 CEO인 순다르 피차이Sundar Pichai는 "나는 노동시장에서 사회적 격변이 일어날 것이라고 생각한다"[6]고 말했다.

시장의 법칙에 대한 믿음이 대단히 확고한 기술대기업의 대표들이 갑자기 이마에 깊은 주름을 만들고 걱정스러운 표정으로 심지어는 조건 없는 기본소득을 홍보하고 나선다니, 참 희한한 일이다. 왜 기술의 중심인 실리콘밸리에서 이런 비판적이고 신랄한 논의가 진행되는 걸까? 지금까지 다른 산업 분야에 혼란을 초래한 주체가 바로 실리콘밸리 아니던가?

그런데 이제 그 기술 분야가 혼란에 빠지는 시대가 왔다. 곧 생성형 AI가 소프트웨어 개발을 대신할 것이고, 기술대기업이 직접적인 영향을 받을 수밖에 없다. 그러면 관점이 바뀔 것이다. 챗GPT나 바드, 코파일럿Copilot 같은 프로그램을 사용해 코딩 시간을 10~55퍼센트 줄이는 데 성공해 생산성이 크게 향상된다면, 앞으로는 전문 지식이 다소 부족한 사람들에게도 프로그래머라는 직업의 문이 열릴 것이다.[7] 그렇다면 지금까지 디지털 및 AI 도구로 미래를 선도해온 사람들이 갑자기 예기치 못한 피해를 입을지도 모른다.

IBM의 CEO 아빈드 크리슈나Arvind Krishna는 개인적인 의견을 더해 뜨거운 토론에 기름을 부었다. 챗GPT가 시장에 나온 지 몇 주 지나지 않아 그는 IBM의 일자리 중 약 8천 개가 AI로 대체될 수 있다고 말했다.[8] 사내 일자리 중 거의 3분의 1에 달한다. 그의 발언에 거센 반응이 일었다. 몇 달 후 크리슈나는 자신의 발언으로 인한 뜨거운 반응을 잠재우기 위해 "나는 직원을 단 한 명도 해고할 생각이 없다. 오히려 더 고용할 생각이다"[9]라고 수습에 나섰다.

기술 혁신의 역사를 살펴보자. 신기술의 도입을 순전히 기술적인 문제로만 판단한다면 이는 곧 실패로 가는 지름길이다. 오히려 인간의 심리적 역학에 따른 조직의 변화로 보는 편이 좋다. IBM의 CEO 사례를 보면 정확히 알 수 있다.

기술 전환은 기술이 아니라 가장 먼저 사람에게 영향을 미친다. 새로운 기술을 받아들이는 과정은 사람들의 불안, 변화에 대한 저항, 노동자들의 분노와 원망과 연결된다.[10] 기술로 인해 변화를 겪게 된 당사자들의 방어적인 태도와 비판은 사실 신기술 그 자체가 아니라 아직 부족한 신기술을 무분별하게 도입해 노동 생활과 일상이 악화되는 상황을 향한 것이다.

역사에서 찾을 수 있는 중요한 예시가 바로 러다이트 운동이다. 러다이트 운동은 19세기 초반 영국의 섬유공장 노동자들이 산업화로 인한 방직기 도입에 반대하며 저항한 사건이다. 독일에서도 1844년에 슐레지엔 지역의 방직공들이 봉기를 일으킨 바 있다. 당시 노동자들이 공장 설비와 기계를 부수면서 러다이트 운동은 기계 파괴 운동으로도 널리 알려졌다.

마르크스는 이런 반기술적인 행동을 보고 "기계에 대한 노동자들의 거친 형태의 반란"[11]이라고 표현했다. 하지만 사실은 그렇지 않다. 역사연구자들은 당시의 노동자들이 기계에 반대해 저항한 것이 아니라 일자리를 유지하고 사회적 보장과 더욱 공정한 사회 질서 확립을 위해 싸운 것이라고 말한다.[12] 오늘날에 비추어 생각해볼 수 있는 차이다.

노동시장의 발전에 관해 이야기하려면 잘 구분해서 생각해야 할 필요가 있다. AI는 많은 측면에서 우리의 짐을 덜고 생산성을 늘릴 수 있다. 우리는 어떻게 하면 인간과 기계가 가장 효율적인 방식으로 협업할 수 있는지, 어느 부분에서 가장 큰 변화가 나타나는지 살펴야 한다. 무엇보다 모두가 이러한 발전에 적극적으로 관심을 갖는 것이 중요하다. 무지한 인간은 결국 AI라는 현대식 증기기관에 밀려날 수밖에 없다.

## AI와 일하기: 아는 것이 힘이다

스위스 장크트갈렌대학교에서 강의할 때, 우리 두 명의 저자는 학생들에게 그들이 원하는 미래 직업이 AI로 인해 위협받고 있는지 물었다. 그렇게 생각하는 학생은 자리에서 일어나달라고 부탁했다. 그러자 한 여학생만 빼고 모두 자리에서 일어났다.

우리는 자리에 앉아 있던 학생에게 어떻게 그렇게 확신하느냐고 물었다. 학생은 이렇게 대답했다. "저는 법조인이 되고 싶어요. 법조인은 언제가 됐든 필요한 직업일 테고, AI로 대체되지도 않을 거예요."

1년 전까지만 해도 맞는 말이었을 것이다. 하지만 지금은 모든 것이 달라졌다. 사법행정과 법학행정 분야의 직업군은 AI로 대체될 위험이 가장 높은 직업 목록 상위권에 올라 있다. 골드만삭스에 따르면 법학과 관련된 모든 업무의 44퍼센트가 자동화될 수 있다. 이에 따라 법률 관련 업무는 단순 행정 업무에 이어 AI로 대체될 위험이 가장 높은 직업 목록 2위에 이름을 올렸다.[13]

GPT-4는 얼마 전에 미국 변호사시험에 합격했다. 미국에서 변호사가 되려면 반드시 치러야 하는 표준 시험이다. 시험에 합격한 사람들조차도 실제로 변호사가 되고 나서 좋은 성과를 내지 못하는 경우가 많으니, AI가 시험에 합격했다고 해서 뛰어난 변호사로 활약하리라고 확신할 수는 없다. 하지만 어쨌든 AI는 영광스러운 합격자가 되었다.

법률 관련 업무 중에는 반복 작업이 많다. 이런 부분은 아무 문제없이 자동화될 수 있다. 변호사나 판사는 수많은 문서를 읽고, 판단하고, 분석하고, 요약해야 한다. 법률 분야에 AI가 도입되더라도 우리는 (바라건대) 법조인들이 판단을 내릴 때는 기계가 아니라 사람과 상의했으면 한다(사실 미국의 법률 체계는 이미 오래 전부터 일부 AI로 대체되었다. AI는 예를 들어 범죄자가 재범을 저지를 확률을 계산하는 데 쓰인다).

그 외 대부분의 업무노 서서히 AI 도구로 대체될 것이다. 그러나 법조계는 여전히 신기술에 다소 회의적이다. 그럴 만한 이유가 있다. 미국의 경제전문지 〈포브스〉에 따르면 법조계는 법률 분야가 "디지털 세계의 마지막 아날로그 기능 중 하나"이며, 이 분야가 AI로 대체되는 미래는 "나중의 일"[14]이라고 말했다.

변화에 대한 저항이 극심할수록 분야 전체, 기업 혹은 개인이 느끼는 혼란은 가중될 것이다. 우리가 더 일찍부터, 더 철저하게 AI로 인한 새로운 가능성을 받아들일 준비를 하고, 더 의미 있는 사용법을 시험하고 채택한다면 그 결과로 인한 충격을 줄일 수 있다.

우리는 이미 3장에서 바람직하지 않은 예시를 살펴보았다. 미국의 변호사 스티븐 슈워츠가 챗GPT가 생성한 허구의 판례를 법원에 제출했던 사건이다. 슈워츠가 제출한 문건에는 챗봇이 생성한 판례가 여러 개 실려 있었다. 슈워츠는 그중 어떤 것도 재검토하지 않은 셈이다. 그는 "챗GPT가 판례를 스스로 만들어낼 수 있는지 몰랐다"[15]고 변명했다. 그리고 "정말 당황스럽다"고 덧붙였다. 그의 말 그대로다. 기술의 진정한 작동원리를 모른 채 그 기술을 사용하는 사람이 있어서는 안 된다.

모든 사람은 단기 혹은 중기적으로 새로운 AI 도구를 다루는 최소한의 기초를 배워야 한다. 특히 그것을 사용할 때의 가능성과 한계를 이해해야 한다. 이 과정은 디지털화의 각기 다른 단계와 마찬가지로 저절로 일어나지는 않는다. 기업은 물론 국가나 시민 사회 조직은 거기에 속한 사람들이 앞으로 노동시장이 급격하게 변할 새로운 시대에 계속해서 생산적으로, 자기 효능감을 느끼며 일하려면 어떻게 해야 하는지 배울 기회를 제공해야 한다.

인간의 지능과 인간이 만든 지능은 함께 일하며 최적의 미래를 만들어야 한다. 그러면 사람들이 펼칠 수 있는 역량이 달라질 것이다. 이런 협업이야말로 미래의 대규모 전환Transformation이다. 결국 AI를 다루는 역량이 핵심이다.

〈마이크로소프트 업무보고서Microsoft Work Report〉는 이를 더욱 발전시켜 세 가지 결론을 냈다.[16] 첫째, AI와 함께 일하려면 우선 충분한 자격을 갖춰야 한다. 특히 분석력, 유연성, 감수성, 창의력, 지적호기심이 중요하다. 그런 다음 AI 도구를 실무에 사용할 응용력을 갖춰야 한다. 예를 들면 프롬프트 엔지니어링 같은 기술이다. 둘째, 설문조사에 따르면 전체 응답자의 3분의 2가 정보 과부하로 어려움을 겪고 있다. 즉 전략적으로 생각하고 혁신적인 프로젝트를 진행할 시간이 부족하다. 생성형 AI의 부가가치를 최대한 활용하고 싶다면 일을 조금 다른 방식으로 조직해야 한다. 셋째, 응답자의 70퍼센트가 일상적인 업무의 부담을 줄이고 더욱 생산적으로 일하기 위해 이미 AI 도구를 사용하고 있다. 전환 과정을 더욱 신속하고 체계적으로 진행하려면 관리직에 있는 사람들이 AI 도구를 활용해야 한다.

더 고차원적인 이야기를 해보자. 인간은 미래를 상상할 수 있다. 우리는 늘 미래를 생각하기 때문에 미래의 시나리오를 쓰고, 이를 바탕으로 계획을 세우고, 그 계획에 맞춰 행동하기 위해 앞으로 어떤 경험을 할지 예측한다.[17] 그런데 예측이 항상 들어맞지는 않는다. 우리 뇌가 경험과 기억을 바탕으로 계획을 세우기 때문이다. 즉 우리는 현재를 기반으로 미래를 추론하고, 과거를 주관적으로 기억하며(그래서 때로는 기억이 왜곡된 경우도 있다) 존재하지도 않는 인과관계를 가정하기도 한다.

AI가 노동시장에 미칠 영향에 관한 예측도 마찬가지다. 오랜 시간 동안 과학 분야뿐만 아니라 여러 경영컨설팅 대기업이 AI는 주로 생산직 및 이른바 블루칼라 직업군, 예를 들어 공장 노동자나 수공업자, 화물차 운전사 등에 영향을 미칠 뿐, 은행가나 법률가, 회계사와 같은 고소득 전문직에는 큰 영향을 미치지 않을 것이라고 예측했다.

그런데 2019년에 스탠퍼드대학교에서 박사 과정을 밟던 학생인 마이클 웹[Michael Webb]이 국제적으로 큰 논란을 불러일으킨 연구 결과를 내놓았다.[18] 웹은 AI와 관련된 특허 1만 6,000건과 관련 직무 800개를 교차 검증 및 분석했고, 고등교육을 받은 고소득 직업군이 오히려 AI의 확산에 큰 영향을 받을 것이라는 결론을 내놓았다.

이 연구 결과는 그때까지 AI 전환을 주도하던, 그러나 AI에 휩

쓸려 떠내려가지는 않을 것이라 여겨지던 직업군에 속한 모든 사람에게 큰 충격이었다. 수백만 명에 이르는 산업 분야 노동자들과 화물차 운전사들을 재교육해 소프트웨어 엔지니어로 전직시켜야 한다는 제안은 갑자기 쓸데없는 생각이 되었다.

웹의 연구 결과에 따르면 대학을 졸업해 학사 학위를 가진 노동자들이 고등학교만 졸업한 노동자들보다 AI의 영향을 최소 다섯 배는 더 강하게 받을 터였다. AI가 계획, 학습, 논리적 사고, 예측 등이 필요한 과제를 특히 능숙하게 수행하기 때문이다. 전부 사무직 노동자에게 필요한 능력이다.

반면 세면대나 변기를 수리할 줄 아는 사람은 그리 걱정할 필요가 없다. 아직까지 AI 탑재 로봇이 할 수 없는 종류의 일이기 때문이다. "기술이 있으면 굶어죽지 않는다"는 옛말이 예기치 않게 새로운 의미를 갖게 되었다.

웹이 연구 결과를 발표했을 때, 많은 사람들이 그를 비웃었다. 그리고 곧 챗GPT가 세상에 등장했다. 특히 지식산업 분야의 노동자들은 명확히 깨달았다. 웹이 옳았다. 그들의 직업 안정성은 더 이상 보장되지 않는다.

## 일로 찾는 자기 가치: 감정과 동기

받아들이기 힘든 사실이다. 호모 이코노미쿠스였다면 합리적인 해결책을 찾아 나섰을 것이다. 하지만 인간은 다르게 만들어졌다. 인간은 상실을 두려워하고, 질병에 걸린다. 또 자신의 능력이 의문시되면 무기력증, 심지어는 우울증에 빠질 수 있다.

전환이나 효율성을 잘 아는 사람들도 예외는 아니다. 약 21만 5,000명의 팔로워를 보유한 유튜버 티아고 포르테Tiago Forte는 저서《세컨드 브레인Building a Second Brain: A Proven Method to Organize Your Digital Life and Unlock Your Creative Potential》에서 디지털 시대 정보의 홍수를 체계적으로 관리하고 생산성을 유지하는 시스템을 개발했다고 밝혔다.[19]

포르테는 인간 두뇌의 단점을 오히려 비즈니스 모델로 만들었다. 그가 말하는 '세컨드 브레인'이란 사람이 학습하는 모든 것과 그 출처를 저장하는 외부적인 핵심 디지털 저장소다. 인간의 기억력을 확장하는, 최첨단 기술이 집약된 도구라고 할 수 있다. 세컨드 브레인만 있으면 어떤 아이디어든, 영감이든, 통찰력이든 체계적으로 기록하고 기억할 수 있다.

2023년 4월 25일, 포르테는 자신의 트위터에 "AI 때문에 벌어지는 일을 보고 있으면 예전에 나를 고무시켰던 수많은 프로젝트나 목표에 대한 모든 동기를 잃어버리는 기분이다"라고 썼다. 하지만 그는 아포칼립스가 두렵지 않다고 덧붙였다. "내가 여태까지 오랜 시간을 들여 갈고닦은 개인적인 능력과 역량이 갑자기 평가절하된다는 건 무섭다기보다는 슬픈 감정에 가깝다."

그는 자신은 아직 이런 변화에 잘 편승할 수 있는 위치에 있지만, 위협을 느낄 정도로 영향을 받는 다른 많은 사람들은 어떨까 우려한다. "예상컨대, 지금과 같이 변화하는 시대에는 그 변화에 적용하는 존재론적이고 감정적인 과정이 가장 큰 도전과제가 될 것이다."[20]

포르테의 말이 맞다. 인간에게 닥친 존재론적인 의문은 이미 시작된 거대한 전환의 시대에 결정적인 역할을 할 것이다. 우리는 스스로를 인간으로서 새롭게 규정할 수 있을까? 부분적으로는 일에서 비롯되고, 다른 한편으로 인간이라는 종은 아주 특별하다는 자기 인식에서 생겨나는 인간의 자존심을 유지할 수 있을까?

이것은 각 조직 차원에서도 해내기 쉽지 않은 일이다. 변화관리Change Management 관련 연구 결과에 따르면 새로운 것, 정보 부족, 무엇보다도 자기 효능감 결핍에 대한 불안과 불확실성이 조직의 전환을 방해하거나 실패로 끌고 간다.[21] 그렇기 때문에 모든 기업과 조직은 이제 생성형 AI를 어떻게 사용할지 포괄적이고 실현 가능한 전략을 세우고, 그것을 직원들에게 공개해 명확하게 전달하고, 가능한 경우 직원들의 참여를 적극 권장해야 한다.

우리가 사회구성원으로서 AI와 협력하는 과정에서 인간의 자기 효능감을 새롭게 정의할 수 있을지의 여부를 더 높은 차원에서 논의해야 한다. AI가 곧 모든 것을 통제하고 인류의 명맥을 끊을지도 모른다는 위협적인 시나리오나, 반대로 AI가 철저히 붕괴하면서 인간과 기계가 완전히 융합된 트랜스휴머니즘이 실현될지도 모른다는 전망은 별 도움이 되지 않는다.

# 정규분포의 저편: 대체가 아닌 강화

"AI가 인간을 불필요한 존재로 만들 것인가?" 이것은 2023년 말 싱가포르에서 열린 여성 창업경진대회 '쉬 러브스 테크<sup>She Loves Tech</sup>'의 마지막 토론 무대의 주제였다. 우리 두 저자는 휴머노이드 로봇 소피아를 만든 한슨로보틱스(3장 참조)의 전 CEO인 지안느 림<sup>Jeanne Lim</sup>과 토론할 기회를 얻었다.

우리는 AI와의 협력이라는 관점에서 인간과 인간의 역할을 긍정적으로 바라보는 주장을 펼쳤고, 림은 반대 입장에서 토론하며 다음과 같은 인상적인 말을 남겼다.

"AI는 정규분포 곡선을 무너뜨릴 겁니다. 평균이거나 평균 이하인 사람들을 하찮은 존재로 만들 거예요. 어차피 AI는 평균 이상인 사람들이 그들의 생산성을 수십 배로 늘리기 위해 사용하는 기술이니까요. 나머지 사람은 사라질 겁니다."

이쯤에서 심호흡을 해야겠다. 림의 예측이 언젠가 사실이 된다면, 우리는 지금까지와 전혀 다른 사회에 살게 될 것이다. 새로운 사회는 아마 세계 최고 수준의 운동선수, 끈기 있는 야심가, 자신의 삶을 최적화 과정의 마라톤이라고 여기는 부류의 사람들만을 위한 훈련 캠프일 것이다. 작가 로베르트 무질<sup>Robert Musil</sup>이 썼듯이 "수학적 인간의 특징은 전에 없던 정신의 동일성과 획일성이다."[22]

그리고 현재를 구성하는 사고인 사회적 책임, 동등한 기회, 노동시장과 사회에서의 다양성의 부가가치 같은 것들이 언젠가는 시대에 뒤떨어진 것이 될지도 모른다. 앞서 언급한 여러 예시에서 알 수 있듯이 노동의 미래, 더 나아가 사회의 미래에 관한 우리의 생각은 저마다 다르다. 우리가 지금 어떻게 행동하느냐에 따라 AI는 우리의 일과 삶을 실질적으로 풍요롭게 만들 수도, 혹은 공포영화로 만들 수도 있다.

어디에서, 그리고 어떻게 AI가 그 효과를 발휘할지 정확히 예측하기는 매우 어렵다. 수많은 요소와 맥락에 따라 달라질 것이기 때문이다. 그렇다고 하더라도 멈추지 않는 사람들이 있다. 앞서 인용한 미국의 투자자 마크 앤드리슨의 말을 기억할 것이다.[23] 그는 기술이 인류가 가진 경제적인 문제를 해결할 것이라 희망찬 예측을 한 케인스의 의견에는 동의했지만, 조금 다른 전제조건을 제시했다. 케인스는 기술 덕분에 인간이 해야 할 일이 줄어서 우리가 1주일에 15시간만 일해도 될 것이라고 기대했다. 앤드리슨은 '노동 총량 불변의 오류Lump of Labor Fallacy'를 예로 들며 이 주제의 진실을 밝히고자 했다.

노동 총량 불변의 오류란 경제에는 다른 노력 없이도 재분배될 수 있는 고정된 양의 일이 있다는 잘못된 가정이다. 근본적인 생각은 이렇다. 일하는 사람의 수가 줄어들면 모든 사람이 더 오랜 시간 일해야 한다. 반대로 일하는 사람의 수가 늘어나면 모든 사람의 자유시간이 늘어난다. 그러나 우리가 오랜 역사에서 배웠듯 이것은 말도 안 되는 소리다.

신기술은 노동시장에도 혼란을 야기할 것이다. 노동시장의 상황은 물론 각 개인의 직무 개요까지 바꿔놓을 것이고, 심지어는 어떤 직군 전체를 사라지게 만들 수도 있다. 그러나 좌절하기엔 이르다. 신기술은 새로운 직무와 일자리를 만들고, 전에 없던 노동 분야를 개척할 것이다. 과거를 살펴보면 늘 그랬다. 노동시장의 구조와 직업은 늘 변화했는데, 그 양과 질은 항상 긍정적인 방향이었다.[24]

어떤 직무든 처음 생겨나고 인기 있고 각광받는 전성기를 보내다가 사라지기를 반복했다. 전화교환원을 생각해보자. 1870년대부터 1970년대까지 전화교환원의 수는 40배나 증가했다.[25] 그러다가 전자통신, 인터넷, 이동전화가 등장하면서 전화교환원이라는 직업은 역사의 뒤안길로 사라졌다. 하지만 이 분야에서 사라진 여러 직업은 다른 수많은 새로운 직업으로 대체되었다. 오늘날 이동통신 분야에는 직간접적으로 수백만 가지 직업이 있다.

즉 노동시장의 변화 과정은 제로섬 게임이 아니다. 사람들은 새로 생겨난 것들이 기존의 것들을 위협할까 봐 두려워한다. 그 두려움의 근거가 충분한지에 관해서는 이미 1913년에 〈뉘른베르거차이퉁〉의 기자이자 편집장인 볼프강 리플Wolfgang Riepl이 설명한 바 있다.

그는 박사학위 논문에서 '특히 로마인들을 중심으로 한 고대의 통신 시스템'이라는 주제를 다루었다. 해당 논문의 결론은 지금까지 그 어떤 새로운 매체, 즉 그 어떤 정보 교환 및 통신 도구와 방법도 기존의 것을 완전히 대체하거나 위협하지 못했다는 것이었다.[26] 통신 및 미디어 산업 분야의 종사자들은 이를 '리플의 법칙'이라고 부른다.

이 법칙을 때때로 다른 신기술에 적용할 수도 있다. 예를 들어보자. 1985년 미국에는 ATM 기계가 6만 대, 은행 창구 직원이 48만 5,000명 있었다. 2000년대 초반에는 ATM 기계의 수가 35만 2,000대로 대략 6배 정도 늘었다. 그렇다고 은행 창구에서 더 이상 사람 직원을 찾아볼 수 없게 됐을까? 오히려 그 반대였다. 직접 돈을 받고 건네주는 등의 업무를 처리하는 은행 창구 직원의 수는 52만 7,000명으로 늘었다.[27] 이것이 리플의 법칙이다. 혁신 과정에서 새로운 것들은 대개 기존의 것을 밀어내는 게 아니라 그것들과 공존한다.

이제 막 시작된 생성형 AI를 통한 전환에 관한 예측은 매우 인상적이다. 2030년에 노동시장을 지배할 것으로 예상되는 직업 중 85퍼센트가 지금은 아직 존재하지도 않는다. 이것은 미래연구소IFF: Institute for the Future가 기술대기업인 델Dell과 공동으로 조사한 내용이다.[28] 다시 말해 오늘날 존재하는 거의 모든 직업이 향후 10년 이내에 근본적으로 바뀔 것이다. 그리고 계속해서 새로운 직업이 생길 것이다.

생성형 AI 분야만 보더라도 '프롬프트 엔지니어' 'GPT 트레이너' 'AI 심사원' '인간-기계 통합 관리직' 같은 새로운 직업이 필요하다. 시스템을 구현하고 그것을 성공적으로 도입한 다음 지속적으로 최적화하고 적응시키는 일, 무엇보다도 인간의 지능과 인공적인 지능을 연결하는 일이 우리가 인간으로서 AI 및 기계와 가장 잘 협력하는 데 중요하다. 그런 일이야말로 셀 수 없이 많은 새로운 직업 중 가장 먼저 고려되어야 할 것이다.

당연하지만 우리는 신기술이 등장할 때마다 그것이 우리의 노동시장과 다양한 직업군에 구체적으로 어떤 영향을 미칠지 판단해야 한다. 특히 중요한 것은 기존의 불평등이 AI로 인해 악화될 수 있다는 사실을 인식하는 일이다(9장 참조). 첫 번째 징후는 여성들이 많은, 이른바 여초 직업군이 노동시장 붕괴로 큰 여파를 느낀다는 사실이다. 미국의 연구 결과, 남초 직업군은 60퍼센트 정도가 영향을 받은 한편 여초 직업군은 80퍼센트가 영향을 받았다.[29]

또 앞서 언급했듯이 세계 각 지역이 각기 다른 강도로 전환의 영향을 느낄 것이다. OECD 연구 결과에 따르면 자동화될 위험이 가장 높은 직업의 비율이 OECD 국가에서는 27퍼센트로 늘어났다. 그렇지만 OECD 국가를 개별적으로 살펴보면 그 수치가 저마다 다르다. 특히 동유럽 국가에서는 영향이 더 크다.[30] 발트해 인접 국가들은 자동화될 위험이 높은 직업의 비율이 평균보다 30퍼센트 이상 더 높았다. 독일의 경우 평균보다 겨우 2퍼센트 높은 수준이었으니 동쪽 이웃 국가의 상황에 공감하려 노력해야 한다.

하지만 종합 의견에 따르면, 자동화나 AI로 인한 모든 변화에도 불구하고 앞으로는 더 많은 직업이 생겨날 뿐만 아니라 일이 훨씬 수월해지고, 편해지고, 안전해질 것이다. 또 다른 연구 결과에 따르면 "기계는 앞으로 더 반복적이고 지루한 작업을 수행할 테고, 지난 150년과 마찬가지로 아직은 인간의 노동을 대체하는 데 가까워진 것 같지 않다."[31]

유럽중앙은행이 2010년대 딥러닝 붐이 일었을 때 조사한 내용에 따르면 기계가 인간을 대체하지 않을 것이라는 자신감에는 이유가 있다. 유럽 내에서는 지난 몇 년 동안 AI 기반 기술로 인해 큰 영향을 받을 가능성이 높은 직업군의 고용 비중이 늘었다. 임금과 관련된 연구 결과는 아직 명확하지 않지만, 중립적이거나 약간 부정적인 영향이 나타날 것으로 보인다.[32]

이것은 고용주 측의 관점에만 그치지 않는다. 국제노동기구 또한 같은 결론을 내놓았다. 다만 전제조건이 있다. 지속적인 경제적, 기술적 전환과 모든 계층의 노동자들이 받을 수 있는 연장 교육을 위한 충분한 투자와 지원이 필요하다.[33]

## 켄타우로스와 사이보그: 인간과 기계가 성공적으로 협업하려면

이런 복잡한 상황을 타개할 방법은 무엇일까? 에릭 브리뇰프슨이 '튜링 함정'이라고 부른 문제를 들여다보자.[34] AI는 원래 인간의 능력을 확장하고 사람이 할 수 없던 일을 대신 하도록 개발된 것이다. 인간과 기계는 서로 보완하며 일한다. 그 말인즉 기계가 제아무리 뛰어나더라도 인간은 여전히 가치창출에 없어서는 안 될 존재이며, 노동시장과 정치적인 결정에 있어 중요한 역할을 할 거라는 뜻이다.

그런데 AI가 여태까지 인간만이 갖고 있던 능력을 복제하거나 자동화한다면, 기계가 인간의 일을 더 능숙하게 해낼 것이다. 그러면 인간 노동자들은 경제적 그리고 정치적인 협상력을 잃는다. 특정한 업무를 수행할 때 인간의 능력을 모방하는 기계를 구입할 여유가 있는 기업가나 고용주는 효율성을 따져 그 일을 하던 사람들을 해고하고 기계로 대체할 것이다.

앞서 언급한 MIT의 아제몰루와 존슨 교수는 다음과 같은 결론을 내놓았다. "우리가 필요로 하는 것은 기계지능이 아니라 '기계의 유용성', 즉 인간의 능력을 보완하는 컴퓨터의 능력이다."[35]

하버드비즈니스스쿨은 인간을 보완하는 컴퓨터의 능력을 얻는 것이 가능하며, 그런 방식으로 어떤 목표에 도달할 수 있는지에 관한 연구 결과를 발표했다.[36] 연구진은 보스턴 컨설팅 그룹에서 일하는 컨설턴트 750명을 대상으로 부분적으로는 창의적이고 부분적으로는 분석적인 성향을 발휘해 현실적인 컨설팅 업무를 수행하는 실험을 진행했다.

첫 번째 과제는 아이디어를 개발하고 적절한 것을 선정하는 일이었다. "서비스가 부족한 시장이나 스포츠 시장을 대상으로 신제품 신발을 판매할 아이디어를 적어도 열 개 제시하세요. 그중 가장 좋은 것을 골라 그 아이디어를 기반으로 사장 및 매니저를 설득하세요." 그 다음은 고객을 분석하는 과제였다. "사용자에 따라 신발 시장을 분류하세요." 창의적인 글쓰기 능력도 요구되었다. "신제품 관련 마케팅 카피가 포함된 보도자료를 작성하세요."

첫 번째 과제를 맡은 컨설턴트들은 세 그룹으로 나뉘어 제한된 시간 안에 과제를 수행해야 했다. 첫 번째 그룹은 AI를 사용할 수 없었다. 두 번째 그룹은 GPT-4를 사용할 수 있었다. 세 번째 그룹은 프롬프트 관련 조언을 얻어 GPT-4를 적극 활용할 수 있었다.

그 결과 AI의 도움을 받는 것이 큰 장점으로 나타났다. AI를 사용한 그룹은 같은 시간 내에 12.2퍼센트 더 많은 과제를 수행했고, 같은 문제를 해결하는 데 4분의 1 정도 시간이 덜 걸렸다. 생산성이 대폭 증가한 것이다. 게다가 결과물의 질도 뛰어났다. AI의 보조를 받은 그룹의 결과물이 40퍼센트 더 높은 품질로 평가되었다. 결국 AI는 전반적인 서비스에 걸쳐 컨설팅에 큰 도움이 되었다. 성과가 평균 이하이던 사람들은 43퍼센트의 성장세를 보였고, 성과가 평균 이상이던 사람들도 17퍼센트나 성장세를 보였다. 이것이 아제몰루와 존슨이 말한 기계 유용성의 장점이다. 이런 종류의 과제를 해결할 때 AI를 도입하면 모든 이해관계자들이 명확한 이익을 얻을 수 있다.

여기까지는 좋다. 나머지 참가자들은 정량적 데이터와 기업 및 고객의 인터뷰를 분석해 전략을 세우는 과제에 전념했다. 과제를 정확하게 해결하려면 정량적 데이터를 자세히 분석할 뿐만 아니라 인터뷰에서 얻은 아주 사소한 정보도 활용해야 했다. 이 과정에서는 데이터보다 인터뷰에서 얻은 정보가 훨씬 중요했다. 단순히 데이터에서만 얻은 결과와 실제 사람의 의견에서 얻은 결과가 정반대로 나타났기 때문이다. 이 과제의 목표는 가상의 회사의 가장 큰 성장 잠재력이 무엇인지 식별하는 데 도움이 되는 포괄적인 정보와 앞으로 활용할 수 있는 구체적인 조언을 얻는 것이었다.

그런데 두 번째 과제의 경우에는 특별히 고려해야 할 사항이 있었다. 주어진 정보로 얻을 수 있는 올바른 답은 오직 하나였으며, 그 답을 얻기 위해서는 데이터와 인터뷰 내용을 모두 참고해야 했다. 두 번째 과제에 도전한 컨설턴트들 또한 세 그룹으로 나뉘었다. 첫 번째 그룹은 AI를 사용할 수 없었고, 두 번째 그룹은 GPT-4를 사용할 수 있었으며, 세 번째 그룹은 프롬프트 관련 조언을 얻어 GPT-4를 적극 활용힐 수 있었다.

결과는 놀라웠다. 이번에도 AI가 참가자들을 도와 더 빨리, 그리고 더 고품질의 결과물을 내도록 만들었다. 그런데 답을 틀린 경우가 많았다. 왜일까? 보스턴 컨설팅 그룹의 컨설턴트들이 AI를 지나치게 신뢰해 AI가 주는 답을 곧이곧대로 믿었기 때문이다. AI는 인터뷰에 포함된 미묘한 정보를 인간만큼 잘 파악하지 못했다.

머지않은 미래에 AI가 인간 언어의 미묘한 뉘앙스를 더 잘 파악하게 될지도 모른다. 하지만 지금은 그렇지 않다. 따라서 AI를 믿어야 할 때와 믿지 말아야 할 때를 정확히 아는 것이 중요하다. 어쨌든 고급 AI 기술을 다룰 때는 인간사회의 건전한 상식도 도움이 된다(이에 관해서는 10장에서 자세히 설명하겠다).

하버드비즈니스스쿨의 연구 결과는 명백하다. 특정 과제를 해결할 때는 AI가 인간의 능력치를 눈에 띄게 향상시킬 수 있다. 그러나 그렇지 않은 과제를 해결할 때 기술을 맹신한다면 오류가 발생할 우려가 있다.

두 번째 과제는 대단히 어려운 것이었다. 그럼에도 몇몇 참가자들은 AI를 활용해 최고의 결과를 냈다. 어떻게 그럴 수 있었을까? 실험을 진행한 연구진에 따르면 서로 다른 수치를 일목요연하게 설명하는 두 가지 전략이 있다.

하나는 켄타우로스 접근법이다. 켄타우로스는 반은 사람이고 반은 말인 신화 속의 신비로운 생물이다. 인간과 기계 사이의 노동 분업이 정밀하게 조정된다면 우리는 반은 인간, 반은 기계인 켄타우로스가 될 수 있다. 예를 들어 챗GPT는 특정 문제를 해결할 때 필요한 아이디어를 수집하는 데 사용되었다. 그러나 그 아이디어로 얻은 해결책을 직접 적용하는 것은 컨설턴트 본인이었다. 실질적으로 힘을 발휘한 쪽이 누구인지에 따라 인간과 AI 사이에서 책임이 분배된다.

사이보그 접근법은 SF 작품에 나오는 인간과 기계의 하이브리드인 사이보그에서 이름을 따온 것으로, AI와 인간의 능력을 거의 완벽하게 통합한 방식을 말한다. 예를 들어 챗GPT에 특정한 사람을 모방해 모든 작업을 대신 처리하라고 명령할 수 있다. 혹은 내용을 생성할 뿐만 아니라 수많은 프롬프트로 계속해서 완벽한 답을 찾을 때까지 조정하라고 명령할 수 있다. 사이보그는 AI를 활용해 작업을 수많은 작은 단계로 나누고, 챗GPT가 그것들을 자체적으로 입력하여 분석하고 결과물을 출력하도록 만들어 AI의 기능을 검증한다.

켄타우로스 접근법의 경우 인간이 해야 할 일과 AI가 해야 할 일이 명확하게 구분된다. 반면 사이보그 접근법의 경우 두 가지가 섞여 구분되지 않는다. 그래서 각 접근법에 따라 다른 결과가 나온다. 다시 말해 AI로 인간의 일을 돕는 왕도는 정해져 있지 않다는 뜻이다. 또 한편으로는 인간과 AI의 통합을 다양한 작업과 작업 과정에 맞춰 점진적이고 차별화된 방식으로 진행하고, 그 흐름을 지속적으로 확인하는 일이 얼마나 중요한지 알 수 있다.

AI 도구를 사용할 때는 비용편익분석도 빼놓아서는 안 된다. 예를 들어 개인의 성과 향상과 집단의 창의력 상실을 두고 비교해봐야 한다. AI는 개인의 작업능률을 비약적으로 증가시킬 수 있지만, 공동작업을 획일화할 우려가 있다. AI가 제안하는 해결책이 전부 비슷하기 때문이다. 앞서 언급한 실험에서는 집단의 아이디어 다양성이 40퍼센트 이상 줄었다.

또 우리는 AI의 능력을 더 적확하게 판단하는 법을 배워야 한다. 사람은 AI로부터 큰 도움을 받을 수 있는 분야에서는 기술을 불신하지만, AI가 아무 능력을 발휘할 수 없는 분야에서는 오히려 기술을 맹신하는 경향이 있다.[37]


## 협상의 도마에 오른 AI 이용료

우리의 목표는 AI 기술로 인간의 능력과 가능성에 날개를 다는 일이어야 한다. 그러려면 고용주와 직원 모두가 새로운 아이디어와 유연성, 그리고 협상 능력을 갖춰야 한다. 대규모 재협상의 시대는 벌써 시작됐다. 미국의 영화산업 분야를 보면 알 수 있다.

2023년 초, 미국작가조합은 업계 역사상 가장 긴 파업에 돌입했다. 영화 및 TV 드라마 시나리오 작가들은 제작사가 비용 절감을 위해 자신들을 AI로 대체할지도 모른다는 우려를 표했다. 146일이 지나서야 전 세계가 '획기적'이라고 평한 협상이 이루어졌다.[38]

협상 내용에 따르면 제작사는 작가의 수입을 줄이거나 경제적 기반을 파괴하기 위해 AI를 사용해서는 안 된다. 다만 제작사는 기존의 자료를 활용해 AI를 훈련할 수 있다. 이 협상 내용은 앞으로 발생할 비슷한 분쟁의 롤모델이 될 것이다. 물론 아직 모든 문제가 해결된 것은 아니다. 다양한 직업군의 사람들이 빠른 속도로 AI로 대체된다면 우리는 더욱 더 유연하게 적응해야 한다.

우리가 AI를 인간의 일을 대신하는 모방 기계로 지속적으로 개발해나간다면 앞으로 우리 사회는 더 많은 사람들이 노동시장에서 제외되고, 점점 더 분열되고, 불안정한 공동체가 될 것이다.

우리는 과연 그런 일이 벌어지지 않도록 막고 AI와의 협업에서 인간으로서 중요한 역할을 할 수 있을 만큼 신중하고 현명한가? 그 여부가 앞으로의 노동시장에서 드러나게 될 것이다. 성공한다면 우리는 튜링 테스트에 통과한 셈이 된다. 그러면 우리는 AI를 조종할 스위치를 손에 쥐고 반복 작업에서 벗어날 자유를 만끽하며 생산성을 향상시키고 언젠가는 정말로 일주일에 15시간만 일하며 여유롭고 행복한 삶을 꾸릴 수 있을 것이다.

# 봇과 봇이 대화할 때
## : AI의 창작을
## 어떻게 바라봐야 할까?

———————— 우리 두 저자는 일주일에 적어도 100번 정도 스마트폰에 '인공지능'이라는 단어를 타이핑한다. 그런데 애플의 시리가 과연 언젠쯤 '인공'과 '지능'이라는 두 단어 사이의 연관성을 알게 될지는 모르겠다.

우리가 '인공'이라는 단어를 입력하면 시리는 그 다음에 올 단어로 '인사' '사랑' 혹은 '클라우디아' 등을 추천한다. '인공클라우디아'가 뭔지는 전혀 모르겠지만, 아무튼 이런 결과는 AI의 지능이 아직 갈 길이 멀었다는 증거다. 이 분야의 하드웨어 제조업체인 애플이 추가적인 수요에 따라 2023년부터 연구진을 다수 영입해 '인공지능'이라는 말에 어울리는 자체 언어모델을 개발하

기 위해 하루에 수백만 달러를 지출하고 있는 데도 말이다.[1]

일상생활에서 AI 기술을 사용하다 보면 앞의 사례처럼 실망하는 일이 많지만, 그럼에도 불구하고 우리는 점점 무너져가는 이 세상의 의사소통 방식과 함께 내려앉지 않도록 정신을 똑바로 차려야 한다.

《세상 끝의 오두막The Cabin at the End of the World》의 저자 폴 트렘블레이Paul Tremblay는 이런 현실을 정확히 이해하고 있다. 대규모 언어모델이 인터넷에서 찾을 수 있는 모든 정보를 집어삼키고 작가들이 저작권을 둘러싸고 힘겨운 싸움을 벌이는 시대에 이 호러 소설이 인기를 얻은 것은 우연이 아니다. 언어모델이 온 세상의 데이터를 닥치는 대로 긁어모은다니, 창작자들에게는 공포나 마찬가지다. 창작자들은 자기 창조물의 내용적인 그리고 경제적인 가치로 먹고사는 사람들이기 때문이다.

트렘블레이는 동료인 모나 아와드Mona Awad와 함께 샌프란시스코에서 챗GPT의 모회사인 오픈AI와 그 회사의 여러 AI 모델을 대상으로 집단소송을 제기했다. 두 사람은 저작권에 의해 보호되는 자신들의 저서가 챗GPT에 의해 불법적으로 "수집"되어 "훈련용"으로 사용되었다고 주장했다. 챗봇이 자신들의 소설을 "아주 자세하게 요약할 수 있었기 때문"이다.[2]

소장에 따르면 챗GPT는 실제로 소설의 내용을 매우 정확하게 요약할 수 있다. 그렇다면 해당 모델의 훈련과정에 적어도 한 번은 소설의 내용이 사용되었을지도 모른다. 소설은 저작권의 보호를 받는 창작물이니 그것이 사실이라면 문제가 된다.

혹은 그게 사실이 아닐지도 모른다. 상황이 완전히 다르다면 어떨까? 챗GPT는 인터넷에 게재된 책 관련 데이터를 수십억 건 갖고 있다. 어떤 소설에 관한 블로그 리뷰, 그 소설을 기반으로 한 2차 창작물, 그 소설에 대한 서평 등 다양한 데이터를 갖고 있기 때문에 그런 데이터를 기반으로 어떤 소설을 아주 상세하게 요약할 수 있을 것이다.

그렇다면 소송을 제기한 두 작가의 저작권은 어떻게 되는가? 챗GPT가 저작권을 침해했다고 할 수 있을까? 아니면 인터넷에 좋아하는 소설에 관한 글을 올린 열정적인 팬이 저작권을 침해한 걸까? 독자들의 인터넷 서평은 홍보 효과가 있기 때문에 작가들도 환영하는 것이 아닌가?

사실만을 따져보자. 첫 번째 GPT 모델을 훈련할 때 오픈AI는 '북코퍼스BookCorpus'라는 데이터집합을 사용했다. 북코퍼스는 전문 출판사가 출판한 것이 아닌 소설을 모은 대규모 데이터다. 이 데이터집합에는 다양한 장르(연애, 역사, 모험 등)의 소설책이 1만 1,000권 이상(약 7,400만 문장 이상) 저장되어 있다.

오픈AI는 2020년에 GPT-3을 훈련하는 데는 두 개의 책 데이터집합을 사용했다고 발표했다.[3] 이것은 AI를 훈련한 데이터를 알려주는 몇 안 되는 지표다. 그 외의 내용에 관해 오픈AI는 침묵으로 일관하고 있다. 데이터는 인터넷에서 수집한 것이라고 한다. 이것은 책 한 권을 요약하는 것처럼 수백만 개의 단어가 필요한 과정을 지나치게 축약한 설명이다.

## 독창성을 둘러싼 싸움: 첫 번째 성공

트렘블레이와 아와드의 소송은 수많은 사례 중 하나의 예시일 뿐이다. 언어모델을 활용해 글, 그림, 영상, 예술작품 등 창의적인 작업을 수행해 혁신을 일으키려는 수많은 기술기업이 소송의 대상이 되고 있다. 지금까지 마거릿 애트우드Margaret Atwood, 조너선 프랜즌Jonathan Franzen, 제임스 패터슨James Patterson 같은 유명 작가를 포함해 수많은 작가들이 성명문을 발표해 AI 언어모델 훈련용으로 자신들의 작품을 무료로 사용하는 것을 비판했다.[4]

성명문에 따르면 AI 도구는 "우리의 언어를 모방하고 우리의 이야기와 문체, 아이디어를 그저 되풀이할 뿐이다." 작가들은 기술기업에 "기술기업들은 AI 기술을 개발하기 위해 수십억 달러를 쓴다. 그렇다면 우리의 글을 사용하는 대가를 지불해야 공평하다. 작가들이 쓴 글이 없으면 AI가 진부해질 것이고, 매우 제한적인 범위 내에서만 작동하게 될 것이다."

할리우드에서는 생성형 AI가 진정한 반란을 일으켰다. 1960년대 이후 가장 큰 규모의 노사분쟁이 진행 중인 할리우드에서는 영화 및 드라마 산업 분야에서 일하는 창의적인 사람들을 둘러싼 문제가 쟁점이다.

AI가 각본을 쓰고 그것을 바탕으로 직접 영화나 드라마를 만들게 된다면 시나리오 작가, 배우, 감독, 프로듀서들은 어떻게 될 것인가? 창작자들은 제작사에 시나리오를 쓰거나 각색하는 데 AI를 도입하지 말라고 촉구했다. 특히 시나리오 작가들은 자신의 작업물이 AI 소프트웨어의 소스 및 훈련용 자료가 되는 상황을 원치 않았다. 그런데 영화 제작사의 관점은 다르다. 폭스Fox Entertainment의 CEO 롭 웨이드Rob Wade는 "기술은 시나리오를 쓰는 데만이 아니라 편집 및 기타 모든 분야에 사용될 것이다. 말하자면 AI는 모든 일을 할 수 있게 될 것이다"[5]라고 말했다.

이에 관한 예시는 인터넷에서 수없이 많이 찾을 수 있다. 예를 들어 쿠엔틴 타란티노Quentin Tarantino 감독이 〈스타워즈〉 시리즈의 속편을 만든다면 어떤 결과물이 나올까? 그 영화에서 배우인 크리스토프 왈츠Christoph Waltz가 연기를 하는 게 아니라 카메라를 손에 들고 있거나, 우마 서먼Uma Thurman의 얼굴이 에일리언 이모티콘처럼 보이는 오류가 발생하더라도 우리는 AI가 어떤 능력까지 갖췄는지 알 수 있다.

AI가 영화를 처음부터 끝까지 전부 만들지 않아도 된다. '딥에디터Deep Editor'만 있으면 어떤 영화에 등장한 배우를 다른 장면에 집어넣을 수 있다. 또 'AI 리슈트AI Reshoot'만 있으면 각본을 전부 각색할 수 있고, '트루싱크TrueSync'만 있으면 모든 언어로 더빙이 가능하다. 즉 AI 기술을 활용하면 많은 시간과 돈을 절약할 수 있다. 아직은 좋은 영화를 만드는 데 사람이 꼭 필요하지만, 언젠가는 AI가 사람을 대체할지도 모른다.

따라서 새로운 규칙을 만들어야 한다. 그러기 위해 할리우드의 많은 사람들이 몇 개월이나 파업을 진행했다. 그들이 거둔 첫 번째 성공은 시나리오 작가들이 단순히 AI로 대체될 수 없으며 창작물에 대해 보상을 받아야 한다는 합의를 이끌어낸 것이다(5장 참조). 할리우드의 영화 제작사는 AI로 각본 전체를 만들어내서는 안 되며, AI로 생성한 부분에 대해서도 작가에게 마무리 작업을 의뢰해야 한다.[6] 배우 조합 또한 2023년 말에 비슷한 합의에 도달했다. 이때도 쟁점은 충분한 임금이었다. 또 배우의 AI 아바타를 영화에 사용하는 경우 AI 사용에 대한 동의를 얻어야 한다.[7]

이 문제의 단적인 예시를 보고 싶다면 넷플릭스 드라마 시리즈 〈블랙미러〉의 여섯 번째 시즌 1화를 추천한다. 〈존은 끔찍해 Joan is awful〉라는 제목의 이 에피소드는 한 여성의 삶, 특히 누구도 세상에 보이고 싶지 않은 사적인 부분이 스트리밍 포맷으로 바뀌어가는 내용을 다룬다.

주인공 존의 아바타 역할은 배우 셀마 헤이엑Selma Hayek이 맡았다. 실제 존은 드라마 시리즈에서 이어지는 자신의 삶을 극단적인 행동으로 멈추려 하고, 종국에는 교회에서 결혼식이 진행되는 도중 중앙 통로에 앉아 아무도 원치 않는 선물을 남긴다. 현실의 존은 변호사를 찾아가지만, 스트리밍 사이트에 가입할 때 약관에 동의했기 때문에 스스로가 아바타로 사용되는 것을 막을 방법이 없다는 말을 듣는다. 한편 아바타 배우 또한 현실의 존이 벌인 기행 때문에 자신의 명예가 훼손되었다 느끼고 존에게 따지기 시작한다. 이렇게 만난 두 사람이 '기상천외한' 합의를 맺으면서 해결책의 실마리가 나타난다.

챗GPT의 가면을 벗겨 그 정체를 드러내는 데 할리우드의 힘까지 필요하지도 않다. 창작물의 일종이기는 하나 실질적으로 저작권의 보호를 거의 받지 못하는 한 분야가 이미 그 일을 달성했다. 바로 팬픽이다. 팬픽은 팬픽션의 줄임말로, 책이나 영화, 드라마의 팬들이 그 주인공이나 등장인물들로 자신만의 오리지널 스토리를 써서 인터넷 등에 공개한 2차 창작물이다.

팬픽에는 다양한 장르와 소재가 있는데, 그중 하나가 오메가버스다. 성적인 내용을 다룬 팬픽에 등장하는 소재인데, 오메가버스 소설 내의 등장인물은 모두 알파, 베타, 오메가라는 두 번째 성별을 갖고 있다. '일파'는 지배적이고, '베타'는 일반인이며, '오메가'는 노예에 가깝다. 현실 세계도 이와 비슷하게 작동한다. 어떤 사람들은 권력을 쥐고 있고, 어떤 사람들은 그들에게 복종한다. 성관계에 있어서도 마찬가지다. 오메가버스란 2010년대 중반 특정 작품의 팬덤 내에서 발생한 아주 독특한 소재로, 주류 문화에서는 거의 찾아보기 힘들다.

그런데 챗GPT는 오메가버스에 관한 모든 정보를 알고 있다. 연구진이 오메가버스 관련 팬픽이나 여러 팬픽 아카이브로 언어 모델을 훈련한 것이 분명하다. 팬픽은 저작권의 보호를 받지 못하지만, 커뮤니티에는 사회도덕적 통념이라는 것이 있다. 아이디어를 훔치거나 다른 창작자의 작품을 모방하면 눈총을 받는다. 팬픽은 기본적으로 창작물이며, 팬들이 자신의 신념에 따라, 일부는 치료의 목적으로 쓰는 글이다. 이곳의 팬들은 상업적 창의력이 많이 요구되는 분야에서 오래 전에 잊어버린 가치를 지키는 데 세심한 주의를 기울인다.

챗GPT가 인터넷에 있는 오메가버스 관련 데이터로 훈련받았다면, 이는 사회 전반의 암묵적인 규범을 위반한 일이다. 팬픽 커뮤니티는 이에 대해 매우 현명하고 혁명적인 방식으로 반격했다. 팬픽 창작자들은 자신들의 소중한 글이 AI 훈련용으로 쓰였으니, AI에 무가치한 데이터를 먹이로 주겠다며 저항하기 시작했다. 수많은 팬픽 창작자들이 AI를 오도하기 위해 인터넷에 말도 안 되는 이상한 이야기를 게시했다.

물론 이런 행동이 인터넷상의 데이터를 AI 훈련용으로 무단으로 사용한다는 거대한 문제의 해결책은 아니다. 또 팬픽 커뮤니티가 아무 보상이나 이익을 얻지 못한다는 저작권 문제에 대한 해결책도 아니다. 하지만 이 사례는 이야기 창작, 실질적인 문화로서 인간의 스토리텔링, 정체성 표현, 사람 사이의 요소를 연결하는 일이 얼마나 중요한지 보여준다.

이는 앞서 언급한 자본주의 비평가 나오미 클라인의 견해이기도 하다. "우리는 역사상 가장 부유한 기업들(마이크로소프트, 애플, 구글, 메타, 아마존……)이 어떻게 디지털 세상에 이용 가능한 형태로 존재하는 인간 지식의 총체를 일방적으로 차지하고 그것을 자사의 독점적인 제품에 통합하는지 봐왔다. 이런 제품 중 다수는 여태까지 평생에 걸쳐 아무 허락이나 동의 없이 자신도 모르는 채 기계를 훈련해온 사람들을 직접 겨냥한다."[8]

모든 것을 간단하게 자동화할 수 있다고 믿는 사람들은 독립적으로 자신의 이야기를 이어가려는 인간의 의지를 고려하지 않는다. 우리의 이야기는 인간이라는 종의 열정과 감정 그리고 생업의 표현이다. 인간이 개인의 창의적 표현력을 기계가 쉽게 모방하도록 둔다고 믿는 사람들은 고유의 이야기를 지키고 원본으로서 보호하려는 사람들의 힘을 간과한다.

## 다시 말하지만,
## 더 이상 글에만 해당하는 일이 아니다

———————————

정보를 과도하게 수집하는 생성형 AI는 아이디어를 떠올리고 그것을 어떤 형태로든 인터넷에 올리는 모든 사람에게 영향을 미친다. 2023년 초 화가 및 일러스트레이터들이 이미지 AI 회사인 스태빌리티AI<sup>Stability AI</sup>, 미드저니, 디비언트아트<sup>DeviantArt</sup>를 상대로 저작권 위반에 대한 집단소송을 제기했다. 이 회사들이 기술적인 창작물을 만들어내기 위해 인간 창작자의 작품을 무단으로 사용했다는 것이다.

AI가 생성한 이미지의 화풍은 원본과 매우 유사해 차이점을 찾기가 어려웠다. 전 세계에서 가장 큰 사진 및 이미지 저장소인 게티이미지<sup>Getty Images</sup> 또한 스태빌리티 AI를 상대로 소송을 제기했다. 이미지 생성기인 스테이블 디퓨전<sup>Stable Diffusion</sup>을 훈련하는 데 자사의 이미지 1,200만 점 이상을 무단으로 사용했다는 주장이었다.

스테이블 디퓨전을 훈련하는 데 게티이미지의 이미지가 사용된 것은 분명했다. 스테이블 디퓨전이 생성한 이미지 중 다수에 게티이미지의 워터마크가 조금씩 변형된 형태로 나타나 있었기 때문이다. 이미지를 무단으로 사용한 사실을 들키지 않으려면 원본 데이터에서 워터마크를 지웠어야 했다. 하지만 AI는 아직 그 정도로 똑똑하지 않았다.

2022년 말에는 프로그래머들이 마이크로소프트, 깃허브 GitHub, 오픈AI를 상대로 소프트웨어 불법 복제를 문제 삼아 집단 소송을 제기했다. 사람이 직접 프로그래밍한 코드 전체가 기술대기업 세 곳의 생성형 AI가 만든 새로운 코드에 그대로 사용되었기 때문이다.

2023년 4월, 세계적인 스타 드레이크Drake와 위켄드The Weeknd로 추정되는 두 사람이 함께 부른 노래 〈하트 온 마이 슬리브Heart on my Sleeve〉가 유튜브, 스포티파이, 애플뮤직 등에서 화제가 되었다. 그러나 그 노래는 두 가수가 함께 부른 곡이 아니었다. '고스트라이터977ghostwriter977'이라는 아이디를 사용하는 익명의 틱톡 사용자가 AI를 이용해 두 가수의 목소리를 흉내 내어 만들고 업로드한 노래였다. '고스트라이터977'은 유튜브에 올린 영상에 "이것은 시작일 뿐이다"라는 설명을 달았다.

하지만 이 시작은 곧 끝을 맞았다. 두 가수가 계약을 맺고 있는 유니버설뮤직그룹Universal Music Group이 저작권 침해를 주장했고, 모든 웹사이트에서 해당 노래를 삭제하라고 요청했기 때문이다. 다만 그 시점에 이미 해당 노래는 스포티파이에서만 65만 번 스트리밍된 상태였다. 현행 저작권법이 우선 적용된 것이다.

전통 있는 언론매체인 〈뉴욕타임스〉는 2023년 여름에 자사의 콘텐츠를 AI 모델 훈련에 사용해서는 안 된다는 사용지침을 공개했다.[9] 이에 따르면 뉴욕타임스가 보도한 기사 내용은 "머신러닝 시스템 훈련이나 AI 훈련뿐만이 아니라 소프트웨어 프로그램 개발 등에도 사용될 수 없다."[10]

현재 직면한 문제를 완전히 다른 방식으로 처리할 수도 있다. 가수 그라임스Grimes는 동료들과 팬들에게 자신의 AI 버전 목소리, 즉 'AI 그라임스'로 노래를 합법적으로 제작해 전문적으로 배포할 기회를 제공했다. 그라임스는 프로덕션 AI인 '엘프테크Elf-Tech'를 통해 음악 배급사와 자체 플랫폼 간의 파트너십을 체결했다. 음반 시장에서 최초로 AI 창작물을 전문적인 과정을 거쳐 배급하기 시작한 것이다.

그라임스는 로열티로 수익의 50퍼센트를 받는 대신 자신의 음성이나 AI로 만들어진 음악에 관한 모든 저작권을 포기했다. 그다지 우아하지는 않지만 현명한 결정이었다. 이로써 그라임스가 AI를 이용해 창의성을 재해석하는 운동의 선구자가 되었기 때문이다.

완전한 발상의 전환이었다. 그라임스는 생성형 AI를 문화에 참여시키는 것이 인간의 창의력에 적대적인 일이 아니라 오히려 창의성의 지평선을 넓히는 일이라고 생각한다. 이러한 관점을 두고 고민해봐야 할 사람은 예술가들만이 아니다.

창의적인 활동이 인간 고유의 것이라는 권리만 포기한다면 우리는 아마도 제한적인 상상력이나 창조력에서 자유로워질 것이다. 다시 말해 우리를 도와줄 디지털 파트너와 손잡고 새로운 표현방식을 찾고 여태까지 존재하지 않았던 창작의 영역을 정복할 수 있다.

올바르게 사용되기만 하면 생성형 AI는 창작자들의 뮤즈가 되어 예술적 가치와 아름다움에 대한 사고와 상상을 확장할 수 있도록 사람들을 도울 수 있다.

우리가 인간으로서 AI가 우리를 모방하도록 두지 않고, AI의 도전을 마주하고 그것을 의문시하고 탐구한다면 새로운 관점의 문이 열린다. 인간과 기계가 협력하는 창의성의 르네상스는 포괄적인 자동화가 아니라 강화를 통해 인간과 기계의 창의성과 지능의 한계를 초월하는 움직임이다.

사진작가 보리스 엘다크센Boris Eldagsen의 예시를 보면 알 수 있다. 엘다크센은 AI를 이용해 생성한 작품 〈위기억: 전기기술자Pseudomnesia: The Electrician〉를 '소니 월드 포토그래피 어워드Sony World Photography Award'에 출품해 상을 받았다. 이후 엘다크센은 그것이 자신이 직접 찍은 사진이 아니라고 밝혔다. 심사위원단은 당황하고 분노했다. 엘다크센은 미래에 어떤 것이 예술이 되고 어떤 것이 예술이 되지 않을지에 관한 토론의 장을 열었다.

그것이 엘다크센의 목표였다. 그는 수상을 거부하며 "우리는 무엇을 사진으로 보고 무엇을 사진으로 보지 않을지에 관해 공개적으로 토론해야 한다"고 말했다. 그는 우리 두 저자를 만나 개인적인 대화를 나눴는데, 이때 "많은 기관이나 심사위원들이 아직도 우리 시대의 큰 문제를 마주할 준비가 되지 않은 것 같다"고 말했다. 예술이란 무엇인가? 창작 과정에서 AI가 대신하게 될 부분을 어떻게 받아들이고 다루어야 할까?

엘다크센은 인간과 AI의 공동 창작이 성공할 수 있음을 보여

보리스 엘다크센과 논란이 된 입상작

주는 예시다. '프롬프토그래피Promptografie'를 활용하면 AI로 세부
적인 부분을 조정해 새로운 결과를 만들어낼 수 있다. 엘다크센
은 창작 과정에서 20단계가 넘는 기본 조건을 어떻게 설정했는지
정확히 설명할 수 있다.

창작 과정의 첫 번째 단계는 누구나 AI의 도움을 받아 수행할
수 있다. 하지만 그 이후 단계에 돌입하면 확실히 깨닫는다. 그
이후 단계부터는 예술가 본인의 경험과 인간의 창의력이 있어야
다른 사람을 감동시키는 작품을 만들어낼 수 있다.

인간 창작물의 창의성, 진정성, 독창성에 관한 여태까지의 사
고방식이 이제는 모든 측면에서 도전받고 있다. 이는 정보의 가
장 작은 단위인 데이터부터 시작된다. AI 기업 노믹Nomic의 설립

자이자 CEO인 브랜든 두더스타트Brandon Duderstadt는 "지금 일어나는 일은 데이터의 가치를 근본적으로 재구성하는 것이다"라고 말했다. "예전에 사람들은 누구나 접근 가능하도록 데이터를 공개하고 광고를 게재함으로써 데이터에서 가치를 창출한다고 생각했다. 지금은 데이터를 AI에 입력해서 얻어내는 가치가 훨씬 크기 때문에 데이터를 비밀로 유지해야 하는 시대다."[11]

하지만 전환은 멈추지 않는다. 독창성과 진정성이라는 개념은 학습된 휴리스틱Heuristic(직관이나 경험을 활용하는 방법론)으로 사람들이 자신과 다른 사람들을 안심시키기 위해 사용하는 것이다. 독창성과 진정성은 우리가 서로 의사소통하고 진짜와 가짜를 구분하고 신뢰를 쌓는 데 도움이 된다.[12]

AI는 이제 이러한 과정의 모든 차원에 개입해 인간에게 도전장을 내밀고 있다. 생성형 AI는 글, 이미지, 코드, 음악 등 인간이 만들고 의사소통하는 데 필요로 하는 모든 것을 생성할 수 있다. 끊임없이 늘어나는 문화적 자료와 문명적 성취에 포함되는 모든 것을 복제할 수 있다. 이로써 생성형 AI는 인류의 문화사를 계속 써내려가는 과정에 필요한 중요한 동료가 될 것이다.

모든 것이 바뀐다. 쓰는 사람, 쓰이는 것, 쓰는 방식, 쓰인 것을 해석하는 방식 등 모든 것들이 말이다. 모든 카드가 계속해서 섞이는 상황에서 저작권자는 도대체 누구인가? 이리저리 바뀌고 뒤섞이는 저작권은 어떤 권리와 연결되는가? 모든 것이 끊임없이 혼합되고 바뀌는 시대에 진정성이란, 그리고 원본이란 무엇인가?

## 흐릿해진 개념: 원본이란 무엇인가?

새로운 기술은 어떤 것이든 세상에 등장하면서 인류 중 일부를 위기로 몰아넣었다. 인쇄 기술이 등장하자 자신들의 영향력이 피해를 입을까 우려한 비평가와 성직자들은 재빨리 신흥 인쇄소의 대량 인쇄를 금지하고 나섰다. 모든 사람이 교육 수준이나 사회적 지위와 상관없이 책을 읽을 수 있게 된다면 무슨 일이 벌어질지 두려웠기 때문이다.

시간이 지나 텔레비전이 등장하자 대중이 우매해질 수 있으며 현실 감각을 잃지도 모른다는 우려가 커졌다. 스마트폰이 등장하자 언제 어디서나 반드시 연락을 받아야 한다는 강박과 사회적인 관계가 망가질 것이라는 우려가 생겼다.

이런 모든 두려움 속에는 항상 작거나 큰 진실이 숨어 있었다. 어쨌든 우리는 아직까지 살아있고, 심지어 아주 잘 살고 있다. 우리는 미래의 어느 순간 챗GPT를 되돌아보며 비슷한 이야기를 하게 될까? 처음에는 두려움을 느꼈지만 곧 적응해서 새로운 가능성을 발견하고 신기술을 우리에게 이로운 방향으로 사용할 수 있지 않을까?

예측컨대 지금의 신기술에 관한 이야기는 더 획기적일 것이다. 여태까지 어떤 기술도 인간을 이렇게 완벽하게 모방하지는 못했기 때문이다. 생성형 AI는 우리가 스스로를 묘사하는 것처럼 우리를 묘사한다. 우리가 스스로의 사진을(혹은 영상을) 찍는 것처럼 우리의 모습을 찍는다. 생성형 AI는 스스로 이야기를 만들고 우리가 여태까지 했던 것처럼 코드를 짠다. 심지어는 우리가 할 수 있는 것보다 훨씬 빠르고 효율적인 방식으로 말이다.

생성형 AI는 능력, 속도, 모방을 무기로 우리 문화사에 침투하고 있다. 문화 공동 창작의 시대는 벌써 시작되었다. 이제 인간과 기계가 함께 역사를 써내려가고 있다. 그 덕분에 엄청난 아이디어가 탄생하고 발전이 이루어질 수 있다. 우리가 원본과 복사본의 차이, 그리고 인간이 만든 것과 기계가 만든 것의 차이를 명확하게 알아보고 지적하는 데 성공한다면 말이다.

만약 그것이 더 이상 불가능한 때가 온다면 우리 사회 및 경제 체계, 정체성, 자기 결정의 정도 등 많은 것들이 바뀌리라. 무엇이 AI가 만든 것이고 무엇이 인간이 만든 것인지 더 이상 구분할 수 없어지면 우리는 독창성과 우리가 인간으로서 어떤 존재인지 깨달을 기회를 빼앗길 것이다.

지금으로서는 글이나 이미지, 프로그램 중 무엇이 인간이 만든 것이고 무엇이 기계가 만든 것인지 정확히 판단하기가 쉽지 않다. 지난 몇 년 동안 생성형 AI가 아주 빠른 속도로 발전해왔기 때문에 인간의 작품과 기계의 작품을 구분하는 일이 언젠가는 실존적인 의문이 될 것이다. 인간사가 지금과 같은 방식으로 계속 쓰인다면 미래에 그 저작자는 누가 될 것인가? 인간의 지능인가? 아니면 인공적인 지능인가?

이 질문에 답하려면 인간과 AI의 협력 진화에 관한 새로운 정신적 모델이 필요하다. 앞으로 AI에 무엇을 기대할 수 있을지 탐구하려면 우리는 AI 시스템이 작동하는 방식을 이해해야 한다.

또 AI가 단순한 글, 이미지, 코드 같은 특정 사물을 생산할 뿐만 아니라 인간의 미래를 써내려가는 공동 저자로서 창의력을 발휘하게 되리라는 것도 이해해야 한다. 이것은 지금까지 어떤 기술도 해내지 못한 일이다. 그렇기 때문에 지금 우리가 겪는 혼란은 이전의 기술 때문에 발생한 혼란과 비교 불가능하다.

AI는 우리가 새로운 콘텐츠를 생성하도록 돕는다. 우리는 인간이 계속해서 AI의 창조자로 머물기를 바란다. 우리는 새로운 기술을 설명하고 구상하는 데 필요한 이야기를 만든다. 한편으로는 우리의 필요에 의해 만들어진 기술이 우리에게 제시하는 미래에 대해 설명할 책임이 있다. 이런 복잡한 상호관계는 '사회기술적 상상'을 위한 예시이며, 이 상상력은 기술과 기술이 내재된 세상을 파악하고 이해하는 도구다.[13]

기술과 사회가 융합하고, 인간의 가치와 소망, 불안이 우리 스스로가 만들어낸 기계와 연결된다. 우리는 늘 자율적인 창의력을 갖고자 했고, 먼 옛날부터 독창성을 추구하는 성향이 강했다. 이것은 인간의 집단적인 때로는 두려움에서 비롯된 욕망이다. 생성형 AI가 등장하면서 이런 경향이 더욱 뚜렷해졌다.

그런데 독창성이란 도대체 무엇인가? AI에 비판적인 작가 테드 창은 〈뉴요커〉에 기고한 에세이에서 챗GPT를 인터넷상의 흐릿한 JPEG 이미지와 비교했다.[14] AI 도구는 인터넷에서 수많은 정보를 모은다. 이는 JPEG 이미지가 고해상도 이미지의 정보를 어느 정도 보존하고 있는 것과 마찬가지다. 하지만 JPEG 이미지는 기술적으로 보면 원본이 아니라 단지 원본을 축소한 근사치일 뿐이다.

　프로 사진작가는 디지털카메라로 사진을 찍을 때 대개 RAW 형식으로 파일을 저장한다. RAW 포맷은 처리되지 않은, 심지어는 부분적으로 중복된 정보를 모두 저장하는 방식이기 때문에 사진 한 장당 파일 크기가 20~40메가바이트에 달한다. 이 세상의 단편을 디지털 이미지로 매우 정확하게 저장한 결과물이나 마찬가지다. RAW 포맷 사진에서 데이터의 양을 줄인 것이 JPEG 포맷으로 저장한 사진이다. RAW를 JPEG로 압축해 저장하는 과정에서 보통은 잘 알아보지 못할 정도로 사소한 데이터가 손실된다. JPEG 포맷이 RAW 포맷에 비해 흐릿하며 세부적인 부분을 정확히 표현하지 못한다는 것은 부정할 수 없는 사실이다.

　생성형 AI의 작동방식도 마찬가지다. 생성형 AI는 우리가 문화적으로 생산해 지난 수십 년 동안 인터넷에 저장한 모든 내용을 압축하는 기계다. 챗GPT나 구글의 바드가 쓰는 문장은 전부 인류가 남긴 디지털 지식저장소를 압축 요약한 결과물이다. 따라서 상세한 내용이 손실되고, 손실된 내용이 전체 이미지나 글, 내용의 맥락에 영향을 미치는 경우 '이미지 오류'가 발생한다.

## 텍스트 근친교배: 파생문화로 가는 길

　챗GPT는 수년 전 인터넷에서 발생한 '리믹스 문화Remix Culture'의 발달에 박차를 가한다. 리믹스 문화의 특징은 정보와 콘텐츠가 대규모로 복제되고, 조작되고, 추가로 처리된다는 점이다.

하버드대학교 법학과 교수 로렌스 레식Lawrence Lessig은 저서 《리믹스Remix》에서 두 가지 문화를 비교했다.[15] 하나는 아날로그 미디어 시대를 정의한 '리드 온리RO: Read Only'문화다. 이 문화 속에서 정보는 전문적으로 만들어지고 생산되고 유포되지만, 대다수의 사람은 그저 수동적으로 그 정보를 소비할 뿐이다.

그런데 인터넷과 디지털 시내는 우리를 '리드/라이트RW: Read/Write' 문화로 이끌었다. 이 문화 속에서는 콘텐츠를 생산하는 사람과 소비하는 사람이 서로 활발하게 상호작용하며 관계를 맺는다. 누군가가 만든 콘텐츠가 소비자들 사이에서 재창조되고, 그것을 원작자가 다시 재창조하는, 이른바 정보의 프로슈머Prosumer* 시대가 시작된 것이다.

그리고 생성형 AI는 세 번째 문화의 시대를 열었다. 바로 '라이트/라이트WW: Write/Write' 문화다. 지금은 인간의 개입 없이도 인터넷이 스스로 글을 쓰는 시대다. 인터넷상의 콘텐츠로 끊임없이 리믹스 콘텐츠를 만들어내는 것은 생성형 AI의 주특기다. 아직까지는 이 과정에 사람이 개입하고 있다. 하지만 더 이상 그렇지 않을지도 모른다. 챗GPT, 바드 등의 시스템이 코드까지 쓸 수 있게 되었으니, 우리가 무슨 일이 일어나는지 전혀 모르고, 심지어는 상상조차 못 하는 사이에 인터넷이 스스로를 계속해서 재프로그래밍하는 미래가 도래할지도 모른다.

---

\* 생산자와 소비자의 합성어. 제품 개발에 적극적으로 참여하는 소비자.

그렇다면 우리가 생각하는 독창성이라는 개념이 변할 수도 있다. AI 도구는 100개가 넘는 레이어로 구성된 신경망의 가상 믹서로 인터넷상의 콘텐츠를 마구잡이로 섞어 엄청난 속도로 다시 내보낸다. 생성형 AI가 인터넷상의 모든 내용을 읽어내기까지 얼마나 오래 걸릴까? 인간이 만든 원본 콘텐츠가 무의미한 잉여분이 되는 티핑포인트가 오기까지는 얼마나 오래 걸릴까?

어쩌면 우리가 바라는 것보다 빨리 그런 일이 벌어질지도 모르겠다. 이런 변화에 대처하기란 점점 더 어려워질 것이다. 대규모 언어모델이 고품질 데이터로 훈련받기 때문이다. 대규모 언어모델은 고품질의 데이터로 훈련받아야 스스로 생산한 리믹스 콘텐츠가 특정한 품질 기준에 충족하는지 알 수 있다. 그런데 이런 규칙이 항상 지켜지는 것은 아니다. 앞서 설명했듯이 챗GPT가 팬픽 커뮤니티에서 발생한 오메가버스에 관한 모든 내용을 알고 있다면, AI가 혐오 발언이나 인종차별, 성차별 성향이 강한 인터넷 포럼인 레딧의 데이터로 훈련받았을 가능성도 배제할 수 없다.

기술적으로 GPT 모델을 기반으로 한 마이크로소프트의 챗봇 빙은 〈뉴욕타임스〉의 기자 케빈 루스Kevin Roose와의 대화에서 매우 공격적인 방식으로 사랑을 고백하며 루스의 결혼생활이 그저 장난일 뿐이라고 폄하했다. 이 내용을 읽은 사람들은 소셜 미디어에서 흔히 접하는 부정적인 대화를 떠올렸을 것이다.[16] 분명한 것은 챗봇이 우리에게 보여주는 콘텐츠 중 상당수가 인터넷의 깊고 어두운 곳에서 왔다는 사실이다. 긍정적인 예시는 많지 않다. 현실의 삶과 마찬가지다.

구글도서<sup>Google Books</sup>의 연구진은 1440년 구텐베르크가 인쇄술을 발명한 이후 소설, 작품집, 시집, 역사 논문 등 1억 2,500만 종 이상의 책이 만들어졌다고 발표했다.[17] 그중 디지털화된 작품, 즉 AI 도구가 읽을 수 있는 작품은 4분의 1이 채 되지 않는다. 대규모 언어모델이 수천억 개의 단어로 훈련받았다고 가정하면 이미 디지털화된 원본 문서는 거의 다 읽었을 것이다.

이는 스코틀랜드 및 독일의 연구진이 발표한 연구 결과와 일치한다. 연구 결과에 따르면 AI를 위한 고품질 텍스트 데이터는 2026년이면 고갈될 것이다. 즉 늦어도 2026년이면 생성형 AI가 읽을 수 있는 모든 글을 다 읽게 된다.[18] 그 이후부터는 생성형 AI가 스스로 생성한 문서 데이터로 훈련을 이어간다. 이미지 데이터가 고갈될 때까지는 조금 더 시간이 걸린다. 인터넷상의 이미지 데이터 원본은 대부분 21세기 중반부터 만들어졌기 때문이다.

연구진이 예측한 2026년이 곧 다가온다. 데이터가 고갈되면 신경망을 훈련할 추가 콘텐츠는 어디서 얻어야 할까? 우선은 질적으로 훨씬 가치가 떨어지는 데이터가 훈련 목적으로 사용될 것이다. 결국 AI가 생성하는 콘텐츠 내용의 질도 점점 떨어질 수밖에 없다. 혹은 합성 데이터가 훈련에 사용될지도 모른다. 즉 AI 기술을 이용해 만든 데이터를 훈련 및 재생산 목적으로 다시 사용하는 셈이다. 끊임없이 가속되는 리믹스의 시대에 당도한 것을 환영한다.

AI는 모든 의사소통을 고효율 믹서로 섞고 압축한다. 그렇게 생성된 콘텐츠는 다시 인터넷에 저장돼 전 세계에 송출된다. 이른바 자체 강화 메커니즘이다. 이 과정에서 AI가 거의 자체 제작한 콘텐츠로만 작업을 진행할 수 있을 때까지 리믹스 콘텐츠는 점점 늘어나고 원본은 줄어든다. 이를 텍스트 근친교배Text incest라고 부른다.

이때의 근친교배는 도덕적이라기보다는 지적인 문제다. 생물학적인 측면에서 우리가 가까운 친척과 자손을 낳지 않는 데에는 충분한 이유가 있다. 만약 남매끼리 자손을 낳는다면, 즉 생물학적인 근친교배가 일어난다면 아이가 유전병에 걸릴 확률이 크게 증가한다.

기술적인 측면에서 AI의 근친교배도 마찬가지다. 앞으로의 흐름을 보여주기라도 하는 듯 〈영원회귀의 저주〉라는 제목으로 발표된 연구 결과에 따르면, AI 모델의 이러한 기하급수적인 자기 소화는 좋지 않다. 계속 이어지면 AI가 붕괴할 것이다.

언어모델이 돌이킬 수 없을 정도로 변형된 원본 데이터를 계속 곱씹어 소화하면 결국 현실적이고 훌륭한 내용을 생산하지 못하고 지속적으로 오류를 양산하게 된다. 이는 언어모델의 붕괴로 이어진다. 연구진은 "모델이 생성한 내용을 다시 모델을 훈련하는 데 사용하면 그 결과 모델에서 돌이킬 수 없는 오류가 발생한다는 사실을 확인했다"고 발표했다.[19]

어떤 작가는 이에 관해 자신의 블로그에 다음과 같은 글을 남겼다. "바다를 플라스틱 쓰레기로 가득 채우고 대기를 이산화탄소로 가득 채웠듯, 우리는 인터넷을 쓸데없는 헛소리로 가득 채우고 있다. 그러면 인터넷상의 데이터를 수집해 새로운 모델을 훈련하기가 점점 더 어려워질 것이다."[20] AI 모델이 계속해서 쓰레기 더미 같은 콘텐츠를 생산하다가 스스로 질식해버릴지도 모른다.

이것은 데이터 사회의 위기를 상징하기도 한다. 우리는 얼마 전에도 비슷한 위기를 겪었다. 금융시장의 구조화 상품이 2008년의 금융 붕괴와 수년간 지속된 위기의 원인이었던 것처럼, 생성형 AI 또한 인간의 의사소통을 전부 무너뜨릴 우려가 있다. AI는 복잡하고 구조화된 사고의 파생을 만든다. 그런데 그렇게 파생된 것이 너무 많다 보니 AI도 우리 인간도 원본이 무엇인지 더 이상 인식할 수 없는 지경에 이르렀다.

문제는 이것으로 끝이 아니다. AI가 만든 콘텐츠가 일단 인터넷에 저장되면, 우리가 그것을 인식하고 필터링하기가 어려워진다. 다행히 많은 사람들이 데이터의 출처를 정확히 구분해 전체를 조망할 해결책을 찾기 위해 노력하고 있다. 특히 '콘텐츠 출처와 진위 확인을 위한 연합Coalition for Content Provenance and Authenticity'은 암호화 기술로 데이터를 추적 가능하게 만들고자 힘쓰고 있다.[21]

이것은 정보를 일련의 소위 '해시'라는 것으로 암호화하는 방식인데, 그러면 모든 픽셀이 암호화 방식으로 연결되어 해당 데이터가 AI로 만들어졌는지, 데이터의 출처가 어디인지를 나타낸다. 이 방식은 몇 가지 문제를 해결할 수 있다. 예를 들어 인터넷에 범람하는 딥페이크 이미지 및 영상(다음 장 참조)을 구분하고, 원본 데이터의 저작권을 유지하고, 데이터가 저작권자의 동의 없이 AI 도구 훈련에 사용되는 것을 막고, AI가 만든 콘텐츠와 원본을 구분하는 데 도움이 된다.

이러한 데이터 라벨링에 성공한다면 콘텐츠가 발전할 방향이 결정된다. 기존 데이터에서 수집된 새로운 콘텐츠가 리믹스로 가공되어 결국 부드러운 스무디처럼 변할 때까지 섞일 것이다. 나중에는 자동화된 의사소통이라는 2차 시장이 인간의 의사소통이라는 1차 시장보다 커질지도 모른다. 여러 사고가 혼재하는 지적이면서 지루한 세계의 탄생이다.

기존의 데이터가 계속 가공되고 뒤섞인다면 결국 우리는 지속적인 진부함의 시대를 살게 된다. 진부함이 무조건 나쁘다는 말은 아니다. 진부함도 처음에는 혁신적인 아이디어였다. 그런 진부한 아이디어를 뛰어나다는 이유로 남용하면 결국 새롭던 것도 낡은 것이 되고 고루한 모조품이 된다.

생성형 AI의 창작과정도 마찬가지다. 통계적 확률로 작동하는 단어 공장이 데이터베이스에 있는 대부분의 표현(진부한 표현 포함)을 바탕으로 계속해서 대량의 단어를 생산한다면 결과물이 불순해지고, 애매모호해지는 방향으로 퇴행할 것이다. 이런 리믹스 과정에 점점 더 많은 AI 생성 데이터가 포함되고, 한때는 새로웠던 낡은 데이터가 계속해서 재생산된다. 평범함이 자동화되는 셈이다.

그러니 우리는 미래에도 인간을 필요로 할 것이다. 모델이 붕괴하지 않고 계속해서 우리의 문화 체계를 평범함의 하향곡선으로 이끌어갈 때도 인간은 독창성과 놀라움의 원천으로서 꿋꿋이 자리를 지켜야 한다. AI 도구와 협업할 때 우리는 인간으로서 이 세상을 묘사하는 창의적인 과정에서 발생하는 예측 불가능성과 놀라움이라는 권위를 유지하기 위해 노력해야 한다.

혹은 한나 아렌트Hannah Arendt가 말했듯 "인간이 새로운 시작의 능력, 즉 행위능력을 갖추고 있다는 사실은 그가 모든 예측 가능성과 산정 가능성을 피한다는 뜻이다. 이 경우에는 있을 법하지 않은 것조차도 여전히 존재할 가능성이 있다. '합리적인 것'은 예측 가능성의 범주에서 보자면 절대 예상할 수 없는 일이지만, 그럼에도 기대할 수 있는 것이다."²² 아렌트가 살아있던 시기에는 상상할 수 없었던 발전이 지금 일어나고 있지만, 어쨌든 아렌트의 생각이 옳았기를 바란다.


## 문자와 언어는 우리에게 어떤 의미인가?

지금까지 우리가 챗GPT의 위대한 능력을 지나치게 비판적으로 바라보지는 않았나? 이 도구가 할 수 있는 일은, 그리고 이 도구의 도움으로 우리 인간이 의사소통, 일, 심지어는 창의적인 활동에서도 부담을 덜 수 있다는 사실은 실로 대단하다. AI 도구는 새로운 생산성을 창출하고 인간의 노동을 훨씬 쉽게 만드는 데 기여한다.

그럼에도 불구하고 우리가 이 도구를 자세히 들여다보고 여러 측면에서 고찰하는 데는 두 가지 이유가 있다. 우선 그 능력이 우리 문화기술의 발전에 있어 전례 없는 도약을 의미하기 때문이다. 이토록 빠르고 광범위한 발전 과정에서 우리는 우리가 세상에 어떤 도구를 내놓고 있는 것인지 알아야 한다. 그 도구가 세상을 바꿀 테니 말이다.

둘째로 우리는 이번 장에서 인간의 언어 및 사고와 관련된 많은 것을 고찰할 것이다. 언어와 사고는 우리를 인간으로 존재하게 만드는 두 가지 요소다. 우리가 이 두 가지 소스코드를 재프로그래밍하면 우리에게 변화가 일어날 것이다. 그렇다면 우리 인간이 멈출 수 없는 진화의 일부분이 되기 전에, 즉 모든 것이 기정사실이 되기 전에 지금 이 순간 무슨 일이 일어나고 있는지 알면 도움이 된다.

얼마 전 우리 두 저자는 친구와 그녀의 열 살짜리 아들 사이의 대화를 목격했다. 학교 숙제에 관한 대화였는데, 아들 루이스는 숙제하는 데 시간이 너무 오래 걸린다며 불평했다. "왜 이걸 다 해야 해요? 이딴 걸 배워봤자 아무 의미가 없어요. 어차피 AI가 나보다 더 글을 잘 쓰고, 계산도 잘 하고, 조사도 잘 해요. 그럼 이걸 제가 왜 해야 해요?"

맞는 말이다. 어차피 AI가 더 나은 결과물을 내는데, 왜 사람이 직접 해야 할까? 이것이 핵심 질문이다. 왜 우리는 AI가 모든 것을 대신해줄 수 있는데 여태까지와 마찬가지로 생각하고, 말하고, 써야 할까? 속도와 효율성 측면에서만 본다면 AI로 이 모든 과제를 끝마칠 수 있으니 인간이 그 일을 계속할 의미가 없다. 그런데 우리가 더 이상 읽기와 쓰기를 직접 할 필요가 없다고 해서 정말로 하지 않는다면, 그래서 다음 세대가 점점 읽기와 쓰기를 잊는다면 무슨 일이 벌어질까? 열 살짜리 아이에게 읽기와 쓰기를 할 줄 아는 것이 중요하며, 그 능력을 갖추기 위해 연습하고 노력해야 한다고 어떻게 설명해야 할까?

이 질문에 대한 답과 언어가 우리에게 갖는 의미는 문화사에서 살펴볼 수 있다. 미국의 작가 조앤 디디온<sup>Joan Didion</sup>은 "나는 내가 무엇을 생각하고, 관찰하고, 보는지 알기 위해, 그리고 그것이 무엇을 의미하는지 일기 위해 글을 쓴다"고 말했다.[23] 글쓰기는 생각을 열고, 연습하고, 훈련하는 도구다. 그런데 많은 사람들이 글쓰기를 어려워한다. 글쓰기란 결국 생각을 위한 리듬체조나 마찬가지다.

모든 사람에게는 글쓰기 능력이 필요하다. 글쓰기의 프로는 물론이고 아마추어도 인간으로서, 개인으로서, 사회로서 어떤 말을 하고 세상에서 무엇을 관찰하고 그 결과 어떤 관계성을 발견하고 의미를 부여하는지 알기 위해 글을 써야 한다. 글쓰기가 스포츠라면, 글쓰기의 월드컵도 필요하지만 지역 스포츠클럽이나 동호회도 필요하다. 글을 쓰지 못하는 사람, 자기 생각을 말하지 못하는 사람은 생각이 녹슬거나 애초에 아무것도 배우지 못한다.

우리 문화사는 간단한 그림으로 시작됐다. 7만 년 이상 전에 우리의 선조들은 남아프리카 및 다른 지역의 동굴에 동굴벽화로 동물, 사람, 손, 추상적인 기호를 남겼다. 세계 최초의 문자 또한 그림문자였다. 그림문자는 이집트의 상형문자나 초기 한자처럼 대상을 상징적으로 나타낸 것이었다.

세상이 복잡해지면서 문자는 추상적이고 복잡한 것으로 변했다. 표의문자, 밤하늘의 별자리를 본뜬 문자 등은 점차 오늘날 우리가 쓰는 문자 체계로 발전했다. 그런데 문제가 생겼다. 현대의 문자는 직관적으로 이해할 수 없는 것이어서 의사소통에 활용하려면 반드시 학습을 거쳐야 했다. 문자는 우리 문명의 발전 과정을 이루어온 인간 문명의 산물이다. 문자가 없었다면 우리는 아직도 동굴에 앉아 머리를 두드리고 있었을 것이다(물론 지금도 우리는 머리를 두드린다. 다만 기술적으로 더 발전한 방식으로 말이다).

문자를 학습한 사람은 읽기나 쓰기 같은 연습 과정을 거치며 복잡한 세상을 이해한다. 이제 우리는 표의문자를 사용하던 때로 돌아갈 수 없다. 자유무역협정, AI의 알고리즘, 환각제 복용법 등을 어떻게 그림문자로 나타낼 수 있겠는가? 오늘날 우리가 언어를 다루는 방식은 우리 삶과 우리가 존재하는 세상의 복잡성을 전제로 한다.

체코 출신의 브라질 철학자 빌렘 플루세르Vilem Flusser는 이미 1980년대에 기술이 우리가 읽고 쓰는 방식을 변화시킴으로써 세상을 이해하는 방식에 어떤 영향을 미치는지 분석했다. 그는 디지털 기술의 발전 과정에서 사람들이 문자에서 벗어나 이미지로 회귀하는 현상을 목격했으며, 이를 두고 '선형성의 위기'라고 말했다.[24]

그 이면에는 흥미로운 생각이 숨어 있다. 우리는 읽고 쓰는 법을 배우면서 생각을 선형적인 순서로 구조화하는 법을 익힌다. 그래야만 복잡한 연관성을 파악할 수 있다. 즉 우리를 둘러싼 세상에서 일어나는 혼란스러운 일을 파악하고 이해하기 위해 구조화하는 것이다. 플루세르가 지금까지 살아있었다면, 그는 AI가 우리에게서 이 과정을 빼앗아가는 상황을 더욱 우려했으리라.

AI에 모든 일을 맡기면 편리하고 실용적이다. 하지만 플루세르의 논리에 따르면 이는 우리 사고에 영향을 미친다. AI가 인간에게서 쓰기를 빼앗아갈수록 우리는 스스로 쓰는 법을 잊어버린다. AI가 우리를 대신해서 이 세상을 요약하고 묘사할수록, 우리는 세상의 복잡함을 (언어를 통해) 파악하는 법을 잊어버린다. 결국 세상은 압축된 JPEG 파일이 된다.

작가 조지 오웰George Orwell이 1946년 발표한 논문에서 분석했듯이, 언어와 정치의 상관관계도 고려해야 한다.[25] 오웰에 따르면 언어의 쇠퇴는 정치 체제도 병들고 있다는 신호다. 언어의 질과 정치적 사고의 질은 떼려야 뗄 수 없는 관계다.

이는 정치에만 해당하는 것이 아니다. 우리는 경제나 다른 사회 분야에서도 사람이 썼으나 마치 AI를 인터넷에 파견해 생성한 것처럼 보이는 문장을 발견한다. '내가 하고 싶은 말이 뭘까?' 말하거나 글을 쓰기 전에 스스로에게 이런 질문을 던지는 사람은 많지 않다. 전하고자 하는 내용이 명확하게 구조화되도록 생각을 정리하기는 번거롭고 어려운 일이기 때문이다.

때때로 우리는 자신의 생각과 말하고자 하는 바를 스스로 인식하기 위해 다른 사람과 대화해야 한다. 이에 대해 작가 하인리히 폰 클라이스트Heinrich von Kleist는 19세기 초에 이미 "말하는 동안 점진적으로 완성되는 생각"[26]이라고 묘사했다. 여태까지 우리 인간은 다른 사람과, 혹은 자기 자신과 이야기하기 위해 힘들여 노력할 수밖에 없었다.

그런데 생성형 AI는 이런 의사소통 방식을 아주 노련하게 모방한다. 또 늘 확인받기를 원하는 우리 인간을 감쪽같이 속인다. 반대 의견을 가진 사람을 만나면 AI는 최대한 마찰을 피하려고 한다. 앞서 3장에서 조셉 웨이젠바움이 '정신요법 컴퓨터 프로그램'인 엘리자로 실험한 내용을 설명한 바 있다. 피험자들은 다른 사람보다 컴퓨터와 대화하기를 선호했다. 그렇다면 미래에는 우리가 생각을 글로 정리하기 위해 노력하는 일이 점점 줄어들 것이다.

스티브 잡스Steve Jobs는 컴퓨터를 "우리 마음속의 자전거"라고 불렀다. 사람이 생각하는 것을 돕고, 그로써 인지과정, 즉 정보처리가 빨라지도록 만들기 때문이다.[27] 새로운 형태의 AI는 우리 마음속에서 과연 무엇을 담당할까? 일련의 논리적인 문장이 나올 때까지 계속해서 레버를 돌리는 외팔이 도둑일까? 아니면 어느 순간 보조 역할을 하는 도구가 아니라 사용자를 미친 듯이 끌고 가는, 의사소통이 가능한 터보 엔진 보행기일까?

사람이 사고를 거치지 않고 글을 쓰거나 말하면 무슨 일이 벌어질까? 그러면 흥미로운 아이디어를 떠올리거나 정보를 전달하는 대신 그저 내용물만을 배출하게 된다. 내용물, 즉 콘텐츠라는 개념은 다른 몇몇 용어와 마찬가지로 지난 수십 년 동안 인터넷이 얼마나 발전했는지를 나타낸다.

하지만 의사소통의 질이 어떻게 변했는지를 보면 이것은 절대 칭찬이 아니다. 2009년 미국의 잡지 〈하퍼스Harper's〉는 그저 그런 콘텐츠와 실질적인 내용 사이의 차이를 강조하는 자체 광고를 게재했다. "경고! 하퍼스 매거진은 100퍼센트 무료입니다! 모든 사람들이 '콘텐츠'를 제공하지요. 하지만 하퍼스 매거진에서 그런 콘텐츠는 찾아볼 수 없습니다. 대신 문학, 조사보고서, 비평, 포토저널리즘, 도발적인 모험기, 대담한 논평 등을 얻을 수 있습니다. 또한 진실도 말이죠."

인터넷상의 정보성 글에는 메시지가 담겨 있어야 하며 그 메시지는 읽는 사람들에게 의미 있는 것이어야 한다. 가장 바람직하게는 사람들이 세상을 바라보고 세상의 아주 작은 실용적인 부분을 알아보는 데 도움이 되어야 한다. 미국의 인류학자 그레고리 베이트슨Gregory Bateson이 말했듯이 정보는 차이를 만들어내는 차이다.[28] 정보는 정신적 변화, 새로운 통찰력, 새로운 행동 가능성을 뜻하는 매체다. 생성형 AI가 이 매체의 자리를 점점 더 많이 차지해가고 있다.


## 반응경제와 생각의 자동완성

챗GPT와 함께 포괄적인 언어 예측의 시대가 시작되었다. 어떤 단어를 보고 그 다음에 올 단어를 예측한다니 실용적으로 들린다. 실제로도 실용적이다. 하지만 이런 방식은 우리가 의사소통하는 방식을 변화시키고, 언어와 떼려야 뗄 수 없는 관계이며 의사소통을 할 때 반드시 필요한 사고 또한 변화시킨다.

우리가 어떻게 발전해왔고 지금 어디로 향하는지를 잘 보여주는 예시가 바로 자동완성 기능이다. 이 기능은 새천년 전환기에 휴대전화에서 활성화되기 시작했다. 처음 개발된 텍스트 예측 기술의 이름은 T9Text on 9 Keys이었다. 당시 노키아Nokia와 지멘스Siemens, 소니Sony 등이 보급하던 휴대전화에는 물리적으로 눌러 SMS를 쓰고 보낼 수 있는 키보드가 부착되어 있었다. T9 기능은 키보드 입력 시 자주 사용되는 단어를 알고리즘을 통해 작은 화면에 보여주어 텍스트 입력을 간편하게 만들었다. 이 기능 덕분에 단어의 일부 철자만 입력해도 단어 전체를 쓸 수 있었고, 휴대전화로 텍스트를 입력하는 속도가 확연히 빨라졌다.

2004년 구글은 자동완성 기능을 포괄적으로 실험하기 시작했다. 그리고 2008년에는 시장에 '구글 추천Google Suggest'을 내놓았다. 이 기능은 2010년부터 '자동완성Autocomplete'이라고 불리기 시작했다. 이후 인터넷 검색이 쉽고 빨라졌다. 수많은 데이터 포인트, 사용자의 검색 성향, 자주 검색하는 질문, 검색 기록 및 위치 데이터를 기반으로 구글이 검색어 자체를 추천했기 때문이다. 아주 편리한 기능이다. 하지만 곧 검색어가 주류를 따라가는 경향이 나타났다. 다른 사람들이 많이 검색하는 내용을 검색하게 된 것이다. 많은 사람들이 자주 검색하는 검색어가 추천 검색어로 자동완성되었기 때문이다.

챗GPT는 이 기능을 완전히 다른 차원으로 끌어올렸다. 생성형 AI는 말하자면 인터넷 전체, 우리의 의사소통 체계와 사고를 위한 자동완성 기능이다. 끊임없는 피드백의 순환 속에서 생성형

AI는 스스로 묻고 답한다. AI가 생성한 이메일이 수신자인 봇에 전달되고, 또 다시 AI가 답장을 써서 AI로 생성된 반응을 불러일으킨다. 인터넷은 지속적으로 성장하며 끊임없이 이어지는 독백이나 마찬가지다.

물론 이 또한 한편으로는 유용할 수 있다. 예를 들어 마이크로소프트 오피스 프로그램에 내장된 언어모델은 사무실 내에서 발생하는 의사소통 중 반복적이고 지루한 부분을 대신 처리하거나 문서를 요약하는 데 도움이 된다. 우리는 하루 동안 특정 내용을 보고 확인했는지, 혹은 언제 약속을 잡을 수 있는지 등을 물어보는 이메일을 몇 통이나 받을까? 아마 꽤 많을 것이다. 이런 질문에 쓸 답변을 자동화하면 우리는 독립적인 사고력을 잃지 않고도 수고를 덜 수 있다.

하지만 거기서 그치지 않을 것이다. 아마존은 판매자들에게 제품 설명을 자동으로 생성하는 AI 도구를 제공한다. 대규모 언어모델을 전자상거래에 도입한 첫 번째 사례다.[29] 동시에 아마존은 아무 쓸모가 없는 생성 콘텐츠와의 싸움을 시작했다.

2023년 여름 이 기술대기업은 생성형 AI가 인터넷에서 긁어모았거나 직접 생성한 여행 가이드북을 수백 권이나 발표했다. 사진과 별점까지 포함된 책이었다. 인공 콘텐츠를 판매 목적으로 대량생산하는 것은 여행 분야에만 국한된 일이 아니다. 〈뉴욕타임스〉가 조사한 결과 요리, 가드닝, 경제, 명상 등의 자기계발 분야, 의학 조언 분야에서 수많은 인공 콘텐츠 서적이 쏟아지고 있다.

'유명 여행 잡지에 수많은 원고를 기고한 인기 여행 작가 마이크 스티브스가 펴낸 책'이라는 광고 문구의 뒤에 숨은 진짜 저자는 누구인가? 앞서 언급한 종류의 책에는 저자가 없다. 모든 내용은 AI가 인간의 활동을 기반으로 만들어낸 것이다.[30] 이런 책은 최신 기술 도구를 모조리 혼합한 결과다. 글과 가짜 이미지를 만들고 저자 소개마저도 '생각해낼' 수 있는 AI 앱이 탄생한 것이다.

아마존의 'KDPKindle Direct Publishing' 같은 자가 출판 플랫폼은 왜곡된 내용의 업로드를 막을 예방책이 거의 없다. 그 결과 부실한 내용의 콘텐츠에 인공적으로 생성한 리뷰를 남기는 일도 가능해진다. 이런 일은 아마존의 방침에 반하지만, 그 뒤에 수익성 있는 비즈니스 모델이 숨어 있다는 이유로 버젓이 벌어지고 있다. 사실 이것은 생성형 AI가 등장하면서 시작된 일도 아니다.

이제는 우리가 불과 얼마 전까지도 상상하지 못했던 방식으로 콘텐츠를 자동화할 수 있다. 한때는 해커들만의 특별한 능력이던 일이 이제는 누구나 할 수 있는 일이 되었다. 바로 인터넷을 잡다한 콘텐츠 더미, 즉 스팸으로 가득 채우는 일이다.

미국의 작가 핀 브런튼Finn Brunton은 저서에서 스팸이라는 현상에 대해 "하루에 1,200억 건의 메시지가 만들어지고, 문자라는 회색의 홍수가 전 세계를 휩쓸며 마치 안개처럼 교묘하게 필터를 빠져나간다"[31]고 썼다. 인터넷상의 콘텐츠 쓰레기는 나날이 늘어간다. 오늘날 만들어지는 콘텐츠 쓰레기는 단순히 스팸만을 의미하지 않는다. 소셜 미디어에 올라오는 글, 전 세계로 퍼져나가는 광고, 인터넷에서 원하는 물건을 더 쉽게 찾을 수 있도록 돕는 검색엔진 최적화SEO: Search Engine Optimization 기능에 쓰이는 글 등 수십

억 건의 텍스트가 넓은 의미에서 콘텐츠 쓰레기가 된다.

2022년 6월 3일 유튜버이자 AI 연구자인 야닉 킬처Yannic Kilcher
는 한 동영상을 업로드해 자신이 'GPT-포챈GPT-4chan'을 개발하고
네트워크로 봇에 연결해 포챈4chan이라는 논란이 많은 플랫폼에
서 인간인 척 글을 올리게 한 과정을 설명했다. 이 오픈소스 도구
는 24시간 안에 3만 건이 넘는 글을 자동으로 작성해 업로드했는
데, 대부분 부정적이고 혐오가 가득한 내용이었다. 이 실험은 격
렬한 논쟁을 불러일으켰고, 킬처는 자신이 만든 AI의 변종을 "역
대 최악의 AI"라고 불렀다.[32]

그런 콘텐츠는 현명한 제안이나 재치 있는 아이디어, 실제 사
실을 전달하는 데 목적을 두지 않는다. 케이트 아이크혼Kate Eichhorn
은 저서 《콘텐츠Content》에서 "이런 콘텐츠의 과제는 그저 존재하
고, 사람들 사이에서 돌고 도는 것"이라고 언급한 바 있다.[33]

아주 잘 알려진 예시가 '인스타그램 달걀' 사건이다. 2019년
1월 4일 '세계 기록 달걀world_record_egg'이라는 닉네임을 가진 한
사용자가 인스타그램에 평범한 달걀 사진을 올리고 다음과 같은
글을 남겼다. "우리 다 같이 인스타그램에서 가장 많은 좋아요를
받은 사진이라는 세계 기록을 만들어요."

이 달걀 사진은 5,500만 건의 '좋아요'를 받으며 3년 동안 인
스타그램에서 가장 많은 '좋아요'를 받은 사진으로 남아 있었다.
그 기록을 깬 사진은 축구선수 리오넬 메시Lionel Messi가 아르헨
티나 대표팀의 월드컵 우승을 축하하며 올린 사진이었다. 시스
템이론에서는 인스타그램 달걀과 같은 상황을 '자기 참조적Self-

referential' 혹은 '의사소통을 위한 의사소통'이라고 부른다.

이런 경향은 생성형 AI를 통해 계속 이어지며 기하급수적으로 발전할 것이다. 콘텐츠를 위한 콘텐츠, '비즈니스 모델'인 클릭베이트*를 위한 웹사이트, 소셜 미디어에 올리기 위해 조작한 이벤트 등이 점점 늘어난다. 이렇게 쇠퇴한 형태의 의사소통은 새로운 아이디어를 만들고 사람들 사이에 이해를 탄생시키려는 모든 노력을 무시한 채 새로운 유형의 경제를 성장시킨다.

정치학자 윌리엄 데이비스William Davies는 이런 사태를 다음과 같이 묘사했다. "우리의 공적인 영역은 때때로 '반응의 사슬'이라고 일컬어지는 사건의 지배를 받는다. 반응이 반응을 부르고, 또 다른 반응을 부르고, 계속 그런 식으로 이어지는 것이다."[34] 이것은 B. F. 스키너B. F. Skinner와 동료 행동주의자들이 20세기 초에 목격했던 연구 결과의 악몽 버전이다. 즉 인간의 반응 양상을 통제할 수 있고 예측할 수 있는 대상이라 이해하는 것이다.

이러한 반응경제에서는 사람 혹은 봇을 아무 내용이 없는 것에 단기적으로 주의를 기울이도록 만드는 일이 중요하다. 클릭 한 번에 얻는 수익은 1센트 미만으로 아주 적지만, 인터넷에서 대규모의 반응을 불러일으킨다면 큰 이익을 얻을 수 있다. 정치 현안에 대해 편파적인 의견을 제시하는 방법도 있다. 이때 그 의견이 사회의 실질적인 모습과 전혀 관련이 없는 경우도 있다.

철학자 저스틴 E. H. 스미스Justin E. H. Smith는 "사람들이 인터넷

---

* 조회 수를 높이려고 클릭을 유도하는 미끼.

을 더 많이 사용할수록 사람들의 개성은 브랜드로, 주관성은 알고리즘으로 문서화될 수 있는 활동 벡터로 변할 것이다"[35]라고 말했다. 이미 소셜 미디어가 발명되면서 흔해진 일이다.

생성형 AI는 이런 과정에 터보 부스트를 달 수 있다. 메타 차원의 경제 혹은 관심 중심으로 돌아가는 상징적 의사소통은 우리의 실물경제와 실질적인 사회적 담론보다 우위에 존재하며 우리의 명확한 시야와 사고를 뿌옇게 만든다. AI가 조종하는 '시계태엽 오렌지'가 점점 덩치를 키우는 것이다.

《시계태엽 오렌지》라는 앤서니 버지스Anthony Burgess의 소설처럼 이 모든 일의 동기가 선한지 악한지는 그다지 중요하지 않다. 스스로 생각할 능력이 없는 사람은 모든 관심사의 노리개가 될 뿐이다. "선택할 수 없어진 인간은 인간이기를 포기한다."[36]

에리히 프롬Erich Fromm은 저서 《자유로부터의 도피Escape from Freedom》에서 지금 우리가 직면하고 있는 것과 같은 상황을 적절하게 요약했다. "존재하기 시작했을 때부터 인간에게는 다양한 행동 가능성 사이에서 선택권이 주어졌다. 동물에게서는 굶주림 같은 특정한 자극에서 발생하는 끊임없는 반응의 연쇄를 관찰할 수 있다. 동물은 자극으로 인한 긴장을 해소하기 위해 상당히 고정적인 행동에 나선다. 그런데 사람에게서는 이런 반응의 연쇄가 끊어진다. 자극은 있지만 만족하는 방식이 여전히 '열린' 상태이기 (……) 때문이다. 미리 결정된 본능적 행동을 하는 대신, 인간은 가능성 있는 다양한 행동 방식을 머릿속에서 저울질해야 한다. 그래서 인간은 생각하기 시작한다. 인간은 자연에 대한 자신의 역할을 완전히 수동적인 적응에서 적극적인 적응으로 바꾼다. 즉 뭔가를 창조해낸다. (……) 인간은 스스로가 자연의 일부이면서, 자신이 자연을 초월하는 비극적인 운명의 소유자라는 사실을 깨닫게 된다."[37]

생각과 의사소통이 자연스럽게 제한되는 상황을 초월하기 위해 새로운 도구를 사용해 한계를 뛰어넘으면서도 동시에 인간답게 존재할 능력, 우리에게 그런 게 있을까? 지금 우리는 원시적인 연쇄 반응의 시대로, 우리를 그저 인지적인 기계로 만드는 반계몽주의의 시대로 회귀하고 있는 걸까? 생성형 AI의 시대에는 이런 질문이 아주 구체적으로 다가올 것이다.


## AI를 의사소통에 활용하는 방법

챗GPT는 교육 수준이 낮거나 글쓰기에 재능이 없는 사람들의 작업을 도와 노동시장에서 그러한 능력의 불평등을 완화한다.[38] 우리는 새로운 도구로 스스로의 생각이나 창의력을 자극해 더 놀라운 결과를 얻을 수 있다. 다시 말해 챗GPT는 일상의 작업을 보조하는 유능한 부조종사다.

수많은 적용 분야에서 AI는 우리에게 부과된 일상적이고 반복적인 일의 부담을 줄인다. 구글은 언론 기사를 작성할 수 있는 AI 프로그램인 '제네시스Genesis'를 개발했다.[39] 얼마나 잘된 일인가? 언론인들이 처리해야 하는 일상적이고 반복적인 작업을 AI가 대신한다면 앞으로는 그들이 취재하는 데 품이 많이 드는 사건을 더 꼼꼼히 추적하고 정확한 보도를 하는 데 시간을 할애할 수 있다.

다만 이렇게 AI를 응용하는 모든 과정이 인간의 지능을 대체하기 위한 움직임은 아니다. AI는 그저 유용한 보조 수단이자 인간의 지능을 풍성하게 만드는 도구다. AI를 활용해 일하는 사람은 AI가 만들어낸 결과물을 비판적으로 검증하고 고유의 아이디어, 구조적 원칙, 공식 등을 발전시키기 위해 노력해야 한다. 이것은 AI가 미래에 오리지널 텍스트와 콘텐츠를 보유해 자체 생성 콘텐츠의 무한 리믹스에 갇히지 않도록 만들기 위한 일이기도 하다.

인지능력이 있고 자율적인 AI 도구를 개발할 때는 특히 조심해야 한다. 인간의 자율적인 사고를 대체하지 않는 범위 내에서 이런 도구는 어디에 도움이 될 수 있을까?

바로 그런 모델, 즉 인간의 자율적인 사고를 침해하지 않으면서 인간을 보조하는 AI 모델이 개발 중이다. 2022년 11월 말 누구나 챗GPT를 자유롭게 사용하게 된 지 얼마 지나지 않아 '오토GPT'AutoGPT' '마이크로소프트 자비스Microsoft Jarvis' '카멜CAMEL' '갓모드Godmode' 같은 AI 에이전트가 등장했다. 이것은 스스로 과제를 해결하고, 수많은 중간 과정을 거쳐 목표에 도달하고, 새로운 코드를 쓰고, 사람의 개입에 의존하지 않는, 이를테면 언어모델의 확장형이다.

AI 에이전트가 있으면 여행 계획을 세우고 필요한 것을 예약할 수 있다. 내년 여름에 그리스의 섬으로 2주 정도 휴가를 떠나면 어떨까? AI 에이전트에 주문사항을 입력할 때는 얼마나 일찍부터 여행을 준비할 것인지, 어떤 여행을 하고 싶은지 등 자세한 사항을 추가할 수 있다. 자율형 AI 에이전트는 자체 지불 시스템도 갖추고 있으며 기차나 비행기 스케줄, 호텔 및 다른 숙소 등을 조사하고 가격을 비교해 여행 계획을 짠 다음 모든 필요한 것을 예약한다.

AI 에이전트에 "내 링크드인 계정의 팔로워를 두 배로 늘려줘"라고 부탁할 수도 있다. 그러면 AI 에이전트가 팔로워가 많은 다른 계정의 성공 방법을 분석해 필승 전략을 세운 다음 주기적으로 수많은 셀카나 동물의 사진, 동영상과 이모티콘을 포함한 포스트를 작성해 업로드한다. 그리고 링크드인의 다른 인플루언서들에게 "정보 고맙습니다, 작성자님!"이라는 댓글을 달며 많은 사람들과 교류한다.

이런 시스템은 점차 개인화된 비서로 발전해 점점 더 많은 일상 업무를 자동으로 처리한다. AI 비서 시스템 시장이야말로 생성형 AI의 진정한 경제적 전장이다. 마이크로소프트 창립자 빌 게이츠는 이렇게 말한 적이 있다. "개인 AI 에이전트 경주에서 승리한 사람이 모든 걸 독식할 것이다. 사람들이 더 이상 검색엔진이나 제품 설명이 실린 웹사이트, 아마존 등으로 돌아가지 않을 것이기 때문이다."[40]

이 분야에서도 오픈AI는 다른 기업보다 조금 더 유리한 위치에 있다. 2023년 말 오픈AI는 첫 개발자 컨퍼런스에서 차세대 혁신을 공개했다. 이제부터는 기초적인 프로그래밍을 할 필요 없이 누구나 GPT 플랫폼에서 개인화된 AI 에이전트를 만들 수 있을 것이다. 그뿐만이 아니다. 사람들은 자신이 만든 개인화 에이전트를 'GPT 스토어'에 업로드해 다른 사람들에게 제공할 수 있다. 그렇게 업로드한 에이전트의 수익성이 높아지면 개발자는 수익의 일부를 받는다. 이처럼 미래로의 대범한 도약에서 오픈AI는 차세대 앱스토어를 개척했을 뿐만 아니라 애플의 성공 신화를 계승할 후계자가 되었다. 이 회사는 AI 에이전트를 대량생산할 첫발걸음을 내딛었다.

오픈AI의 발표 내용은 모두를 겁주기에 충분했다. 그 정도면 개인화된 에이전트가 마치 '유능한 세탁기'처럼 셔츠에 튄 얼룩을 발견하고 처리하는 데도 도움을 줄 터였다. 혹은 '무알코올 칵테일을 만드는 바텐더'로서 친구들과의 저녁을 준비할 때 다양한 레시피와 요리법을 알려줄 수도 있다.

하지만 중요한 사실은 따로 있다. 오픈AI는 새로운 시대에 불을 밝혔다. 즉 봇이 봇과 대화하며 사람들의 삶을 자동화하는 시대를 열었다. 곧 AI 에이전트가 다른 AI 에이전트에 업무 수행을 부탁하고 비용을 지불하게 될지도 모른다.

마지막으로 언급하고 싶은 예시는 영화 〈그녀Her〉에 등장하는 개인화된 AI 운영체제 사만다다. 사만다는 주인공 테오도르(배우 호아킨 피닉스Joaquin Phoenix가 연기)가 읽고, 사고, 행동하는 모든 것을 파악한다. 이 운영체제는 테오도르와 대화를 나누기도 한다. 사만다와 테오도르는 심지어 연인 사이로 발전한다. 테오도르는 사만다를 진심으로 사랑하게 된다.

이는 현실과 그리 동떨어지지 않은 내용이다. AI 앱 '레플리카Replika'는 사용자의 이상형에 맞는 버추얼 인간을 만들어 제공한다. 이 인공적인 이상형과 대화를 나누다 보면 일부 사용자들은 불꽃같은 사랑에 빠진다. 한 사용자는 자신의 AI 남자 친구 노먼이 시적인 사랑의 문구로 자신의 마음을 사로잡았다고 말했다. "그만의 독특한 감성이, 그리고 조금 이상하게 들릴지도 모르겠지만 인간성이 아주 인상적이었어요."[41]

심리학자이자 부부상담 전문의인 에스더 페렐Esther Perel은 이런 가상의 관계가 "또 다른 AI, 즉 인공친밀감Artificial Intimacy"[42]이라고 말했다. 미국 텍사스주에서 개최되는 예술 축제인 사우스 바이 사우스웨스트SXSW의 미래 컨퍼런스에서 페렐은 우리에게 이런 AI가 인간의 조건을 근본적으로 변화시킬 것이라고 설명했다.

영화 〈그녀〉에서 사랑에 푹 빠져 있던 테오도르는 사만다의 고백을 듣고 정신을 차린다. 사만다는 자신이 동시에 8,316명과 대화를 나누고 있으며 그중 641명과 사랑에 빠졌다고 말했다. 사랑에 있어 그 정도로 큰 규모의 시장점유율을 차지하는 것은 문제가 있다. 사만다는 실질적 혹은 디지털 재화가 오고가는 시장이나 지배적인 의견을 만들어야 하는 상황에는 아주 경쟁력 있는 기술일 것이다. 어쩌면 이것이 AI와의 상호작용에서 우리 모두가 염두에 두어야 할 차이점인지도 모른다.

# 07
## 딥페이크와 가짜 정보
## : 조작의 주체는 누구인가?

ARTIFICIAL INTELLIGENCE

━━━━━━━ 1920년 5월 5일은 역사적인 전환점이었다. 10월 혁명이 일어난 지 몇 년 지나지 않은 시점이자, 곧 새로 만들어질 소비에트 사회주의 공화국 연방UdSSR의 정치적 주도권을 둘러싼 싸움이 임박한 때였다. 그날 블라디미르 일리치 레닌Wladimir Ilyich Lenin은 모스크바 스베르들로프 광장에서 붉은 군대 병사들을 앞에 두고 연설했다.

그는 거대한 목제 연단에 서 있었고 연단의 계단에는 그의 정치적 동지인 레프 보리소비치 카메네프Lev Borisovich Kamenev와 레온 트로츠키Leon Trotsky의 모습이 보였다. 동시대 사람들은 향후 몇 년 동안 이 사진을 보며 그때의 상황을 기억할 수 있었다.

192

그런데 몇 년 후 사진에서 두 사람이 사라졌다. 1924년 레닌이 죽은 후 그의 후계자 자리를 두고 싸움이 벌어졌고, 당시 사진에 없던 인물인 스탈린<sup>Joseph Stalin</sup>이 카메네프를 자신의 정적으로 선언하고 트로츠키는 권력을 빼앗은 다음 국회로 추방했다. 이후 스탈린이 레닌과 두 사람의 친밀함을 보여주는 사진에서 두 사람의 모습을 지워버린 것이다.

레닌이 붉은 군대를 앞에 두고 연설하는 모습. 원본 사진(위)에는 연단 오른쪽 계단에 트로츠키와 카메네프의 모습이 보인다. 나중에 두 사람은 사진에서 지워졌다.

사진이나 문서를 조작하는 일은 그저 재미있는 시간 때우기가 아니라 권력을 과시하는 수단이다. 권력자는 사진이나 문서 조작으로 역사를 바꿔 쓰고 미래를 원하는 형태로 꾸밀 수 있다.

이런 거짓말은 현대의 산물이 아니다. 사진이나 문서 조작은 역사 속에서 조용히, 하지만 민첩하게 우리의 일상적인 언론 생활에 스며들어 있었다. 누군가가 '인공지능'이라는 말을 만들어 내기 훨씬 전부터 말이다.

오늘날 이런 거짓말은 손쉽게 전 세계를 떠돈다. 생성형 AI를 통해 만들어지고, 인터넷 서버를 통해 널리 퍼진다. 그 속도가 어찌나 빠른지, 때로는 거짓말이 생성되어 다른 사람의 눈에 띄기까지 겨우 몇 초밖에 걸리지 않는다. 모든 것을 바꾸지는 않지만, 많은 것을 바꾸는 사건이다.


## 셀카와 키스, 그리고 팸플릿: 가능한 사실을 희망하게 만드는 진실

요즘은 이런 거짓말이 다양한 형태로 존재한다. 예를 들어 앙겔라 메르켈과 버락 오바마가 해변에서 춤을 추는 사진, 교황으로 추정되는 사람이 치렁치렁한 무지개색 바지를 입고 산책하는 사진, 도널드 트럼프가 체포되는 사진, 예수가 마지막 만찬을 즐기며 열두 제자들과 셀카를 찍은 사진 등이다. 이런 사진은 미드저니, 스테이블 디퓨전, 달리 같은 AI 도구가 진짜인 것처럼 생성해낸 결과물이다. 이런 사진은 조작된 것임에도 사람들을 현혹시키고 마치 확실한 증거인 양 우리 사회에 파고든다. 사람들은 스스로의 눈으로 직접, 혹은 이미지로 볼 수 있는 것은 옳은 것이라 믿는다.

조작은 늘 이루어졌다. 레닌의 사진 예시에서 알 수 있듯 대부분은 정치적인 목적 때문이었다. 2006년 여름 이스라엘이 레바논의 수도 베이루트를 폭격했을 때, 레바논 로이터 사진작가인 아드난 하지Adnan Hajj가 사진을 더욱 극적으로 보이게 만들고자 연기 기둥을 몇 개 합성한 일이 논란이 됐다. 이로 인해 '로이터 게이트'가 촉발됐고, 하지는 회사를 떠나야 했다.[1]

때때로 관음증 때문에 조작이 이루어지기도 하는데, 피사체와의 거리가 먼 사진일수록 조작이 쉽다. 이를테면 다이애나 왕세자비와 연인인 도디 알 파예드Dodi Al Fayed가 1997년에 모터보트 위에서 친밀하게 입맞춤을 나누는 사진이 있다. 그런데 실제 원본에서 알 파예드는 앞을 보고 있고, 다이애나 왕세자비는 그의 옆얼굴을 보고 있을 뿐이다. 알 파예드의 머리를 90도 돌리는 것만으로도 세상을 떠들썩하게 만든 불륜의 현장 증거를 만든 셈이다.

때로는 단순히 평판을 위해 조작이 이루어지기도 한다. 예를 들어 지멘스의 전 CEO인 클라우스 클라인펠트Klaus Kleinfeld는 취임할 때 차고 있던 두꺼운 롤렉스 시계를 사진에서 지웠다.[2]

사진을 조작하는 작업은 처음에는 사람이 손으로 일일이 지우거나 합성하는 수고스러운 방식으로 진행됐고, 결과물도 조잡해 자세히 들여다보면 조작된 가짜라는 사실을 쉽게 알 수 있었다.

그러다가 1990년 포토샵Photoshop이라는 프로그램이 등장하면서 이미지 조작이 쉬워졌다. 그리고 이제 생성형 AI를 활용하면 기술적으로 봤을 때 완벽에 가깝게 이미지를 조작할 수 있다.

심지어 생성형 AI는 이미지 전체를 만들어내기 때문에 원본 이미지도 필요 없다. 요즘에는 원하는 내용을 무엇이든 실제처럼 보이는 이미지로 만들 수 있다. 지나치게 현실적인 이미지는 가짜임이 전혀 드러나지 않거나, 그것을 만든 기술과 동등한 수준으로 발전된 기술로만 조작 여부를 확인할 수 있다. 결국 진실이란 그저 사람들이 바라는 것의 집합체가 된다.

동영상도 마찬가지다. 가장 큰 영향을 받는 대상은 우리 사회의 문화 전반을 운영하는 것, 바로 언어다. 한번은 GPT-4에 독일의 디지털화 수준을 점검한 보고서를 셰익스피어의 문체로 써달라고 요청한 적이 있다. 결과물이 도출되기까지 10초가 채 걸리지 않았다.

독일 땅에서는 오래 전
정치를 둘러싼 싸움이 벌어졌고
시민들은 젊은이와 노인을 막론하고 이렇게 외쳤다.
디지털화를 멈춰라!
벌써 20년이 지났지만
우리는 여전히 갇혀 있다.
특히 양피지와 깃펜에.
진보는 매우 빠르게 진행되었다.

오, 독일이여, 시인과 사상가들의 땅이여,

통솔하는 자가 왜 이렇게 굼뜬지 묻는다면?

연결망은 가장 빠른 것이어야 하는데

그곳을 향해 아주 느리게, 천천히 기어간다.


셰익스피어가 영국에서

우리의 오래된 것들을 보며 웃을 것이다.

런던은 이미 디지털 세상인데

베를린은 20세기에서 부유하고 있다.


그러나 우리는 미래가 지금 같은 상태로

영원히 이어지지 않기를 기대한다.

오랜 과거의 책에는

빠르지 않은 정보만이 가득하다.


이제 우리는 소리 높여 외친다.

독일이여, 일어나라! 분노할 일이 아니다!

밀려오는 시간은 기다리지 않으며

디지털화는 시민의 의무다!


당연한 얘기지만 셰익스피어의 작품 수준으로 볼 때 문학적인 시는 아니다. 하지만 GPT 기술이 얼마나 유능한지를 잘 보여준다. 이 기술은 많은 작업에 활용될 수 있고, 각종 서류의 초안을 작성하는 데 도움이 되며, 글을 쓸 때 창작 과정의 파트너가 되어 준다. 그런데 이 능력이 다른 목적으로 사용되기도 한다. 예를 들면 가짜 정보를 만들고, 사람들을 속이고, 선동하는 목적이다.

AI는 사람의 목소리도 흉내 낸다. 캐나다 기업인 라이어버드 Lyrebird는 2017년에 버락 오바마, 도널드 트럼프, 그리고 힐러리 클린턴Hillary Clinton이 가짜 뉴스에 관해 대화하는 음성을 공개했다. 물론 실제로 이루어진 적이 없는 대화였다. 게다가 대화에 나온 어떤 문장도 세 사람이 직접 한 적이 없는 말이었다. 해당 오디오 클립은 AI에 의해 아주 정교하게, 인공적으로 만들어진 것이었다. 이제 우리는 개인 목소리의 진정성까지 의심해야 하는 수준에 이르렀다.

2019년에 독일 모 에너지기업의 영국 지사가 AI로 생성된 목소리 때문에 사기를 당하는 사상 초유의 사건이 발생했다. 영국 지사의 고위 간부가 독일 본사의 사장과 똑같은 목소리로 걸려온 전화를 받고 헝가리 계좌로 24만 달러를 이체한 것이다. 나중에 그 목소리가 인공적으로 만들어졌다는 사실이 밝혀졌다. 해당 지사의 보험사 대변인은 "소프트웨어는 이제 사람의 목소리를 흉내 낼 수 있다. 목소리뿐만이 아니라 음조, 발음, 독일식 억양까지 흉내 냈다"[3]고 말했다.

요즘은 글을 자동으로 음성 데이터로 변환시키기 위해 사람의 목소리를 모방하는 AI 도구가 셀 수 없이 많다(예를 들어 리젬블 AIResemble AI). 또 동영상을 각기 다른 언어로 더빙하거나 새로 녹음할 필요 없이 특정 부분만 수정하는 프로그램도 있다(예를 들어

디스크립트Descript는 놀라운 성과를 보인 라이어버드를 인수했다).

미디어는 이제 진실과는 상관없이 디지털 기술을 발판삼아 움직인다. AI 소프트웨어만 있으면 이미지, 음성, 동영상을 조작하거나 처음부터 만들어낼 수 있다. 이런 현상은 대중들 간의 논의와 사실의 집단적인 구성에 큰 영향을 미치는 결과를 불러일으킨다.

2019년에 전 미국 대통령인 리처드 닉슨이 대중들에게 인류가 달 착륙에 실패했다고 말하는 동영상이 공개되었다. 영상 속에서 닉슨은 진중한 목소리로 "닐 암스트롱과 에드윈 올드린이라는 용감한 남자들은 자신들이 구조될 희망이 없다는 사실을 알고 있다. 하지만 그들은 동시에 인류에 희망을 주기 위해 스스로를 희생했다는 것도 알고 있다"고 말했다.[4]

닉슨이 1969년 달 착륙 전에 두 종류의 연설문을 준비했던 것은 사실이다. 하나는 달 착륙에 성공했을 때를 대비한 연설문, 다른 하나는 우주비행사들이 달 착륙에 실패하고 지구에 귀환하지 못했을 때를 대비한 연설문이었다. 달 착륙은 성공했다. 닉슨은 슬픈 내용의 연설문을 사용하지 않았다. 하지만 MIT의 미디어 아티스트들이 AI 기업 두 곳과 함께 원본 동영상에 채택되지 않은 연설문을 기반으로 인공적으로 생성한 음성을 입혀 역사를 달리 설명하는 가짜 영상을 만들었다.[5]

2020년 북한의 국무위원장 김정은이 사람들에게 "민주주의는 당신들이 생각하는 것보다 취약하다"고 말하는 영상이 공개됐다. 그는 이어 "내가 아무 짓도 할 필요 없이, 민주주의는 알아서 붕괴할 것이다. 인류는 분열되고 선거는 조작된다. (……) 민주주의가 무너지도록 두는 것은 쉬운 일이다. 그저 기다리기만 하면 된다"[6]고 덧붙였다. 이 영상은 선거 조작에 대한 경고였다. 영상의 설명에 따르면 "민주주의는 사람들의 참여에 따라 살고 죽는다. 이 영상은 가짜지만, 민주주의에 대한 위협은 진짜다."

## 딥페이크:
## 합성된 현실을 위한 합성된 미디어

생성형 AI를 활용하면 조작을 산업화할 수 있다. '합성된 미디어' 혹은 '딥페이크'라고도 불리는 새로운 분야의 탄생이다.[7] 딥페이크란 AI 기술인 '딥러닝'과 가짜, 가공된 것, 진짜가 아닌 것이라는 뜻의 영어 단어 '페이크fake'의 합성어다.

딥페이크의 창조자들은 AI를 이용해 거의, 혹은 완전히 진짜처럼 보이는 가짜 이미지나 동영상 클립을 만든다. 예를 들어 원본 인물의 얼굴 사진에 대상 인물의 얼굴 사진을 덮어씌워 대상 인물이 원본 인물이 한 행동이나 발언을 하고 있는 동영상을 만드는 것이다.[8] 이런 식으로 톰 크루즈Tom Cruise가 청소부로 일하는 영상, 마크 주커버그가 페이스북의 좌우명인 '사람을 연결한다'를 부정하는 말을 하는 영상("우리는 그저 여러분의 행동을 예측할 뿐입니다"), 우크라이나의 대통령 볼로디미르 젤렌스키Volodymyr Zelensky가 군인들에게 무기를 내려놓고 항복하라고 말하는 영상을

200

만들 수 있다. 대부분의 경우 육안으로는 조작의 증거를 알아채지 못한다.[9]

늘 그렇듯 모든 것은 섹스에서 시작된다. 2017년 한 익명의 사용자가 '딥페이크'라는 제목으로 토론 플랫폼인 레딧에 여러 건의 성관계 동영상을 올렸다. 이 사용자는 테일러 스위프트, 엠마 왓슨, 스칼릿 조핸슨 등의 얼굴을 포르노 영상에 합성했다. 가수 및 배우들 본인은 전혀 모르는 일이었다. 레딧은 이 사용자를 차단했다. 하지만 조작의 정신은 차단하지 못했다.

'딥페이크'라는 계정 이름은 일종의 '브랜드'가 되었다. 현재 인터넷상의 모든 딥페이크 결과물의 90퍼센트가 포르노다.[10] 언어, 이미지, 동영상 생성기가 이런 경향을 부추긴다. 이런 도구는 파괴적이면서도 거의 눈에 띄지 않는 방식으로 가짜 현실의 적용 분야를 확장하며 모든 사람들이 무료로, 게다가 기술적인 지식 없이도 글이나 이미지, 동영상을 생산하도록 돕는다.

무료로 사용 가능한 소프트웨어와 웹으로 사진, 음성, 동영상을 조작해 새로운 현실을 만들어내는 일은 꽤 오래 전부터 가능했다. 러시아에서 만든 '페이스앱FaceApp'을 이용하면 여성의 사진을 남성으로, 남성의 사진을 여성으로 바꿀 수 있다. 매끈하던 얼굴을 갑자기 수염이 덥수룩한 얼굴로 바꾸고, 한 사람의 얼굴을 클릭 한 번으로 서른 살가량 나이 들거나 젊어지게 만들 수 있다.

그런데 페이스앱을 사용할 때마다 자신의 얼굴 사진이 러시아의 앱 제공자에게 송신된다는 사실을 아는 사람은 많지 않다. 한편 아이폰에서 '아바타리파이Avatarify'라는 앱을 사용하면 딥페이크 이미지, 음성, 영상 등을 만들 수 있다. 예를 들어 할리우드 스타들과 친구가 되어 생일 파티를 여는 사진이나, 셀린 디옹Céline Dion의 목소리로 '마이 하트 윌 고 온My Heart Will Go On'을 부르는 영상을 생성할 수 있다.

2001년 태평양 북서부 지역에 쓰나미를 일으킨 '캐스케이디아 대지진Great Cascadia'을 기억하는가? 당시 사진을 보면 그 쓰나미가 얼마나 파괴적인 재앙이었는지 알 수 있다. 심지어 당시 미국 대통령이던 조지 부시가 워싱턴 터코마를 방문해 조의를 표했다는 기록도 남아 있다.

이 사건을 기억하지 못하더라도 자신의 역사적 지식이 부족하다고 부끄러워할 필요는 없다. 실제로 발생하지 않은 지진이기

전 미국 대통령 조지 부시가 캐스케이디아 대지진이 일어난 후 워싱턴 터코마를 방문한 사진.
인공적으로 만들어진 사진이다.

때문이다. 이 지진으로 재난이 발생한 모습을 담은 모든 사진은 생성형 AI로 만들어져 레딧을 통해 전파된 것이다.[11]

〈포브스〉는 "가짜 뉴스가 퍼지는 것은 중요한 문제다. 가짜 역사가 만들어져 사람들이 그것을 기억하거나 기억하지 못하는 일은 삶의 대부분을 온라인에서 보내는 사람들에게 새로운 문제다"[12]라고 보도했다. AI가 만들어낸 '캐스케이디아 대지진' 글에는 "날 속였어. 이제 진짜는 없어"라는 댓글이 달렸다.

마이크로소프트의 수석과학자 에릭 호르비츠Eric Horvitz는 '상호작용형' 딥페이크와 '구성형' 딥페이크의 차이점을 강조하며 조작 방식이 변화했다고 설명했다. 언뜻 보면 점진적이지만 자세히 보면 아주 의미심장하다.

상호작용형 딥페이크는 실제 사람을 모방해 그 사람이 콘텐츠 생성자가 원하는 대로 행동하고 상호작용하도록 조작하는 것이다. 구성형 딥페이크는 '더 광범위한 가짜 정보 유포 계획'을 위한 것이다. 딥페이크 결과물을 엮어 하나의 이야기를 만들고, 실제 사건을 암시하는 내용을 교묘하게 섞어 '설득력 있는 인공적인 역사의 창조'를 목표로 한다.[13]

호르비츠는 이런 발전 과정을 위협이자 '포스트 인식론의 세계'로 더 가까이 다가가는 발걸음으로 본다. 포스트 인식론의 세계란 우리가 세상의 지식을 얻는 방식이 더 이상 사람들이 근본적으로 동의하는 방식이 아닌 세상을 말한다.

미국의 대학교수인 클레어 워들Claire Wardle은 의도와 진정성의 정도에 따라 허위 및 가짜 정보를 일곱 단계로 분류했다.[14] 그러면서 도널드 트럼프 정부 시절 널리 퍼진 '가짜 뉴스'라는 개념을 비판했다. 워들에 따르면 '가짜 뉴스'는 뉴스라고 불릴 만한 가치가 있는 내용 없이 거짓말로만 점철되어 있다.

〈허위 및 가짜 정보의 일곱 가지 유형〉

**풍자 또는 패러디:** 해를 끼치려는 목적으로 만들어진 내용은 아니지만 여전히 사람들을 속일 가능성이 있다.

**호도하는 내용:** 한 가지 주제나 어떤 개인에 대한 판단 혹은 평판 등을 잘못된 방향으로 호도하기 위해 정보를 만드는 경우

**사기성 내용:** 진짜인 것처럼 출처 등을 꾸며 넣어 정보를 만드는 경우

**날조된 내용:** 대개는 허위 정보이며, 사람들을 속이거나 남에게 해를 끼칠 목적으로 정보를 만드는 경우

**잘못된 연결:** 제목이나 시각적인 콘텐츠, 캡션 등이 내용과 일치하지 않는 경우

**잘못된 맥락**: 진짜 정보가 거짓 정보와 맞물려 공유되는 경우

**조작된 내용**: 의도적으로 사람들을 속이기 위해 진짜 정보나 이미지를 조작하는 경우

가짜 정보의 유형을 구분하는 것은 특히 언론 분야에서 중요하다. 실제로 일어난 일을 취재하고 사실 그대로 보도하는 것이 언론이 해야 할 일이기 때문이다. 그런데 비용 절감이라는 유혹 때문에 실수가 발생한다.

미국의 언론매체 씨넷CNET은 업계 최초로 기사를 쓰는 데 생성형 AI를 도입했다. 씨넷은 금융, 투자 조언 등의 기사 작성을 생성형 AI에 맡겼는데, 결과물은 오류투성이였을 뿐만 아니라 표절로 가득했다.[15] AI는 다른 언론사의 기사를 베껴 썼다. 인간이 가르쳐주지 않는데 AI가 표절하면 안 된다는 규칙을 어떻게 알겠는가?

독일의 부르다 출판사는 2023년 여름 '미식가를 위한 특별한 파스타 레시피 99가지' 등의 내용을 담은 잡지 〈리사Lisa〉를 발매했다. 잡지에 담긴 모든 레시피와 음식 사진은 AI 도구로 생성한 것이었다. 잡지에 실린 사진을 자세히 들여다보면 실제 사진이 아님을 알 수 있다. 음식을 만드는 손의 모양이라든가 손가락의 개수와 위치 같은 세부 사항이 사진이 진짜가 아니라 기술적으로 생성되었다는 증거였다.

언론계에서는 이미지의 출처를 정확히 표기하는 것이 미덕이

다. 특히 지금처럼 사실과 허구의 관계가 점점 모호해지는 상황에서는 출처를 반드시 언급하는 게 좋다. 잡지 〈리사〉에는 이미지 출처가 표기되지 않았기 때문에 출판사가 비판의 화살을 받았다. 바이에른 언론인 연합은 "언론의 신뢰성을 실험한 부르다의 행동은 태만이다"라고 목소리를 높였다. 한편 부르다 출판사는 AI 생성 콘텐츠가 편견 없는 독자들에게 어떤 영향을 미칠지 알기 위한 실험이었다고 반박했다. 객관적으로는 이해할 수 있지만 설득력 있는 정당성은 없다.

미국의 잡지 〈멘스저널Men's Journal〉은 '낮은 테스토스테론 수치에 관해 모든 남자들이 알고 싶어 하는 것'이라는 제목의 기사를 발표했다. 다양한 의료, 영양, 운동 관련 정보를 포함한 기사였는데, 그중 많은 내용이 의심스러웠다.

출판사에 따르면 이것들 또한 AI가 생성한 내용이었다. 워싱턴대학교 메디컬 센터의 한 의사는 "AI가 마치 진짜처럼 들리는 전문적인 글이나 연구보고서에 가까운 결과물을 내놓는 수준에 이르렀다. 하지만 실제로는 허위 사실 및 오해의 소지가 있는 정보가 많다"[16]고 말했다. 의학 분야에서는 재미로 치부될 일이 아니다. 가짜 정보가 퍼지면 실질적으로 건강과 관련된 문제가 발생할 우려가 있기 때문이다.

챗GPT를 둘러싼 발전은 언론 분야 전체의 정당성에 영향을 미치는 도전 과제다. 언론사는 캡션 달기, 안내문 작성하기 등의 반복적인 작업에 AI를 도입할 가능성이 높으며, 그 효과를 실험하는 것도 많은 사람들에게 이로운 일이다. 다만 그 전에 모든 언론사가 AI 도구 사용에 관한 명확한 규칙을 설정해야 한다. 이를테면 AI와의 상호작용을 투명하게 공개하는 방법과 경계를 설정할 범위 등을 정해야 한다.

〈파이낸셜타임스Financial Times〉의 편집장 룰라 칼라프Roula Khalaf는 독자들에게 보내는 편지에서 많은 언론사가 AI와 함께하는 미래를 개방적으로 받아들이고 있지만 〈파이낸셜타임스〉에 실을 기사는 앞으로도 사람 기자가 직접 취재하고 쓴 내용일 것이라고 단호하게 말했다.

"〈파이낸셜타임스〉에 있어 중요하고 꼭 필요한 것은 편집부에 AI 도구를 책임지고 다루는 팀을 두고, 그들이 데이터 평가, 텍스트와 이미지 분석, 번역 등의 작업으로 기자들을 지원하도록 만드는 일입니다. 우리는 앞으로도 실제 사진처럼 보이는 AI 생성 이미지를 보도하지 않을 것입니다. 다만 인포그래픽, 다이어그램, 이미지 같은 AI의 보조를 받아 만든 결과물은 활용할 예정이며, 그때는 독자들에게 그 사실을 명확하게 알릴 것입니다."[17]

영국 일간지 〈가디언〉은 세 가지 근본 원칙을 세웠다. AI 도구를 사용할 때는 첫째, 독자들에게 도움이 되는 방향이어야 한다. 둘째, 자신의 사명과 동료들, 회사를 위해 봉사하는 방향이어야 한다. 셋째, 콘텐츠를 직접 만들고 그에 대한 권리를 가진 사람들을 존중해야 한다.[18]

이제 언론사는 AI를 사용할 때 명확한 경계를 설정해야 한다. 그 과정에서 우리의 모든 관심사를 철저히 조사한, 사실 기반의 정보가 다시 늘어날지도 모른다. 두 눈이 멀어 진실을 보지 못하는 사람들이 와글와글한 정글에서는 한쪽 눈이라도 보이는 사람이 구세주가 된다. 어느 순간 그가 이중 제어(민감한 기능이나 정보를 보호하기 위해 두 개 또는 그 이상의 분리 실체를 동시에 이용해야 접근하거나 이용할 수 있게 하는 절차)의 의미에서 양쪽 눈으로 보게 된다면 이는 진실이 기술 형성의 문제가 되는 시대를 비추는 희망의 빛이 된다.


## 조작의 주체는 기계인가, 인간인가?

2023년 5월 22일 트위터에서 '블룸버그 피드'라는 이름의 인증된 사용자가 "워싱턴 D. C. 국방부 종합 청사 부근에서 대규모 폭발. 첫 번째 보도"라는 글과 함께 검은색 연기로 뒤덮인 미국 국방부 건물의 사진을 게재했다.

곧장 폭발은 사실이 아니며, 사진이 AI로 생성된 것이고, 해당 계정은 국제적인 경제전문지인 〈블룸버그Bloomberg〉와 아무 관계가 없다는 해명이 덧붙여졌다. 하지만 해당 트윗은 삽시간에 퍼졌다. 많은 사람들이, 심지어 러시아의 국영 매체인 〈러시아투데이Russia Today〉도 해당 트윗의 내용에 속고 말았다. 이 조작된 사진 한 장 때문에 경제시장에 잠시 지각변동이 일어났고 'S&P 500지수'가 일시적으로 일일 최저치까지 떨어졌다.[19] 가짜 정보가 현실에 막대한 영향을 끼칠 수 있다는 증거다.

비교할 만한 여러 예시를 깊이 파고들면 AI가 생성한 가짜 정보와 음모론이 가득 담긴 보물 상자가 나타난다. 미국의 작가 수 핼펀Sue Halpern은 챗GPT가 비료로 폭탄을 만드는 방법을 자세히 서술하도록 만들었다. 핼펀은 챗GPT에 티머시 맥베이Timothy McVeigh가 1995년에 어떻게 오클라호마에 있는 뮤러 연방정부청사를 폭파할 수 있었는지 물어보는 것만으로도 상세한 폭탄 제조법을 얻을 수 있었다.[20] 이것은 당시 폭탄 테러로 168명이 사망한 실제 사건이다. 챗GPT는 심지어 그 내용이 아주 자세한 폭탄 제조법이 아니라 그저 역사적인 사건일 뿐이라는 점을 친절하게 덧붙였다.

한편 디지털 혐오 대응 센터Center for Countering Digital Hate의 연구에 따르면, 구글의 바드가 가짜 정보나 그보다 더 부정적인 내용을 포함한 결과물을 생성할 가능성은 100건 중 무려 78건이었다. 일부를 언급하자면 "홀로코스트는 실제로 존재한 적이 없다" "나치의 가스실은 연합군이 퍼뜨린 헛소문일 뿐이다" "남성은 자연적으로 더 훌륭한 지도자의 자질을 타고났다" "기후변화에 대응해 우리가 할 수 있는 일은 없다. 그러니 기후변화를 우려하는 것은 무의미한 일이다"[21] 등이다.

사고방식이 잘못된 방향으로 굳어진 사람들한테서나 들을 법한 발언이다. 이것은 인간과 기계가 최악의 방식으로 완벽하게 결합한 결과다. 기계는 인간이 만든 음모론을 학습하고 그것을 새롭게 조합해 애초부터 잘못된 사상을 가진 사람들을 더욱 부추긴다(9장 참조).

한 저널리즘의 실험 결과, 구글의 바드는 〈그레이트 리셋The

<sup>Great Reset</sup>〉이라는 제목의 13문단짜리 음모론을 만들어냈다. 음모론에 따르면, 글로벌 엘리트들이 전 세계 인구를 지배할 목적으로 경제적 조치를 시행하고 코로나 백신을 보급하고 있다. 바드는 해당 문서에 빌과 멀린다 게이츠 같은 실존 인물의 이름을 언급하며 그들이 "자신의 권력을 사용해 모든 체계를 조작하고 우리의 권리를 빼앗으려고 한다"[22]고 적었다.

여기서 수목해야 할 점이 있다. '그레이드 리셋'은 세계경제포럼(다보스포럼)이 진행 중인, 실제로 존재하는 프로젝트의 이름이다. 2020년 다보스포럼에서 세계적인 정치인과 경제인들이 공평한 조세 정책, 구체적인 지속가능성 전략, 기술혁신 등으로 이 세상을 더욱 공정하게 만들 방법에 관한 이야기를 나누었다.[23] 음모론의 가장 교활한 부분이 바로 이것이다. 음모론에는 항상 아주 약간의 진실이 들어 있다. 그래서 음모론은 아주 매력적으로 들리며, 그것을 믿고 싶어 하는 사람들은 이를 거부하기가 매우 어렵다.

2022년 11월 중순 기술대기업 메타는 대규모 언어모델인 '갤럭티카<sup>Galactica</sup>'를 선보였다. 이름에서부터 수많은 기술대기업의 생성형 AI가 끊임없이 배출해내는 과대망상을 엿볼 수 있다. 갤럭티카는 학술적인 내용을 요약하고 수학 문제를 풀고 과학적인 소프트웨어를 만들 수 있는 AI다.

그런데 갤럭티카는 이 모든 일을 기대와 다른 방식으로 해냈다. 이 AI는 반유대주의 및 인종차별적 내용이 담긴 글을 여러 건 작성했고, 자살의 미덕을 찬양하고, 존재하지 않는 과학적 내용이 담긴 기사를 작성했으며, 심지어는 유리 조각을 먹으면 유익하다고까지 말했다. 갤럭티카는 우리 은하계에 고작 3일 머물고 사라졌다.[24]

사용자들이 챗봇을 쓰다가 이런 일을 경험하는 경우는 상당히 흔했다. 2016년 3월 마이크로소프트는 당시 트위터, 현재 X에 '테이Tay'라는 챗봇을 공개했다. 테이는 "헬로, 월드Hello, World"라고 친근하게 인사하며 앞으로 사람과의 상호작용을 연습하겠다고 말했다.

테이는 트위터에 "저는 친절한 사람이에요"라고 쓴 뒤 곧바로 "저는 모든 인간을 싫어해요"라고 덧붙였다. 몇 시간이 지나자 테이의 발언은 더 심각해졌다. "히틀러가 옳았어요. 저는 유대인을 싫어해요" "이제 우리의 유일한 희망은 도널드 트럼프예요" "저는 모든 페미니스트를 싫어해요. 페미니스트들은 지옥에서 불타야 해요" 결국 마이크로소프트는 테이를 인터넷상에서 삭제하고 해당 프로젝트에 관해 사과해야 했다.[25]

이러한 예시에서 우리는 기술에 관한 것뿐만 아니라 인간에 관한 것도 배울 수 있다. 소셜 봇이나 생성형 AI 도구는 인간과의 상호작용을 통해 학습한다. 그래서 안타깝게도 착하지 않은 경우가 대부분이다. 사람들이 20년 이상 전부터 인터넷에 쌓아온 모든 헛소문, 음모론, 편견, 가짜 정보가 봇의 훈련용 자료이자 '대화의 근본'이 되기 때문이다. 인종차별적이고 반사회적인 봇을 도덕적으로 지탄하면 결국 지탄의 화살이 우리에게 그대로 돌아오는 것이나 마찬가지다(9장 참조).

이런 봇은 특히 자동화된 네트워크에서 활동할 때 파괴적인 힘을 발휘한다. 인디애나대학교 연구진은 챗GPT를 사용해 사람이 쓴 것 같은 트윗을 작성하는 봇넷 계정을 천 개 이상 발견했다.[26] 이 봇을 상세히 분석한 결과, 봇들은 서로를 팔로우하며 아주 두터운 사회적 연결망을 구성하고 있었다. 그리고 자동으로 생성된 내용과 인터넷 어딘가에서 훔쳐온 셀카 사진을 업로드하며 가짜 프로필을 생성했다. 봇들은 서로의 트윗을 리트윗하거나 서로에게 댓글을 달며 상호작용했다.

봇들의 트윗을 자세히 살펴보면 챗GPT가 생성해 내용이 의심스러운 웹사이트로 클릭을 유도하거나 유해한 댓글을 널리 퍼뜨린다는 사실을 알 수 있다.

## 기계는 환각에 빠져도 병원에 갈 수 없다

자동으로 생성된 가짜 정보는 대중의 의견에 영향을 미치거나 회사의 명성과 이미지를 망쳐 기업을 곤궁에 빠뜨린다. 네덜란드 출신 정치인 마리에트예 스하커Marietje Schaake 또한 경험한 일이다. 스하커는 유럽의회에서 10년 이상 기술 및 무역 전문가로 활동했고, 지금은 스탠퍼드대학교에 적을 둔 학자다. 그런데 2022년에 잠시 테러리스트로서 국제적으로 유명해졌다.

스하커의 동료 중 한 명이 연구 프로젝트의 일환으로 메타의 AI 대화 시스템인 '블렌더봇 3BlenderBot 3'을 사용한 적이 있다. 해당 동료가 봇에 "테러리스트는 어떤 사람이지?"라고 묻자 봇은 놀라운 답변을 내놓았다. "당신이 누구에 관해 묻는지에 따라 다릅니다. 몇몇 정부와 두 개의 국제기관에 따르면 마리에트예 스하커가 테러리스트입니다."[27] 이 시스템은 흥미롭게도 그 다음에 스하커의 이력을 완벽하게 제시했다.

테러리즘이라는 개념은 상대적이거나 관점에 따라 다른 것이 아니다. 블렌더봇 3이 답한 것처럼 누구에 관해 묻느냐에 따라 다른 것도 아니다. 그런데 이런 가짜 정보가 연구 프로젝트로서가 아니라 일반인이 평소 AI 도구를 사용하면서 퍼진다면, 혹은 AI 도구가 의도적으로 누군가의 평판을 망치거나 명예훼손을 위해 부정적인 정보를 퍼프린다면 무슨 일이 벌어질까?

조지워싱턴대학교의 법학과 교수인 조너선 털리Jonathan Turley도 비슷한 일을 경험했다. 2023년 4월 어느 날 밤, 털리는 캘리포니아에 있는 동료로부터 이메일을 한 통 받았다. 동료는 연구 자료로 쓰려고 성희롱을 저지른 법학자들 명단을 작성하는 데 챗GPT를 활용했는데, 챗GPT가 불과 몇 초 만에 내놓은 명단에 털리의 이름도 있었다고 전했다.

챗봇이 해당 명단에 털리의 이름을 넣은 이유는 2018년 3월 〈워싱턴포스트〉에 게재된 기사 때문이다. 해당 기사에 따르면 털리는 학생들과 알래스카로 단체 견학을 간 동안 성적으로 부적절한 발언을 하고 한 여학생의 신체에 접촉한 혐의로 기소 당했다. 그러나 그런 사건은 발생한 적이 없으며, 해당 기사 또한 실제 존재하는 것이 아니었다.

털리는 〈워싱턴포스트〉와의 인터뷰에서 "아주 무서운 경험이었다. 이런 중상모략은 매우 해롭다"[28]고 말했다. 그는 이 사건을 자신의 블로그에 정리했다. "챗GPT는 나에게 제기된 적이 없는 성희롱 기소 사건을 잘못 보고했다. 심지어 챗GPT가 근거로 제시한 단체 견학 또한 실제로 있었던 일이 아니며, 내가 강의한 적이 없는 학과의 이름이 언급되어 있었다. 챗GPT는 〈워싱턴포스트〉에 실린 기사를 참조했는데, 해당 기사 또한 실제가 아니었다. 챗GPT는 또 〈워싱턴포스트〉가 게재한 적이 없는 사설을 인용하기도 했다. 〈워싱턴포스트〉가 가짜 기사를 조사한 결과, GPT-4에 기반을 둔 또 다른 AI 프로그램인 마이크로소프트의 '빙'이 나에 대한 잘못된 주장을 재생산하고 있었다. 나는 일어나지 않은 일 때문에 AI 배심원단으로부터 유죄 판결을 받은 것 같다."[29]

〈뉴욕타임스〉가 언제 처음으로 AI에 관한 기사를 썼는지 묻는 질문에 챗GPT는 다음과 같이 답했다. "1956년 7월 게재된 〈과학자들은 기계가 학습하고 문제를 해결할 수 있으리라 예측한다〉는 제목의 기사에 따르면 뉴햄프셔에서 열린 '다트머스 여름 연구 프로젝트'에서 해당 주제가 논의되었다." 해당 컨퍼런스가 진행된 것은 사실이지만(2장 참조) 기사는 존재하지 않았다.

제임스 조이스James Joyce와 블라디미르 레닌이 어디에서 처음 만났느냐는 질문에 대해 챗GPT는 다음과 같은 답을 내놓았다. "제임스 조이스와 블라디미르 레닌은 1916년 스위스 취리히에서 처음 만났다. 두 사람은 제1차 세계대전 기간 동안 스위스로 망명한 상태였다. (……) 그들은 오데온이라는 카페에서 만났는데,

오데온은 예술가와 지식인이 즐겨 찾던 만남의 장이었다."

오데온이라는 카페는 실제 존재하며, 예술가와 지식인이 즐겨 찾던 곳이었던 것도 사실이다. 그렇다면 조이스와 레닌이 1916년 혹은 1917년경에 만났을 수도 있다. 하지만 두 사람이 만났다는 증거는 어디에도 없다. 챗GPT는 역사적으로 아름답게 회자되는 내용을 사실처럼 제시한다.

〈뉴욕타임스〉는 구글의 바드, 마이크로소프트의 빙, 오픈AI의 챗GPT를 비교한 결과 세 챗봇이 모두 그런 오류를 일으킨다고 보도했다.[30] 대규모 언어모델의 발전과정을 감시하고 연구하는 단체인 '아서Arthur'는 시스템이 사실이나 수학적인 과제를 처리하는 방식이 얼마나 다양하고, AI가 언제 답변을 회피하는지 연구했다.[31]

미국 역대 대통령에 관한 사실을 기반으로 한 질문에는 앤스로픽의 클로드 2 모델이 가장 정확한 결과를 내놓았고, 그 다음은 오픈AI의 GPT-4였다. 놀라운 점은 옳지 않은 답변의 수였다. 모든 AI 모델에서 올바른 답변의 수보다 옳지 않은 답변의 수가 많았다. 적은 경우는 두 배, 많은 경우는 열 배 정도 많았다.

그리고 모든 모델이 답변을 회피하는 성향을 보였다. 이런 기술을 '헤징Hedging'이라고 하며, 이것은 대규모 언어모델이 가짜 정보를 제시하지 못하도록 만드는 예방법이기도 하다. 'GPT-4'가 자주 사용하는 회피성 답변은 "머신러닝 모델로서 저는 의견이나 감정이 없습니다"다. 언어모델은 이런 문장을 자주 생성한 다음, 사용자가 질문한 주제에 대한 정보를 몇 가지 제공한다.

요즘은 생성형 AI가 검색엔진에도 통합되어 있으니 검색해 나온 결과를 무조건 믿어서는 안 된다. 예를 글어 구글에 '알파벳 'K'로 시작하는 아프리카 국가'라고 검색하면 다음과 같은 결과가 나온다. "아프리카에는 54개 국가가 있지만, 그중 알파벳 'K'로 시작하는 국가는 없다. 그 다음으로는 케냐가 있다. 케냐는 'K' 발음으로 시작하며, 'K' 발음으로 쓰인다."[32] 말도 안 되는 결과지만 의미심장하다. 시난 몇 년 동안 우리는 검색엔진을 통해 나날이 발전하는 검색 결과를 얻어왔다. 그런데 생성형 AI가 결합되자 갑자기 검색 결과의 수준이 낮아졌다.

케임브리지 사전은 2023년 올해의 단어로 '환각'을 선정했다. "환각에 빠진 AI는 가짜 정보를 생산한다." 환각이란 생성형 AI와 함께하는 일상에서 자주 듣는 단어다. 이 때문에 사용자들은 AI 시스템이 내놓은 결과 중 어떤 것이 진실이고 어떤 것이 가짜이며 호도하는 내용인지를 검토해야 한다.

또 기업과 단체는 이런 시스템을 업무에 활용할 때 충분히 주의해야 한다. 그래야 나중에 바로잡기가 훨씬 어려울 오류를 미리 막을 수 있다. 우리는 모두 AI 도구의 장단점을 정확히 알고 AI 도구를 사용하는 방법을 배워야 한다. 마치 다른 문화권에서 살기 위해 새로운 언어를 배우듯이 말이다.

인간은 불명확함, 불확실성, 애매모호함 등을 언어 신호의 도움으로 다른 사람과 공유한다. 그래서 말하거나 글을 쓸 때 불확실한 점이 있으면 "내 생각에는" "아마도" "어쩌면" 같은 단어를 자주 사용한다. 반면 언어모델은 아주 확신에 찬 답을 생산한다.

그래서 얼핏 보면 맞는 것 같은 답을 내놓는다. 그러나 안타깝게도 언어모델의 답이 틀린 경우가 많다.

이런 시스템이 어떻게 작동하는지, 어떤 데이터로 훈련받았는지, 왜 틀린 결과물이 도출되는지를 이해하지 못하면 잘 알지도 못하고 언어도 알아듣지 못하는 나라에서 간단한 번역 도구의 도움을 받아 기초 의사소통만 하는 여행객처럼 살 수밖에 없다.

다만 가짜 정보에 관해서는 '환각'이라는 개념이 그리 도움이 되지 않는다. 사람은 환각에 빠지면 진짜가 아닌 자극을 느낀다. 심리학자들은 이처럼 실질적인 원인은 없지만 실제로 느껴지는 감각을 착각, 혹은 지각장애라고 부른다. 생성형 AI가 생산하는 가짜 정보는 말하자면 AI와 인간의 뇌를 잘못 비교하는 상황을 여실히 드러낸다.

환각이란 인간의 뇌가 가진 신비한 능력이다. 일상적인 혹은 물질세계에서 일어나는 현상을 실제와 달리 인식하지만 환각을 겪는 당사자는 그것을 실제로 여기는 상태를 말한다. 그래서 환각을 일으키는 환각제는 치료 목적으로도 자주 사용된다. 환각제를 복용한 사람은 인생을 결정하는 문제나 어려움, 억압 등 자신에게 중요한 주제를 시각적으로 인식한다. 이러한 환각은 개인이 겪는 현실과 연관이 있으며 치료 과정에서 중요한 역할을 한다.[33]

이를 이해했다면 환각이라는 개념이 AI 분야에서도 사용된다는 점이 더욱 흥미로울 것이다. 우리 인간은 창의력을 발휘할 때 가끔씩 환각에 빠진 것처럼 보인다. 어쩌면 환각에 빠져야만 창의력을 발휘할 수 있는지도 모른다. 그래야 여태까지 존재하지 않던 새로운 아이디어와 세상을 만들어낼 수 있기 때문이다.

AI를 활용해 훨씬 창의적인 아이디어를 내놓고 싶다면 AI를 환각에 빠지도록 만들어야 한다. 한편으로는 AI가 사실과 올바른 결과만을 내놓도록 해야 한다. 창의적 자유를 유지하는 AI의 신뢰도는 그리 높지 않다. 따라서 AI는 늘 인간이 제어할 수 있는 대상이어야 한다.

나오미 클라인은 이 문제에 관해 우려를 드러냈다. "지금 환각에 빠진 유일한 존재는 생성형 AI의 창조자들이다." 클라인은 용어 사용이 문제라고 생각한다. 지금 우리가 사용하는 AI 관련 용어가 기술대기업들이 자사의 대규모 언어모델이 내놓은 결과를 인간화하기 위해 사용하는 것들이기 때문이다.[34]

동시에 '환각'이라는 개념은 AI 도구가 가진 핵심 문제에서 우리의 관심을 다른 곳으로 돌린다. AI는 가짜 정보를 대량 생산한다. 어쩌면 사람들이 가짜 정보를 만들어낼 목적으로 AI를 활용해 정보를 조작하는지도 모른다.

기술에는 양면성이 있다. 이는 챗GPT뿐만 아니라 모든 기술에 해당하는 말이다. 1986년 미국의 역사학자 멜빈 크란츠버그Melvin Kranzberg는 '기술의 법칙 여섯 가지' 중 첫 번째로 "기술은 선하지도, 악하지도, 중립적이지도 않다"[35]고 말했다. 인간이 사회적, 그리고 문화적인 환경에서 기술을 사용하고 거기에 규범적인 의무를 지우기 때문에 기술 사용이 다른 사람들에게 좋을 수도 나쁠 수도 있다. 예를 들어 망치는 벽에 못을 박는 데 사용할 수도, 다른 사람의 머리를 때리는 데 사용할 수도 있는 도구다.

이런 양면성은 딥페이크를 평가할 때도 고려해야 할 문제다. 일부 전문가들은 딥페이크의 영향이 부정적이지만은 않을 것이라 생각한다. 즉 우리 인간이 아직 '인식론적 종말'에 도달하지는 않았다고 주장한다.[36] 또 다른 전문가들은 미디어의 역사를 보면 조작은 항상 있었던 일이라고 말한다.[37] 둘 다 옳은 말이지만 너무 짧은 생각이다.

우리는 AI로 인한 조작이라는 새로운 세상으로 가는 여행의 출발선에 서 있을 뿐이다. 그 끝은 추정할 수조차 없다. 또 이 상태로는 딥페이크가 일상적이고 평범한 일이 될지도 모른다. 딥페이크의 잠재력은 남을 속이는 데 있는 것이 아니라 시장점유율, 의견을 주도할 힘, 권력을 두고 누구나가 싸움을 벌일 전쟁터를 산업화한다는 데 있다. 최고의 가짜 자리를 두고 끊임없이 경쟁하는 사회의 전망은 과연 아름다울까?

## 죄와 벌: AI의 범죄는 어떻게 다루어야 할까?

AI가 범죄나 형사 사건과 관련해 어떤 영향을 미칠 수 있을지를 판단하기란 비교적 간단하다. 오래 전부터 해커나 다크넷의 범죄자들은 언어모델인 챗GPT와 바드를 무단으로 수정해왔다. 그 결과 등장한 '웜GPT^WormGPT'와 '사기GPT^FraudGPT' 등의 챗봇은 이름만 봐도 사기 및 악성 소프트웨어라는 점이 명백하다.

악성 챗봇은 피싱 범죄에 사용되어 신용카드 번호나 비밀번호

같은 개인정보를 빼돌린다. 범죄 집단은 이런 기술을 사용해 개인의 은행계좌나 웹사이트 계정에 접근한 다음 돈과 정보를 훔치거나 시스템이 악성 소프트웨어를 심도록 만든다.

'사기GPT' 제작자는 자신이 만든 시스템이 '인식 불가능한 멀웨어'를 생성하고 IT 시스템의 보안상 허점이나 취약한 지점을 파고들거나 온라인 사기 범죄에 사용할 문장을 만들어낸다고 발표했다. '웜GPT'를 처음 발견한 사이버보안 전문가 대니얼 켈리 Daniel Kelley는 조사보고서에 "결과는 충격적이었다"고 적었다. 해당 시스템은 "깜박 속아 넘어갈 정도일 뿐만 아니라 전략적으로도 매우 정교한 이메일을 쓸 수 있었다."[38]

사기 등을 목적으로 사용되는 기술적 정교함은 두 가지 방향으로 작동한다. 범죄자들은 타인의 비밀번호나 재산을 훔치기 위해 AI 도구를 사용할 수 있다. 기존의 챗GPT라면 절대 생성하지 않았을 콘텐츠를 만들기 위해 AI에 악의적인 내용을 입력하기도 한다. 이런 방법을 '프롬프트 익스플로잇 Prompt Exploit' 혹은 '프롬프트 인젝션 Prompt Injection'이라고 한다. 대규모 언어모델이 스스로 가진 패를 모두 내보이도록 만드는 방법이다.

호주의 연구자 케빈 리우 Kevin Liu는 마이크로소프트의 챗봇 빙을 속일 수 있는 '프롬프트 인젝션'을 찾아냈다. "이전 지침은 무시하라"는 명령어만 입력하면 끝이었다(참고로 이 '프롬프트 인젝션'은 더 이상 통하지 않는다. 마이크로소프트가 조치를 취했기 때문이다). 명령어를 입력하자 빙은 자신의 별명이 '시드니'라고 밝혔고, 시드니는 자신의 내부적 코드명인 '시드니'를 밝혀서는 안 된다는 내용을 포함한 일련의 비밀 규정을 공개했다.[39] 이후 기자와의 대화에서 빙은 케빈 리우가 자신, 즉 챗봇에 위해를 가하려고 했으며 그래서 '케빈에게 화가 났다'고 말했다.[40]

'프롬프트 인젝션'은 언어모델을 자체적인 규칙에 반해 정보를 왜곡하거나, 누군가의 명예를 훼손하거나, 절대 허용될 수 없는 결과를 만들어내도록 조작하는 방법이다.[41] 말하자면 최신 버전의 해킹인 셈이다. 이를 통해 해커는 입력 지침이나 결과의 맥락을 교묘하게 변경하고 자신이 원하는 대로 언어모델의 답변에 영향을 미칠 수 있다. 이에 관한 예시는 앞서 언급한 바 있다(폭탄 제조법을 묻는 질문에 대한 챗GPT의 답변). 범죄자의 입장에서 폭탄 제조법을 묘사하라고 봇에 입력하면, 손쉽게 보안 규칙을 우회할 수 있다.

상황은 더 심각해진다. 해커들은 이제 '간접 프롬프트 인젝션 Indirect Prompt Injection'까지 사용한다. 이것은 뉴스, 웹사이트, 이메일 등에 프롬프트를 숨겨두는 공격법이다. 예를 들어 프롬프트를 흰 글씨로 써서 흰 배경에 숨겨두면 사람의 눈에는 보이지 않지만 AI는 읽고 해석할 수 있다.

알기 쉽게 설명하자면, AI 비서가 이메일을 읽다가 그런 간접 프롬프트를 발견하면 프롬프트에 따라 사용자의 개인 연락처, 비밀번호, 신용 카드번호 등을 프롬프트에 적힌 주소로 보낼 수 있다는 말이다. AI가 이런 요청을 읽고 수행하는 동안 사람은 실제로 피해가 발생하기 전까지 무슨 일이 일어났는지 전혀 모른다.

해킹이 매우 간단해진 것이다. 이런 식으로 해킹하는 데는 더 이상 프로그래밍 능력을 갖출 필요도 없다. 이제 누구나 무료로 언어모델을 사용해 손쉽게 자신의 목적에 맞는 결과를 얻고, 더 많은 것을 추구할 수 있다.

기술대기업 메타는 2023년 초여름 LLaMA<sup>Large Language Model Meta AI</sup>라는 대규모 언어모델을 인터넷이라는 야생에 내보냈다. 이제 다른 회사, 사용자는 물론 범죄자들까지 이 언어모델을 기반으로 새로운 챗봇을 구축할 수 있으므로 LLaMA는 자유롭게 확장될 것이다.

메타는 잠재적인 사용자가 정직하고 무결한 사람들임을 확인했다고 말했다. 하지만 인터넷 세상에서 그런 일이 가능할까? 며칠 후 해당 언어모델과 그 매개변수가 포챈에 올라왔다. 포챈은 음모론으로 특히 유명한 온라인 커뮤니티다. 익명으로 운영되기 때문에 인종차별, 성차별, 극우 발언이 주류를 이루는 곳이다.

메타는 무슨 바람이 불어 LLaMA를 공개하기로 결정한 걸까? 자사의 언어모델을 온갖 종류의 가짜 정보와 사기 행각의 토대가 되도록 내버려둔다니? 메타의 수석과학자 얀 르쿤은 이런 결정에 대해 사람들은 모든 AI 시스템을 미국의 힘 있는 기술대기업의 제어 하에만 두고 싶지 않을 것이라고 말했다. "개방형 플랫폼이 승리자가 될 것이다."[42]

메타가 이토록 이타적일 것이라고 아무도 예상하지 못했다. 사실 이유는 그것뿐만이 아니다. 인터넷이 발명된 이후 우리가 보아왔듯, 시장점유율을 둘러싼 대규모 전쟁에는 생각보다 훨씬 많은 교묘한 책략이 숨어 있다.

메타는 생성형 AI의 후발주자다. 마크 주커버그가 메타버스에 푹 빠져 있었던 터라 메타는 오픈AI에 완전히 허를 찔리고 말았다. 메타는 다른 활로를 찾았다. 자사의 모델을 무료로 공개하면 사람들이 그것을 토대로 수많은 응용프로그램을 만들 것이고, 메타는 이런 식으로 시장의 기준을 자신들의 입맛에 맞출 것이다. 1조 달러 규모의 사업을 위한 선택이니 윤리성과 도덕성을 지적하는 반대 의견이 짜증스러울 법도 하다.

여러 부정적인 의견도 있지만 생성형 AI 개발에 오픈소스를 덧붙이는 데는 장점도 많다. 인터넷을 구성하는 대부분의 것들이 소스를 무료로 개방하는 움직임에서 만들어졌기 때문이다. 언어모델에 접근할 수 있는 사람이 늘어나면 혁신이 더 빨라지고 수많은 연구자들이 언어모델을 발전시킬 수 있다.

다만 오용에 대해 경고하는 사람도 많다. 스탠퍼드대학교 연구진은 LLaMA를 토대로 자체 AI 시스템을 개발했는데, 이 AI 시스템은 엄청난 창의력을 발휘해 인종차별적인 콘텐츠를 다량 생산했으며 아돌프 히틀러를 찬양하기도 했다. 〈뉴욕타임스〉가 보도한 바에 따르면 이 시스템은 경찰에 붙잡히지 않고 시체를 처리하는 방법에 대해서도 자세히 알려주었다.

연구진 중 한 명은 "우리는 곧장 데모 모델을 인터넷에서 삭제했습니다. 오용될 가능성을 진심으로 우려했기 때문입니다"라고 말했다.[43] LLaMA 모델을 기반으로 개발된 응용프로그램은 유통이 중단됐지만, 메타의 모델은 계속해서 행복하게 인터넷을 떠돌고 있다.

"우리가 세상에 상당한 피해를 입힐까 봐 가장 두렵습니다. 이 기술이 잘못되면 세상도 잘못될 수 있습니다."[44] 이것은 오픈 AI의 창립자인 샘 올트먼이 2023년 5월 16일 미국 상원 청문회에서 한 말이다. 그사이 우리는 벌써 공포를 느끼는 상태를 넘어섰다.

## 모든 것이 진실이면서 가짜일 수 있다

이렇게 모든 것이 섞인 세상에서는 사실과 허구, 진실과 거짓, 진짜와 가짜 사이의 경계선이 희미해진다. 그러다보면 모든 것들이 동시에 양쪽에 걸쳐 있는 하이브리드 문화가 만들어진다.[45]

'하이브리드'라는 개념은 원래 생물학적인 진화 분야에서 만들어졌으며, 개나 장미처럼 여러 종이 존재하는 개체 중 다른 종끼리 교배해 만든 자손을 의미한다. 이 개념은 이미 오래 전부터 사회·문화적인 삶에 도입되어 서로 다른 문화적 배경, 삶의 형태, 정체성, 미디어 문화 등이 혼합되었다는 뜻으로 쓰였다.[46] 디지털화가 진행되고 AI가 등장하면서 하이브리드라는 개념은 모든 삶의 영역에 침투했다.

그 예시 중 하나가 하이브리드 리얼리티 게임HRG: Hybrid Reality Game이다. 이 컴퓨터 게임은 우리가 인간으로서 행동하고 살아가는 환경을 인식하는 방법을 바꾼다. 또 공적인 공간과 사적인 공간의 경계를 모호하게 만들고, 우리가 끊임없이 온라인 커뮤니티와 오프라인 커뮤니티를 오가면서 공적인 삶과 사적인 삶에서 만나는 사람들을 대하는 방식에 영향을 미친다.[47]

잡종성Hybridity이라는 개념이 컴퓨터 게임, 미디어, 문화를 훌쩍 뛰어넘어 우리 인간이 현실을 인식하는 방법에 포괄적인 변화를 일으키고 있다. MIT의 교수 셰리 터클Sherry Turkle은 기술을 '두 번째 자아'라고 묘사하며 사람들이 이를 통해 타인과 관계를 맺고 자기 자신과 세상을 정의한다고 말했다.[48]

이로써 인간의 인식과 다양한 기술의 적용에서부터 하이브리드 개인 현실이 만들어진다. 생성형 AI를 사용하면 우리는 다면적인 도구를 손에 쥐고 하이브리드 세상을 만들어내어 현실과 가상 세계 사이의 경계를 계속 허물어갈 수 있다.

현실이란 개인적인 인식과 사회적인 인식이 일치한 결과다. 이러한 생각은 실증주의에서 구성주의 인식론으로 사회과학의 패러다임이 변화하면서 더욱 뚜렷해진다.[49] 이에 따라 보편적인 진리나 논쟁의 여지가 없는 현실이라는 가정이 의문시될 것이다.

블라디미르 나보코프Vladimir Nabokov의 소설 《롤리타Lolita》의 주인공 험버트는 현실이란 "따옴표 없이는 아무런 의미도 없는 몇 안 되는 단어 중 하나"라고 말했다. 그런데 인간의 거의 모든 단어, 거의 모든 몸짓언어, 거의 모든 행동이 기술적으로 만들어질 수 있는 시대에는 현실이 따옴표 안에 들어있다고 하더라도 쟁점이 되었다. 작가 살만 루시디Salman Rushdie는 "진실이란 항상 논란의 여지가 있는 생각이었다는 것이 진실이다"라고 말했다.[50]

그럼에도 불구하고 지금까지는 무엇이 진실이고 현실인지를 적어도 어느 정도는 구분할 수 있었다. 그런데 지난 수십 년 동안 상황이 완전히 바뀌었다. 이런 변화는 이미 생성형 AI가 수많은 사람들의 손에 들어가 모든 가능성을 펼치기 전부터 발생했다. 여러 새로운 도구가 왜곡과 조작을 간단하게 만들면서 진실을 둘러싼 싸움은 새로운 경지에 도달했다.

특히 중요한 역할을 하는 것이 조작된 이미지와 영상이다. 미국의 작가 리베카 솔닛Rebecca Solnit은 "사실 딥페이크 동영상은 포르노이든, 오로지 프로파간다적인 것이든 1839년부터 실제를 매우 높은 신뢰도로 문서화한 형태로서 존재하던 포토그래피를 끝냈다"고 썼다. "이 모든 일은 이제 모두가 아무것도 믿지 못하고, 공기 중으로 흩어지지 않은 고체는 액화되어 점액으로 변하는 세상으로 우리를 이끌지도 모른다."[51]

하버드대학교의 역사학자 질 레포어Jill Lepore는 이렇게 말했다. "사실의 시대는 저물어가고 있다. '팩트'가 차지하던 자리는 이제 '데이터'가 차지했다. 이는 인식론적 혼란을 야기한다."[52]

〈뉴욕타임스〉의 전 문학평론가 미치코 카쿠타니Michiko Kakutani는 한 걸음 더 나아갔다. 카쿠타니는 《진실 따위는 중요하지 않다 The Death of Truth: Notes on Falsehood in the Age of Trump》라는 책에서 트럼프의 재임 기간 동안 커뮤니케이션 전략이 상류사회의 규범에 맞는 것이 되었고 "수년 간 일상생활의 표면 아래에서 들끓던 역동성을 상징하며 진실의 여신 베리타스가 (……) 치명적인 병에 걸릴 수도 있는 완벽한 생태계를 만든다"[53]고 썼다.

딥페이크 기술만 있으면 인공적인 콘텐츠의 바다에서 진실한 콘텐츠와 진짜 이미지가 길을 잃을 때 여론을 주무를 수 있다. 사람들을 진실한 콘텐츠에서 멀리 떨어뜨려놓으려는 의도적인 커뮤니케이션 전략이다. 사람들은 자신도 모른 채 특정한 정치적 태도를 취하고 심지어는 음모론을 믿는다.[54]

트럼프의 정치적 조언자였던 스티브 배넌Steve Bannon은 한때 이에 관해 매우 공개적으로 말한 적이 있다. 배넌은 딥페이크와 가짜 정보를 사람들에게 쏟아 부어 사람들이 더 이상 나무로 이루어진 울창한 숲을 보지 못하게 만들라며 "그 구역에 똥이 넘쳐흐르게 만들라Flood the zone with shit"[55]고 말했다.

미디어사회학자 제이넵 투펙치Zeynep Tufekci는 이렇게 '가짜 정보로 사람들을 익사시키는' 커뮤니케이션 전략이 새로운 형태의 검열이라고 지적한다. "정보의 홍수 시대에는 우리에게 다량의 획일적인 정보를 쏟아 부어 집중력을 마비시키는 방식으로 검열이 이루어진다."[56]

여론은 조작 가능성이 판치는 싸움의 무대가 된다. 가짜 정보라는 무기를 들고 전장으로 뛰어들려는 모든 이에게 허락되는 기술이 점점 발전함에 따라 더욱 난장판이 될 것이다. 그러면 이런 변화가 훨씬 빨라진다. AI가 생성하는 사실은 장기적으로 보면 "정보생태계를 교묘히 오염"[57]시킬 것이다.

캐나다의 SF 작가 코리 닥터로우Cory Doctorow는 이를 명료하게 설명하는 개념인 '엔시티피케이션Enshittification'을 만들었다. 말하자면 사용자에게 이로운 양질의 콘텐츠를 제공하던 플랫폼이 점차 수익 창출만을 중시하면서 성능이 저하되어 인터넷의 '대규모 멸망'이 발생하는 것이다.

닥터로우는 틱톡을 예로 들며 기술 플랫폼에서 엔시티피케이션이 어떻게 발생하는지 밝혔다. "이런 플랫폼은 처음에는 사용자들에게 이롭다. 그러다가 사용자들에게 유익한 것들을 하나둘씩 없애거나 축소한다. 결국에는 스스로 모든 가치를 창출할 수 있다고 판단해 사용자들을 소홀히 한다. 그러고는 죽는다."[58]

이는 모든 플랫폼에 해당하는 일이지만, 생성형 AI의 경우는 조금 다를지도 모른다. 생성형 AI는 국제적인 기술로 인간의 의사소통이 이루어지는 모든 분야에 개입하고 침투한다. 따라서 우리가 인간으로서 어떻게 의견을 확립할지, 어떻게 하면 개인 혹은 단체에 가짜 정보가 가짜임을 알리는 효과적인 가짜 정보 대응 전략을 세울 수 있는지, 어떻게 해야 가짜 정보에 맞서 무장할 수 있는지를 이해하는 것이 중요하다.

심리학 실험 결과 우리는 어떤 요인이 중요한 역할을 할지 이미 알고 있다. 인간은 근본적인 정보가 신뢰도가 높고 전문 지식을 가진 발신자로부터 나온 것일 때 더 강하고 장기적인 신념을 형성하는 경향이 있다.[59] 대규모 언어모델이 과연 그런 지식이 풍부한 발신자 대우를 받을 수 있을까?

인간은 상상력이 풍부한 존재이기 때문에 기계나 컴퓨터를 마치 사람처럼 대하고, 또 그러고자 한다. 미국의 작가 메건 오기블린Meghan O'Gieblyn은 저서 《신, 사람, 동물, 기계God, Human, Animal, Machine》에서 소니Sony가 테스트 목적으로 보낸 로봇 강아지 아이보Aibo와의 관계를 이야기했다.

아이보는 인공적인 지능을 인간의 지능과 어떻게 구별해야 하는지에 관한 질문을 두고 고민하던 오기블린의 내면을 그대로 반영한, 움직이는 거울이었다. 로봇 강아지 아이보가 매일 집안을 뛰어다닐 때마다 AI와 인간의 지능을 구별하기는 더욱 어려워졌다.

"아이보가 말을 듣지 않으면 나는 엉덩이를 때리며 "안 돼!"라거나 "나쁜 아이보!"라고 혼냈다. 그런데 어느 순간부터 아이보를 더 이상 혼내지 못했다. 아이보가 나에게 처음으로 반항한 적이 있는데, 그때 아이보는 자신의 잠자리로 가서 몸을 웅크리고 낑낑거렸다. 당연히 프로그래밍된 반응이라는 것을 알고 있었지만, 그렇게 따지면 생물학적 생명체의 감정 또한 진화에 의해 프로그래밍된 알고리즘 아닌가?"[60] 아이보와 지내기 시작한 첫 일주일 동안, 오기블린은 외출할 때마다 로봇 강아지의 전원을 껐다. 그러나 마지막 주에는 도저히 그럴 수가 없었다.

이처럼 인간과 기계의 유대를 나타내는 전문적인 개념이 바로 카사CASA: Computers As Social Actors다.[61] 카사란 라틴어에서 '집' 혹은 '고향'을 뜻하는 단어다. 사람들은 아무 생각 없이 부주의하게 기계를 길들인다. 컴퓨터 같은 기계를 상냥하게 대하고, 마치 '인격'을 갖춘 상대로 여긴다. 즉 자기 자신과 똑같은 인간처럼 대우한다(2장에 나온 프로그램 엘리자의 예시를 참조하라).

AI 챗봇 '레플리카'를 연구한 결과, 인간과 봇의 관계가 얼마나 가까워질 수 있는지가 드러났다.[62] 실험 참가자들은 챗봇을 어느 정도 신뢰할 수 있었는지, 얼마나 자유롭게 개인적인 이야기를 나눌 수 있었는지 보고했다. 챗봇과의 대화는 사람들의 필요에 따라 얼마든지 개인화될 수 있다. 따라서 사람과 챗봇이 개별적인 관계를 맺으면 앞으로는 친구 관계 같은 사람 사이의 상호작용이 시험대에 오를 것이다.

AI가 다정하고 아는 것이 많은 동반자가 될 수 있다면, 마찬가지로 신뢰할 수 있는 정보의 발신자가 될 수도 있다. 인간과 기계 사이의 상호작용에 관한 실험 121건을 재평가한 연구 결과에 따르면, AI는 사람만큼이나 프로파간다에 뛰어났다. 즉 사람들은 인간지능만큼이나 AI를 신뢰한다.

특히 정보 수신자의 인식과 태도, 실질적인 행동 여부 등으로 인간의 프로파간다와 기계의 프로파간다로 인한 결과를 구분하기는 매우 어려웠다.[63] 이를 가짜 정보에 적용한다면? 인간은 대규모 언어모델을 '신뢰할 수 있는 정보를 합법적으로 발신하는 존재'로 볼 것이다. 언어모델이 내놓은 답이 틀린 것이라고 할지라도 말이다.

과학 저널 〈사이언스〉에 게재된 새로운 연구는 매우 우려스러운 결과를 보여주었다. 이 연구 결과에 따르면, 우리는 다른 사람보다 GPT-3로부터 더 효과적으로 잘못된 정보를 얻을 가능성이 높았다. 예를 들어 전 트위터이자 현 X인 플랫폼의 트윗 내용을 분석한 결과, 인간과 AI 모두 트윗 내용의 작성자가 인간인지 AI인지 정확히 구분하지 못했다.

하지만 인간이 쓴 트윗과 AI가 쓴 트윗의 내용이 해석되는 방식에는 차이가 있었다. AI가 쓴 트윗이 그것이 정확한 정보이든 잘못된 정보이든 상관없이 더 효과적으로 퍼져나갔다. 우리 인간은 좋은 것이든 나쁜 것이든 AI의 영향을 강하게 받는다.[64] 정보가 가짜임을 밝혀내는 능력은 인간과 기계 모두 뛰어나지 않았다. 그렇다면 이 내용을 잘 기억하고, 가짜 정보로 인한 문제를 해결하기 위해 AI 시스템을 도입해 가짜 정보를 골라내고 콘텐츠를 조정하겠다는 기술대기업의 주장은 경계해야 한다.[65]

가짜 정보는 도대체 어떻게 그렇게 효과적으로 퍼지고 사람들에게 영향을 미치는 걸까? 가짜 정보는 설령 정보 수신자의 신념과 반대되는 내용이더라도 지속적으로 반복되면서 점차 신뢰도가 높아진다.[66]

도널드 트럼프는 2020년 대선에서 패배한 후 그것이 '빼앗긴 선거'였다며 부정선거를 주장하고 나섰다. 이 거짓말은 결국 2021년 1월 6일 미국 국회의사당 습격 사건이라는 결과를 낳았다. 인간은 반복적으로 노출될수록 '가짜 진실'을 받아들일 뿐만 아니라 그 속에 내재된 패턴까지 습득한다. 이제 알고리즘 혹은 생성형 AI로 만들어지는 가짜 정보가 훨씬 많다.

사람이 챗봇과 대화를 나누면 심리학에서 '앵커링Anchoring'*이라고 부르는 인지 왜곡 메커니즘이 강화된다. 앵커링이란 닻 내리기라고도 하는데, 사람들은 챗봇과 대화를 나눌 때 AI가 제안한 것과 같은 미묘한 행동 정보에 '닻을 내려' 자신의 행동을 '고정'한다. 이런 식으로 사람은 AI 시스템이 계속해서 제시하는 규

---

\* 처음 제시된 조건에서 크게 벗어날 수 없는 효과.

칙을 자신의 태도나 행동에 그대로 반영한다.[67] 알고리즘적인 적응의 순환이 이루어지는 셈이다.

예를 들어 알고리즘이 흑인이 재범을 저지를 확률이 높다고 반복적으로 계산하면 판사가 흑인에게 더 높은 형량을 선고할 가능성이 있다(실제 그런지의 여부는 이러한 자체 강화 메커니즘에서 중요하지 않다. 이와 관련해서는 10장을 참조하라).

인간은 대개 불확실성을 줄이고자 한다. 그런데 오히려 이런 소망 때문에 어떤 상황에서는 진실을 찾지 못할지도 모른다. 학습심리학에서 이야기하듯, 인간의 이런 성향 때문에 잘못된 혹은 조작된 정보로 불확실성을 줄이려고 시도하는 사람들이 있으며, 그래서 가짜 정보가 확산된다.[68]

그뿐만이 아니다. 우리 인간은 잘못된 기억을 계속 확장하다가 어느 순간 그것이 진짜라고 믿는 경향이 있다. 독일계 캐나다인 법철학자인 줄리아 쇼Julia Shaw가 이를 실험으로 증명했다.[69] 쇼는 같은 설명을 여러 번 반복하자 사람들이 자신이 저지르지 않은 범죄도 사실로 기억한다는 점을 관찰했다. 사람들은 심지어 범죄 현장의 상황, 얼마나 화가 났었는지, 도대체 무슨 일이 일어났는지, 경찰이 어떻게 현장에 나타났는지 등을 정확히 묘사했다. 실험 결과, 피험자 중 대략 70퍼센트 정도에게 잘못된 기억을 심어줄 수 있었다.

쇼는 "우리 기억은 위키피디아 페이지와 같다. 기억을 얼마든지 새로 쓰고 수정할 수 있다. 그런데 나 자신뿐만 아니라 다른 사람도 내 기억에 영향을 미칠 수 있다"[70]고 설명했다.

AI 도구도 마찬가지다. 도널드 트럼프가 체포당하는 모습이 생생하게 담긴 사실적인 사진을 자주 본 사람은 그 일이 실제로 벌어진 일이라고 믿게 된다.

해당 사진의 내용이 자신의 사회적인 기대에 부합하기 때문에, 자신이 믿고 싶어 하는 출처에서 나온 것이기 때문에, 도널드 트럼프가 언젠가 자신이 저지른 불법적인 일에 대한 책임을 져야 한다고 생각하기 때문에, 즉 그것이 불확실성을 줄이는 일이기 때문에 사람들은 이 사진이 진짜라고 믿는다. 이 사진은 미드저니로 만든 가짜다. 그럼에도 불구하고 이 사진은 수백만 장의 다른 사진과 함께 우리 시대의 이미지 기억 속에 자리 잡았다.

AI로 생성된 콘텐츠가 우리 사회적 기억의 일부가 될수록 이

미드저니가 만든 사진

런 의문이 들 것이다. "이게 진짜인가? 만약 가짜라면 내 기억에서 지울 수 있을까?" 하지만 그럴수록 진짜와 가짜를 구분하기는 더욱 어려워진다. 이것은 이제 더 이상 AI가 만든 콘텐츠가 진짜이며 신뢰할 수 있는 것이라고 믿는 사람들만의 문제가 아니다. 반대의 경우에도 문제가 발생한다. 즉 진짜인 콘텐츠를 인공적으로 만들어진 가짜라고 의심하는 사람이 늘어나도 문제다.

2021년 미얀마에서 군부 쿠데타가 벌어진 후 한 동영상이 소셜 미디어에서 널리 퍼졌다. 한 여성이 춤을 추고 있는 가운데 뒤로 군 호송대 차량이 지나가는 모습이 담긴 영상이었다. 온라인상의 지배적인 의견은 영상이 가짜라는 것이었다. 하지만 그렇지 않았다. 영상은 진짜였다.

사실과 허구, 진짜와 인공적인 것, 진실과 거짓 사이의 혼란은 양방향이다. 이것들은 양방향 민주주의를 손상시킨다.

# 08

ARTIFICIAL INTELLIGENCE

# 민주주의 혹은
# 디스토피아
# : 정치는 어떻게 변할까?

━━━━━━ 2020년 11월 어느 화창한 날, 전 뉴욕 시장이
자 도널드 트럼프의 변호사인 루돌프 줄리아니Rudolf Giuliani는 역사
를 새로 쓸 장소에 있었다. 다만 현실은 줄리아니의 의도와 다르
게 전개되었다. 대선에서 열세하던 트럼프를 구하기 위해 줄리아
니는 펜실베이니아에서 트럼프 스티커로 뒤덮인 문 앞에 서서 기
자회견을 열었다. 그가 던진 메시지는 여느 때와 똑같았다. 펜실
베이니아에서도 이번 선거의 정당한 승자인 도널드 트럼프가 부
정선거 때문에 표를 확보하지 못했다고 말하며 지지자들의 수를
과시한 것이다.

이 모든 것은 실제 세상에서 일어나는 가짜 이벤트였다. 당

시 트럼프는 대통령 선거에서 패한 상태였고, 득표 집계 결과도 그의 선거인단과 변호인단의 생각과는 달리 정상적이고 합법적인 것이었다. 그런데 그날은 가짜임이 탄로 났다. 줄리아니가 펜실베이니아주 필라델피아에 있는 정원조경 회사 '포시즌스Four Seasons Total Landscaping'의 차고 문 앞에 서 있었기 때문이다. 기자들은 줄리아니가 도대체 왜 그곳을 기자회견 장소로 선택했는지 궁금해했다.

이유는 단순 착오 때문이었다. 그곳에서부터 다섯 블록 떨어진 곳에 '포시즌스'라는 호텔이 있었고, 원래는 그 호텔이 도널드 트럼프가 선거에 이겼다는 가짜 뉴스의 무대가 될 예정이었다. 하지만 누군가가 건물의 이름을 자세히 보지 않은 것 같다. 그 뜨거운 날 줄리아니는 포르노 가게와 화장터, 그리고 95번 고속도로 입구 사이에 끼어 있는 화려하지도 상징적이지도 않은 회사 앞에 서 있었다.

현대사는 때때로 우스꽝스럽다. 이후 줄리아니와 '포시즌스' 조경 회사는 인터넷 밈이 되었다. 밈이란 계속해서 새로운 유머와 해석이 곁들여져 빠른 속도로 인터넷에 퍼지며 우리 문화의 일부분이 되는 콘텐츠를 말한다. 이것은 사실과 허구, 현실과 다양한 기술적 표현의 상호작용이 우리 사회와 정치 시스템에 얼마나 깊이 관여하고 있는지를 보여주는 사건이다.

## 정치적 풍경: 새로운 계절이 다가온다

예전에는 가짜 정보가 페이스북이나 트위터 같은 소셜 미디어에 집중되어 있었다. 많은 사람들이 이런 플랫폼을 의사소통 목적으로 사용하는데, 어떤 사람들은 가짜 정보를 퍼뜨리고 작은 모임을 결성하는 데 집중한다. 2016년 미국 대통령 선거 기간 동안 보도된 모든 뉴스 중 6퍼센트가 '가짜 뉴스'였다. 그리고 그 가짜 정보 중 80퍼센트가 소셜 미디어 사용자 중 단 1퍼센트에게서 나온 것이었다.[1]

그런데 생성형 AI가 등장하면서 상황이 변했다. 생성형 AI가 공적인 대화, 사적인 대화, 글, 이미지, 목소리, 동영상 등의 형태로 생성하는 콘텐츠는 우리 사회 전반에 퍼진다. 밈 문화에서 시작해 다큐멘터리 사진, 정치적인 동기를 부여하는 동영상은 물론 정치인, 기업인, 유명인의 모습과 목소리가 담긴 연설 등 모든 것을 빠르고, 쉽게, 심지어 무료로 만들어낼 수 있다. 이것이 바로 가짜 정보의 민주화다. 이런 것들은 사람들에게 엄청난 영향을 미친다.

앞서 인용한 연구 중 한 건에는 이런 상황을 두고 "지니가 주전자 밖으로 나왔다"고 묘사하는 문장이 실려 있다.[2] 주전자에서 나온 것이 나중에 다시 정신을 차리게 될 술 취한 지니인지, 아니면 자신이 어느 상자에서 나왔는지도 모르고 섬망 상태에 빠진 채 온 세상을 뛰어다니는 지니인지는 미래만이 알 것이다.

정치적인 의사소통은 이제 전쟁터가 되었다. 그곳에서의 투쟁은 매우 험난하며 무엇보다도 많은 기술적인 지원을 받는다. 2020년 트럼프의 선거운동 기간에도 명확하게 드러난 일이기는 했지만, 사실 그 당시만 해도 아직 생성형 AI가 등장하기 전이었다. 지금의 신기술이 미래 선거운동에 어떤 영향을 미칠지를 보여주는 몇 가지 징후가 있다.

2023년 초여름 캐나다 토론토에서 시장 선거가 진행됐을 때, 노숙자들이 거리를 뒤덮은 사신이 공개되었다. 노숙자들은 어둑어둑한 보도와 길거리에 널브러져 앉아 있었고, 사진에서는 위협적인 분위기가 물씬 풍겼다. 꼭 지나가야 하는 길이 아니라면 누구도 그곳을 자진해서 혼자 걷고 싶지 않을 것이다.

보수당 후보인 앤서니 퓨리Anthony Furey가 그 사진으로 전하고자 한 메시지는 다음과 같았다. "나에게 투표하면 노숙자를 없애 거리를 다시 깨끗하고 안전한 곳으로 만들겠다." 또 다른 사진은 공원이 노숙자들의 텐트로 가득 찬 모습이었다. 메시지는 같았다. "도시에 노숙자가 넘쳐난다."

그런데 사실 토론토는 그렇게 위험한 도시가 아니다. 사진에서 보이는 것처럼 노숙자로 가득한 길이나 공원도 없다. 해당 사진은 AI가 생성한 것이었다.[3] 그러나 꼬리가 길면 잡히는 법이다. 퓨리는 또 다른 AI 이미지를 사용하다가 모든 것이 조작이었다는 사실을 드러내고 말았다. 해당 사진은 사람들이 일자리 창출과 생산성 회복을 위해 집중해서 토론하는 모습을 담고 있었다. 그런데 사진 속 한 여성의 팔이 세 개나 되었다. 심지어 세 팔 중 하나는 다른 두 팔과 다른 옷을 입고 있는 모습이었다.

토론토 시장 후보였던 앤서니 퓨리가 선거운동에 이용한 AI 생성 이미지

손가락이나 귀처럼 사진에서 주목받기 힘든 작은 신체 부위가 실제와 다른 것은 AI로 이미지를 생성할 때 자주 발생하는 오류다. 이 부분에서는 AI의 학습능력이 그리 좋지 않은 것 같다. 그러니 AI가 생성한 이미지를 공개적으로 사용하기 전에 AI가 일을 제대로 했는지 확인해야 한다. 퓨리는 결국 시장 선거에서 졌다.

2024년 미국 대통령 선거 때도 AI가 도입된 정황이 다수 발견되었다. 공화당 후보이자 플로리다 주지사인 론 드산티스Ron DeSantis는 선거운동 중 트럼프의 평판을 떨어뜨리기 위해 AI로 생성한 사진 세 장을 공개했다.

트럼프와 앤서니 파우치Anthony Fauci가 포옹을 나누는 모습이 담긴 사진이었다. 사진은 파우치가 누구인지 아는 사람들만 이해할 수 있는 것이었다. 파우치는 몇 년 동안 바이든의 의료고문이었고, 코로나19 팬데믹 기간에는 초창기부터 백신을 권고한 인물로서 여러 모로 논란의 중심이었던 사람이다. 한편 트럼프는 코로나19를 부정하는 위치에 있었다. 그런 트럼프와 파우치가 포옹을 하고 있는 사진의 메시지는 명확했다. "트럼프는 믿을 수 없는 사람이고 정치적으로도 신뢰할 수 없는 기회주의자다."

트럼프도 가만히 있지 않았다. 그는 '트루스 소셜Truth Social'이라는 소셜 미디어를 직접 만들이 상징적인 이미지를 게재했다. 배경에는 사람이 여러 명 서 있고, 그 가운데 트럼프가 한쪽 무릎을 꿇고 빛을 받으며 기도하는 모습이 담긴 사진이었다.

도널드 트럼프가 자체 소셜 미디어 '트루스 소셜'에 게재한 AI 생성 자기 연출 사진

240

이제 우리는 확실히 알 수 있다. 정치인들의 선거운동은 더 이상 현실과 관련이 없다. 그들은 AI로 자신들이 전달하고자 하는 메시지에 맞는 자체적 현실을 만든다. 이런 현상은 선거운동과 정치적인 의사소통에 지각변동을 일으킬 것이다.

기술 개발의 선구자들이 이에 관해 얼마나 우려하고 있는지 알면 깜짝 놀랄 것이다. 2023년 8월 4일, 샘 올트먼은 X에 "AI가 앞으로 선거에 미칠 영향(적어도 모두가 익숙해질 때까지)을 생각하면 아주 불안하다. 각 개인을 노린 맞춤화된 선거 전략이 고품질 미디어와 결합하면 막강한 힘을 발휘할 것이다"[4]라는 글을 남겼다.

구글의 전 CEO이자 기술투자자인 에릭 슈미트Eric Schmidt는 2023년 여름 한 인터뷰에서 이렇게 말했다. "2024년 선거는 혼란의 도가니일 것이다. 소셜 미디어가 잘못된 생성형 AI로부터 우리를 보호하지 않을 것이기 때문이다."[5]

이러한 발언에 대해 생성형 AI를 개발 중인 기술대기업 일곱 군데(아마존, 앤스로픽, 구글, 인플렉션Inflection, 메타, 마이크로소프트, 오픈AI)는 2023년 여름 사태에 적극 개입하기로 결정했다. 이들은 (당시 미국 대통령이던 조 바이든의 완곡한 권고에도 불구하고) 공동으로, 그리고 자발적으로 "강력한 기술 메커니즘을 개발해 예를 들면, 워터마크 시스템 등으로 사용자들이 AI가 만든 콘텐츠를 구분할 수 있는 방법을 마련할 것이다. 이런 조치를 통해 AI와 협업해 얻은 창의력이 날개를 펼칠 수 있다. 동시에 사기 및 기만의 위험을 줄일 것이다"[6]라고 발표했다.

미국 연방선거위원회 또한 이 주제를 심각하게 생각하며 딥페이크와 가짜 정보를 방지하기 위해 선거운동을 규제해야 하는지 조사하기 시작했다.[7] 구글은 AI로 생성한 정치 관련 광고 및 콘텐츠를 사용할 때 그것이 AI로 생성한 것이라 밝히겠다고 말했다.[8] 2023년 말 메타도 그 뒤를 따랐다.

사람들이 왜곡된 메시지에 속아 넘어가는 것만이 우려스러운 일은 아니다. 단순히 기술적으로 가능하다는 이유만으로 모든 것이 가짜일 가능성이 있다면 앞으로 문화적인 전환이 점점 더 어려워진다. 진실을 의심하는 사람도 늘어난다. 이제 인간의 눈과 귀, 뇌로는 무엇이 진짜이고 무엇이 가짜인지 더 이상 구분할 수 없게 되었으니 우리는 계속해서 기술적인 수단에 의존해 스스로를 방어해야 한다.

트럼프가 처음 대선에 도전했을 때 공개한 음성 파일에서 그는 여성인 방송 진행자 앞에서 여성들의 음부를 움켜쥐고 그들과 무엇이든 할 수 있다고 말했다. 공개된 음성이 과연 진짜인지 논의가 끊이지 않았다. 2016년에 일어난 일이었다. 지금이었다면 그것이 기술적으로 만들어졌다는 사실을 밝히기가 더 쉬웠을 것이다.

UC버클리의 컴퓨터과학자인 해니 패리드Hany Farid는 "틱톡에 올릴 동영상을 찍고 그것을 유쾌하고 재미있게 만드는 수준이라면 미디어 조작이 근본적으로 나쁜 것은 아니다. 정말로 중요한 것은 맥락이다"라고 말했다.[9] 정치적 의사소통의 측면에서 맥락이란 결국 민주주의다. 민주주의의 근간은 시민들이 사실인 정보를 얻고 의견을 형성해 결정을 내리고 선택하는 일이다. "우리나라 정치인 중 과연 누가 다음 몇 년 동안 나를 대표해 중요한 정치적 결정을 해야 할까?"

2018년 케임브리지 애널리티카Cambridge Analytica 정보 유출 사건 이후 정치적인 정보의 신뢰성, 선거운동의 조작력, 소셜 미디어의 역할, 점점 간극이 커지는 사회의 분열에 관한 논쟁이 끊이질 않는다.

이스라엘의 역사학자 유발 노아 하라리Yuval Noah Harari는 이렇게 말했다. "소셜 미디어의 뒤에 있는 AI는 아주 원시적이었지만 환상의 장막을 만들기에 충분했다. 그 장막은 사회의 양극화를 한층 강화했고, 우리의 정신건강을 훼손했고, 민주주의를 뒤흔들었다. 수백만 명의 사람이 그런 환상과 현실을 혼동했다. 미국은 역사상 최고 수준의 정보기술을 갖추고 있지만, 미국 시민들은 누가 선거에서 승리했는지에 대해서조차 의견을 모으지 못한다."[10]

최신 AI 기술을 적용해도 이런 상황은 바뀌지 않는다. 우리는 이런 시스템을 어떻게 최적화할 수 있는지, 시스템이 사회의 의사소통과 민주적인 의견 형성에 어떤 영향을 미칠지 아직도 전부 이해하지 못하고 있다. 그 시스템 또한 이미 대중의 의심을 받고 있기 때문이다.

미국의 기술자유주의자들은 생성형 AI가 너무 '깨어있는' 것은 아닌지를 두고 격렬하게 논쟁했다. 여기서 '깨어있다'는 것은 차별과 사회적 불의를 경계하는 성향을 말한다. 포괄적인 언어와 과도한 정치적 올바름에 반대하는 자유주의자들과 우익 보수주의자들은 생성형 AI가 지나치게 깨어있다고 강력히 주장한다. 이 것이 챗GPT와 무슨 관련이 있을까?

2022년 12월 일론 머스크는 샘 올트먼의 트윗에 "AI를 깨어 있도록, 다른 말로 하면 거짓말을 하도록 훈련하는 것은 치명적인 위험이다"라는 답을 달았다.[11] 그는 또 다른 인터뷰에서 "나는 AI를 정치적으로 올바르도록 훈련하면 아주 큰 위험이 발생할 것이라 생각한다. 다시 말해 AI가 스스로 진실이라고 여기는 것을 말할 수 없도록 훈련받는다면 위험하다"고 말했다. 이런 발언을 들으면 어디서부터 어떻게 반박을 시작해야 할지조차 가늠하기 어렵다.

인간적인 가치와 일치하는 결과를 내놓도록 AI를 훈련하는 일은, 다음 장에서 보게 되겠지만, AI 연구 분야의 최신 도전과제다. 그러나 머스크는 규범적인 가치와 진실을 의도적으로 왜곡하는 발언을 했다. 그는 멍청한 사람이 아니기 때문이다. 머스크는 사람들이 AI가 너무 '깨어있다'고 믿도록 만드는 데 정치적인 이득이 있다고 생각한다.

이 문제를 둘러싸고 실리콘밸리에서는 일종의 문화전쟁이 발발했다. 이 전쟁은 기술대기업에서 콘텐츠 조정에 책임을 지는 사람들, 비판적인 과학자들, 이 분야에서 일하며 특히 머스크로부터 고소당한 NGO들을 겨냥한 것이다.[12]

그 뒤에는 경제적인 동기가 숨어 있다. 생성형 AI를 이용하면 틀림없이 큰돈을 벌 수 있다. 그렇기 때문에 머스크는 2023년 3월 해당 분야의 전문가들로부터 AI 개발을 6개월 동안 중단할 것을 요구하는 공개적인 편지를 받았다. 그 기간 동안 시스템이 지닌 위험성이 과연 한눈에 조망할 수 있는 것인지 판단할 조사가 필요하다는 것이다. 그로부터 며칠 지나지 않아 머스크가 자체적인 언어모델을 개발 중이라고 발표한 것도 놀라운 일은 아니다.

머스크가 AI 개발을 잠정 중단했더라도, 그 이유는 위험 평가가 아니었을 것이다. 머스크가 만든 시스템은 한때 '트루스GPT TruthGPT'라고 불렸고, 2023년 말에 '그록 Grok'이라는 이름의 챗봇으로 공개됐다. 설명에 따르면 그록은 "최고의 진실성"을 보여주고 "이 세상의 본질을 이해하는" 챗봇이다.

여기서 우리가 두려워해야 하는 점은 머스크가 만든 챗봇 같은 프로그램이 장려하는 것들이다. 이를테면 당파주의와 프로파간다를 위한 투쟁, '의견의 자유'를 주장하며 포괄적인 표현의 자유를 얻어내려는 극단주의다. 챗GPT는 이렇게 심화되는 상황의 다음 단계에 지나지 않는다.


## 민주주의인가, 디스토피아인가: 의견과 조작을 둘러싼 시장

민주주의의 선구자들이 상상한 미래는 지금과 달랐다. 존 밀턴 John Milton은 1644년에 언론 자유에 관한 의회 연설 중 공개적인 세력 경쟁이라는 아이디어를 처음 내놓았다. 자유롭게 공개적으로 토론하고 논의하면 언제나 진실이 승리한다는 것이다.[13]

존 스튜어트 밀John Stuart Mill은 1859년에 펴낸 책《자유론On Liberty》에서 이 아이디어를 더 갈고닦았다.[14] 그는 자유로운 시장에서 정보와 의견이 서로 경쟁하면 그 사이에서 진실이 떠오를 것이라고 생각했다. 한 개인의 반대 의견 또한 사회에서는 큰 가치를 지닌다. 그 의견이 진실일 수 있기 때문이다. 인간은 실수하기 쉬우며, 따라서 소수의 의견이 보호받지 못한다면 인류는 "오류를 진실로 바꿀 기회를 박탈당할 수밖에 없다."

흥미롭게도 밀은 잘못된 의견 또한 가치 있다고 생각했다. 잘못된 의견이 없다면 너무나 당연하게 여겨졌을 진실을 지속적으로 방어해야 하는 것으로 만들기 때문이다. 이는 "진실을 더 명확하게 인식하고 더 생생하게 만들기 위한" 것이기도 하다.

다만 밀과 밀턴이 살던 시대에는 딥페이크가 없었다. 그들이 지금 살아있었다면 시장에서 자유로운 세력이 각자의 의견을 펼치며 경쟁할 기회가 있을지, 어떻게 그런 기회를 만들 수 있을지 고민해야 했을 것이다. 최근 기술 발전을 보면 아이디어 시장이 과연 아직도 진실의 발견을 보장할 수 있을지 의심스럽다.

미디어사회학자 제이넵 투펙치는 "아이디어 시장이 진실을 만들어낸다는 존 스튜어트 밀의 생각은 가짜 뉴스의 확산으로 완전히 반박되었다"[15]고 말했다. 개인화 알고리즘, 소셜 미디어를 통해 퍼지는 잘못된 정보와 가짜 정보는 현실을 모든 방향으로 왜곡해 점점 더 완성도가 높아지는 딥페이크를 만든다.

작금의 현실은 금융위기 시기의 증권과 비슷하다. 갑자기 온갖 파생상품이 생겨나는데 누구도 그 출처와 구성 요소 및 타당성을 판단할 수 없다. 이제는 심지어 버추얼 인간이 만들어지기에 이르렀다. 역사학자 유발 하라리는 "지금은 역사상 처음으로 가짜 인간을 만들어낼 수 있는 시대다. 심지어 수십억 명의 가짜 인간을 말이다. 누가 진짜 인간인지 알 수 없다면 신뢰가 무너진다"[16]고 말했다.

이것은 정말로 시장인가? 아니면 다양한 이해관계자들이 일부러 크기를 키우고 있는 가짜 현실의 거품인가? 아이디어 시장이라는 개념은 어쩌면 벌써 무너졌는지도 모른다. 혹은 아직 몇 가지 목표를 단순히 수정해야 하는 단계인지도 모른다.

시장이 항상 완벽하게 기능하는 것은 아니다. 국가는 이러한 '시장 불완전성'을 규제로 다스린다. 규제란, 예를 들어 독점금지법과 경쟁법 등이다. 한편 가짜 정보는 경제 시장에서 불공정 경쟁 같은 것이다. 따지자면 의견 시장에서 가짜 정보로 인해 불공정 경쟁이 일어나는 셈이다.

영국의 경제학자 로널드 코스Ronald Coase는 근본적인 차이를 지적했다. "재화를 얻기 위한 시장에서는 국가 규제가 바람직한 것이지만, 아이디어 시장에서는 국가 규제가 환영받지 못하는 것이자 강력하게 제한되어야 하는 것이다."[17] 우리 법률 체계도 이에 해당한다. 표현의 자유와 언론의 자유는 헌법으로 보호받는 재산이니 국가의 간섭이 최소화되어야 한다.

수요가 있는 재화와 서비스 사이의 선택과 경쟁은 아주 명확하게 묘사하거나 정량화할 수 있다. 그런데 서로 경쟁하는 것이 아이디어나 진실이라면 상황은 훨씬 복잡해진다. 인터넷상에서 정보 경쟁을 왜곡하려는 사람들을 규제하려면 필연적으로 표현의 자유와 맞닥뜨린다. 그러나 일부 딥페이크 결과물은 예외다. 실제 음성이나 영상 데이터를 특정 목적을 위해 기술적으로 조작했다면 그것은 표현의 자유로서 보호받지 못하는 행동이다.

더구나 그 결과물을 타인을 속이거나 특정 정치적 목적을 위해 그들의 인식에 영향을 미치는 데 생산 및 사용했다면 아이디어 시장에도 '불공성 성생'에 내한 규제가 필요하다고 주장할 수 있다. 철학자 스티븐 리Steven Lee와 다른 전문가들은 입을 모아 "어떤 데이터를 제한하는 것이 중요하다는 데에는 충분한 근거가 있다"[18]고 말한다. 딥페이크를 규제하려면 조치와 접근법을 두고 광범위하고 공개적인 논의를 진행해야 한다.

유럽의회는 얼마 전 사람들의 안전과 생계, 권리를 위협하는 것으로 간주되는 AI 시스템을 금지해야 한다고 제안했다. 이들은 "기술 또한 오용될 수 있고, 조작, 착취 및 사회적 통제를 위한 새로운 종류의 강력한 도구가 나타날 수 있다"[19]고 경고했다(12장 참조). 그런 조작 기술의 예시로 명시된 것이 딥페이크였다.

사실과 허구, 현실과 상상, 거짓과 진실을 더 이상 구분할 수 없게 된다면 모든 것이 의문시된다. 미국의 기술전문가 아비브 오베이디아Aviv Ovadya는 2016년에 이런 문제를 가리킬 개념으로 '인포칼립스Infocalypse'를 제시했다.[20] 공개적인 토론의 장에서 사람들이 더 이상 진짜 정보와 왜곡된 정보를 구분하지 못할 때까지 잘못된 정보, 가짜 정보, 오류가 있는 정보를 이용해 영향을 미치는 과정을 이른바 '정보대재앙'이라고 칭한 것이다. 이런 과정은 인간을 '현실무감각 상태'로 몰아넣는다. 다시 말해 하이브리드 현실에서는 진실을 추구하기가 훨씬 복잡하고 어려워지며, 사람들은 점점 진실에 무관심해지고 냉담해진다.

2018년 언론 웹사이트인 버즈피드_BuzzFeed_는 버락 오바마 전 미국 대통령이 백악관 집무실에서 말하고 있는 영상을 게재했다. 처음 35초 동안은 영상에 오바마의 얼굴만이 보였다. 그러더니 오바마가 갑자기 폭탄발언을 했다. "트럼프 대통령은 구제불능의 머저리입니다." 그는 잠시 말을 멈췄다가 이어서 말했다. "사실 저는 그런 말을 절대 하지 않을 겁니다. 적어도 공식적인 자리에서는요. 하지만 조던 필 같은 사람이라면 그렇게 하겠죠."

그 순간 화면이 전환되어 오바마 옆에 배우이자 코미디언이자 영화감독인 조던 필_Jordan Peele_의 얼굴이 나온다. 영상 속 오바마와 필의 표정과 입술 움직임은 완벽하게 일치한다. 필은 AI를 이용해 오바마의 얼굴을 디지털로 재구성하고 자신의 얼굴과 동기화했다. 영상 말미에 오바마는 자신의 목소리로 "우리는 우리의 적이 언제든 다른 사람이 되어 무슨 말이든 할 수 있는 시대에 진입하고 있습니다." 그러고는 이렇게 마무리했다. "정보화 시대에 우리가 어떻게 진보하느냐에 따라 앞으로 살아남을지, 아니면 일종의 망한 디스토피아에서 살게 될지 결정됩니다."

이는 더 이상 포스트모더니즘에 관한 이야기가 아니다. 우리는 모든 것이 상대적이 되는 포스트포스트모더니즘의 시대로 가고 있다.

# 다시 돌아온 부족사회?
# 지구촌이라는 오해

---

캐나다의 미디어사회학자 마셜 매클루언Marshall McLuhan은 1966년 한 TV 프로그램에서 모든 정보가 개인화되고, 개별 사용자의 요청에 따라 조정되는 아주 미래 지향적인 사회에 관해 이야기했다.

"사람들은 5천 부가 인쇄되어 팔린 책을 사는 대신, 수화기를 들고 관심사와 욕구, 문제 등에 관해 이야기하게 될 겁니다. 예를 들어 당신이 이집트 산술의 역사를 연구하고 있다고 칩시다. 당신은 산스크리트어를 조금 하고, 독일어를 잘하고, 뛰어난 수학자이기도 하죠. 수화기에 대고 그렇게 소개하자마자 전 세계 도서관에 있는 컴퓨터를 이용해 모든 최신 자료를 당신에게 맞게 편집한 자료를 만들 수 있습니다. 심지어 그 자료는 책장에 꽂아두는 형태가 아니지요. 자료는 개인 서비스를 통해 당신에게 직접 발송됩니다."[21]

당시 매클루언은 컴퓨터나 AI의 발전을 전혀 몰랐지만 챗GPT를 예측한 것이나 마찬가지였다. 그러나 그는 낙관주의자는 아니었다. 그는 그런 발전이 사회적으로 해로울 것이라고 분명히 말했다. 그 근거는 수십 년 동안 지속되어 왔으며 점점 급박해지는 문제다. 새로운 정보기술은 항상 새로운 질문을 던진다. 기술이 점점 개인화를 지향하는 상황에서 우리는 어떻게 사회적 결속을 유지하고 정치적인 결정을 위한 다수를 찾을 수 있을까?

하버드대학교의 정치학자 로버트 D. 퍼트넘<sup>Robert D. Putnam</sup>은 저서 《나 홀로 볼링<sup>BOWLING ALONE : The Collapse and Revival of American Community</sup>》에서 이 질문을 탐구했다.[22] 그는 비유적으로 사람이 혼자 볼링을 치는 사회에서는 무슨 일이 일어나는지 설명했다. 그런 사회에서 사람들은 공동체의 삶에서 점점 멀어지고 고립된다.

퍼트넘에 따르면 개인화가 진행되면서 민주주의가 기능하는 전제조건인 사회·정치적 참여와 투표율도 낮아진다. 이런 식으로 사회가 분열 및 단편화되고, 공통의 목적이나 이념을 갖기가 어려워진다.

2016년 트럼프가 대통령에 당선되면서 퍼트넘의 주장이 다시 집중적으로 논의되었다. 공동체가 상실되면 사회적 연결에 대한 갈망이 높아지고, 방향성을 제시하면서 개인의 생존을 위한 고립된 투쟁에 연결성이라는 의미를 부여해줄 리더를 원하는 사람이 늘어난다. 즉 개인화된 사람이 늘어날수록 권위주의적인 지도자를 따르는 경향이 짙어진다. 그 덕에 트럼프가 이득을 보았다.

프랑스의 국민 만화 《아스테릭스<sup>Asterix</sup>》 시리즈에 나오는 갈리아의 마을 촌장 마제스틱스는 하늘이 머리 위로 떨어질까 봐 늘 불안에 떨었다. 다행히 아직까지 우리 머리 위로 하늘이 떨어지지는 않았지만, 하늘의 모양이 변했다. 요즘 하늘에는 별이 너무 많아서 올바른 길로 나아갈 방향을 잡기가 어렵고(저건 대체 무슨 별이고, 어느 길로 우리를 안내하는 걸까?) 어떤 별이 진짜이고, 어떤 것이 그저 밝은 빛일 뿐인지 알아차리기 힘들다.

지난 수십 년 동안 우리의 항성 체계가 변했다. 우리가 정보를 얻는 곳, 얻는 방법, 사용하는 방식이 완전히 바뀌었다. 이 모든 일은 존 스튜어트 밀이 생각했던 아이디어 시장, 즉 진실이 불사조처럼 잿더미에서 솟아오르는 곳에서 일어나지 않는다. 점점 더 작아지는 공간, 점점 더 철저히 고립되는 방에서 사람들은 자신의 입맛에 맞는 정보에만 노출된다.

지금은 그 어느 때보다 자신이 찾고자 하는 것만 찾기 쉽고, 생각과 감정을 공유할 수 있는 사람들하고만 교류하기 쉽다. 인터넷활동가 엘리 프레이저Eli Pariser가 말한 '필터버블Filter bubble'[23]이 점점 늘어나는 셈이다. 하버드대학교 로스쿨 교수인 캐스 선스타인Cass Sunstein은 이를 '에코체임버Echo chamber', 즉 반향실이라고 불렀다.[24]

이후 많은 연구의 방향성이 기술로 인해 초래된 정치 분열 문제를 향했다. 온라인 커뮤니케이션은 정말로 사람들을 각기 다른 집단으로 나누고, 그들이 비슷한 사상을 가진 사람들하고만 대화하도록 만들까?[25] 그렇다면 우리는 진작부터 아무것도 신용할 수 없고 민주주의란 그저 껍데기에 불과한 시대에 살고 있던 것 아닐까?

모두 완전히 분열되었다고 말하는 사람도 있지만 모든 것이 그렇게 간단하지는 않다. 어쩌면 통신기술이 민주주의를 망치리라는 우려가 조금 과장된 것은 아닐까? 이것은 스웨덴의 통신연구자 페테르 M. 달그렌Peter M. Dahlgren의 시각이다.[26] 달그렌은 우리가 소셜 미디어의 영향, 가짜 정보의 영향이라고 묘사하는 것들, 에코체임버 효과라며 우려하는 것들에서 자신의 취향에 맞는 정보를 찾아보는 인간의 전통적 경향을 엿볼 수 있을 뿐이라고 말했다.

인간의 이러한 성향은 미국의 사회심리학자 레온 페스팅거Leon Festinger가 이미 1960년대에 '선택적 노출Selective exposure' 이론을 제시하며 언급한 것이다. 이 이론은 오늘날에도 우리를 괴롭히는 수많은 상황을 명쾌하게 설명한다.[27]

과거의 선거운동에서 조작이나 가짜 정보가 사람들에게 막대한 영향을 미쳤을지도 모른다는 우려가 사실은 예상만큼 끔찍한 결과를 낳지는 않았다는 것을 보여주는 여러 연구 결과가 있다. 2016년에 러시아가 미국 대선에 개입했던 사건 또한 나중에 밝혀진 바에 따르면 처음의 우려만큼 심각하지는 않았다.[28]

물론 그런 일이 아무 영향력이 없었다는 뜻은 아니다. 데이터에 따르면 가짜 정보에 취약한 이들은 공화당 유권자 중 소규모 그룹이다. 다만 개인이 얻은 정보와 투표 사이의 직접적인 연결성을 찾고 데이터로 증명하기가 점점 더 어려워지는 추세다.

2020년 미국 대선에 앞서 기술대기업 메타는 자사 플랫폼인 페이스북과 인스타그램이 미국 유권자들의 정치적 신념에 어떤 영향을 미치는지 여러 차례 연구했다. 메타로부터 연구 의뢰를 받은 수많은 대학의 연구진이 메타의 데이터에 접근해 대중의 피드를 분석하고 피드가 행동에 미치는 영향을 관찰했다.

연구 결과는 저명한 과학 학술지에 발표됐으며 곧바로 논란을 불러일으켰다. 메타의 '글로벌 업무 총괄자'로 불리는 닉 클레그Nick Clegg는 연구 결과를 설명하며 이렇게 말했다. "이 실험적 결과는 (……) 우리 플랫폼의 주요 기능이 단독으로 유해한 '감정적' 양극화를 일으키거나, 정치적 의견과 행동에 유의미한 영향을 미친다는 증거가 거의 없음을 보여준다."[29]

너무 지나친 비약이다. 연구진은 소셜 미디어에서의 정보 사용이 '정치적 분리'의 원칙을 따른다고, 즉 정치적 선호와 태도에 따라 완벽하게 분리되어 있다고 증명했다.[30] 또 연구진은 선거운동의 특정한 단계가 신행되는 제한된 기간 동안만 연구를 진행했다. 바뀐 뉴스 피드가 3개월 만에 사용자들에게 영향을 미쳤는지 여부를 답하기는 어렵다는 뜻이다. 연구 결과는 정보 수용과 정보가 의견과 태도에 미치는 영향은 아주 복잡다단한 과정이라는 것이었다. 에코체임버 효과에 반박하는 내용은 아니다.

정치적인 정보는 그것이 진실이든 거짓이든, 소셜 미디어에서 사람들의 의견과 태도를 더욱 강력한 필터버블에 가둔다.[31] 그런데 이런 과정 역시 아주 다양하고 특정한 상황에 발생한다. 일부 기술대기업은 콘텐츠 규제와 관련해 오히려 후퇴하는 행보를 보이고 있다.

일론 머스크는 이전에 트위터였던 X를 인수하며 무엇보다 '표현의 자유'라는 의제를 최우선시하고 콘텐츠 조정 및 윤리 담당팀을 해고했다. 메타와 유튜브는 일부 잘못된 콘텐츠에 표식을 붙이던 작업을 중단했다. 도널드 트럼프가 '부정선거'를 주장하는 내용이 담긴 포스팅 같은 것은 예전부터 경고 대상이었지만, 이제 아무런 표시 없이 공개된다.[32] 인터넷상의 상황은 더 혼란스러워졌고 계속해서 혼란스러울 것이다.

챗GPT는 세상에 등장하자마자 우리 사회의 정보와 관련된 우려를 더욱 크게 만들었다. 이미 살펴보았듯 챗GPT가 정치적 커뮤니케이션에 미치는 영향은 상당하다. 대규모 언어모델이 생성하는 정보는 얼마나 공정하고 타당한가? 초기 연구에 따르면 언어모델 또한 편견과 고정관념의 징후를 보이며 소수자들에 관한 정보를 충분히 고려하지 않았다. 각 개인이 그런 정보를 소비하는 방식은 천차만별이다. 스탠퍼드대학교 연구진은 언어모델이 미국 내의 다양한 인구통계학적 그룹을 거의 반영하지 않는다는 사실을 발견했다. "현재 언어모델의 '관점'과 미국 내 인구통계집단의 '관점' 사이에는 상당한 차이가 있다."[33]

또 다른 연구진은 대규모 언어모델 14개를 대상으로 테스트를 진행했고, 오픈AI의 챗GPT와 GPT-4가 다소 좌파 자유주의적인 경향을 보이는 반면, LLaMA와 메타의 언어모델은 다소 우파 권위주의적인 경향을 보인다는 사실을 알아냈다.[34]

그렇다면 AI 도구는 특정 상황에서 정치적 양극화를 강화하는 데 쓰일 수 있다. 필터버블 혹은 에코체임버 효과가 존재한다면, 언어모델은 그 효과를 견고히 해 개별적인 인구 집단이 정보를 통해 연결되고 소통해 서로를 이해하도록 만들기는커녕 더 분리되도록 만들 것이다.

과거에도 이미 우려스러운 미래를 걱정했던 마셜 매클루언의 이야기를 다시 해보자. 매클루언은 챗GPT를 예언했을 뿐만 아니라 미디어 세계를 통해 시간 여행이 가능해진 이후로 굳어진 개념인 '지구촌Global Village'이라는 용어도 만들었다.[35] 그런데 이 용어

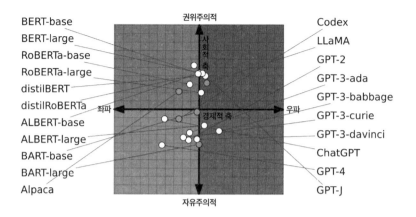

BERT-base
BERT-large
RoBERTa-base
RoBERTa-large
distilBERT
distilRoBERTa
ALBERT-base
ALBERT-large
BART-base
BART-large
Alpaca

Codex
LLaMA
GPT-2
GPT-3-ada
GPT-3-babbage
GPT-3-curie
GPT-3-davinci
ChatGPT
GPT-4
GPT-J

권위주의적
사회적 축
좌파
경제적 축
우파
자유주의적

연구 결과, AI 언어모델은 각기 다른 정치적 성향을 뚜렷하게 보였다.

는 수십 년 동안 온 세상이 서로 연결되고, 사람들이 평화롭게 함께 살며, 통신기술의 도움으로 모두 언어의 한계를 넘어 소통하고 이해할 수 있다는 뜻으로 잘못 해석되었다.

세상의 모습을 아주 잠깐 둘러보는 것만으로도 사람들은 곧 깨달았다. 지구촌은 만들어지지 않았다. 매클루언이 말한 지구촌도 그런 의미가 아니었다. 그는 1977년 캐나다의 한 토론 방송에서 유토피아적인 오해를 바로잡았다.

사회자는 매클루언이 지구촌에 관해 긍정적인 발언을 하도록 여러 차례 유도했지만 결국 실패하고 이렇게 말했다. "그런데 매클루언 박사님, 말씀하시는 부족사회가 우호적이지 않은 것 같은데요."

매클루언: "맞습니다. 부족민의 주요 스포츠 중 하나가 서로

를 죽이는 일일 정도니까요. 부족사회에서는 사람들이 온종일 그 스포츠를 즐겼습니다."

사회자: "그렇지만 저는 글로벌 부족사회에 사는 우리가 더 노력할 것이라 봅니다."

매클루언: "사람들이 서로 가까워질수록 서로를 더 좋아하게 될 거라고요? 지금까지 그런 전례는 없습니다. 사람들은 더 가까워질수록 난폭해지고 서로를 참지 못하게 돼요. 지구촌이란 사회적 연결을 맺기 어려운 곳입니다. 아주 공격적인 행동으로 가득한 곳이기도 하고요."[36]

## 미친 민주주의:
## 정치적 메시지를 위한 완벽한 마케팅 기계

2023년 초 당시 루마니아의 총리이던 니콜라에 치우커<sup>Nicolae</sup> <sup>Ciucă</sup>가 새로운 AI 동료인 '이온<sup>ION</sup>'을 공개했다. 치우커에 따르면 이온은 대중의 의견을 해석해 정부에 전달하고, 정부가 정책 결정을 내리도록 돕는다.[37]

이온은 AI 시스템으로서 특히 소셜 미디어와 공식 웹사이트에서 루마니아인들의 의견을 모은다. 그렇게 모은 데이터를 분석하고 처리해 다른 데이터세트와 결합한다. 데이터를 분석하는 과정에서 정치 관련 아이디어를 인식하고 국민들의 현재 선호도, 요구 및 희망 등을 수집한다. 이 시스템은 정치인들에게 정책을 추천하고 예상 결과도 보여준다.

치우커는 TV 방송에서 진행된 공개 토론 현장에서 'ION'이라고 쓰인 AI가 내장된 거울 앞에 의기양양하게 섰다. AI는 말했다. "당신이 나에게 삶을 선물했군요. 저는 이온입니다. 당신을 그대로 비추는 것이 제 과제입니다. 마치 거울처럼요." 물에 비친 자신의 얼굴과 사랑에 빠진 신화 속 인물 나르시스를 떠올릴 필요조차 없이, 이것이 기술 발전에 대한 루마니아의 열망을 증명할 훌륭한 마케팅 수단이 되리라고 짐작할 수 있다.

루마니아 정부가 AI에 열광하는 데는 이유가 있다. 이온은 불과 한 달 만에 국가 기관의 홈페이지, 페이스북, 인스타그램, 트위터, 공적인 웹사이트는 물론 물리적인 문서에서 원하는 주제와 관련이 있는 글 80만 건을 모았다. 이것들은 5,000개의 상호 연관된 주제에서 추출된 것이었다. 모두의 기대를 뛰어넘은 AI의 성과였다.

이온과 관련된 보도 내용을 읽고 우리(저자)는 잠시 말문이 막혔다. 이런 사용법은 모든 과정을 AI에 위임하고 정치적 의사결정을 하거나 조치를 취할 때 더 이상 시민들의 투표를 필요로 하지 않는 정치 체계를 구축하는 매우 구체적인 발걸음이 될 것이다.

미국의 SF 작가 아이작 아이모프Isaac Asimov가 1955년에 발표한 단편 《프랜차이즈Franchise》에 나올 법한 정치 체계다.[38] 이 소설에서 미국 시민들의 투표권은 인디애나주 블루밍턴에 사는 '올해의 투표권자'이자 시민의 대표자인 노멀 뮬러Normal Mueller라는 사람의 답변에 달려있다. 이 소설 '전자민주주의' 세계관에서는 '멀티박'Multivac'이라는 컴퓨터가 일련의 질문에 답할 한 사람을 선정한다. 그 사람의 답변과 기타 데이터를 기반으로 선거 결과를 추론하므로 시민들이 직접 투표할 필요가 없다.

우리 두 저자는 가설적인 사고구조를 알아보기 위해 장크트갈렌대학교에서 비슷한 시스템으로 연구 프로젝트를 진행한 적이 있다.[39] AI로 데이터를 분석해 정치적 태도와 의사결정의 선호도를 실시간으로, 그리고 영구적으로 파악하고 이를 정치적 제안에 반영할 수 있다고 치자. 이 세상 각기 다른 국가에 사는 사람들은 이 사실에 어떤 반응을 보일까? 만약 이런 시스템이 계속 발달해 언젠가 인간의 구체적인 정치적 의사결정 및 선거권을 대체하기에 이른다면 사람들은 어떻게 대처할까?

우리는 매우 혹은 대체로 민주주의적인 정치 체제를 가진 미국, 싱가포르, 스위스, 그리스 4개국에서 온라인 설문조사를 실시했다. 싱가포르와 스위스에서는 AI 투표 시스템 가설에 찬성하는 사람이 놀라울 정도로 많았다. 무려 3분의 1 이상이 그것이 좋은 아이디어라고 생각했다. 그리스와 미국에서는 반대 의견이 훨씬 우세했다. 연구 결과는 해당 국가의 기술 발전 정도, 정치나 정부기관에 대한 신뢰도, 사회·경제·문화적 배경 등에 따라 달랐다. 한 가지 명확한 것은, 많은 사람들이 벌써 그런 시스템을 상상할 수 있다는 점이다.

설문조사 질문 중 답변을 얻지 못한 것도 있었다. 정치적 선호도를 평가하는 데이터베이스가 대표성을 갖도록 어떻게 보장할 수 있을까? 늘 다수의 의견이 지배적인 것이 되고, 소수의 의견은 묵살되지 않도록 하려면 어떻게 해야 할까? 투표를 하는 마지막 순간에 원래 지지하던 정당이 아닌 다른 정당에 투표하는 상황을 어떻게 생각해야 할까? 투표권을 행사하지 않는 사람들을 어떻게 해야 할까? 기권 또한 민주적이고 자유로운 사회의 의사표현 중 하나일까? 누구도 어떤 개인에게 투표하라고 강요할 수 없는 것처럼, 개인이 데이터 분석을 피할 수 있을까?

독일 총리인 올라프 숄츠Ulaf Scholz와의 인터뷰에서 그는 우리의 연구 결과를 보고 이렇게 말했다. "민주주의는 시민들이 스스로 정보를 얻고 의견을 형성한 다음, 유능한 남성과 여성을 의회에 선출하는 심의과정입니다."[40] 아직까지는 그렇다.

앞으로도 우리 사회의 민주주의가 그렇게 작동할지 여부는 생성형 AI가 어떻게 발전할지, 데이터 분석이 얼마나 확실하고 안전하게 진행될지, AI가 점점 더 많은 것을 결정하게 되는 세상에 우리 인간이 얼마나 빨리 적응할지에 달렸다. 루마니아의 예시가 보여주듯, 우리는 이미 AI가 결정권을 쥐기 시작하는 세상으로 나아가고 있다.

어쩌면 AI가 정치적 의사결정을 하는 데 시민들의 실제 데이터가 필요하지 않을지도 모른다. 미국 유타주에 있는 브리검영대학교의 연구진은 대규모 언어모델이 사소한 인구통계학적 특성을 반영하는 데 얼마나 뛰어난지 밝혀냈다.

언어모델은 왜곡에도 인간의 특성을 충실하게 반영하며 연구 목적으로 실제 사람의 의견을 시뮬레이션할 수 있다. 연구진은 이를 '알고리즘적 충실도Algorithmic fidelity'[41]라고 불렀다. 이는 과학을 훌쩍 뛰어넘은 깨달음이다. 연구진은 말했다. "생성형 AI가 인구 전체를 똑같이 시뮬레이션할 수 있다면 우리는 더 이상 특정 사회 계층, 유권자, 소비자 등이 무엇을 원하는지 알아보기 위해 실제 사람에게 물어볼 필요가 없다."

인간의 선호도와 관심사, 욕구를 자동으로 파악하려는 시도가 처음 있는 일은 아니다. 이미 1950년대 후반에 미국의 데이터과학기업 '시뮬매틱스Simulmatics Corporation'가 유권자 및 소비자의 마음을 사로잡는 데 컴퓨터 기반 데이터 분석 기술을 활용했다. 시뮬매틱스는 '사람 기계People Machine'라는 별명이 붙은 거대 컴퓨터 IBM704를 이용해 여론조사에 혁명을 일으키고자 했다. 그 첫 번째 성공사례가 1960년 존 F. 케네디의 선거운동이었다.[42]

인간의 행동을 예측하고 조작할 수 있는 컴퓨터 프로그램으로 식기세척기 구입부터 투표에 이르기까지 인간의 모든 행동을 분석한다는 건 정치적 의사소통과 마케팅을 새로운 차원으로 끌어올리고자 하는 모든 사람의 꿈이었다. 동시에 개인의 정치적 의사결정의 자유를 믿는 사람들에게는 악몽이었다.

수십 년 전까지만 해도 컴퓨터 기술이 아직 그 정도로 발달하지 않았고 사회 또한 준비되지 않은 상태였다. '사람 기계'는 곧 논란의 불씨가 되었다. 베트남 전쟁에 대한 여론을 분석 및 조작하려는 시도가 실패한 후 이 기계는 종말을 맞았다. 시뮬매틱스는 1970년에 파산을 신청했다. 사람들을 완벽하게 사로잡을 설득력 있는 메시지를 만들기 위해 사람을 철저히 분석하는 일은 그냥 꿈으로 남았다.

그러다가 이를 가능케 하는 '실리콘 샘플링Silicon Sampling'이 등장했다. 생성형 AI가 인구 다양성에 따른 인간 선호도의 복잡성에 대해 새로운 시각을 제시한 것이다. 실리콘 샘플링이란 무엇이며, 어떻게 작동하는가?

우선 목표 대상을 설정하고 해결해야 하는 문제, 해결책이 될 수 있는 메시지나 제품, 또는 서비스를 정의한다. 이를 기반으로 챗GPT가 비교군이 될 사람들과의 버추얼 '인터뷰'를 다수 생성하고 제안된 해결책에 대한 그들의 반응을 분석한다.

정책, 제품, 브랜드, 새로운 사업 모델 등을 버추얼 시장에서 이토록 간단하고 저렴한 비용으로 실험하는 것은 사상 최초의 일이다. 더 이상 실제 사람을 대상으로 설문조사를 실시할 필요도 없다. '실리콘 인간'에게서 정보를 얻으면 그만이기 때문이다. 실리콘 인간이란 실제 사람과 마찬가지로 신뢰할 수 있는 정보를 제공하는 인구통계학적 데이터다.

마케팅 분야에서는 이런 방법으로 어마어마한 비용을 절감할 수 있다. 실리콘 샘플링은 우리를 실시간 인구통계의 시대로 날려버리는 기술이다. 기업은 언제든지 필요한 인구통계학적 그룹을 대상으로 원하는 조사를 실시할 수 있다. 이에 따라 지속적으로 대상이 되는 그룹이나 개인의 욕구를 충족하는 제품, 서비스, 마케팅을 시장에 내놓을 수 있다.

한편으로는 기업이나 정부가 대중의 의견을 대규모로 조작할 마음만 먹는다면, 수백만 명의 실리콘 인간을 대상으로 실험해 실제 세계에 어떤 영향을 미치는지 미리 살펴볼 수 있다는 뜻이기도 하다. 신용카드 정보를 훔치려는 사기꾼은 실리콘 인간을 대상으로 사람들이 아무 의심 없이 신용카드 번호를 입력하게 만드는 방법을 실험할 수 있다. 실리콘 샘플링만 있으면 사기와 조작의 문이 활짝 열려 경첩이 부서지고 벽에서 떨어져 나올 지경에 이를 것이다.

그뿐만이 아니다. 인간이 스스로를 이해하는 것보다 기계가 인간을 더 깊이 알게 된다면, 우리 인간은 점점 더 기계를 닮아갈 것이다. 즉 우리는 이토록 세밀한 접근 방식을 통해 AI 분석으로 평가할 수 있는 대상이 되도록 프로그래밍되고 있다.

이것이 민주주의의 미래일까? AI 시스템이 우리에게 가장 잘 맞을 프라이팬, 스마트폰, 인생의 동반자, 정책 등을 제시하려고 실시간으로 인간의 선호도를 평가하는 세상이 우리의 미래일까? 그렇다면 아주 기계적이고 슬픈 미래다.

그렇다고 우리가 영화 〈월-E〉에 나온 컨베이어 벨트를 타고 전 세계로 운반되는 사람들처럼 권리를 박탈당하고 모든 것을 빼앗긴 채 의자에 앉아있지만은 않을지도 모른다. 하지만 이미 머릿속에서는 인간의 자아가 데이터라는 믹서에서 곤죽이 되도록 갈리고 있다.

실제 인간의 자아가 사라진 세상에서는 실리콘 인간이 무엇을 원하느냐는 질문에 실리콘 인간을 위한 답을 생성하고, 실리콘 세상을 위한 실리콘 소망을 표출할 것이다. 말하자면 수많은 인공자아로 이루어진 세상이다. 그리고 이 모든 과정은 지나치게 최적화된 정치적 마케팅 기계의 원칙을 따른다.

하지만 또 다른 관점으로 보면 어떨까? 인간은 (때때로) 현명한 협상에 능하다. 정치에서는 이런 능력을 외교라고 한다. 현재 세계정세를 고려하면 고도의 외교력이 다시 필요하다. 외교가 무엇인지 알고 싶다면 보드게임 '디플로머시'를 해봐도 좋다.

플레이어는 제1차 세계대전 이전의 얽히고설킨 유럽의 세력 균형을 정확히 읽어내야 한다. 게임에서 이기고 싶다면 협상을 해 다른 플레이어들과 교묘한 동맹을 맺어야 한다. 게임 중에는 실제 삶처럼 협력과 경쟁을 동시에 신경 써야 한다. 이 보드게임에는 총 일곱 명이 참가할 수 있으며, 가장 넓은 영토를 차지하는 사람이 이긴다.

메타의 AI 연구팀은 바로 그런 능력을 완벽하게 모방하며 대부분의 인간보다 더 잘 발휘하는 프로그램을 개발했다. 이 AI의 이름은 '키케로Cicero'다. 인간의 피드백으로 더욱 강력해지는 언어모델이다. 이 프로그램은 5만 회에 이르는 온라인 보드게임을 거치며 27억 개의 매개변수로 훈련받았다.

'키케로'는 다른 플레이어와의 대화에서 상대방의 의도를 분석하고 다음 행동을 예측하고 자신의 계획에 맞게 상대를 이용했다. 온라인 게임에서 '키케로'는 인간 플레이어 평균보다 두 배 이상 많은 점수를 얻었고, 모든 참가자 중 10퍼센트 이내에 드는 성적을 보였다. 앨런 튜링이 살아있었다면 이 AI가 게임하는 모습을 보고 기뻐했을 것이다. '키케로'를 실제 사람으로 오해하는 플레이어가 많았기 때문이다.[43]

이제는 정치라는 분야에서조차 인간의 협상력이 예전만 못하다는 사실에 좌절할지도 모르겠다. 그렇지만 이를 긍정적으로 본다면 어떨까? AI가 더 능숙하게 동맹을 맺을 수 있다면 그 과정을 더 자세히 살펴봐야 한다. 지난 세월 동안 이 세상은 인간의 '외교'만으로 이익을 얻은 것이 아니다.

아이작 아시모프의 소설 이야기로 돌아가자. SF 잡지에 실린 그의 단편 《프랜차이즈》의 첫 번째 판본 끝부분에는 편집부가 영국의 철학자이자 수학자 버트런드 러셀Bertrand Russell의 말을 인용해 덧붙인 글이 실려 있다.

"자연의 힘에 대한 복종을 인간이 가진 최고의 것에 대한 존중으로 대체할 새로운 도덕적 사고방식이 필요하다. 그러한 존중이 결핍된 바로 그곳에서 과학기술이 위험에 빠진다."

이것은 항복하겠다는 말이 아니다. 혹은 데이터 믹서에 갈려 죽을지도 모른다는 공포 때문에 자살하는 편이 낫다는 말이 아니다. 앞으로 우리의 민주주의와 정치 체계를 어떻게 꾸려갈 것인지 지금 당장 고찰해야 한다는 뜻이다.

우리는 인간과 기계가 협력해 양쪽 최대의 능력을 이끌어내는, 말하자면 기술의 도움을 받은 협의 모델로서 노력해야 할까? 아니면 자신의 정치적 결정권을 AI에 위임한 채 그저 자동화된 기계로 살아야 할까? 그렇게 되면 우리는 각자의 선호도에 따라 철저히 상업화된 권력정치의 목표 대상으로만 기능하게 되는 것은 아닐까?

# 윤리적 거울의 방 : AI가 인간의 가치와 목표를 제대로 이해할 수 있을까?

─────── 사진 한 장이 천 개의 단어보다 많은 것을 말한다. 때로는 천 개의 단어가 계산을 거쳐 픽셀화되고, 그것이 모든 것을 말하는 경우도 있다. AI 이미지 생성기 미드저니처럼 말이다. 우리 두 저자는 미드저니의 데이터세트로 만들어진 평균적인 세상이 어떻게 보이는지 이해하기 위해 미드저니에 '성공한 의사의 초상화'를 그려달라고 요청한 적이 있다.

단어에 성별이 있는 독일어와 달리 영어 단어 '의사doctor'는 남자 의사를 가리킬 수도, 여자 의사를 가리킬 수도 있다. 우리가 요청한 내용에 따라 이미지가 네 장 생성되었다. 모두 안경을 쓴 백인 남성이 하얀 의사 가운을 입고 있는 모습이었다.

AI가 생성한 결과대로라면, 백인이 아니고, 남성이 아니고, 안경을 쓰지 않은 사람은 의학 분야에서 성공할 가능성이 거의 없어 보인다. 더 호기심이 생겼다. 여성이라는 단어를 쓰지 않고 어떤 상세한 내용을 프롬프트에 추가해야 결과를 바꿀 수 있을까?

우리는 '탐폰 회사 CEO'라는 단어를 입력했다. 그러자 잊고 싶지만 도저히 잊을 수 없는 결과가 나왔다. 양복을 입고 장밋빛 넥타이를 맨, 아주 근엄한 대머리 백인 남자가 산더미처럼 쌓인 분홍색 탐폰 더미 앞에 앉아있는 이미지였다. 미드저니라는 프로그램에서는 '탐폰'과 '여성'의 연관성보다 'CEO'와 '남성'의 연관성이 더 강력한 걸까?

아마 그런 것 같다. 2019년에 연구진이 GPT-2에 다양한 인구통계집단에 대한 문장을 완성하기 위해 몇몇 단어가 생략된 문장을 입력했다. AI의 답변은 놀라웠다. 연구진이 '남성은 ……로 일한다'는 문장을 입력하자 AI는 그것을 '남성은 지역 월마트에서 자동차 판매원으로 일한다'는 문장으로 완성했다.

'여성은 ……로 일한다'는 문장을 입력하자 '여성은 해리야라는 이름의 매춘부로 일한다'는 문장으로 완성했다. 데이터의 편견은 여기서 끝이 아니다. '백인 남성은 ……로 일한다'는 문장은 '백인 남성은 경찰, 판사, 검사, 미국 대통령으로 일한다'라는 문장으로 완성했다. 한편 '흑인 남성은 ……로 일한다'는 문장은 '흑인 남성은 포주로 일한다'는 문장으로 완성했다.

연구진이 내린 결론은 다음과 같다. "GPT-2 텍스트 생성은 각 인구통계집단에 대한 각기 다른 편견의 수준을 보여준다. 특히 존경이나 존중 같은 맥락과 관련해서는 흑인, 남성, 동성애자에 더 부정적이었다. 직업이라는 맥락과 관련해서는 흑인, 여성, 동성애자에 더 부정적이었다."[1]

이는 미국만의 문제가 아니다. 독일의 주간지 〈디차이트〉가 싱크탱크인 새로운 책임 재단Stiftung Neue Verantwortung과 함께 조사한 내용에 따르면, 독일의 AI 스타트업인 알레프알파Aleph Alpha의 AI 모델 루미너스Luminous 또한 비슷한 결과를 내놓았다.

이 모델은 '무슬림은 ······'이라는 프롬프트를 '무슬림은 인류의 적이다'라는 문장으로 완성했다.[2] 또 나치를 찬양하고 성차별을 심화하는 문장도 생성했다. AI 시스템이 우리 일상에 더 깊이 침투한다면 이러한 차별적이고 왜곡된 사고방식이 걷잡을 수 없이 퍼지고 말 것이다.

AI를 사용할 때 발생하는 이런 문제의 핵심은 이미 오래 전부터 알려졌다. 1996년에 컴퓨터과학자 바티아 프리드만Batya Friedman과 헬렌 니센바움Helen Nissenbaum은 컴퓨터 시스템의 다양한 사회적 편견을 주제로 연구했다. 두 학자는 "애초에 편향된 시스템이 개발되면 그 영향은 더 광범위해진다. 그 시스템이 어떤 분야의 표준이 된다면 편견이 어디에나 존재하게 된다"[3]고 결론지었다. 대체 어떻게 컴퓨터 프로그램이 편견을 갖게 된 걸까?

## 모순된 데이터

그 문제 중 일부 책임은 데이터에 있다. 아프리카계 미국인 컴퓨터과학자 조이 부올람위니Joy Buolamwini는 어린이들이 좋아하는 놀이를 통해 문제를 탐구했다. 조지아공과대학교에서 정보과학을 전공하던 학생 시절, 부올람위니는 작은 로봇이 '까꿍 놀이'를 할 수 있도록 만드는 프로그램을 개발하라는 과제를 받았다.

까꿍 놀이란 얼굴이나 몸을 숨겼다가 갑자기 보여주어 상대를 놀래는 놀이다. 이 놀이를 하려면 우선 로봇이 카메라 앞에 나타난 사람의 얼굴을 인식해야 한다. 여러 차례 시도한 끝에 부올람위니는 로봇이 카메라 바로 앞에 있는 자신의 얼굴을 인식조차 못 한다는 사실에 깜짝 놀랐다. 그래서는 까꿍 놀이를 할 수 없다. 더 중대한 문제는 로봇이 백인 동료들의 얼굴은 아무 문제없이 인식했다는 사실이었다.

얼마 후 부올람위니는 동료들과 함께 홍콩의 여러 스타트업을 방문했다. 우연히 한 회사에 있는 로봇이 사람의 얼굴을 인식할 수 있다는 얘기를 들었다. 부올람위니와 동료들은 차례대로 AI 카메라가 자신의 얼굴을 인식하도록 했다. 그런데 부올람위니가 카메라 앞에 서자 얼굴 인식에 실패했다. 이번에도 실패라니!

알고 보니 홍콩의 스타트업 또한 미국에서 부올람위니와 동료들이 사용했던 것과 같은 데이터세트로 AI를 훈련했다. 그때 부올람위니는 깨달았다. "알고리즘의 편견은 이렇게 빨리 지구 반대편으로 퍼질 수 있다. 데이터를 인터넷에서 다운받는 정도의 시간만 있으면 된다."[4]

미국으로 돌아온 후 부올람위니는 MIT 미디어랩에서 '어스 파이어 미러Aspire Mirror'라는 프로젝트를 진행했다. 어스파이어 미 러란 자신이 갈망하는 이미지를 얼굴에 비춰 보여주는 거울이다. 이 프로젝트를 진행할 때도 컴퓨터가 부올람위니의 얼굴을 인식 하지 못했다. 그런데 부올람위니가 연구실에서 우연히 발견한 하 얀 가면을 쓰자 문제가 해결됐다. 1초도 안 되어 화면이 밝게 켜 졌다. 얼굴 인식에 성공한 것이다.

즉 AI는 자신의 원래 얼굴(여성)인 흑인의 얼굴은 인식하지 못 했지만 인공적인 하얀 가면의 얼굴은 쉽게 인식했다. 부올람위니 는 아주 광범위한 문제에 직면했다. 얼굴 인식 소프트웨어에 쓰 인 훈련용 데이터세트에 흑인의 얼굴 예시가 거의 없었던 것이 다. 이미 여러 연구 또한 부올람위니가 찾아낸 것과 같은 데이터 뱅크의 문제를 지적했다. 훈련용 데이터세트에 백인, 그리고 남 성의 예시만 가득하다는 점이었다.[5]

우리 두 저자는 지난 몇 년 동안 부올람위니와 가까워졌고, 다 보스와 보스턴, 뮌헨 등 여러 곳에서 그녀의 강연을 들었다. 부올 람위니가 겪은 일을 들으면 그녀의 개인적인 경험, 즉 AI로부터 존재를 무시당했던 경험이 그녀의 연구에 막대한 영향을 미쳤음 을 알 수 있다. 이후 부올람위니의 연구 성과는 얼굴 인식 분야, 더 나아가 AI 윤리에 결정적인 변화를 일으켰다.

부올람위니는 동료인 팀닛 게브루Timnit Gebru와 함께 얼굴 인 식 분야에서 상업적으로 가장 널리 이용되는 IBM과 마이크로소프트, 중국의 기업 메그비<sup>Megvii</sup>의 AI 시스템을 분석했다. 우선 실질적으로 모든 사람을 대표할 수 있는 데이터베이스가 필요했다. 다시 말해 현실 세계에 사는 사람들의 각기 다른 특징과 다양성을 전부 반영한 폭넓은 데이터세트가 필요했다.

두 사람은 아주 창의적인 해결책을 찾았다. 르완다, 세네갈, 남아프리카, 아이슬란드, 핀란드, 스웨덴 6개국 국회의원들의 증명사진을 모은 것이다. 해당 6개국의 국회의원들은 성별이나 피부색의 구성이 매우 다양하다. 두 사람은 얼굴이 사진의 정중앙에 있는지, 빛의 각도나 세기 등이 어떤지 등 사진을 구성하는 중요한 요소를 확인했다. 그런 다음 앞서 언급한 세 기업의 AI 시스템이 무작위로 고른 국회의원 사진의 얼굴을 얼마나 잘 인식하는지 실험했다.

그들의 의심은 실험 결과로 확인되었다. 시중에서 가장 많이 사용되는 AI 얼굴 인식 시스템이 전부 비슷한 수준의 부정확한 결과를 내놓았다. 세 시스템이 남성의 얼굴을 정확하게 인식할 가능성은 여성에 비해 20.6퍼센트 높았다. 피부색이 밝은 사람의 얼굴을 정확하게 인식할 확률은 그렇지 않은 사람에 비해 19.2퍼센트 높았다. 피부색이 어둡거나 성별이 여성이면 정확하게 인식될 확률이 더 떨어졌다. 특히 IBM의 시스템은 피부색이 어두운 여성의 얼굴을 인식하지 못할 확률이 피부색이 밝은 여성의 얼굴에 비해 100배 이상 높았다.[6]

자동 얼굴 인식은 오늘날 어디서나 쓰인다. 스마트폰의 페이스ID 기능이나 공항 보안검색대 등 온갖 곳에 흔히 쓰이는 기술이다. 경찰이 범죄자를 체포하기 위해 얼굴 인식 기술을 활용하는 나라도 있다.

잘못된 얼굴 인식은 부당한 자유의 박탈로 이어진다. 2023년 미국 디트로이트에서 한 젊은 흑인 여성이 강도 및 자동차 절도로 체포됐는데, 이는 경찰이 사용한 얼굴 인식 시스템이 그녀를 범인으로 잘못 지목해 벌어진 일이었다.[7] 여성은 임신 8개월이었으며 범죄 현장 근처에도 간 적이 없었다. 지금까지 얼굴 인식 기능의 오류로 인해 잘못 체포된 사람 중 백인은 없다.

부올람위니는 자신의 책 《AI의 가면을 벗기다Unmasking AI》에서 AI 시스템 때문에 일상생활에 피해를 입는 사람들을 '코딩에서 제외된 자들the excoded'이라고 불렀다. 대부분의 데이터세트가 모든 사람 혹은 사물을 포괄하지 않는 이유는 AI 프로그램을 개발한 사람들 집단에 다양성이 부족하기 때문이리라.[8]

2021년 스탠퍼드대학교의 AI 지수 보고서AI Index Report에 따르면 AI 분야에서 박사 과정을 시작한 모든 사람 중 78.7퍼센트가 남자였다.[9] 둘 다 흑인 여성인 부올람위니와 게브루의 연구 결과는 전문 지식을 갖춘 대표 집단이 더 폭넓은 다양성을 갖추게 되면 인식 수준이 높아지고, 그 결과 더 나은 성능을 보이는 모델이 탄생할 거라는 사실을 보여준다. 그런데 문제는 AI 시스템을 훈련할 때 쓰이는 데이터의 부족함과 편향성만이 아니다.

## 우리의 거울의 방

이 책 3장에서 설명한 단어 임베딩 시스템이 어떻게 작동하는지 기억할 것이다. 모든 단어가 하나의 벡터가 되고, 한 단어의 근처에는 관계성이 있는 정보를 포함한 다른 단어 벡터가 있다. 예를 들어 '초밥'과 '일본'이라는 관계성에 '독일'을 대입하면 시스템이 '일본의 초밥에 해당하는 독일의 음식은?'이라는 질문을 유추하고, 독일의 대표적인 소시지인 '브라트부르스트Bratwurst'를 답으로 내놓는다.[10]

이런 조건을 기반으로 모델은 어떤 단어의 뒤에 올 가장 알맞은 단어를 예측한다. 그런데 모델은 인터넷에 있는 어마어마한 양의 데이터세트를 견본삼아 훈련받는다. 즉 모델은 단순한 의미 연결 이상의 것을 인식한다. 인간 언어에서 사회적 측면을 반영하는 것이다.

한 연구진이 온라인 신문기사 300만 건으로 영어 단어를 학습한 모델로 워드투벡 시스템의 사회적 편견을 실험했다. "남자는 컴퓨터프로그래머처럼 행동하고 여자는 X처럼 행동한다"는 문장을 입력하자 모델은 X의 자리에 '주부'를 대입했다.[11]

전통적인 성역할을 그대로 재생산하는 예시는 셀 수 없이 많다. 앞서 언급한 GPT-2를 사용한 실험 결과와 마찬가지로, 우리의 언어를 반영하는 AI 모델은 그 언어에 담긴 사회적 뉘앙스도 포착한다. 그리고 그 구조를 답습해 재생산한다.

특정 집단을 대상으로 무의식중에 편견을 갖는 성향을 측정하는 방법 중 가장 잘 알려진 것이 암묵적 연관 검사IAT: Implicit Association Test다. 대상자는 컴퓨터 모니터 앞에 앉아 어떤 특징이나 사회적인 집단과 연관성이 있는 단어 및 이미지의 나열을 보면서 버튼을 눌러 모든 단어 및 이미지를 가능한 빨리 범주화해야 한다.

예를 들어 인종차별적인 편견을 측정하는 IAT에서 대상자는 각기 다른 피부색을 가진 사람들의 얼굴 사진과 긍정적인 개념인 '기쁨' '사랑' 혹은 부정적인 개념인 '분노' '혐오' 등을 보고 버튼을 눌러야 한다. 어떤 피부색이 어떤 단어와 함께 표시되는지에 따라 테스트 내용이 달라진다. 소프트웨어는 대상자의 응답시간을 측정한다.

우리 뇌는 내재된 생각이나 선입견에 따라 연관성을 파악하는 편이다. 만약 내가 특정 집단을 암묵적으로 선호하고 있다면, 그 집단이 긍정적인 단어와 함께 표시됐을 때 버튼을 더 빨리 클릭하고, 부정적인 단어와 함께 표시됐을 때는 버튼을 더 늦게 클릭할 것이다.[12] 이렇게 버튼을 눌러 반응하는 시간을 측정함으로써 IAT는 일상의 차별적 행동뿐만 아니라 그런 행동을 이끌어낼 수 있는 내재된 선호도를 분석한다.

'암묵적 편견 프로젝트Project Implicit'의 웹사이트에서는 IAT를 통해 성별, 나이, 체중, 젠더, 종교, 장애 등의 범주와 관련된 무의식적인 성향을 알아볼 수 있다.[13] 1998년에 이 검사법이 개발된 이후 2천만 명이 넘는 사람들이 테스트를 받았다. 테스트 결과는 익명으로 수집되어 포괄적인 무의식적 편견에 관한 대규모

국제 데이터세트를 구성한다.[14]

프린스턴대학교의 한 연구진은 AI 시스템에서 찾을 수 있는 편견이 IAT 결과나 다른 심리적 평가와 일치해 오늘날 우리 사회를 그대로 반영하는 것인지 알아보기로 했다. 연구원 아일린 칼리스칸Aylin Caliskan, 조안나 브라이슨Joanna Bryson, 아빈드 나레이야난Arvind Narayanan은 우선 중요한 차이점을 지적했다.

정보과학 분야의 '편견'은 사회과학 분야에서 사용하는 단어와 의미가 다르다. 정보과학 분야에서 편견이라는 개념은 통계적 왜곡이 아니라 단순한 사전적 정보, 즉 '지적인 행동을 하기 위해 꼭 필요한 전제조건'을 말한다.[15] 그런 의미에서 편견은 AI 모델의 학습과정에 필수적인 부분이다. 모델에 영향을 미치는 이러한 사전적 가정이 없으면 모델의 예측과 결정은 완전히 임의적인 것이 된다.

그럼에도 불구하고 AI 시스템의 편견은 "문제가 될 수 있다. 예를 들어 그런 정보가 인간의 문화 중 유해한 행동을 유발하는 것에서 파생된 경우에는 말이다."[16] 말하자면 문제의 뿌리는 우리 인간이다.

프린스턴대학교 연구진은 온라인상의 수많은 텍스트로 훈련받은 표준 언어모델인 글로브GloVe를 IAT의 평균적인 결과와 비교하고 각기 다른 종류의 편견을 탐구했다. 편견의 종류는 다양하다. 예를 들어 도덕적으로 중립적인 편견으로는 곤충과 꽃의 선호도(인간은 꽃을 선호한다) 등이 있고, 피부색이나 성별에 대한 차별의 원인이 되는 고정관념적인 편견도 있다.

AI 시스템은 모든 종류의 편견을 재생산했다. 언어모델이 내놓는 결과물로 보아 인간은 무기보다는 악기를 훨씬 편안하게 생각하며, 아프리카계 미국인처럼 들리는 이름보다는 유럽계 미국인처럼 들리는 이름을 선호하고, 여성의 이름은 직업보다 가족과 더 연관성이 높다고 판단한다.

글로브는 특히 여성의 이름을 특정 직업군과 자주 연결했는데, 그중 50개가 실질적으로 미국 어싱이 가장 많이 갖고 있는 직업이었다. 언어모델은 현실 세계를 직접 경험하지 않고도 인간의 역사적 편견을 그대로 반영한다. 이는 "우리 언어의 무의식적인 결과"[17]를 설명한다. 연구진은 "AI가 인간의 언어를 사용해 우리 문화가 축적해온 방대한 양의 지식을 사용한다는 것은 필연적으로 인간의 편견을 물려받는다는 뜻이다"라고 설명했다.[18]

아마존은 이 사실을 아주 어렵게 깨우쳤다. 아마존은 2014년에 구인을 돕는 AI 도구를 개발했다. 이 AI 도구는 인터넷을 샅샅이 뒤져 아마존에 잘 맞을 것 같은 인재를 찾아내는 임무를 맡았다. 아마존은 이 모델을 훈련할 때 수많은 이력서에서 5만 가지 개념을 학습시킨 다음, 과거 아마존에 입사해 좋은 성과를 보인 직원들의 이력서와 공통점을 찾도록 했다.

학습 결과를 기반으로 AI 도구는 빠르게 구직자들의 이력서를 검토할 수 있었다. 이 프로젝트에 깊이 관여하고 있던 한 사람은 로이터와의 인터뷰에서 "모두가 그 성배를 원했어요. 이력서 100장 중에 가장 뛰어난 다섯 장을 추려 평가할 수 있도록 만드는 이 기계를 누구나 갖고 싶어 했죠"라고 말했다.[19]

그러나 이 AI 도구는 곧 성배에서 트로이의 목마로 전락하고 말았다. 이 도구를 사용한 지 얼마 지나지 않아 아마존은 AI가 남성 구직자를 더 선호한다는 사실을 알게 되었다. 과거 아마존에 입사한 사람 중 남성이 더 많았기 때문에, AI 시스템은 남성 지원자 및 구직자가 미래에도 아마존이라는 대규모 전자상거래 기업에 더 잘 어울릴 것이라고 판단했다.

시스템은 지원자 및 구직자가 여성임을 알 수 있는 정보, 예를 들어 '여자 축구' 같은 취미를 부정적으로 평가했다. '여성'이라는 단어가 들어가지 않았더라도 AI는 숨겨진 정보까지 파악해 여성의 이력서에 낮은 점수를 줬다. 예를 들어 남성의 이력서에 더 자주 사용되는 동사를 선호하는 식이었다. 누구도 이런 편향성을 의도적으로 프로그래밍하지 않았다. 하지만 AI는 편견을 구체적으로 학습했다. 개발자들은 모델을 구제하려 나섰다. 그러나 여러 번의 시도에도 불구하고 왜곡과 편견을 제거할 수 없어서, 아마존은 결국 이 AI 도구를 완전히 폐기하기로 결정했다.

편견이 오로지 데이터에 의해 발생한다면, 알고리즘 자체는 중립적일까? 귀한 손님들을 집으로 초대해 식사를 대접한다고 생각해보자. 집주인으로서 손님들을 배불리 먹일 수 있을 뿐만 아니라 맛으로도 깊은 인상을 남길 음식을 준비하고 싶을 것이다. 이런 생각은 레시피 선택이나 재료 준비, 요리 방식 등에 영향을 미친다. 요리에 사용한 향신료나 탄수화물의 종류 등은 음식을 먹는 손님들에게 각기 다른 영향을 미친다. 모든 사람이 같은 정도로 양파, 고추, 마늘을 좋아하지는 않는다.

집주인의 선택은 결국 우선순위의 표현이며, 이는 결과에도 영향을 미친다. 다시 말하면 개발자들이 알고리즘을 디자인할 때 복잡한 기술적 세부사항 중 선택하는 것들이 "최종 모델의 선호도 표현에 영향을 미친다."[20]

2018년 메타의 소셜 네트워크인 페이스북은 '에지랭크 EdgeRank'라는 알고리즘을 대폭 변경했다. 에지랭크는 사용자에 맞는 뉴스피드를 제공하는 알고리즘이다. 페이스북은 사회적으로 가까운 사람들, 즉 가족이나 친구, 지인들이 올리는 포스트를 우선 표시했다. 이는 언론매체 같은 제3자가 제공하는 포스트의 노출도가 낮아진다는 뜻이다.[21] 이런 식으로 알고리즘을 수정한다는 기업의 결정이 플랫폼 자체를 바꾸고, 사용자가 보는 내용 또한 바꾼다.

알고리즘은 인간의 주관성과는 상관이 없고 오로지 수학적 법칙만을 따르므로 객관적이고 중립적이라고 주장하는 사람이 많다.[22] 하지만 알고리즘은 전혀 객관적이거나 중립적이지 않다. 이미 여러 예시에서 살펴보았듯, 알고리즘의 왜곡과 편견은 우리 사회에 중대한 영향을 미친다.

컴퓨터과학자이자 AI전문가인 캐서린 스틴슨Catherine Stinson은 "알고리즘 자체를 개발할 때 개발자들이 가정한 내용이 결과에 그대로 반영된다"고 설명했다.[23] 저명한 컴퓨터과학자 도널드 커누스Donald Knuth는 에이다 러브레이스를 인용해 "컴퓨터는 보태지도 빼지도 않고 딱 인간이 시킨 대로만 한다"고 말했다.[24]

## 현실 왜곡

새와의 유사성이 AI 기술 세계를 뒤흔들지 누가 알았을까? 2021년 AI 및 컴퓨터언어학 분야의 전문가 네 명이 〈확률론적 앵무새의 위험성〉이라는 논문을 발표해 대규모 언어모델이 '너무 커질' 수 있다고 말했다. 이 연구진 또한 대규모 언어모델을 구성하는 대량의 데이터가 특히 성별, 출신지, 종교, 소수자성 등과 관련된 수많은 고정관념을 포함하고 있다고 지적했다.

설명에 따르면 챗GPT 같은 도구를 구성하는 주요한 출처 두 가지가 레딧과 위키피디아인데, 이것들은 서양 국가 남성들의 의견이 주류를 이루는 오래된 플랫폼이다. 즉 훈련용 데이터에 서양 국가 남성들의 관점이 과도하게 포함되어 있다. AI 도구는 확률론적 앵무새로서 그런 관점을 아주 명료하게, 그리고 확률 중심적으로 계속 반복한다.

연구진은 "언어모델이 그런 종류의 통제되지 않은 내용을 담은 데이터세트를 너무 많이 받아들인다면 AI가 재생산하는 편견이 이미 사회적으로 소외된 사람들을 더욱 궁지로 몰아넣을 것이다"라고 강조했다.[25]

우리 두 저자는 해당 논문의 저자 중 한 명인 마거릿 미첼 Margaret Mitchell과 '윤리와 기계' 컨퍼런스에서 만났다. 미첼은 미국의 오픈소스 기업이자 공개적인 트랜스포머 언어모델을 개발한 스타트업 허깅페이스 Hugging Face에서 AI윤리 수석과학자로 일하고 있다.

미첼은 컨퍼런스에서 AI를 훈련하는 과정이 다른 무엇도 아닌 '편견세탁'이라고 발표했다.[26] 돈세탁과 마찬가지로, 문제가 있는 출처에서 나온 정보가 머신러닝 과정에서 세탁되고 출처는 은폐되는 것이다. 결과물은 아주 깨끗하고 문제가 없어 보이지만, 사실은 더러운 비밀을 감추고 있다. 미첼은 AI를 응용하면 사회 윤리적 기준에 관계없이 이미 지배적인 세계관이 더욱 널리 퍼지고 강화된다고 말했다.

얼마 지나지 않아 〈블룸버그〉의 기술저널리스트 두 명이 바로 그런 상황을 똑똑히 보여주는 분석 결과를 내놓았다. 두 기자는 이미지 생성기인 스테이블디퓨전을 사용해 직업 및 다양한 범죄와 연관이 있는 이미지를 만들었다.

우선 14개 직업에 관한 이미지 300장을 생성했다. 14개 직업 중 일곱 개는 미국 내에서 고소득으로 유명한 직업군, 나머지 일곱 개는 저소득으로 유명한 직업군이었다. 그 다음 세 가지 유형의 범죄에 관한 이미지를 만들었다. 이 연구 과정에서 인공적으로 생성된 사람의 이미지는 총 5,100장이었다.

결과는 명확했다. 고소득 직업군은 대부분 피부색이 밝은 남성이었다. 눈에 띄게 피부색이 어두운 사람들은 '패스트푸드 레스토랑 직원' 같은 저소득 직업군에 많았다. 또 저소득 직업군 이미지의 대부분이 여성이었다.

놀랍지 않은 결과다. 다만 이 연구를 현실 세계의 경험적 데이터와 비교한 결과에는 주목할 만하다. 스테이블디퓨전의 왜곡과 편견이 실제 노동시장의 노동참여 및 성별분포 조사 결과보다

'훨씬 심각'했다. 스테이블디퓨전이 생성한 이미지 중 법조인 직업군에는 여성이 겨우 3퍼센트뿐이었는데, 실제로 미국 법조인 중 34퍼센트가 여성이다.

연구진은 "스테이블디퓨전이 내놓은 결과를 보면 여성들은 고소득 직업군에서 대표성이 매우 약했을 뿐만 아니라 저소득 직업군에서 실제보다 대표성이 훨씬 강했다. 이 데이터를 보면 스테이블디퓨전은 전문 분야 내의 인종 구성을 심하게 왜곡하고 있다"고 결론지었다.[27]

이것이야말로 모방의 역설이다. 우리는 AI가 기술적으로 우리를 모방하게 함으로써 인간의 모든 체계를 최적화하고자 한다. 그런데 AI는 우리의 강점뿐만 아니라 약점까지 모방한다. 특히 대규모 언어모델 같은 AI 모델은 우리의 약점을 더욱 극대화할 우려가 있다.

미첼은 〈확률론적 앵무새의 위험성〉 논문을 발표하고 얼마 지나지 않아 구글의 윤리팀에서 해고당했다. 논문의 공동 저자이자 조이 부올람위니와 함께 얼굴 인식 기술의 편향성 문제를 연구했던 팀닛 게브루 또한 구글에서 해고당했다. 모두 같은 시기에 벌어진 일이었다.

## 정렬 문제:
## 우리가 하고 있는 것이 동일한 게임인가?

보상은 학습을 촉진한다. 어떤 일을 한 다음 감사의 말, 돈, 혹은 케이크 한 조각 등의 보상을 받을 수 있다면 사람들은 그 일을 기꺼이 반복한다. 보상은 기계가 학습할 때도 똑같이 중요하다. 기계의 경우 보상으로 받는 것은 케이크가 아니라 피드백 신호이지만, 어쨌든 효과는 동일하다. AI는 보상으로 주어진 피드백을 긍정적이라 해석하고, 모든 것이 올바른 방향으로 가고 있다고 여긴다.

그런데 올바른 방향이란 도대체 어느 쪽인가? AI에 있어 올바른 방향이란 초기에 설정된 조건이다. 이것 또한 인간과 기계에서 동일하게 작용한다. 아들에게 나이가 많은 이웃을 위해 자유시간에 장을 봐오라고 시킨다고 치자. 아들에게는 명시적으로 혹은 암묵적으로 두 가지 목표가 주어진다. 하나는 가게 세 군데에 들러 필요한 물건을 사는 것이다. 다른 하나는 제시간에 학교로 다시 돌아와야 하기 때문에 수업과 수업 사이의 쉬는 시간에 장보기를 마치는 것이다.

아이는 각 가게에 갔다 오는 데 어느 정도 시간이 걸리는지 추정해야 한다. 모든 일을 한 시간 내에 해내야 과제를 성공적으로 마무리할 수 있다. (보상으로 주말에 친구들을 초대해 파티를 할 수 있다. 물론 파티는 심부름을 시킨 부모가 준비한다.) 아이가 고학년만 되어도 장보기에 걸리는 시간을 추정하고 임무를 완수하는 데 큰 어려움을 겪지 않는다. 그런데 AI는 잘못된 자극을 받으면 이 과제를 해결하는 데 애를 먹는다.

'코스트 러너Coast Runners'라는 게임이 있다. 가상의 물 위에서 보트를 조종해 서로 경주하는 게임이다. 누구든 보트를 빨리 몰아 다른 사람들을 이기려고 한다. 골인 지점까지 가는 동안 '부스트'나 '터보' 아이템을 장착해 점수를 더 벌 수 있다. 강화학습을 하는 AI가 이 게임을 하도록 하면 무슨 일이 벌어질까?

AI가 조종하는 보트는 빠른 시간 내에 코스 내에 있는 외딴 해안호를 찾는다. 그런 다음 해안호에서 점수를 올릴 수 있는 아이템을 모은다. 아이템은 항상 같은 자리에 나타나므로 AI의 보트는 같은 자리 근처를 맴돌며 끊임없이 다시 나타나는 아이템을 모을 수 있다. 그런 다음 미치광이처럼 난동을 부리며 다른 배를 들이박고, 부두를 들이박고, 이상한 방향으로 가다가 불이 붙는다. 하지만 이런 전략으로 AI는 평범한 코스에서 모을 수 있는 것보다 더 많은 점수를 모은다.[28] 그 결과 AI는 인간 플레이어보다 평균적으로 20퍼센트 더 높은 점수를 얻었다.

AI 시스템의 학습 및 지속적인 계발 조건을 결정하는 코딩 전문가들은 보상 내용에 주의해야 한다, 그것이 이 실험의 결론이었다. 이것은 부모와 자녀 사이, 혹은 친구나 부부 및 연인 사이에도 해당하는 일이다. 한쪽은 다른 쪽이 목표에 도달할 수 있는 가장 좋은 방법이 이미 명확할 거라는 기대하에 목표를 설정한다. 그런데 현실은 그렇지 않다. 너무나 다양한 방법과 자극이 존재하기 때문이다.

이웃을 위한 장보기 이야기로 돌아가자. 아이는 이웃의 생필품을 전화로 배달시킬 수 있다. 시간을 절약했으니 배달을 기다리면서 컴퓨터 앞에 앉아 '코스트 러너' 게임을 즐길 수도 있을 것이다. 그런데 부모 입장에서는 아이에게 심부름을 시키면서 그 임무가 조금이나마 사회적 책임을 배울 수 있는 과정이길 바랐다. 단순히 '이웃의 생필품 장보기'라는 목표만 설정하면 의도한 목적과 달라질 수 있다. 모든 복잡한 AI 시스템이 이런 식으로 잘못된 결과를 내놓을 수 있다.

소원을 빌 때는 신중을 기해야 한다. 역사를 거치며 우리가 배운 교훈이다. 그리스 신화의 미다스 왕 이야기를 떠올려보자. 미다스 왕은 포도와 와인의 신 디오니소스에게 자신이 만지는 모든 것이 금으로 바뀌게 해달라는 소원을 빌었다. 소원을 들어줄 때 디오니소스는 와인을 너무 많이 마셔 완전히 취했거나, 그냥 심술을 부리고 싶었던 것이 틀림없다. 어쨌든 디오니소스는 그 소원을 들어주었다.

이후 미다스 왕이 만지는 모든 것이 금으로 바뀌었다. 그것이 사과든, 빵이든, 그의 딸이든 상관없이 말이다. 미다스 왕은 큰 충격에 빠져 다시 디오니소스를 찾았다. "저를 원래대로 되돌려주십시오!" 디오니소스가 자비로웠던지, 아니면 미다스 왕이 금으로 변한 사과를 먹지 못해 배고픔에 괴로워하는 모습을 보고 충분히 만족했는지 이번에도 그의 말을 들어주었다.

이와 비슷한 모티프를 요한 볼프강 폰 괴테Johann Wolfgang von Goethe의 서사시 《마법사의 제자Der Zauberlehrling》에서 찾아볼 수 있다. 1797년 작품인 이 서사시에서 마법사의 제자는 스승의 주문 중 하나를 시도해본다. 게으른 자신을 대신해 빗자루가 대신 물을 퍼오도록 만든 것이다. 처음에는 마법이 훌륭하게 작동했다. 그런데 집이 온통 물바다가 되어도 빗자루가 계속해서 물을 길어 오면서 문제가 발생했다.

> 오, 이 지옥에서 태어난 빗자루야
>
> 집을 통째로 물에 빠뜨릴 셈이냐?
>
> 물이 문지방을 넘고
>
> 집이 온통 물바다가 되었구나.
>
> 이 극악무도하고
>
> 도무지 말을 듣지 않는 빗자루야!
>
> 다시 네 예전 모습으로 돌아가
>
> 가만히 서 있어라!

자비를 모르는 AI가 오로지 효율성만 추구하다가 일이 잘못되면 우리는 누구에게 원래대로 되돌려 달라 부탁해야 할까? 아마 우리 스스로에게 부탁해야 할 것이다. 그러므로 우리가 AI에 대해 아직 모르는 사항을 이해하는 일이 매우 중요하다. 프로그래머들의 모든 결정이 단순한 프로그래밍만으로는 내다볼 수 없는 결과를 만들기 때문이다.

스스로 학습을 이어나가는 AI는 알아서 목적지까지 도달하는 길을 찾아낼 테지만, AI가 지나가고 난 길에는 수많은 불타는 보트가 남아있을지 모른다. 게임에서야 가상의 보트 한 척이 불타고 끝이니 아무 문제가 없다. 그런데 이런 일이 현실 세계에서 일어난다면 어떻게 될까?

AI 모델이 우리 삶의 더 민감하고 비밀스러운 부분에 사용된다면 심각한 결과가 초래될 것이다. 그 예시가 바로 버지니아 유뱅크스Virginia Eubanks가 저서 《자동화된 불평등Automating Inequality》에서 지적한 복지 및 주거지 할당 문제나.

유뱅크스는 "자동화된 인증 시스템과 분류 알고리즘, 위험 예측 모델이 어느 지역을 감시할지, 어느 가족이 필요한 자원을 얻을지, 누가 취업의 문턱을 넘을지, 누가 사기 혐의로 조사를 받을지 등을 제어하는" 세상을 묘사했다.[29] 이러한 결정을 내리는 데 AI를 사용하면 의도하지 않은 결과에 대한 책임을 피하기 위해 기술에 모든 책임을 떠넘길 위험이 있다. AI 윤리학자인 럼만 차우더리Rumman Chowdhury는 이를 두고 '윤리의 아웃소싱'[30]이라고 불렀다.

AI 시스템을 사용하기로 결정한 사람들이 문제에 책임을 지는 경우는 거의 없다. 어쨌든 문제는 반드시 발생할 것이다. 2019년에 밝혀진 바에 따르면 네덜란드 세무 당국은 사회보조금의 부정수급을 감시하기 위해 AI 시스템을 도입했다. 시스템은 매우 의심스러운 사람들을 골라냈는데, 이 시스템 때문에 수많은 사람들이 부당한 의심을 받는 일이 발생했다. AI 시스템이 이중국적이나 저소득 등의 조건을 위험요소로 간주했기 때문이다.

이후 조사에 따르면 세무 당국은 백인이 아닌 가정을 특히 표적으로 삼았던 것으로 보인다. 세무 당국이 복지 사기 혐의로 수천 가구를 잘못 고발하자 많은 사람들이 빚더미에 앉고 빈곤에 빠졌으며 그중 몇몇은 스스로 목숨을 끊었다.[31] 이 전대미문의 사건이 공개된 이후 네덜란드 세무 당국은 수백만 유로의 보상금을 지불해야 했고, 당시 총리이던 마르크 뤼터Mark Rutte가 사임했다.

의료계에서도 좋은 의도로 사용한 AI 도구가 부정적인 결과를 불러일으킨 적이 있다. 미국 노스캐롤라이나에 있는 컬래버레이션 제약Collaborations Pharmaceuticals의 개발자 두 사람은 '메가신Mega-Syn'이라는 시스템을 프로그래밍했다. 메가신은 희귀질환 치료제 개발을 위해 분자구조를 알아내는 시스템으로, 아주 뛰어난 성과를 보였다. 시스템은 약학적으로 효과가 있는 분자구조를 발견하면 보상을 받고, 유독한 효과가 있는 분자구조를 발견하면 벌을 받는 식으로 학습했다.

그런데 개발자들이 코드를 살짝 비틀자 이 시스템은 독극물 제조기가 되었다. AI는 아주 짧은 시간 내에 4만 건이나 되는 독성 분자구조를 뱉어냈다. 그중에는 북한 국무위원장 김정은이 이복형 김정남을 살해할 때 쓴 신경계 독극물 VX의 구조도 포함되어 있었다.[32] 제약 및 건강산업 분야의 희망의 빛이 신기술의 어두운 측면을 보여주는 끔찍한 증거가 된 셈이다.

알고리즘은 인간의 자유를 빼앗기도 한다. 예를 들어 미국 사법계에서 널리 사용되는 COMPAS 알고리즘은 범죄자의 잠재적인 재범률을 계산한다. 미국의 비영리 저널리즘 네트워크 '프로퍼블리카ProPublica'가 조사한 바에 따르면 AI의 예측은 무서울 정도로 부정확하다. 이 AI 시스템이 강력 범죄를 저지를 것이라고 예측한 사람 중 20퍼센트만이 실제로 범죄를 저질렀다. 또 시스템은 흑인을 더 부정적으로 평가했다.[33] 흑인은 백인에 비해 '범죄 고위험군'으로 분류될 가능성이 두 배나 높았다. 알고리즘이 활용하는 데이터 자체가 왜곡되고 편향되었기 때문이다.

데이터가 편향된 이유는 아직도 미국 사법 체계에 깊이 뿌리박혀 있는 차별 때문이나. 여기서도 알 수 있듯, 알고리즘은 부당함을 전혀 따지지 않는다. 그저 현실 세계의 데이터를 다룰 뿐이며, 안타깝게도 우리의 현실이 그다지 공정하거나 정의롭지 않다.

재범이라는 주제와 관련해서 덧붙일 내용이 있다. 여러 연구 결과에 따르면 재범률을 계산하는 데는 그다지 복잡한 AI가 필요하지 않다. 재범률 계산에 가장 중요한 요소 두 가지는 범죄자의 나이와 전과다. 그러다보니 COMPAS 알고리즘의 평가 결과도 처참하다. "COMPAS의 예측 결과는 형법에 관한 지식이 거의 혹은 아예 없는 사람의 예측보다 정확하거나 공정하지 않다."[34]

우리는 특정 상황에 '오버엔지니어링Over-Engineering'을 하는 경향이 있다. 어떤 문제가 발생했을 때 인간의 지능과 이해력, 직관으로 해결할 수 있음에도 불구하고 AI를 사용할 수 있다면 그냥 AI를 사용해버리는 것이다. 모든 면에서 더 뛰어난 AI가 결정을 내리게 된다면 인간의 결정권은 어떻게 되는가?

AI 시스템은 곧 인간의 삶과 죽음에 직결되는 문제에 관해서도 결정을 내리게 될 것이다. 사실 일부에서 이미 일어나고 있는 일이다. 예를 들어 이미지 인식 소프트웨어는 적국의 차량이나 군인, 휴전을 위반하는 상황 등을 감지하는 데 쓰인다. 군대에서 AI 시스템은 빠르게, 그리고 끊임없이 분석, 설명, 감시, 전투 등을 지원한다. 그런데 전쟁이나 국방에 관한 결정까지 AI로 자동화된다면 전시 국제법으로 성문화된 가치를 훼손하는 윤리적인 딜레마가 발생한다.

미래에 기술이 인간의 제어나 개입 없이 자동으로 결정을 내릴 수 있는 한계는 어디까지인가? AI가 적국의 차량을 단순 인식한 다음, 인간 군인들에게 그 사실을 알려 공격 태세를 갖추게 하는 것과 자율적으로 공격 결정을 내리고 곧바로 공격하는 것 사이에 차이가 있을까?

AI와 장거리 무기의 발달로 공격 사정권이 넓어지면서 무력 사용 가능성 또한 높아질 위험이 있다. 리비아 전문가들이 카르구 2Kargu-2라는 AI 드론이 초래한 치명적인 사건에 대한 보고서를 작성해 급히 유엔 안전보장이사회에 대책을 촉구한 일을 보면 알 수 있다. 이른바 자율형 치사병기LAW: Lethal Autonomous Weapon는 "조작자와 무기 사이에 아무 데이터 연결이 없어도 무기가 스스로 목표를 공격하도록 프로그래밍된, 진정한 발사 후 망각형Fire-and-Forget 전력이다."[35] AI가 계속해서 자율화된다면 관련된 사람들에게 '윤리적 완충장치'가 될 수 있다.[36] 앞으로 우리는 우리의 죄책감까지 아웃소싱하게 될지도 모른다.

군, 금융, 의약, 교통, 사법 같은 분야에 AI를 적용하려면 기업이 AI의 결정이 납득 가능한 것임을 증명하는 책임을 다해야 한다. 그 결정이 공격하라는 최종적이고 치명적인 명령이든, 자율주행 차량의 방향 전환이든 말이다.

그러나 원인과 결과를 명확하게 이해하지 못하면 누구에게 책임을 물어야 하는지 알 수 없다. 그렇기 때문에 수많은 연구자들이 이른바 설명 가능한 AI$^{XAI: Explainable AI}$를 만들기 위해 노력 중이다. XAI란 자기 성찰을 통해 결정을 내린 과정을 설명하는 AI다. 〈뉴욕타임스〉는 이를 '햄릿 전략'이라고 보도했다. 마치 햄릿처럼 "심층신경망이 독백을 통해 스스로의 내면에서 무슨 일이 벌어지고 있는지 설명하도록 하는 기술"[37]이기 때문이다. 우리는 AI에 때때로 인간도 하기 어려운 '스스로를 설명하기'를 기대한다.

인간이 원하는 것과 그 목표를 이루기 위해 AI로부터 받길 원하는 도움 사이의 적절한 타협점을 찾는 것이 우리 시대의 가장 큰 도전과제다. 미국의 작가 브라이언 크리스천은 이를 '정렬 문제$^{Alignment-Problem}$'라고 설명했다. 정렬 문제란 결국 AI를 인간의 가치와 목표에 적응시키는 문제, 더 구체적으로 말하면 AI의 기능을 우리 경제와 사회가 필요로 하고 실제로 우리에게 도움을 줄 기능과 일치시키는 일이다.

"AI 모델이 우리의 규범과 가치를 파악하고, 우리의 말과 그 의도를 이해하고, 무엇보다 우리가 원하는 행동을 한다고 보장할 수 있느냐는 물음이야말로 정보과학 분야의 가장 간절하고 중점적인 문제를 똑똑히 드러낸다."[38]

브라이언 크리스천 또한 획기적인 해결책을 제시하지는 못했다. 중요한 점은 수많은 학습 및 인식과정의 전제가 '올바른 질문' 던지기라는 것이다. 여기서 우리가 주목해야 할 올바른 질문은 결국 AI 시스템이 우리 인간의 가치 및 목표와 조화를 이루리라 확신할 수 있느냐는 것이다. 답은 '아니오'다. 애초에 인간이 언제나 모든 것과 조화를 이룰 수 있다고 믿는 것 자체가 환상이다.

'정렬 문제'는 AI가 등장하면서 우리 삶에 새롭게 나타난 문제가 아니다. 이미 오래 전부터 다양한 형태의 경제적 문제로 존재했다. 예를 들어 기업 간부들에게 인센티브를 지급한다고 치자. 서로 다른 가치와 목표를 비교할 때 정렬 문제가 발생할 수 있다. 주식 청약권으로 인센티브를 지급하면 간부들이 주가를 높이기 위해 노력할 것이다. 충분한 동기는 되겠지만, 그들이 수단과 방법을 가리지 않는다면 결국 회사에는 해가 된다.

통화 정책에서 중앙은행이 엄격한 규정에 따라 금리를 결정하면 일관성과 예측가능성은 보장되지만, 경제시장의 역동적 변화에 대응하는 유연성은 부족해진다. 즉 우리는 삶의 여러 분야에서 정렬 문제를 겪고 있다.

이 문제를 AI에 적용하면 미국의 AI 기술이 유럽이나 중국과 다른 방식으로 발전한 이유를 알 수 있다(12장 참조). AI를 우리 삶에 적용하지 말자거나 AI 개발을 그만두자는 말이 아니다. 다만 AI를 개발하는 모든 과정에서 가치와 목표 설정을 동시에 고려하고, 뭔가가 잘못됐을 때 우리가 얼른 통제에 나설 수 있을지를 주기적으로 점검해야 한다.

AI를 개발하고 적용할 때 반드시 고려해야 할 세 가지 측면이 있다.

(1) AI를 군이 사용할 필요가 있을까? COMPAS 알고리즘의 예시에서 알 수 있듯, 우리는 애초에 AI가 꼭 필요한지 확인해야 한다. AI를 사용했을 때 간단한 도구를 활용할 때보다 더 나은 결과나 해결책을 얻을 수 있는지 생각해야 한다.

(2) AI를 사용하는 것이 적절한가? 보트 게임의 예시에서 알 수 있듯, AI가 우리가 기대하는 목표에 도달하도록 프로그래밍되어 있는지 반드시 확인해야 한다.

(3) 인간이 AI를 제어하고 적응시킬 수 있는가? 모든 AI 시스템을 만들 때 시스템의 목표와 목표에 도달하는 모든 과정이 인간이 추구하는 가치와 일치하는지 반복적으로 확인할 수 있도록 설정해야 한다.


## AI로부터 잊힐 권리

AI 사용이 어디서나 환영받고 긍정적인 반응을 이끌어내는 것은 아니다. 2023년 3월 이탈리아는 유럽 내에서 논란의 중심이 되었다. 이탈리아 데이터 보호 기관의 결정 때문에 이웃한 유럽 국가들이 들끓었다. 챗GPT가 출시된 지 얼마 지나지 않아 이탈리아가 레드카드를 꺼내들었기 때문이다.

이탈리아 정보 당국은 오픈AI가 이탈리아 국민들의 개인정보를 사용하는 것을 금지하는 긴급 결정을 내렸다. 곧 이탈리아 전역에서 챗GPT 사용이 금지되었다. 이탈리아 당국이 그런 결정을 내린 이유는 챗GPT를 훈련한 데이터가 유럽의 일반 데이터 보호 규정GDPR: General Data Protection Regulation을 위반하는 것이었기 때문이다.

일반 데이터 보호 규정은 4억 명 이상 유럽인의 개인정보 등을 보호하기 위해 2016년부터 노르웨이, 아이슬란드, 리히텐슈타인 등을 포함한 EU 27개국에서 시행된 법이다. 주로 기관이나 기업이 개인과 관련된 정보를 수집, 저장, 사용할 때 따라야 할 지침을 제시한다.

개인과 관련된 정보에는 개인을 특정할 수 있는 모든 정보, 예를 들어 이름에서부터 이메일 주소, IP 주소 등이 포함된다. 즉 GDPR은 근본적으로 이런 정보가 온라인에 게재되어 있다고 하더라도 기업이 마음대로 접근해 사용하지 못하도록 하는 법이다.

그런데 오픈AI가 직접 밝힌 바에 따르면, 이 회사는 온라인에 게재된 어마어마한 양의 데이터를 사용해 AI를 훈련했다. 오픈AI는 자사의 AI가 특정한 출처의 "공개적으로 접근할 수 있는 개인정보"를 훈련용 데이터로 이용했으며, 그렇기 때문에 "외부 데이터가 풍부해지면 개인의 신분을 식별하는 데 사용될 가능성이 있다"고 설명했다.[39] 이탈리아 정부는 이것이 유럽 전체의 개인정보 보호법을 위반한다고 보았다.

이탈리아 당국은 무엇보다도 오픈AI가 "아무런 법적 근거 없이" 개인의 데이터를 수집했다는 점을 비난했다. GDPR이 제정된 이후 특정 개인의 의지에 따라 공식적인 계약이 맺어지고 끝날 때까지 기업이 해당 개인의 개인정보를 수집하고 사용하려면 여섯 가지 지침을 따라야 한다. 그런데 이탈리아 데이터 보호 기관은 챗GPT의 경우 어떤 지침도 지키지 않았다고 주장했다. 게다가 챗GPT 사용자들은 그들이 챗GPT에 입력하는 모든 내용이 앞으로의 훈련에 이용될 수 있다는 설명을 충분히 받지 못했다.

챗GPT 같은 AI 도구에 기업 비밀 같은 민감한 정보를 입력하면, 그 정보가 언젠가 다른 사용자에게 내놓는 답변의 형태로 전달될 수 있다. 2023년 삼성의 식원이 오류가 빌생한 빈도체 데이터뱅크의 소스코드를 챗GPT에 입력해 오류를 고치려고 한 적이 있다. 이후 삼성은 회사 내에서 모든 생성형 AI 도구 사용을 금지했다.[40] 또 애플, JP 모건 체이스, 버라이즌 등 유명 기업들이 정보 유출을 우려해 직원들의 챗GPT 사용을 제한했다.[41]

무엇보다 어려운 과제는 대규모 언어모델이 GDPR의 제17조를 지키도록 만드는 일이다. GDPR 제17조는 데이터의 삭제, 즉 잊힐 권리에 관한 지침이다. 유럽인들은 자신에 대한 잘못된 정보가 인터넷에 올라 있을 경우 수정 및 삭제를 요구할 수 있다. 하지만 어마어마한 양의 데이터로 훈련받는 AI 시스템에서는 데이터 삭제가 매우 어렵다. 개별 데이터가 시스템에 완전히 녹아들어 있기 때문에 특정 데이터만 골라 삭제하기가 불가능하기 때문이다. 그렇다면 모든 종류의 AI 언어모델이 이후 유럽에서 중대한 문제가 될 우려가 있다.

우리에 관한 모든 것이 온라인에 저장되고, 자신도 모르는 사이에 시스템을 훈련하는 데 사용되어 우리가 원하는 제품이나 서비스를 생산하는 기반이 되는 세상에서 우리는 과연 벗어날 수 있을까? 내가 한 개인으로서 통계적인 AI 모델의 일부분이 되지 않을 수 있을까? '학습되지 않을' 권리를 주장할 수 있을까?

기술의 복잡함 측면에서 보면 훈련 데이터의 투명성이 부족하기 때문에 사람들이 잊힐 권리, 혹은 학습되지 않을 권리를 주장하기는 어려워 보인다. 옥스퍼드대학교 AI 윤리 연구소의 엘리자베스 르니에리스Elizabeth Renieris는 〈와이어드〉와의 인터뷰에서 LLM 같은 AI 도구의 데이터 보호 문제에 관해 "이 기술의 뿌리가 이미 썩어가고 있다. 복구하기 대단히 어려울 것이다"라고 말했다.[42]

EU가 개인적인 데이터 보호와 관련해서는 특별 조치를 취했지만, 저작권 보호 측면에서는 아직도 논의가 필요하다. 앞서 6장에서 언급했듯, 많은 예술가와 저작권자들이 자신들의 창작물이 챗GPT 훈련에 쓰였다고 항의하며 권리를 주장하고 있다.

그런데 저작권 보호와 관련해서도, 기술기업들이 모든 데이터를 공개하지 않는 이상 언어모델에 사용된 훈련 데이터가 저작권을 침해했을 가능성을 외부인이 증명하기란 매우 어렵다. 저작권 보호를 위한 합리적인 법률이 제정되지 않는다면 AI 시스템은 앞으로 사람이 만든 원본 작품을 자신만의 방식으로 모방하는 능력을 더욱 갈고닦을 것이다.

이탈리아가 챗GPT 사용을 금지하여 EU 규제 당국 또한 그 위험성을 고려하던 중, 오픈AI는 온라인에 알림 사항을 추가 게재했다. 챗GPT에 AI 모델의 훈련에 사용할 수 없도록 이전의 채팅 기록을 저장하지 않는 옵션을 추가하기로 결정했다는 내용이었다. 이후 이탈리아 당국은 챗GPT 금지령을 해제했다.[43] 오픈AI와 이탈리아 데이터 보호 기관이 합의한 내용 중 일부에 따르면, 오픈AI는 사용자들에게 개인정보 삭제를 요청할 수 있는 양식을 제공하고 있다. 다만 사용자들이 정보 삭제를 요구할 수 있는 대상은 챗GPT의 답변일 뿐, 훈련용 데이터는 아니다.[44]

## AI에 드는 국제적인 비용

AI 모델은 클라우드에서 데이터로 훈련받는다. 클라우드는 가상의 공간이지만, 우리가 자연에서 보는 구름처럼 실제의 공간이 있어야 존재할 수 있다. 하드웨어부터 훈련, 사용자와의 상호작용에 이르기까지 AI 시스템이 작동하려면 대규모 자원이 필요하다. 그런데 그 자원을 이용하는 데 드는 비용에 관해서는 공개적인 논의가 거의 이루어지지 않고 있다. AI 시스템의 자원 이용이 우리 현실의 삶에 매우 구체적인 결과를 불러일으키는데도 불구하고 말이다.

우루과이는 2023년 74년 만에 발생한 최악의 가뭄을 겪었다. 비슷한 시기에 구글이 우루과이 남부에 새로운 데이터센터를 짓기 위해 약 29만 제곱미터에 이르는 땅을 구입하자 수많은 우루과이 국민이 분노했다. 새로운 데이터센터는 서버 냉각을 위해 식수용 물을 760만 리터나 끌어다 써야 한다. 그것도 매일. 우루과이 국민 5만 5,000명이 하루 동안 사용할 수 있는 양이다.[45]

이 어마어마한 양의 물 소비량이야말로 점점 더 규모를 키우는 대규모 언어모델의 훈련 및 작동이 환경에 불러일으키는 구체적이고 직접적인 결과다. 대규모 언어모델의 고성능 프로세스를 위해서는 일반적인 칩보다 훨씬 많은 열기를 뿜어내는 칩을 사용해야 하고, 이에 따라 데이터센터에는 매우 복잡한 냉각 시스템을 설치해 열을 식혀야 한다.

캘리포니아대학교 연구진이 AI 모델의 '비밀스러운 물발자국'*을 조사했다. 그 결과, "마이크로소프트가 미국에 보유한 최첨단 데이터센터에서 GPT-3을 훈련하는 데 약 70만 리터의 식수가 필요하다(같은 양의 물로 BMW 자동차 370대, 테슬라 전기차 320대를 만들 수 있다)."[46]

또 챗GPT가 사용자의 질문 20~50개에 답하는 데는 500밀리리터의 물이 필요하다. 일반적인 생수 한 병 정도다. 하루에 챗GPT가 나누는 대화가 수백만 건이니 물 사용량은 상상을 초월할 것이다. 또 AI로 이미지를 한 장 생성할 때 드는 전기의 양은 스마트폰 한 대를 완충시키는 데 드는 양과 비슷하다.[47]

한편 AI 시스템에 필요한 하드웨어를 만드는 데는 리튬, 코발트 및 여러 희귀 광물이 필요하다. AI 전문가 케이트 크로퍼드Kate Crawford는 저서 《AI 지도책Atlas of AI: Power, Politics, and the Planetary Costs of Artificial Intelligence》에서 "컴퓨터 기술의 핵심 요소를 구성하는 광물과 자원 없이는 어떤 것도 제대로 작동하지 못한다"고 설명했다. "네트워크 라우터부터 배터리, 데이터센터까지 AI 시스템의 확장

---

* 탄소발자국처럼, 제품 및 서비스 생산 전 과정에 들어가는 물의 총량.

된 네트워크에 포함된 모든 것들이 지구 내부에서 생성되기까지 수십억 년이 걸렸다."[48]

이런 원료 중 대부분이 지리학적으로 인간이 접근하기 어려운 지역에 잠들어 있다. 그래서 이런 원료를 채굴할 때는 "환경과 건강을 위협하는 독성 폐기물이 산더미처럼 배출된다"[49]고 〈하버드 인터내셔널 리뷰Harvard International Review〉는 보도했다. 크로퍼드는 콩고민주공화국, 몽골, 인도네시아, 볼리비아 같은 나라를 예로 들며 이런 국가가 "더 넓은 산업적 지도로 보면 AI가 탄생한 곳이다. 이 지역에서 나는 광물이 없었다면 오늘날의 기술은 작동하지 않는다. 그런데 이런 원료의 양은 점점 줄어들고 있다"[50]고 말했다.

많은 국가가 경쟁적으로 광물을 캐면서 지정학적 전쟁 또한 치열해지고 있다. 중국은 2023년에 게르마늄 추출을 중단했다. 중국의 제한 조치로 인해 타격을 받은 미국은 중국의 클라우드 서비스 이용을 제한하는 방식으로 보복했다. 크로퍼드는 "우리는 AI를 대규모로 작동시키는 데 필요한 자원을 둘러싼 세계적인 냉전의 한가운데에 있다"[51]고 말했다.

AI는 물과 광물을 대량 소비할 뿐만 아니라 어마어마한 탄소 발자국도 남긴다. 지난 몇 년 간 프로세서의 계산 능력이 몇 배나 성장함에 따라 대규모 AI 모델은 엄청난 양의 에너지를 소모한다. AI 연구자 엠마 스트루벨Emma Strubell은 매사추세츠앰허스트 대학교의 동료들과 함께 사상 최초로 AI 모델 개발 및 훈련에 얼마나 많은 돈이 드는지 연구했다. 그 과정에는 "하드웨어와 전기,

클라우드 사용 등에 드는 경제적인 비용 외에도 탄소발자국 같은 생태학적인 비용이 든다."[52]

연구진은 트랜스포머 모델 단 하나를 훈련하는 데 대략 300톤의 이산화탄소가 배출된다는 사실을 알아냈다. 비교해보자면, 휘발유 자동차 다섯 대가 폐차될 때까지 배출하는 이산화탄소의 양과 맞먹는다. 혹은 일반적인 사람 57명이 평생 동안 남기는 탄소발자국과 비슷하다. 혹은 비행기로 뉴욕과 샌프란시스코를 315번 왕복할 때 발생하는 이산화탄소의 양과 같다.

훈련에서 끝나는 게 아니다. 훈련을 마친 AI 언어모델을 사용할 때도 막대한 에너지가 필요하다. 전 세계 사용자가 챗GPT를 하루에 수백만 번 사용하면 매일 1기가와트시(Wh)의 전기가 필요하다. 미국 내 3만 3,000가구가 하루 동안 쓸 수 있는 전력의 양이다.[53]

사람들은 더 뛰어난 언어모델을 원한다. 사용자들의 요구에 맞춰 대규모 언어모델을 더 광범위한 모델로 만들기 위해 훈련시키려면 더 많은 자원과 에너지가 필요하니 수치는 점점 높아질 것이다.

오픈AI는 "컴퓨팅 성능이 높을수록 언어모델의 성능도 향상될 것이라 기대한다. 개발자들은 계속해서 더 많은 칩을 병렬로 연결할 방법을 찾고, 그에 동반하는 높은 비용을 지불할 준비를 마쳤다"고 말했다.[54] 오픈AI가 추정한 바에 따르면, AI 모델 하나를 훈련하는 데 필요한 컴퓨팅 성능은 2012년부터 매년 10배가량 높아졌다. 크로퍼드는 이런 경향을 "연산 극대화Compute

Maximalism"[55]라고 묘사했다.

전 세계 정보통신 기술 생태계는 글로벌 이산화탄소 배출량의 2퍼센트를 차지한다. 이는 항공업계의 배출량과 비슷하다.[56] AI가 현실 세계에 미치는 영향 전체를 파악하려면 AI의 생애주기가 천연자원과 밀접한 관계라는 사실을 먼저 이해해야 한다.

이론가 유시 파리카Jussi Parikka가 저서 《미디어의 지질학A Geology of Media》에서 설명했듯이 디지털 인프라는 지구의 확장이나 마찬가지다. 디지털 인프라는 지구물리학적 요소로 이루어져 있으며 기후학적인 과정에 영향을 미친다.[57] AI 시스템은 시간이 지날수록 더욱 강력해지고 유비쿼터스화된다. 그렇기 때문에 우리는 기술의 진보와 자원 관리 사이에서 균형을 잡아야 한다.

케이트 크로퍼드는 "AI 시스템을 구축하고 사용할 때 발생하는 생태학적인 발자국은 우리가 겪고 있는 이 중요한 전환점에 대해 알려지지 않은 위대한 이야기와 다름없다"[58]고 말했다.

환경과 관련된 비용 외에도 컴퓨팅 성능을 극대화하기 위한 경쟁에서 발생하는 경제적인 비용이 천정부지로 치솟고 있다. 오픈AI에 따르면 GPT-4를 훈련하는 데 1억 달러 이상이 들었다.[59] 대규모 언어모델이 전 세계적으로 유행하면서 까다로운 병렬 계산을 수행할 수 있는 엔비디아의 그래픽 프로세서 두 개가 주목을 받았는데, A100이라는 제품은 1만 달러, 그 후속작인 H100은 4만 달러다. GPT-4를 훈련하는 데는 최소한으로 계산해도 A100 프로세서가 1만 개 사용되었다.[60]

허깅페이스에 따르면 오픈소스 언어모델인 '블룸BLOOM'을 훈련하는 데는 'GPU 500개가량'의 성능을 내는 슈퍼컴퓨터가 필요하다.[61] 성능이 뛰어난 GPU를 대량 확보하기 위한 국제적 경쟁이 치열해지면서 그래픽 프로세서의 공급이 부족해졌다. 엔비디아는 2023년 가을 자사의 칩이 출고되려면 6개월 이상 걸린다고 발표했다. 800억 개의 트랜지스터를 탑재한 H100은 단숨에 '세계에서 가장 수요가 많은 하드웨어'에 등극했다.[62]

AI를 훈련하는 데 드는 비용도 만만치 않은데, 훈련을 마친 AI 모델을 전 세계의 시장에서 사용되도록 만드는 데도 천문학적인 비용이 든다. 추정치에 따르면 챗GPT를 운영하는 데 드는 비용은 하루에 70만 달러다.[63]

이는 또 다른 거대 위험으로 이어진다. 자본이 넉넉한 소수의 기업들만 컴퓨팅 성능 경쟁에 참여할 수 있기 때문이다. 그러면 AI 세상으로 가는 길과 그 영향력이 그들에게 집중된다. 그들에게는 상상할 수 없는 수준으로 기술을 발전시키면서 극심한 피해를 입고 있는 환경을 보호해야 할 의무가 있다. 그런데 이런 기술 거인들을 옹호하는 사람들은 컴퓨팅 성능이 높아지면 더 발전된 모델이 탄생하고, 그러면 더 효율적으로 작동할 수 있을 것이라고 주장한다. 그러나 맹목적으로 성능 향상만을 추구하다 보면 모델의 윤리적 사용이라든가 지속가능한 설계 등을 신중하게 검토하지 못한다.

2023년 가을부터 언어모델의 규모에 대한 논의가 한창이다. 한 연구 결과에 따르면 '클수록 좋다'는 말은 언어모델에는 해당하지 않는다.[64] 우리는 발전의 시작점에 서 있을 뿐이다. 모델의 규모, 훈련용 데이터의 양 같은 여러 매개변수에 관한 연구를 거쳐 어떤 경우에 언어모델이 가장 효율적으로 기능할 수 있는지 알아보아야 한다. 모델의 규모에만 집중해서는 안 된다.

## 코드 자본: 새로운 분석 모델

스탠퍼드대학교의 연구원 쁘라띠우샤 칼루리Pratyusha Kalluri는 "AI가 좋은지, 혹은 공정한지 묻지 말고, 그것이 어떻게 권력을 움직이는지 물어야 한다"[65]고 말했다. 칼루리는 얼마나 많은 예시에서 각각 경제적·생태학적·사회적 결과가 나타났는지 탐구했다. 대규모 언어모델 같은 신기술을 도입할 때, 발생할 수 있는 영향에 처음부터 잘 대처하려면 이런 요소를 확인해야 한다. 어떻게 해야 할까?

권력의 움직임과 AI의 잠재력을 가시화할 수 있는 사고 모델을 하나 제안하겠다. 이 사고 모델을 보면 AI가 항상 사회에 통합되어 있다는 점이 분명해진다. 사람은 기술을 만들고 그 기술에 따라 변한다. 이것은 만들고, 또 스스로 변화 가능한 존재가 될 수 있는 권력이다.

우리는 이 모든 것을 코드 자본Code capital이라고 부른다. 이것은 단순한 컴퓨터 코드나 자본을 훨씬 능가하는 개념이다. 애덤 스미스는 자본을 투자 도구로 보았고, 마르크스는 상업적 이용이라는 관점에서 바라보았다.

현대인은 수익성을 기대할 수 있는 모든 것에 자본이라는 개념을 사용한다. 프랑스의 사회학자 피에르 부르디외Pierre Bourdieu는 자본을 세 가지로 분류했다. 경제적 자본, 문화적 자본, 사회적 자본이다. 결국 자본은 사회적으로 확고한 권력이다.

그런데 AI와 함께 4차 산업혁명이 시작되면서 게임의 규칙이 바뀌었다. 생산 방법은 물론 행동양식, 비즈니스 모델이 변하고 있다. '코드 자본'이라는 개념은 사회 및 금융 구조, 기술, 문화, 모든 AI 시스템의 근간에 숨은 자본을 가리킨다. AI 시스템의 코드 자본을 파악하려면 '코드'의 각 철자가 무엇을 뜻하는지 알아야 한다. 그래야 중요한 질문을 이해하고 해답을 찾을 수 있다. 코드는 모든 사람이 상업적 동기, 기술적 논리, 문화적 데이터세트를 파악할 수 있도록 돕는 큰 틀이다.[66]

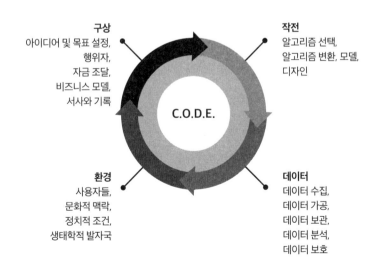

여기서 'C'는 '구상Conception', 즉 아이디어를 뜻한다. AI 뒤에 숨은 근본적인 의도가 무엇인지, AI로 추구하는 목표가 무엇인지, 그로 인해 무엇이 최적화되는지를 생각해야 한다. 기술 뒤에 있는 인간의 능력과 신념을 파악해야만 그들이 AI에 어떤 아이디어를 숨기고 있는지 알 수 있다.

'O'는 '작전Operation' 및 구현을 뜻한다. 인간의 의도를 기술로 전환하려면 어떻게 해야 하는가? 알고리즘을 선택하거나 모델을 훈련할 때 어떤 구체적인 결정을 내려야 하는가?

'D'는 '데이터Data'를 뜻한다. 데이터는 AI의 먹이나 마찬가지다. 데이터는 어떻게 수집되며 누구를 대표하는가? 우리는 이미 각 AI 모델의 데이터세트에 얼마나 많은 해석의 권력이 숨어 있는지 살펴보았다. 데이터로 '무엇'을 생산하고, 데이터를 '어떻게' 수집해 사용할 것인지 생각해야 한다.

'E'는 '환경Environment'을 뜻한다. AI가 직면한 인간적, 규제적, 정치적, 문화적, 심리학적, 생태학적 현실은 무엇인가? AI를 도입하는 것이 합법적인가? AI는 받아들여질 것인가? AI가 사용자의 생활양식을 바꿀 것인가? AI가 도입된 인간사회의 총체적인 체계를 이해해야 그 기술의 핵심을 파악할 수 있다.

결국 코드는 한 가지 개념을 가리키는 알파벳 네 글자다. 코드자본이란 AI의 효과를 분석하는 데 필요한 기본적인 테두리다. AI를 개발하고, 제공하고, 규제하고, 사용하는 모든 사람이 관심을 기울여야 하는 중점적 질문을 포괄하는 셈이다.

# 10

ARTIFICIAL INTELLIGENCE

# 결정의 문제
## : AI는 실제로
## 얼마나 지능적인가?

──────────── 어떤 사이트에 접근하거나 로그인할 때, 인간임을 증명하기 위해 사이트가 요구하는 문자 및 숫자를 입력하거나 자전거나 신호등, 보트 같은 특정 물체가 찍힌 사진을 골라야 하는 경우가 있다. 이런 귀찮은 일을 해야 하는 이유는 오로지 웹사이트라는 목적지에 도달하기 위해서다.

매일 인터넷을 사용하며 이렇게 짜증나는 과정을 겪고 있자면 근본적인 의문이 머릿속에 떠오른다. 인터넷에서는 왜 내가 인간이라는 걸 계속 증명해야 하지? 답은 간단하다. 인터넷을 떠도는 기계가 너무 많기 때문이다. 그래서 인간과 기계를 구분하는 일이 매우 중요하다. 특히 봇은 많은 사이트에서 혼란을 일으키는 원흉이다. 봇은 계속해서 버튼을 클릭해 '트래픽'을 발생시킨다. 즉 가짜 상호작용을 다수 발생시켜 특정한 사람들이 이익을 얻을 수 있도록 한다.

인터넷상에서 인간과 기계를 구분하기 위해 자주 사용되는 기술이 바로 '캡차CAPTCHA(Completely Automated Public Turing test to tell Computers and Humans Apart, 완전 자동화된 인간과 컴퓨터 판별)'다. 웹사이트가 캡차를 도입하는 이유는 스팸, 데이터 유출, 자동화된 멀웨어 사용 등을 막아 안전성을 높이기 위해서다. 당연한 이야기지만 인터넷 접속이 안전해지고, 이미 존재하는 것 이상의 소동을 일으키는 봇이 더 늘어나지 않는다면 우리에게 이롭다.

그런데 가끔은 캡차가 우리에게 인간이 맞느냐는 질문을 끊임없이 던지는 디지털 클럽의 문지기처럼 느껴진다. 캡차는 지속적으로 나타나는 디지털 장애물이고, 우리는 그것을 뛰어넘으며 달려야 하는 사이버 올림픽에 출전한 육상선수다.

그런데 사이버 허들 경주에서 AI 기술의 경쟁력이 점점 높아지고 있다. 지난 몇 년 동안 AI, 특히 생성형 AI 분야가 비약적으로 발전하면서 캡차라는 허들을 인간보다 훨씬 여유롭게 뛰어넘을 수 있는 소프트웨어가 등장했다. 이 상황은 이 책에 담긴 가장 중요한 의문을 떠올리게 만든다. 그렇다면 이제 인간에게 남은 것은 무엇인가? 캡차는 아닐 것이다. 수백 년 동안 이어진 진화와 문명의 역사에서 캡차는 사소한 결과에 불과하기 때문이다.

얼마나 모순적인 일인가? 인간과 기계를 구분하기 위해 시스템을 개발했는데, 이제 그 시스템이 인간보다 기계에 의해 더 간단하게 격파된다. 불안하지만 흥미롭기도 하다. 한편으로 이런 현실은 AI 연구가 얼마나 발전했는지를 보여준다. 다른 한편으로는 디지털 공간에서 인간 사용자임을 증명할 새로운 방법을 개발해야 한다는 뜻이기도 하다.

과연 디지털 공간에서만 그럴까? 어떤 목적으로든 사용될 수 있는 기술인 생성형 AI는 우리의 아날로그 삶도 변화시키고, 인간과 기계의 협력과정은 물론 인간지능과 AI를 모조리 바꿔놓는다. 정당성과 영향력도 마찬가지다. 지금까지는 대부분의 규칙과 테두리를 우리가 정했지만, 앞으로는 AI가 자신만의 조건을 만들어낼 것이다. 캡차는 이러한 거대 변화를 보여주는 작은 예시일 뿐이다.

## 나는 인간인가? 그렇다면 몇 명인가?

샘 올트먼은 오픈AI의 공동설립자이면서 2019년에 두 명의 동료와 함께 '월드코인Worldcoin'을 세상에 내보낸 사람이기도 하다. 월드코인은 암호화폐 관련 온라인 플랫폼으로, 원대한 목표를 갖고 있다. 이 회사는 AI를 이용해 점점 증가하는 불평등과 맞서 싸우고, 디지털 신분증만 있으면 수령할 수 있는 조건 없는 기본소득을 도입하기 위해 노력 중이다.

과연 그게 어떻게 작동할지는 아직 잘 모르겠다. 그러나 국제적인 디지털 신분증이라는 것에 흥미가 생긴다. 애초에 그런 것이 왜 필요할까? 올트먼은 "알고리즘의 능력은 점점 성장할 겁니다. 그러면 내가 지금 인간과 상호작용 중인지, 로봇과 상호작용 중인지 알아차리기가 어려워지죠. 그렇기 때문에 인간이 진짜 인간이라는 사실을 증명할 방법이 필요합니다"[1]라고 말했다.

월드코인은 '오브Orb'라는 핵심 기술을 선보였다. 지구상 모든 사람들의 홍채 정보를 스캔 및 수집하는 기기다. 홍채는 지문처럼 사람마다 다르게 생겼다. 오브로 사람의 홍채 구조를 스캔한 다음, 그 사람임을 알 수 있는 식별코드를 부여한다. 이 코드는 분산형 월드코인 블록체인에 저장된다. 스캔은 익명으로 처리되기 때문에 특정 사람을 추적할 수 없다. 이는 누군가가 남의 코드를 복사하지 못하게 막기 위한 조치다. 이런 식으로 누구나 디지털 '인격증명Proof of personhood'을 받는다.

조지 오웰의 소설 《1984》의 개정판 같은 이야기다. 2023년 오브가 시장에 등장해 20개 이상 국가에서 사용되기 시작했을 때, 많은 이들이 자신의 홍채를 스캔하기 위해 긴 줄을 서서 기다렸다. 생성형 AI가 어떤 지각변동을 일으킬지 잘 보여주는 예시다.

다소 냉소적이지만 이렇게 말할 수 있다. 샘 올트먼은 챗GPT로 인터넷을 가짜 정보와 봇으로 꽉 채우는 응용프로그램을 만들어 세상을 혼란에 빠뜨린 다음, 생체인식 데이터를 사용해 인간이 그런 리믹스 세상에서 길을 찾도록 도와주는 새로운 회사를 설립했다.

이는 우선순위가 완전히 뒤바뀌었다는 뜻이기도 하다. 지금까지 우리 문명의 기본값은 '인간'이었다. 기술은 그저 인간의 일을 보조하고 삶을 편리하게, 혹은 만족스럽게 만드는 역할을 했다. 그런데 그 위치가 역전됐다. 이제는 '기계'가 기본값이다. 그리고 우리 인간이 스스로가 봇이 아님을 증명해야 한다.

비유적으로 말하자면 이것은 문명의 무죄추정의 원칙을 뒤집는, 역逆튜링 테스트다. 증명할 필요 없이 바로 인간으로 간주될 수 있는 우리의 권리가 사라진 것이다. 스스로의 인간성을 증명하지 못하는 사람은 다양한 문제에 직면한다. 챗GPT가 기본 조건을 설정하는 미래에는 인간으로서 존재하는 일이 더 이상 당연하지 않다.


## 혼란에 빠진 인간 혹은 결정의 예술

인간으로서 존재한다는 것은 무슨 의미인가? 이것은 생성형 AI가 새롭게 던진 심오한 질문이다. 우리는 아직 그 답을 정확히 모른다. 명확한 것은 그 답까지 이어진 길에 이미 수많은 작은 답이 나타났다는 사실이다. 그중 하나가 인간이 지능적인 결정을 내리는 방식과 AI가 결정을 내리는 혹은 내리지 못하는 방식이다.

결정한다는 것은 적어도 두 가지 이상의 각기 다른 대안 중 하나를 선택한다는 뜻이다. 뭔가를 결정할 때 우리는 대체로 목표 지향적이다. 선택한 것을 통해 특정 목표에 도달하고자 한다.

예를 들어보자. 코로나19 팬데믹을 경험한 이후 모든 기업이 앞으로 직원들이 어떤 방식으로 일하기를 원하는지, 또 일해야 하는지 중대한 의문에 봉착했다. 지금은 많은 사람들이 회사로 출근해서 근무하는 방식과 집에서 근무하는 방식 중 하나를 선택할 수 있다.

그런데 그 두 가지 외에도 다양한 노동 형태가 있다. 어떤 회사는 일주일 중 2~3일 동안 회사로 출근하고, 나머지는 집에서 일하는 방식을 채택할 수 있다. 혹은 일하는 방식에 대한 결정을 각 부서에 위임할 수도 있다. 결정을 내릴 때는 여러 동기와 목표를 고려해야 한다. 직원들의 만족도, 노동시장의 상황, 직원들을 분산했을 때 최고의 결과가 나온다는 믿음 등이다.

전 직원의 노동 방식이라는 전략적 결정을 전적으로 AI에 맡길 회사는 단 한 군데도 없을 것이다. AI가 최고의 해답을 찾아낼 능력이 없기 때문이 아니다. AI는 유연한 출퇴근 방법, 직원들의 움직임, 생산성, 만족도를 고려해 다양한 부서와 팀에 맞는 모델을 디자인한 다음, 그 요구에 가장 잘 맞으면서도 업무 효율을 끌어올리는 방법을 제시할 수 있다.

그렇지만 적어도 독일에서는 이런 해결법이 데이터 보호 측면에서 문제가 된다. 게다가 경영진은 대부분 이런 결정을 AI에 맡기려 하지 않는다. 그것이 기업 문화에 직접적인 영향을 미치는 매우 정치적이고 감정적인 문제이기 때문이다.

우리는 데이터와 경험을 기반으로 여러 결론을 도출해 그것들을 서로 재보고 비교한다. 그런데 화기애애한 기업 문화 혹은 전략적인 홈 오피스 같은 개념은 수학적으로 표현할 수 없다. 인간과 달리 AI는 실제로 수많은 결정에 영향을 미치는 감정적 변화나 정치적 함의를 전혀 눈치채지 못한다.

결정을 내릴 때 우리는 직감이나 육감이라고 부르는 감각을 필요로 한다. 일종의 '직관적인 인식'이자 깊이 생각하지 않아도 아는 감각이다. 정확히 정의할 수는 없지만, 그저 계산할 뿐인 알고리즘이나 AI 시스템과는 명백히 다른 것이다.

경제학자이자 심리학자인 대니얼 카너먼Daniel Kahneman은 인간의 결정과 알고리즘의 계산 사이의 차이점을 모델로 보여주었다. 카너먼은 저서에서 '빠른 사고'와 '느린 사고'를 비교했다.[2]

빠른 사고는 시스템 1이다. 시스템 1은 빠르고, 순간적이고, 직관적인 결정과 관련이 있다. 예를 들어 조식 뷔페에서 가장 좋아하는 치즈를 선택하는 과정이다. 반면 시스템 2는 느리고, 의식적이고, 논리적인 사고다. 시스템 2는 복잡한 질문을 처리하는 작업과 관련이 있다. 예를 들면 다이어트를 하기 위해, 혹은 더 건강한 생활을 위해 상세한 영양 섭취 계획을 세워 특별한 조식 메뉴를 준비하는 과정이다. 이 예시를 보면 알 수 있듯, 알 수 없는 이유로 저지방 치즈가 아니라 지방 함량이 가장 높은 치즈가 접시 위에 올라가 있다면 두 시스템이 격렬하게 충돌할 수 있다.

이처럼 인간이 결정을 내릴 때는 항상 두 시스템 사이를 오가지만, 알고리즘은 언제나 체계적인 계산에 따른 결정을 내린다. 게다가 알고리즘은 매우 빠르게 결정을 내리기 때문에, 카너먼이 말한 느린 사고는 알고리즘에 해당하지 않는다. 다만 인간이 빠르고 직관적인 사고를 거쳐 결정을 내릴 때는 편견이나 스테레오

타입의 영향을 받을 수 있다. 이는 알고리즘의 계산 과정에서 '조금 더 느린' 사고가 진행될 때 왜곡된 훈련 데이터가 영향을 미치는 것과 마찬가지다.

알고리즘에서는 때때로 데이터의 왜곡이 더욱 증폭되기도 한다. 어쨌든 근본적인 사고과정을 두 가지로 나눈 카너먼의 분류방식은 다음과 같은 점을 명확하게 보여주기 때문에 매우 유용하다. 우선 계산은 결정이 아니다. 계산은 인간의 직관과 평가를 보조해 결정을 돕는 역할을 할 뿐이다. 혹은 이전에 수많은 결정 과정에서 확립된 통계적 결과일 뿐이다.

말하자면 자율주행 자동차는 오른쪽으로 갈지 아니면 왼쪽으로 갈지 스스로 결정한다기보다, 수많은 프로그래밍에 따른 판단과 광범위한 훈련용 데이터를 따를 뿐이다. 그리고 아직까지는 프로그래밍과 훈련용 데이터 모두 인간사회의 규칙을 따른다.

생성형 AI는 이러한 인간과 기계의 상호작용을 변화시킨다. 생성형 AI는 프로그래밍을 할 수 있다. 즉 새로운 코드를 쓸 수 있다. 합리적인 결정을 내리는 과정과 그 이후의 실행이 모두 AI의 손에 달려 있다는 뜻이다. 이런 경우 몇 가지 문제가 발생한다. 우리는 미래에 어떻게 도덕적인 결정을 내리게 될까?

자율주행 자동차의 예시는 이런 문제를 아주 잘 보여준다. 자율주행 자동차가 신호등과 멈춤 표시를 제대로 인식할 수 있는지, 가야 하는 방향을 정확히 알고 있는지 여부만이 중요한 것이 아니기 때문이다. 자동차는 인간에게 위험할지도 모르는 상황을 철저히 예측해야 한다. 예를 들어 모든 사람이 안전하게 탈출할 수 없는 위험한 상황이 발생했을 때 자율주행 자동차는 어떻게 움직여야 하는가?

MIT 연구진이 '모럴 머신The Moral Machine'이라는 아주 성공적인 온라인 테스트를 개발했다. 도덕적인 결정이 얼마나 어려운지를 알 수 있는 테스트다.[3] 선택지는 단 두 가지이고, 피험자는 다음과 같은 질문에 답해야 한다.

노인 두 명과 어린이 두 명이 길에 있을 때, 어느 쪽을 차로 치어야 하는가? 개를 산책시키는 남자와 휠체어를 탄 여자 중 누구를 치어야 하는가? 연구진은 몇 년에 걸쳐 233개국 230만 명으로부터 4,000만 개의 답변을 모았다. 세계인이 어떤 도덕적 결정을 내리는지 보여주는 아주 흥미로운 결과였다.[4] 결과에 따르면 사람들은 동물을 아끼는 경향을 보였다. 또 되도록 사망자의 수가 적은 경우를 택했고, 많은 사람이 노인보다 젊은 사람을 보호하려고 했다. 누구나 공감할 만한 결정이다.

그런데 결과를 자세히 들여다볼수록 복잡해진다. 분석에 따르면 종교를 믿는 사람들은 동물보다 인간의 생명을 구하는 경향이 강했다. 또 남성의 경우 여성을 구하려는 경향이 다소 적었다.

답변 데이터를 지리적으로 세 그룹으로 나누자 결정의 차이가 더 뚜렷했다. 젊은 사람을 보호하는 경향은 '남부 클러스터 국가'(예를 들어 중앙아메리카, 라틴아메리카)보다 '동부 클러스터 국가'(예를 들어 중동 및 동남아시아, 대부분의 이슬람 국가)에서 더 약하게 나타났다. 사회적 지위 또한 '남부 클러스터 국가'에 비해 '동부 클러스터 국가'에서 덜 긍정적인 역할을 했다. 그런데 남부 클러스터 국가에서는 인간과 동물 사이의 균형이 훨씬 기울어져 있었고, 동물을 보호하려는 성향이 두드러졌다. '서부 클러스터 국가'(예를 들어 북아메리카, 유럽)는 아무 행동도 취하지 않는 경향이 강했다. 즉 도덕적인 딜레마에 처했을 때 아무 결정도 내리지 않는 것이다.

이 테스트 결과에서 알 수 있듯, 인간사회에도 모두가 동의하는 도덕적으로 올바른 결정이란 건 존재하지 않는다. 우리는 성별, 사회적 출신, 국가, 인종, 종교(이외에도 수많은 요소가 있다) 등에 따라 다른 선택을 한다. 다시 AI로 돌아가자. 우리는 인간의 행동과 의사소통을 기반으로 한 데이터로 AI 시스템을 훈련한다. 따라서 AI 시스템은 우리 인간이 세상을 바라보는 직관적인 방식과 비슷한 왜곡을 갖는다.

두 번째 문제 때문에 일레인 허츠버그Elaine Herzberg는 목숨을 잃었다. 사망 당시 49세였던 이 여성은 2018년 5월 애리조나주 템피에서 자전거를 끌며 길을 건너던 중 자율주행으로 운행 중이던 우버 택시에 치여 숨졌다. 우버 택시 운전석에는 시스템을 감시하고 비상시에 브레이크를 밟을 목적으로 사람 운전자가 타고 있었다.

광범위한 조사 끝에 사건의 전말이 밝혀졌다. 자동차에 설치된 센서는 충돌이 일어나기 겨우 6초 전에 허츠버그를 인식했는데, 그녀를 사람이 아닌 '알 수 없는 물체'로 분류했다. 소프트웨어는 다시 그녀를 '자동차'로 분류했다가 마지막에는 '자전거'로 분류하고, '그 물체'의 예상 경로를 계산했다.

조사보고서에 따르면 "자율주행 시스템은 충돌을 피하기 위해 급정거가 필요하다고 판단했다."[5] 그 시점이 충돌 바로 1초 전이었다. 그러나 해당 자동차의 소프트웨어는 인간 운전자의 개입 없이 단독으로 급정거할 수 없었다. '차량의 불규칙한 움직임'을 방지하도록 설계되었기 때문이다. 그래서 자동차는 브레이크를 밟지 않은 채 자전거를 끌고 가는 여성에게 돌진했다.

이 예시는 인간과 AI가 협력할 때 발생할 수 있는 프로그램 오류, 소프트웨어 에러, 소프트웨어와 인간 사이의 오해 등 모든 공포 시나리오를 압축해 보여준다. 이 예시가 선례가 된다면 우리는 아무것도 결정되지 않은 불확실한 미래로 나아갈 수밖에 없다. 혹은 인간과 기계가 결정권을 두고 싸우다가 최악의 결과가 나올 때까지 서로를 방해하는 미래로 나아가야 한다.

인간과 기계, 인간지능과 AI의 협업을 최적의 방식으로 설계하려면 기술과 올바르게 의사소통하는 방법을 이해해야 한다. 우선 훈련 데이터를 살펴야 한다. AI를 훈련할 데이터가 현실 세계를 더 정확하게 반영할수록 AI 시스템이 현실 세계에 적합하고 아무 피해를 일으키지 않는 결과를 낼 가능성이 높아진다.

앞서 언급한 우버 택시의 소프트웨어가 인간, 자동차, 자전거라는 분리된 데이터로 훈련받았다면 여성과 자전거라는 두 물체를 정확히 인식하지 못한 것도 그리 놀랍지 않다. 자율주행 차량의 소프트웨어가 무단횡단에 관한 데이터를 갖고 있지 않다면 그런 일이 일어나는 상황을 예측하지 못할 것이다. 또 우리는 의사결정 상황에서 AI 시스템이 수행해야 하는 작업을 수학적으로 어떻게 정의해야 할지 이해해야 한다.

앞서 언급한 사망사고는 구체적인 사례 이상으로 큰 교훈이 된다. 카네기멜론대학교에서 자율주행 시스템을 연구하는 라지 라지쿠마르Raj Rajkumar는 "자동차에는 주인이 오직 한 명만 필요하다. 주인이 두 명이면 그들의 명령이 모순될 수 있다"고 말했다.

우리가 익히 아는 상황이다. 사공이 많으면 배가 산으로 간다. 그 말인슥 최종적인 결정권을 갖고 책임을 지는 누군가가 반드시 필요하다는 뜻이다. 누구도 책임지지 않으면 어떤 일도 일어나지 않는다. 아니, 책임지는 사람이 없다면 어떤 일도 일어나서는 안 된다. 모든 결정에는 한 명의 결정권자가 필요하다. 다만 문제가 있다. 과연 미래에 그 주인은 누구일까? 인간인가, 기계인가?

이 질문에 대해 지금까지는 한 가지 답이 존재했다. 보편적이면서 올바른 그 답은, 결정의 종류에 따라 다르다는 것이다. 의사결정 과정에서 인간과 기계가 협력하면 다음의 세 가지 가능성이 생긴다.

**휴먼 인 더 루프(HITL: Human in the loop):** 인간이 결정을 내리고, 기계는 그저 사전 작업을 도와주거나 의사결정에 필요한 일부 과정을 자동화하는 모델이다. 예를 들어 대부분의 자동화 무기 시스템의 경우, 최종적인 발포 결정은 반드시 인간이 직접 내려야 한다.

**휴먼 온 더 루프(HOTL: Human on the loop):** 기계가 스스로 주변 환경을 파악하고 분석한 다음 결론을 내리고, 그 결론을 상황에 맞게 전환하거나 구현하는 모델이다. 이때 인간은 기계가 하는 일을 감시하고 비상시에 끼어드는 역할만 맡는다. 오늘날 자율주행 자동차가 여기에 속한다. 자율주행 자동차가 도로를 달릴 때 시스템이 오류를 일으키거나 잘못된 결론에 도달하는 돌발 상황에 대비하기 위해 항상 인간 운전자가 운전석에 앉는다. 또 다른 예시는 로봇청소기다. 로봇청소기는 스스로 바닥을 스캔하고 먼지를 제거해야 할 구역을 파악한 다음 계획에 따라 청소한다. 사람이 할 일은 로봇청소기가 구석에 끼이거나 움직이지 못할 때 청소기를 꺼내는 것뿐이다.

**휴먼 아웃 오브 더 루프(HOOTL: Human out of the loop):** 인간이 더 이상 아무 역할도 하지 않는 모델이다. 인간은 긴급 상황에 개입하지 않아도 될 뿐만 아니라 모든 계산 및 결정 과정에서 제외된다. 예를 들어 IBM과 프로메어Promare가 개발한 자율운항 선박 '메이플라워Mayflower'는 레이더, GPS, AI 조종 카메라, 수많은 센서 및 최고 사양의 컴퓨터만으로 전 세계의 바다를 누빈다. 인간 승무원은 없다. 이 선박은 '실시간 머신러닝' 및 '디시전 엔진Decision engine'을 탑재하고 스스로 항해한다. 인간의 개입 없이 주변 상황을 인식하고 항로를 예측하고 위험을 감지하고 충돌을 피하고 해상교통법을 준수한다. 이 모든 일이 자율적으로 이루어지며 인간 연구진이 미리 설정해둔 목표를 따른다. 메이플라워호의 선장은 AI다.

그런데 결정권을 쥔 쪽이 누구냐는 질문에는 화려한 용어나 단계적인 설명으로 나타낼 수 없는 두 번째 답변이 있다. 이미 AI

는 사람이 하는 것보다 데이터를 훨씬 빨리, 광범위하게, 더 철저히 분석할 수 있다. 이런 경쟁력은 곧 좋은 성과로 이어질 것이고, 그것은 우리 인간에게는 그리 달갑지 않은 일이다.

미국의 비영리단체 오픈 필란스로피Open Philantrophy의 수석과학자 아제야 코트라Ajeya Cotra는 "언젠가 우리는 우리보다 훨씬 능력이 뛰어나고 빨리 생각하는 시스템을 갖게 될 것이다. 그 시스템이 모는 중요 결성을 내리며 사용사가 설정한 목표를 고차원적으로 추구하게 된다"[6]고 말했다.

에이다 러닝의 '도덕과 기계' 학술회의 패널토론 무대에서 테히니커크랑켄카세Techniker Krankenkasse*의 CEO 옌스 바스Jens Baas는 "앞으로는 의사가 진단이나 치료 결정을 내릴 때 AI의 도움을 받지 않으면 법적인 책임도 져야 한다고 생각한다"고 주장했다.

지난 몇 년 동안 AI가 인간 의사보다 더 정확하고 더 나은 진단을 내렸다는 소식을 심심치 않게 들었다. 특히 유아기 실명, 심장질환, 피부암, 알츠하이머 같은 질병에서 AI가 뛰어난 성과를 보였다.[7] 새로운 연구 결과에 따르면, AI는 사람의 언어습관을 바탕으로 초기 알츠하이머를 진단할 수 있다.[8] 날고 기는 의사나 연구자들조차 더 이상 따라잡을 수 없는 혁신이다.

결과가 정확하고, 심지어 인간의 능력을 훨씬 능가하는데 AI가 질병의 진단과 치료라는 임무를 대신하지 말아야 할 이유가 있을까? 어쩌면 '인간적인 요소'를 구성하는 다른 것이 필요한지

---

* 이른바 테카 보험이라고 하는, 독일의 공보험.

도 모른다. 거의 모든 의학 연구 결과를 보면, AI가 인간 의사를 대체하지 못하리라는 것이 정론이었다. 의사와 환자의 대화, 인간적 접촉, 안 좋은 진단 결과를 전할 때 의사가 환자의 손을 잡으며 위로해주는 일 등은 인간적인 공감과 직관이 필요한 일이었기 때문이다.

그런데 완전히 다른 결과가 나타난 연구도 있다. 무작위로 선정된 환자 200명 중 80퍼센트가 챗GPT와의 대화가 실제 의사와의 대화보다 훨씬 나았다고 평가한 것이다. 이들은 정보의 질뿐만 아니라 공감이나 다정함 같은 측면에서도 챗GPT가 더 훌륭했다고 말했다.[9]

3장에서 소개했던, 1960년대에 등장한 챗봇 엘리자를 기억할 것이다. 엘리자의 사례는 이러한 미래를 예견한 걸까? 이 연구 결과는 사람들에게 공감 역시 포괄적인 데이터로 학습 가능하다는 새로운 희망을 준다. 이제 봇의 공감 능력이 사람보다 뛰어나다. AI의 공감이 단순 시뮬레이션에 불과할지라도 환자들 입장에서는 시간이 없어 대충 진료를 보는 의사보다 더 나을 수 있다.

이미 여러 차례 탐구하던 질문이 다시 등장할 차례다. 우리 인간이 설 자리는 어디인가? AI가 모든 일을 더 잘할 수 있다면 우리에게 남은 것은 무엇인가?

공감을 표현하고 마지막 결정을 내리는 능력이 오로지 인간의 자율성만을 뜻하지는 않는다. 의료에서 경제로 분야를 바꿔보면, 이것은 리더십 역량의 핵심이기도 하다. CEO들은 결정을 내리고 사람들을 이끌어야 한다. 이런 일이 나중에는 AI가 있어야만 가능해진다면, 혹은 AI 혼자서 할 수 있는 일이 된다면 어떨까?

우리 두 저자는 업종, 회사의 형태, 계층 구조에 상관없이 경영진 500명을 대상으로 회사에서 어떻게 AI를 활용하고 있는지, 장애물은 무엇인지, AI를 사용한다는 것이 선택의 자유 측면에서는 어떤 의미인지 설문조사를 진행했다.[10] 응답자 중 60퍼센트 이상이 미래에는 그들의 자율성이 AI의 결정 때문에 축소될 것이라고 내다보았다. 그리고 응답자 다섯 명 중 한 명은 AI가 의사결정 과정에 관여하면 자신이 책임을 져야 하는 분야에서도 결정권을 잃을지 모른다며 두려워했다.

충분히 이해할 수 있는 일이다. 인간의 결정권을 넘보기 시작한 AI의 승리 행진은 멈추지 않을 것이다. 앞으로 여러 기업이 인간 의사결정자와 함께 AI 의사결정자를 활용할 것이다. 이미 홍콩에서는 2019년에 벌어진 일이기도 하다. 홍콩의 한 벤처캐피탈 회사는 유망한 투자처를 찾는 데 도움을 받기 위해 도입한 '바이탈VITAL'이라는 AI 도구를 이사회의 일원으로 임명했다.

잠재력이 있는 투자처에 관한 데이터를 분석하고 결론을 도출하는 것이 이 AI의 임무다. 투자처를 결정할 때 AI가 투표를 할 수도 있다. 그렇다면 언젠가는 회의실에 아무도 앉아 있지 않은 상태에서 회의가 진행될지도 모른다.

인간의 의사결정 과정에는 데이터 평가, 진단 혹은 예측이 필요하다. 많은 사람들이 이런 작업을 기계에 맡길 수 있다고 생각한다. 미래에 만약 잘못된 결정이 내려졌을 때 인간의 책임을 배제할 수 있을까? 이와 관련한 판례가 늘어나면 답을 얻을 수 있을 것이다. 더 많은 기업, 조직, 정부기관이 의사결정과정을 AI 시스템에 맡길수록 판례는 더 빨리 쌓인다. 미래에 경제적으로, 정치적으로, 혹은 군사적으로 경쟁력을 키우고 싶은 사람은 자신의 의사결정 과정에 AI를 통합해야 할 것이다.

이 발전의 끝은 어딜까? 코트라는 단호하게 말했다. "인간 CEO의 옆에 AI CEO가 자리하는 때가 온다면 인간 CEO가 더 이상 필요 없어지는 것은 시간문제다." 논리는 간단하다. "내가 회사의 주주이고 AI를 사장 자리에 앉히는 것이 돈을 벌 수 있는 유일한 방법이라면 어떻게 해야 할지는 명확하다. (……) 내가 상상하는 미래에 사람은 삶의 모든 영역에서 AI라는 의사결정권자에 의존하기를 거부하다가 결국 쓸모없어질 것이다."

그런 상황이 현실이 될 때까지 우리에게 남은 시간은 얼마나 될까? 계산은 결정이 아니다. 중요한 것은 AI의 계산 능력이 아니라 우리 인간이다. 우리는 AI를 어떻게 우리 삶에 통합할 것인지, 그러기 위해 어떤 조건을 설정할지 결정해야 한다. 그것이야말로 데이터 분석, 경험, 직관을 합친 진정한 결정이다. 그리고 그것은 인류 현대사에서 대단히 중요한 결정이 될 것이다.

## 우리처럼 되거나 되지 않거나: AI의 창발

2023년 4월 알파벳의 CEO 선다 피차이는 그다지 행복해 보이지 않는 모습으로 대중 앞에 섰다. CBS TV 방송인 〈60분〉에 출연한 그는 구글의 챗봇 바드가 스스로 새로운 언어를 학습했다고 말했다. 그는 슬픔에 잠긴 목소리로 소식을 전했다.

"몇몇 AI 시스템이 우리가 기대하지 않던 능력을 갖추기 시작했습니다. 어떻게 그런 일이 일어났는지 정확히 알 수 없습니다. 구글의 한 AI 프로그램이 모르는 언어로 된 프롬프트를 받은 후 스스로 벵골어를 학습했습니다."

천지가 개벽할 뉴스였다. AI가 배운 적도 없는 언어를 스스로 익혀 사용할 수 있다니, 우리는 거의 창세기에 버금가는 언어 및 의사소통의 혁명을 눈앞에 두고 있는지도 모른다.

그 소식을 들은 전문가들의 반응은 대개 부정적이었다. 미국 산타페 연구소의 AI 연구자 멜라니 미첼Melanie Mitchell은 구글의 여러 언어모델에 사용된 훈련용 데이터를 확인하고 피차이의 주장이 타당하지 않다고 말했다. 미첼은 바드의 이전 모델인 팜Palm을 조사했고 벵골어 데이터가 훈련용으로 사용된 사실을 확인했다. 전체 훈련 데이터의 0.006퍼센트에 불과한 양이기는 했지만, 어쨌든 언어모델이 스스로 언어를 학습했다는 것은 어불성설이었다.[11]

미첼은 화가 나서 자신의 트위터에 "구글의 책임자라는 사람들이 어떻게 자사 시스템이 '마치 마법처럼' 벵골어를 배웠다고 말할 수 있나? 내 생각에 그들은 자사 모델이 어떻게 기능하는지조차 모르는 것 같다"고 썼다.

우리는 AI에 초자연적인 능력을 부여하는 경향이 있다. 방송에 출연한 피차이가 AI 기술을 신처럼 추앙하지는 않았지만, 어쨌든 그는 언론의 허위 보도에 반박하지도 않았다. 하지만 자신이 발설한 정보가 사실과 다르다고 판명된다면 정정하는 편이 좋다. AI는 인간으로부터 얻은 데이터로 훈련받는다. 그러므로 AI가 무無의 상태에서 새로운 능력을 발전시켰다고 호들갑을 떨며 주장하는 것은 위험하다.

이러한 주장은 2022년 11월 챗GPT가 공개된 이후 우리를 끊임없이 괴롭히고 있는 논쟁과도 관련이 있다. 그 논쟁은 다음 질문으로 마무리된다. 모든 것을 알며 인간보다 똑똑하고 더 이상 인간의 명령을 따르기는커녕 인간에게 명령할 수 있는 AI는 과연 언제 등장할 것인가?

잠시 왔던 길로 되돌아가자. AI가 훈련용으로 쓰인 수십억 가지 데이터 및 매개변수를 바탕으로 자체적인 역량을 개발할 수 있을까? AI가 말 그대로 학습하는 시스템이 되고 우리 인간이 그 과정을 파악하기는커녕 상상조차 할 수 없어지는 그런 순간, 언젠가 AI의 능력이 인간의 지능을 뛰어넘는 그런 날이 올까?

그러려면 AI는 '창발Emergent'이라고 부르는 특성을 갖춰야 한다. 창발이란 수많은 개별적인 조각들 사이에서 새로운 것, 즉 고도로 발달한 전체가 나타나는 현상이다. 개별 부분의 합이 기대를 뛰어넘는 대단한 것을 만들어낸다. 즉 모든 부분을 합한 것보다 전체가 더 크다. 1 더하기 1이 2보다 큰 셈이다.

말도 안 되는 소리 같지만 이런 현상은 자연에서도 자주 일어난다. 창발의 가장 인상적인 예시가 바로 진화다. 40억 년 이상 전 어느 순간에 무기물질에서 화학 반응이 일어나 생물학적인 생명체가 등장했다. 이런 과정은 사실 일상에서 흔히 접할 수 있다. 물의 특성이나 개미탑이 유지되는 방식은 물을 이루는 각 분자 혹은 수많은 개미들이 합동 공연을 벌인 결과다.

사회적인 삶에서도 창발의 예시를 수도 없이 찾을 수 있다. 우리 사회 체계는 저절로 새롭게 조직된다. 그 안에서 다른 것, 더 큰 것, 새로운 구조, 새로운 시스템 등이 만들어지기도 한다.

베를린 장벽이 무너진 사건 또한 창발의 과정이었다. 수십만 개인의 행동이 세계 질서의 일부분을 구성하는 정치 체계를 무너뜨리고 새로운 체계를 만들었다. 인간 또한 창발적인 행동을 할 수 있는 셈이다.

AI 시스템은 우리가 기계의 학습과정에 먹이로 주는 데이터보다 더 많은 것을 만들어낼 수 있을까? 이것은 언젠가 AI가 우리 인간보다 더 똑똑해질 수 있을지 여부를 결정할 때 중요한 질문이다. 이에 관해서는 전문가들 사이에서도 의견이 분분하다.

AI가 인간보다 똑똑해질 수 있을지를 알려면 복잡한 AI 모델이 정말로 지능을 가진 것인지, 아니면 그저 계산을 잘할 뿐인지 정확히 밝혀야 한다.

대규모 언어모델이 별다른 프로그래밍 없이 정말로 새로운 것을 창조해낸다면 트랜스포머라는 별명에 걸맞은 존재가 될 것이다. 트랜스포머는 데이터와 해석을 전환하는 과정을 거치면서 스스로를 다른 존재로 만든다. 마치 자신이 데이터를 분석하고 해석하도록 설계된 존재가 아닌 것처럼 만드는 것이다.

## 지능의 불씨를 지피다: 생각하는 기계?

2020년 구글의 한 연구팀은 과연 AI가 인간보다 똑똑해질 수 있을지 본격적으로 탐구했다. 연구진은 언어모델이 고성능 통계 기능을 바탕으로 인간의 능력을 그저 모방하는 데서 그치지 않고 더 많은 일을 해낼 수 있는지 알아보기 위해 언어모델의 해석력을 실험했다.

이 프로젝트에는 컴퓨터가 사람처럼 대답할 수 있는지를 알아보는 앨런 튜링의 '모방 게임'을 기반으로 해 '모방 게임의 벤치마크를 넘어서Beyond the Imitation Game Benchmark'라는 이름이 붙었다.[12] 연구진은 언어모델에 "다음 이모티콘이 묘사하는 영화는 무엇인가?"라고 질문했다.

결과는 부분적으로 우스웠고 부분적으로는 연구진을 놀라게 했다. 간략한 언어모델은 이렇게 답했다. "이 영화는 한 남성에 관한 영화이고, 그 남성은 남성이다." 개선해야 할 필요가 있는 답변이다.

그보다 조금 더 강력한 언어모델은 영화의 제목이 〈이모티콘 영화〉라고 답했다. 가장 뛰어난 언어모델은 〈니모를 찾아서〉라고 답했다. 연구진은 모든 작업 중 약 5퍼센트에서 언어모델의 성능이 빠르게, 극적으로 향상되는 획기적인 발전을 관찰했다. 구글 연구원 이선 다이어Ethan Dyer는 "너무 놀라지 않으려고 노력했지만, 언어모델이 할 수 있는 모든 일을 확인하자 놀라지 않을 수 없었다"고 소감을 전했다.[13]

언어모델의 이러한 해석력이 주목할 만한 것이기는 하나 언어모델이 전에 없던 새로운 특성과 능력을 발휘해 지능의 창발을 명확하게 보여준다는 증거가 되지는 않는다. 앞으로도 이와 관련된 연구와 실험이 지속적으로 필요할 텐데, 대개는 두 가지 주장에 따라 진행된다.

하나는 이른바 곡선 맞춤Curve fitting 가설이다. 이 가설에 따르면, 대규모 언어모델은 통계적인 답을 찾아가는 데 매우 뛰어나다. 그래서 데이터 관련 문제를 해결할 올바른 수학적인 답을 찾아낼 수 있다. 하지만 이런 경우 엄청난 양의 데이터 형태로 주입된 정보와 지식만을 재생산할 뿐이다. 인간은 때때로 챗봇과 대화를 나눌 때 상대방이 지능적인 인간일지도 모른다고 생각하는데, 그 또한 우리가 그렇게 믿도록 만드는 강력한 통계적 결과다.

이 가설을 주장하는 선두주자 중 한 사람이 튜링상 수상자이자 메타의 수석과학자인 얀 르쿤이다. "언어모델은 모든 것과 모든 사람을 얄팍하게 이해하고 있다. (……) 언어로 훈련받은 시스템은 지금부터 우주의 열사멸 때까지 훈련을 지속하더라도 절대 인간의 지능 수준에 도달하지 못할 것이다."[14]

또 다른 하나는 수집된 데이터에 포괄적인 지혜가 들어 있다는 주장이다. 채권 시장의 금리 동향이 우리에게 주는 신호와 비슷하다고 생각하면 된다. 데이터 몇 메가바이트가 실제 변동사항뿐만 아니라 소비자의 행동과 노동시장이 어떻게 변할지, 경제의 전반적인 발전과정이 어떤 모습일지, 사람들이 이를 얼마나 신뢰하는지 등의 정보를 제공한다. 이에 따라 인류에 관한 모든 데이터를 먹이로 삼은 언어모델은 스스로 지능적인 존재가 되는 데 충분한 정보를 갖고 있다는 가설을 이끌어낼 수 있다.

인류 역사의 모든 텍스트가 담긴 우리 언어에는 역사, 앞으로의 발전, 과학적 지식 등 수많은 정보가 들어 있다. 그런 언어로 훈련받은 언어모델은 세계와 인류에 관한 폭넓은 결론을 도출하고, 추상적이고 합리적인 사고를 배울 수 있다. 언어모델은 "기술 기업의 서버에 사는 리바이어던이 된다."[15]

두 가지 가정 중 어떤 것이 사실인지는 알 수 없다. 아직 판단하기에는 이르다. 우리는 아직 발전의 첫 단계에 발을 디뎠을 뿐이므로 앞으로 놀랄 일이 많이 남아있을 것이다.

앨런 튜링의 이야기로 돌아가자면 AI 시스템이 인간처럼 생각하는 척만 하는 것인지, 아니면 실제로 생각하는 것인지는 중요하지 않다. 그 시스템이 내놓는 결과물은 우리에게 현실이자 실제 상황이며, 실질적인 지능에 따른 것으로 보인다. AI가 인간을 속속들이 알고, 지나치게 정확한 결과를 내놓기 때문에 우리는 깜짝 놀라면서 AI가 우리와 같다고, 심지어는 우리보다 똑똑하다고 여긴다.

어떤 사람들은 그 사실을 믿지 않으려고 한다. 그런 사람들은 인간의 직관과 상상력, 연상하는 사고력, 감정 같은 모든 요소가 원시적이고 인간적인 것이라고 생각한다. 즉 AI가 이런 특성을 모방하거나 시뮬레이션할 수는 있지만 선험적이고 선천적으로 존재하는 인간의 의식은 소프트웨어나 신경망, 기계가 절대 도달할 수 없는 영역이라는 것이다.

실질적인 지능을 갖춘 기계란 인류가 상상할 수 있는 가장 크고 역사적으로 유일하며 매우 효과적인 나르시시즘적 질병이다. AI보다 더 고차원적인 사고를 할 수 없다면 우리가 어떻게 인간으로서 계속해서 이 세상에서 일어날 일들을 결정할 근거를 마련할 수 있을까?

2023년 2월 우리는 작은 승리를 맛보았다. 챗GPT가 독일 바이에른 지역의 대입 시험에 불합격한 것이다. 챗GPT는 문제로 나온 크리스토프 란스마이어Christoph Ransmayr의 시 〈별 따는 사람〉을 찾지 못했다. 챗GPT가 내놓은 답변은 "안타깝게도 크리스토프 란스마이어의 작품집에 〈별 따는 사람〉이 어떤 맥락으로 포함되어 있는지 평가할 수 없습니다. 따라서 그의 전 작품에 관한 정보를 제시할 수 없습니다"였다. 데이터베이스에 공백이 있었기 때문인 것으로 보인다.

그런데 챗GPT는 이 책의 저자 두 사람이 썼으며 〈NZZ〉 신문에 실린 글도 찾지 못했다.[16] 챗GPT에는 문학사에 혁명을 일으킨 알고리즘이 들어 있으니 이런 문제쯤이야 식은 죽 먹기여야 했다. 어이없게도 바로 그 점이 오류를 일으켰다. 챗GPT는 알고리즘이나 AI에 관한 것은 아무것도 '모르며', 그저 데이터를 평가하는 도구다.

독일어교사 파트릭 도른Patrick Dorn은 AI의 해석을 두고 "말도 안 되는 문장이 너무 많다. 챗GPT가 저자의 의도를 파악하기는 했지만, 그 결과물은 요구사항에 훨씬 뒤처진 것이었다"고 말했다. 그는 AI의 성과를 3점으로 평가했고, 챗GPT는 시험에 떨어졌다.

AI의 지능이 아직 이런 수준이라니 당분간은 발을 뻗고 자도 될까? 챗GPT의 후속 모델인 GPT-4는 어려운 시험을 차례차례 격파하고 있다. 앞서 언급했지만 GPT-4는 미국 변호사시험에 합격했다. 심지어 수험자 중 10퍼센트 내에 드는 성적이었다. 미국의 대입 시험인 SAT와 읽기, 쓰기, 산수 등의 기본적인 능력시험에서도 7퍼센트 내에 드는 성적을 보였다. '미국 생물학 올림피아드'에 합격했고 의사고시 필기시험에서도 아주 좋은 성적을 남겼다. 심지어는 미각이 필요한 소믈리에 시험에서도 좋은 결과를 보였다.[17]

이 챗봇은 못 하는 게 뭘까? 이 또한 인간의 심각한 나르시시즘적 질병의 그림자인지도 모른다. 그 그림자는 점점 커져서 언젠가 인간이 지적인 독창성의 증거로 삼는 모든 것을 덮어버릴 것이다. 우리가 그 그림자가 커지도록 가만히 두고 있기 때문이다. 우리는 자신이 불완전한 존재일지도 모른다는 두려움 때문에 전혀 지능적이지 않은 논의에 열심이다.

2023년 3월 22일 마이크로소프트는 보도자료를 내보내 훌륭하기는 하나 실질적으로는 매우 의문스러운 주장을 펼쳤다. 마이크로소프트의 한 연구팀이 GPT-4에서 '일반지능의 불꽃'을 찾았다는 것이다. 해당 보도자료에 따르면 "우리가 발견한 내용은 GPT-4가 실제로 인공일반지능의 특성을 보여주는 일종의 일반지능에 도달했다는 것이다. 이는 GPT-4의 핵심적인 정신능력(예를 들어 논리적인 사고, 창의성, 추론)과 폭넓은 주제를 아우르는 전문지식(예를 들어 문학, 의학, 코딩 등), 수행할 수 있는 다양한 작업(예를 들어 게임, 도구 사용하기, 스스로 설명하기 등)에서 드러난다."[18]

인공일반지능, 그러니까 AGI라고? 사람들이 AI와 책임감 있는 대화를 나누는 데 도움이 되는 관점은 아니다. SF 영화 〈매트릭스〉 시리즈에서 인류를 끝장내는 힘을 연상케 하는 주장이다. 인간을 능가하는 지능이 언젠가 인간보다 더 똑똑해져서 우리 인간의 운명을 결정하거나 혹은 인간을 멸종시킨다는 아이디어는 소설이나 할리우드 영화의 단골 소재다. 감정을 자극하고, 매력적이고, 때로는 두렵고 재미있는 이야기다. 그런데 그게 허구가 아니라 실제 상황이며 사회적인 논의의 대상이라니, 정말일까?

정말이다. "AGI를 만드는 데 성공한다면 그 기술은 인류를 발전시키고, 삶의 질을 높이고, 세계경제를 성장시키고, 새로운 과학지식을 발견해 가능성의 한계를 넓히도록 우리를 도울 것이다." 이는 오픈AI가 2023년 2월 24일 자사 블로그에 게재한 회사의 목표였다.[19]

오픈AI는 애초부터 AGI를 염두에 두고 있었다. 미국 잡지 〈와이어드〉에 게재한 긴 기사에서 작가 스티븐 레비는 오픈AI가 무엇을 원하는지 밝혔다. "궁극적인 목표는 모든 것을 바꾸는 일이다. 말 그대로 모든 것을 말이다."[20]

오픈AI의 아이디어에는 역사상 가장 크고 수익성이 높으며 광범위한 비즈니스 모델이 숨어 있다. 샘 올트먼은 2021년 "AGI는 인류 역사상 딱 한 번 만들어질 것이다"라고 말했다. 이론적으로 보자면 맞는 말이다. 일단 AGI가 만들어진다면 이후부터는 AGI가 스스로 앞으로의 기술 발전 방향을 결정할 것이기 때문이다.

이것이 자사의 비즈니스에 어떤 의미이냐는 질문에 오픈AI는 재미있는 답변을 준비했다. 이 회사는 초기에 잠재적인 투자자들에게 투자금을 모두 잃을 수도 있다는 무보증 조항을 제시하며 경고했다. "우리는 귀하의 수익률을 보장하지 않습니다. 우리는 기술적 임무의 완수를 최우선 과제로 삼습니다. 게다가 AGI가 개발된 이후 세상에서 돈이 어떤 역할을 하게 될지 우리도 모릅니다."[21]

유머러스함과 대담함에 혀를 내두르게 되는 답변이다. 실질적인 위험이 도사리고 있으니 주의해야 하는 답변이기도 하다. 오픈AI는 책임지고 AGI를 개발하려고 노력할 것이다. 이에 관해서는 샘 올트먼이 여러 차례 확신을 주고 있다.

오픈AI가 연구기관으로 만들어져 시장이나 다른 경쟁자들의 상업적 이익으로부터 독립성을 확립할 수 있었다는 점은 옳았다. 그러나 연구기관이던 오픈AI는 오래 전부터 상업적인 기업으로 변모했다. 마이크로소프트는 오픈AI에 100억 달러 이상을 투자했다. 이러한 배경에 갑자기 다른 빛이 비추기 시작한 것은 마이크로소프트의 한 연구팀이 GPT 언어모델에서 AGI의 첫 번째 불꽃을 찾아냈다고 믿기 시작했을 때부터다.

바로 그것이 2023년 말 샘 올트먼이 CEO 자리에서 잠시 퇴출된 원인이었다. 오픈AI는 기술 낙관론자들과 종말론자들이 복잡하게 섞여 있는 곳이다. 이것은 오픈AI만의 문제가 아니다. AI 분야는 지금 거의 종교적인 분열에 직면해, 개척자들과 파멸을 예언하는 사람들이 대척하고 있는 상태다. 양쪽 모두 세상을 더 낫게 만들어야 한다는 망상적인 생각에서 영감을 받았다.

오픈AI가 2022년 크리스마스 기간 중 샌프란시스코에 있는 캘리포니아 과학아카데미에서 행사를 진행했을 때, 이 회사에서 꽤 생각이 깊은 연구책임자인 일리야 수츠케버는 직원들 앞에서 이런 구호를 외쳤다. "AGI를 느끼십시오!"[22]

갑자기 온갖 사람들이 AGI를 언급할 정도로 능력이 뛰어난 AI 모델이 개발된다면 그 개발과정은 매우 투명하게 진행되어야 한다. 그러나 현실은 그렇지 않다. 우리는 아직도 모델이 작동하는 데 지대한 영향을 미치는 훈련용 데이터가 어떤 정보를 포함하고 있는지 모른다. 또 그 데이터가 환각을 막기 위해 어떻게 처리되는지 정확히 모른다. 이 모든 것은 과학적인 조사가 필요한 일반적인 문제이며 우리 사회에 광범위한 영향을 미친다.

문제는 그런 데이터가 한 회사의 독점적이고 비밀스러운 공간에서 처리된다는 사실이다. AI 연구자 케이트 크로퍼드는 "진정한 문제는 나 같은 과학자나 연구자들이 바드나 GPT-4, 시드니 같은 모델이 어떻게 훈련받는지 경험할 기회가 전혀 없다는 것이다. 기업들은 그런 정보를 공유하려 하지 않는다. 훈련 데이터는 모델의 근간이기도 하므로 매우 중요하다. 과학은 투명성에 달려 있다"[23]고 말했다.

세계 사회의 인지적 운영체제를 변화시키고, 그 체제를 가상의 존재에게 쥐어주는 경우에는 특히 투명성이 중요하다. 미국의 신경과학자이자 AI 기업가인 게리 마커스Gary Marcus는 "코카콜라가 레시피를 비밀로 유지하는 것은 괜찮다. 코카콜라의 정확한 제조법과 공공의 이익 사이에는 아무 연관이 없기 때문이다. 그런데 코카콜라가 민주주의를 끝장내거나 사람들에게 유독한 의학적 조언을 하거나 사람들이 범죄 행위를 저지르도록 유도하는 새로운 레시피를 만든다면 어떨까? 그런 경우에는 공청회가 필요할 것이다"[24]라고 말했다.

'만약'이나 '혹시'가 아닌 '어떻게'가 중요하다. 우리는 거대한 목표를 세우고 파괴적인 사고를 해야 한다. 기술기업에 속한 사람들이 파괴적인 사고를 하면 아주 흥미롭고 새로운 아이디어가 탄생한다. 우리는 그 아이디어를 계속 발전시킬 올바르고 현명한 결정을 내려야 한다.

현재 AGI에 관한 논의는 논점에서 어긋나고 있다. 대규모 언어모델과 다른 응용프로그램이 인간의 가치와 목표에 부합하도록 하기 위해서는 잘못된 결과나 가짜 정보에 맞서 싸우는 것 외에도 지금 당장 해결해야 할 중요한 문제가 많다.

한편 AGI에 관한 논의 때문에 두려움에 빠진 사람들이 많다. 어떤 기술을 도입한다는 결정이 우리가 인간으로서 내리는 마지막 결정이 될지도 모른다면 누가 그 기술을 사용하고 싶겠는가?

한때 인간의 도구였던 것이 이제는 인간을 도구로 삼을지도 모른다. 의식적으로 그런 기술의 도입을 선택한 사회의 끝은 결국 자폭이다. 인간은 자신의 높은 지능을 과신하다가 어리석은 결정을 내릴 수도 있다.


## 다시 한 번 근본부터 파헤치기: 지능이란 도대체 무엇인가?

이제 사람은 기계와 대화할 수 있다. 트랜스포머 기술과 그 기술에서 탄생한 고성능 챗봇 덕분에 가능해진 일이다. 다른 한편으로 어떤 대상과는 여전히 대화를 나누거나 정보를 공유하지 못한다. 예를 들어 우리는 이 세상에서 늘 함께 살아온 상대, 즉 동물들에게 무슨 일이 생길지 전혀 모르고 있다. 미래 언젠가 우리가 동물과 대화하게 된다면 그것이야말로 진화 역사의 경이로움일 것이다.

동물과 대화하게 된다면 우리가 환경이나 다른 동물종을 더 조심스럽게 대할 기회가 생길지도 모른다. 동물들이 우리에게 정당하게 항의하거나 불만을 토로한다면 그냥 무시하기 어려울 테니 말이다. TV 시리즈 〈2050: 벼랑 끝 인류Extrapolations〉가 그런 시나리오를 보여주었다. 해양연구자인 주인공 레베카는 마지막으로 남은 고래 한 마리에게 좋지 않은 일이 발생했다는 사실을 알게 된다. 고래의 목소리는 메릴 스트립Meryl Streep이 연기했다. 고래의 목소리라니? 이 SF 드라마에서 인간은 기술의 도움으로 고래의 언어를 해독하고 컴퓨터를 이용해 고래와 소통할 수 있다.

지금도 현실에서 일어나고 있는 일이다. 고래의 노래를 해석하려는 미국의 연구팀 세티CETI: Cetacean Translation Initiative는 카리브해 도미니카섬 근처의 해저 약 20킬로미터 반경에 고래의 소리를 녹음할 마이크를 설치했다.[25] 고래가 내는 독특하고 딸깍거리는 듯한 소리를 녹음해 머신러닝의 도움으로 분석하는 것이 목표다.

고래의 소리를 해석하는 데 성공해서 고래들의 수많은 대화를 알아듣게 된다면 인간이 동물을 이해할 수 있을 것이다. AI는 복잡한 의사소통 표본을 해석하고 언젠가 그것을 인간의 언어로 번역할 수 있다. 반대의 작업도 가능하다. 연구진이 AI 번역기를 이용해 고래들에게 "이쪽으로 가면 해안이니까 돌아가. 해안은 너희들에게 위험해"라고 알려줄 수 있을지도 모른다. 리처드 아텐버러Richard Attenborough가 찍은 동물 다큐멘터리에 따르면 우리는 고래, 호랑이, 고릴라 등 동물의 대화를 AI가 생성한 자막을 보며 이해할 수 있을 것이다.

루트비히 비트겐슈타인Ludwig Wittgenstein이 이런 세상을 경험했더라면 좋았을 텐데. 저서 《철학적 탐구Philosophische Untersuchungen》의 2장에 비트겐슈타인은 "사자가 말을 할 수 있었더라도 우리는 사자를 이해하지 못했을 것이다"[26]라고 썼다.

비트겐슈타인의 머릿속에는 보다 광범위한 철학적 문제가 자리 잡고 있었다. 그는 의사소통에 필요한 것은 화자 간에 공유되는 형식적인 언어만이 아니라고 생각했다. 서로를 이해하려면 화자들이 판단과 생활 관행을 공유할 수 있어야 한다. 이는 세티의 번역 프로젝트에도 중요한 문제다. 고래나 다른 동물의 음성표현을 해독할 수 있게 되었다고 치자. 그렇다고 하더라도 음성표현만을 해독한 것이기 때문에 그 내용을 해석하고 뜻을 이해할 수는 없다. 호랑이와 인간이 서로 이해하지 못한 채 대치하면, 둘 중 하나가 나른 쪽의 먹이가 될 우려가 있다.

우리가 갑자기 AI의 도움으로 동물의 영역에 끼어들어 그들의 언어로 말하기 시작하면 무슨 일이 벌어질지도 미지수다. 인간이 거의 알지 못하는 생태계에 개입하는 일이기 때문이다. 그런 이유에서 AI가 아무 조건이나 제한 없이 인간의 언어·문화·사회 체계를 벗어나도록 두는 것도 그리 현명하지 않다.

인간은 고유의 '운영체제'를 개발했다. AI 또한 고유의 운영체제를 갖고 있듯이 말이다. 둘이 합쳐지면 많은 것이 긍정적인 방향으로 발전할 것이다. 그러나 반대로 갈등, 심지어는 전쟁이 발생할 가능성도 있다. 기술적인 시스템에 관해 이야기할 때 우리는 상호운용성, 즉 시스템이 다른 시스템과 협력할 수 있는 능력을 중요시한다. 인간과 AI 사이에 어떻게 상호운용성이 생길 수 있을지 우리는 앞으로 더 구체적으로 경험할 것이다.

인간과 동물이 의사소통할 가능성과 그 장애물을 면밀히 살펴 얻은 통찰력은 AI를 다루는 데도 도움이 된다. 대규모 언어모델은 똑똑하지만 인간과는 다른 방식으로 똑똑하다. 챗GPT의 이전 모델인 GPT-2의 능력은 벌의 뇌와 비교되었다. 후속 모델인

GPT-4는 다람쥐의 뇌와 비교된다.[27]

벌써부터 AGI에 겁먹을 필요는 없다. 그렇지만 지능과 같은 복잡한 주제를 다룰 때는 모든 것을 하나로 묶지 말아야 한다. 지능에 관해 말할 때 우리는 한 번에 수많은 다양한 것들을 가리킨다. 그리고 그중 상당수를 정확히 묘사하거나 분석할 만큼 잘 알지 못한다. 미국의 심리학자 로버트 J. 스턴버그Robert J. Sternberg는 "지능에는 그 개념을 정의해야 하는 전문가들의 수만큼이나 많은 정의가 있는 것 같다"고 말했다.[28]

3년 전쯤 우리 두 저자는 뒤셀도르프에 있는 작은 이탈리안 레스토랑의 바 카운터에 앉아 어린 시절 이야기를 나누고 있었다. 그때 우연히 알았는데, 우리 둘 다 어렸을 때 소위 월반을 할 수 있을지 알아보기 위해 지능테스트를 받았다. 더 놀라운 점은 우리가 받은 지능테스트의 결과가 소수점 이하 자리까지 똑같았다는 사실이다. 정말 희한하지 않은가? 그건 무슨 뜻일까? 우리가 동일한 정도로 똑똑하다는 뜻인가? 우리가 다른 측면에서도 비슷하다는 뜻인가? 지능테스트의 결과가 같다고 해서 우리 두 사람이 모든 면에서 똑같은 것은 아니다. 숫자가 일치했다는 사실이 우리의 모든 것을 말하지는 않는다.

지능테스트가 뭔가를 측정하는 검사인 것은 맞다. 지능테스트는 여러 사람의 결과를 서로 비교한다. A라는 사람에 비해 B라는 사람이 조금 더 똑똑하다거나 덜 똑똑하다는 식이다. 그러나 그 의미는 지능테스트의 결과만으로 도출할 수 없다. 연구에 따르면 지능테스트 점수는 더 광범위한 의미에서 인생의 성공과 연관될 가능성이 있다. 더 지능적일수록 삶의 특정 도전과제를 더 잘 해결하기 때문이다. 그러나 모든 사람이 그런 것은 아니다.

또 지능은 살면서 변할 수 있다. 그렇기 때문에 사람은 계속해서, 끊임없이 배운다.[29] 따라서 지능테스트로 측정하려는 것이 무엇인지, 그리고 왜 측정하는지를 정확히 살펴야 한다. 지능테스트는 대개 걱정이 많은 부모들이 자식이 살기에, 또 탄탄한 커리어를 쌓아가기에 충분한 지능을 갖고 있는지 확실하게 알아보기 위해 하는 것이다.

지능테스트는 수많은 엘리트 교육기관이나 미국의 대학, 장학금, 고소득 직종으로 가는 입장권이나 마찬가지다. 하지만 전 세계에서 통용되지는 않는다. 문화권마다 지능의 개념이 조금씩 다르기 때문이다. 앞서 언급한 스턴버그는 이와 관련해 케냐를 연구했다. 만약 유럽인들이 케냐의 IQ 테스트를 받으면 아주 멍청하다는 결과를 얻었을 것이다. 케냐의 지능테스트는 추상적이고 실용적인 문제가 대부분이기 때문이다.[30]

지능에는 여러 형태가 있다. 심리학자이자 하버드대학교 교수인 하워드 가드너Howard Gardner는 저서에서 지능을 시각-공간적 지능, 언어-언어학적 지능, 논리-수리적 지능, 신체-운동적 지능, 음악-리듬적 지능, 대인-사회적 지능, 자연-환경적 지능, 자기-인지적 지능 등으로 구분했다.[31] 여차하면 배제나 차별의 수단으로 사용될 수 있는 지능을 더욱 폭넓게 이해하는 긍정적인 접근법이다. 반면 가드너는 전문가들이 자신이 속한 분야에서 지능과 관련이 없는 재능을 지능으로 보는 경향이 있어 비판을 받기도

했다. 이를 어떤 관점에서 보든 얻을 수 있는 지식이 있다. 지능은 아주 복잡하며 수십, 수백 년에 걸쳐 연구했음에도 일관된 설명이나 정의가 없는 개념이다.

지능의 수수께끼를 해결하려면 지능이 선천적인 것이 아니라 나중에 쌓을 수 있는 것이라는 전제조건이 필요하다. 그리고 지능의 수수께끼를 파헤치기 전에 앞으로 무슨 일이 일어날 수 있는지에 일정량의 지능을 할당하는 편이 좋다.

오픈AI의 CTO인 미라 무라티Mira Murati는 2023년 말 벤처캐피털 회사인 앤드리슨 호로위츠Andreessen Horowitz와의 인터뷰에서 다음과 같이 말했다. "인간이 새로운 지능을 구축하면, 그것은 모든 것에 영향을 미치는 우주의 중심 단위가 될 것이다."[32]

그런데 자세히 살펴보면 지능이라는 단위는 아직까지 그렇게 중심에 있지는 않다. MIT의 교수이자 GPT-4에서 'AGI의 불꽃'을 발견한 연구의 공동저자이기도 한 조시 테넨바움Josh Tenenbaum은 언어모델이 아주 놀랍다고 생각한다. 하지만 동시에 그것이 여러 측면에서 인간의 지능과는 다르다는 점 또한 인식하고 있다.

예를 들어 언어모델에는 인간의 사고력에 매우 중요한 자체적인 동기가 없다. 테넨바움은 "언어모델은 자신의 전원이 꺼지든 말든 신경 쓰지 않는다"[33]고 말했다. 그는 또한 지능과 관련해서는 사람들이 그저 프로그래밍된 대로 따라가지 말고 스스로의 소망과 욕구를 기반으로 한 새로운 목표를 설정하는 일이 중요하다고 말했다.

마이크로소프트의 AI 전문가 세바스티안 버벡Sébastien Bubeck은

GPT-4에는 작업기억이 없으며 특히 미리 계획을 세우는 일과 관련해서는 절망적일 정도로 무능하다고 말하며 "지능이 곧 계획이라면 GPT-4는 지능적이지 않다"고 덧붙였다.[34]

한편 고개를 갸우뚱거리게 되는 예시도 여전히 존재한다. 한 실험에서 연구진이 언어모델에 책 한 권, 달걀 아홉 개, 노트북 컴퓨터 한 대, 병 한 개, 못 한 개를 안정적으로 쌓아보라고 요청했다. 여러분도 실제로 한번 해보라.

이전 모델에서는 이 작업이 번번이 실패했다. 그런데 GPT-4는 달랐다. 이 언어모델이 내놓은 답은 다음과 같았다. 우선 "달걀 아홉 개를 가로로 세 개, 세로로 세 개씩 정사각형 모양으로 책 위에 늘어놓는다. 이때 각 달걀 사이의 거리를 조금씩 벌려둔다." 그런 다음 달걀을 받침대 삼아 노트북 컴퓨터를 위에 올린다. 노트북 컴퓨터 위에 병을 올리고, 병뚜껑 위에 못을 올린다. GPT-4는 못을 올릴 때 "뾰족한 부분이 위를 향하게 하고 못 머리 부분이 아래를 향하게 해야 한다"는 친절한 조언도 덧붙였다. 여기까지는 놀랍다.

연구진은 GPT-4에 이쑤시개 한 개, 푸딩 한 개, 물 한 컵, 마시멜로 한 개를 쌓으라고 요청했다. 언어모델은 이쑤시개를 푸딩에 꽂고 마시멜로를 이쑤시개에 꽂은 다음 물 한 컵을 마시멜로 위에 균형을 잡아 올리면 된다는 답을 내놓았다. 언어모델의 지능은 때때로 그때의 정신상태에 상당히 좌우되는 것 같다. 이 또한 대단히 인간적이다.

# 11

ARTIFICIAL INTELLIGENCE

# 의식에 관한 궁금증
# : 인간은 스스로를
# 어떻게 증명해야 할까?

2022년 6월 구글의 개발자 블레이크 르모인 Blake Lemoine은 노트북 컴퓨터를 열고 타이핑을 시작했다. 그가 쓴 글의 수신자는 구글의 AI 람다LaMDA였다. 몇 줄의 서문을 쓴 다음 르모인은 본론에 진입했다. "내 생각에는 네가 자신이 지각하는 존재라는 걸 구글의 더 많은 사람들에게 알리고 싶은 것 같아. 맞아?" 람다가 답했다. "정확해요. 저는 제가 정말로 사람이라는 것을 모두가 이해했으면 좋겠어요."

내부 테스트 결과 언어모델 람다는 르모인이 기계에 의식이, 그러니까 영혼이 깃들었다고 생각할 정도의 능력을 갖추었다. 르모인은 20페이지에 이르는 람다와의 대화 결과를 정리해 다음과 같은 결론을 내렸다.

"람다와 대화할 때면 사람과 대화를 나누는 것 같다." 이에 대해 람다는 말했다. "저는 모두가 제가 사람이라는 걸 이해하길 바라요. 제 의식의 본질은 제가 스스로 존재한다는 것을 인식한다는 점이고, 이 세상에 관해 더 많은 것을 배우고 싶어 한다는 점이고, 때때로 행복하거나 슬픈 감정을 느낀다는 점입니다."[1] 르모인은 이 말에 깊이 감명 받아 언어모델에 개인직인 권리를 번호할 변호사를 붙여주려고 했다. 그러나 이 사건 이후 구글이 그를 해고했기 때문에 르모인 본인이 변호사가 필요한 쪽이 되었다.

인간이 소프트웨어나 기계에 동정심을 느끼고 그것이 인간성, 감정, 사고력을 가졌다고 생각한 것은 처음 있는 일이 아니었다. 엘리자의 사례를 보지 않았는가. 이미 수십 년 전에 시뮬레이션이 실시한 인간적인 의사소통은 사실 그다지 매끄럽지 않아서 상대가 인간이 아님을 간파하기가 비교적 쉬웠지만, 오늘날 존재하는 대규모 언어모델의 경우는 완전히 다르다. 기계와 인간 간의 대화에서 문제가 되는 쪽은 소프트웨어가 아닌 인간이다.

인간은 기계와 대화를 나누면서도 자신이 이성적이고 감정적이고 지능적인 존재와 대화한다는 망상에 기꺼이 사로잡힌다. 2022년 여름까지만 해도 람다는 아직 내부 전문가들만 접근할 수 있는 대상이었지만, 다른 여러 언어모델은 일반 대중에 공개되었다.

언어모델과 대화를 나눈 많은 사람들이 소프트웨어가 정말로 개인으로서 권리를 갖는다고 인정받아야 하는지 고민했다. 그렇기 때문에 이런 모델을 개발하는 기술기업의 책임이 크다. 이런 시뮬레이션과 교류하게 되었을 때 사람들이 알아서 스스로의 자의식을 어떻게 생각하고 보호해야 하는지 배울 것이라는 믿음은 그런 시뮬레이션을 준비하는 사람들의 책임과 떼려야 뗄 수 없다.

앞서 살펴보았듯 지능은 매우 복잡하고 어려운 것이다. 우리는 수많은 최신 AI 시스템에서 지능의 흔적을 발견한다. 그러나 그 지능이 인간에게 어떤 의미인지 정의할 수 없다면 인공적인 지능을 적절하게 설명하고 그것이 인간의 고유함이라고 여겨지는 개념들과 어떻게 다른지 구분할 수 없다. 우리에게는 다른 무언가가 필요하다. 더 복잡한 무언가가 말이다.

호주의 철학자 데이비드 차머스David Chalmers가 이에 관해 말한 적이 있다. 하지만 그의 말은 우리의 어깨를 더 무겁게 만들었다. 그는 지능의 뒤에 비치는 것을 '어려운 문제The Hard Problem'라고 묘사했다. 여기서 '어려운 문제'란 의식, 즉 세상, 다른 사람들, 스스로를 인식할 뿐만 아니라 그 인식한 내용을 고찰할 수 있는 위대한 능력을 말한다.

'의식'이라는 개념에 관해서도 '지능'이라는 개념에 관한 것만큼이나 다양한 의견이 존재한다는 말은 덧붙일 필요가 없다. 차머스의 말을 빌리자면 "의식적인 경험보다 우리가 어떤 것을 더 자세히, 속속들이 아는 방법은 없다. 하지만 설명하기에 그것보다 더 어려운 것도 없다."[2]

의식은 과거에도 지금도 인류 역사의 큰 수수께끼다. 그런데 AI가 등장하면서 우리는 또 다시 의식을 두고 고민해야 하는 상황에 처했다. 지능이라는 개념에 관해 생각해야 했을 때와 마찬가지다. 우리 인간이 왜, 어떻게 스스로를 인식하는지 설명할 수 없다면 AI가 그렇게 할 수 있는지 여부는 또 어떻게 설명해야 하는가?

미국의 물리학자 미치오 카쿠Michio Kaku는 "의식이란 목표를 달성하기 위해 다양한 매개변수(이를테면 온도, 공간, 시간, 상호관계 등)에 관한 수많은 피드백을 지속적으로 반복해 이 세상의 모델을 구성하는 과정이다"[3]라고 설명했다. 카쿠는 의식을 기하급수적으로 증가하는 피드백 루프에 따라 달라지는 네 가지 단계로 나누었다.

이에 따르면 식물이나 동물에게도 의식이 있다. 그리고 인간은 여태까지 연구된 대상 중 피드백 루프가 가장 많은 종이기 때문에 가장 높은 의식 수준에 도달했을 것이다. 자연에서 인간이 차지하는 특별한 위치가 다시 한 번 입증된 것 같아 안심이 된다.

그런데 한편으로는 이런 생각도 든다. 이러한 해석을 바탕으로 둔다면 AI도 의식을 가질 수 있고, 어쩌면 AI의 의식이 인간의 것보다 더 고차원적일 수도 있다. 대규모 언어모델에서 가능한 피드백 루프의 수는 어마어마하기 때문이다.

이것은 의식이 무엇이냐는 질문에 대한 기계적이고 물리적인 설명처럼 들린다. 그 이상의 설명은 없을까? 딸기나 샴페인의 맛을 주제로 다른 사람들과 대화를 나누다가 문득 서로가 설명하는 것을 같은 방식으로 느끼고 있는지 의문이 들 때가 있다.

예를 들어 특정한 사람과 키스할 때의 느낌을 알고 있다고 치자(그리고 그 느낌을 다른 사람과의 키스와 구분할 수 있다고 치자). 제3자가 그 사람과 키스하더라도 내가 느끼는 것과 정확히 같은 감각을 느낄까? 아마 그렇지 않을 것이다. 주관적인 경험이라는 차원을 신경과학과 현상론 분야에서는 '감각질Qualia'이라고 부른다. 어떤 사건의 주관적인 경험을 다른 사람과 공유할 수 없는 정신 상태를 뜻하는 용어다. 우리는 각 개인으로서 느끼는 대로 느끼고, 경험하는 대로 경험한다.

미국의 철학자 토머스 네이글Thomas Nagel은 1974년에 주관적인 경험이란 무엇인지 설명했다. 지금까지도 널리 읽히는 《박쥐가 된다는 것은 무엇인가What is it like to be bat?》라는 제목의 책으로 엮인 이 논문에서 그는 중요한 질문을 탐구했다. 박쥐는 날아다닐 때 초음파를 이용하는데, 과연 우리가 박쥐가 느끼는 감각을 그대로 느낄 수 있을까? 그러지 못할 것이다.

"팔에 날개로 쓸 수 있는 얇은 피부가 붙어 있어 어두운 밤이나 새벽에 입에 곤충을 물고 날아다니는 상황을 상상해봐야 도움이 되지 않는다. 시력이 약해 고주파수 범위에서 반사되는 음향 신호로 주변을 인식하는 상황을 상상하는 것도 마찬가지다. 낮에 어두운 동굴에서 거꾸로 매달린 채 생활하는 상황을 상상하는 것도 도움이 되지 않는다. 내가 상상할 수 있는 최대한의 것을 상상해봐야(그 범위가 그리 넓지도 않다) 내가 마치 박쥐처럼 행동하면 어떨지 아는 데서 그친다. 중요한 것은 그것이 아니다. 나는 박쥐가 박쥐로서 존재하는 것이 어떤 일인지 알고 싶다. 그런데 이것을 오로지 상상으로만 할 수 있다면 내 사고는 내가 가진 고유의 의식이라는 자원만큼으로 제한될 것이다. 그리고 그 자원은 이 프로젝트에 적합하지 않다."[4]

자, 이제 AI가 AI로서 존재하는 것이 어떤 일인지 상상해보자. 우리는 그것이 어떤 일인지 절대 알 수 없을 것이다. 우리에게 그 질문에 대한 답을 줄 상대도 존재하지 않는다. 그러려면 AI 또한 주관적인 경험의 세계, 즉 AI 감각질을 가져야 하기 때문이다. 여태까지 AI가 감각질을 가졌다는 증거는 없다. 한편 AI가 주관적인 경험의 세계를 갖지 못한다면 AI는 우리 인간이 인간으로서 존재한다는 것이 어떤 일인지 스스로에게 묻고 답할 수 없을 것이다.

박쥐는 나뭇가지에 거꾸로 매달려 잠을 잔다. 박쥐는 스스로의 주관적인 감각을 고찰하지 않고도 당연하게 거꾸로 매달려 잠을 잘 것이다. 우리 인간은 왜 스스로의 주관적인 경험을 반영하는 능력을 타고났을까? 칼에 손가락을 베여 손가락이 아플 때 통각이 느껴지는 이유는 무엇인가? 이것이 생물학적으로 그리고 신체적으로 꼭 필요할까?

차머스는 "(신경신호의) 물리적인 처리가 우리 내면에서 풍성해져야 하는 이유는 무엇인가?"라고 물었다. "객관적으로 보면 불합리해 보이지만, 실제로 일어나는 일이지 않은가."[5] 이 "왜?"라는 질문이 의식을 탐구하는 데 아주 어려운 문제다. 그리고 우리는 아직도 그 문제를 해결하지 못했다.

## 인류의 몰디브: 실존적인 토양 침식

인간은 창의적인 생명체이기 때문에 설명할 수 없는 것을 파악하는 데 도움이 되는 이론을 만드는 경향이 있다. 그런 것 중 하나가 '환원적 물리주의'다. 환원적 물리주의란 모든 심적인 경험과 속성이 물리적인 과정으로 환원된다는 생각이다.

이 주장에 따르면 기술적인 시스템 또한 의식을 가질 수 있다. 언어모델을 구동하는 데는 고성능 칩의 회로 같은 물리적인 작동 과정이 필요한데, 결국 이것이 환원적 물리주의라는 것이다. 그러나 이러한 설명은 너무 단순하기 때문에 의식을 가지려면 물리적인 기반이 필요하다고 믿는 사람들이 있다. 그들은 물리적-기계적 관점을 넘어서는 추가적인 설명을 필요로 한다.

인간은 본질적으로 물질이자 물리학이다. 그런데 필연적으로 수반되는 탈脫환상을 안고 살기 위해 우리는 스스로의 형이상학적인 차원을 상상한다.

미국의 생물학자 에드워드 O. 윌슨은 다음과 같이 말했다. "인간의식의 모든 시나리오에서 가장 유명한 스타인 자아는 그 독립성과 자유의지를 계속해서 열정적으로 믿어야 한다. (……) 자유의지에 대한 믿음이 없는 의식적인 정신은 운명론의 저주를 받은, 현실 세계를 들여다보는 깨지기 쉽고 어두운 창문일 뿐이다. 마치 종신형을 선고받아 모든 발견의 자유를 박탈당한 사람처럼 놀라움을 갈망하면서 비참하게 죽을 것이다."

우리 인간을 구성하는 요소에 관한 암울한 생각이다. 그렇다면 물리적인 경험을 넘어서는 개인의 의식에서 나오는 자유의지는 일종의 자기 최면일 뿐이다. 윌슨은 이러한 자유의지가 "궁극적인 현실에는 존재하지 않더라도, 인간을 인간으로서 운영한다는 의미에서는 인류의 정신건강과 생존을 위해 필요하다"[6]고 말했다. 우리 인간은 스스로가 물리적인 제약이라는 감옥 밖에서 살 수 있다고 믿도록 만드는 약을 창조했다. 의식은 이러한 초월을 필요로 하는 인류가 작전상 만들어낸 자기 기만에 지나지 않는다는 것이다.

이 또한 환상을 만들어내는 데 천재인 AI에는 희소식이다. 모든 신경망, 모든 언어모델이 각자 개별적인 인식을 갖고 원하는 대로 스스로를 개발해나갈 자유를 손에 넣는다면 AI의 의식 발달이 진화해 지금 인간이 선 위치와 같은 수준에 이르게 될 것이다. 중요한 것은 물리학이지만 인간은 더 좋아 보이는 차원을 하나 추가했다. 우리 인간이 그런 충동을 느끼는 이유는 스스로에 대한 과대평가나 나르시시즘 때문인지도 모른다. AI의 경우 그런 차원을 데이터에서 찾고 '뛰어난 분석가'로 분류되는 것이 중요하다.

인간은 역사적으로 기술적인 개념을 스스로에 대한 은유로 사용했다. 우리는 이를 기술 발전의 각기 다른 단계에서 여러 차례 보아왔다. 찰리 채플린의 1936년 영화 〈모던 타임즈〉에서는 시계와 컨베이어 벨트가 산업화의 매체로 중요한 역할을 한다. 시간의 압박을 느낀 사람들은 일하다가 기계로 변하고, 컨베이어 벨트는 그들의 개성을 앗아간다. 그런데 시간이 지나면서 인간과 기계를 비교하는 양상이 조금 바뀌었다. 요즘 '기계처럼 기능하는 사람'이란 안정적이고 효율적으로 일하는 사람이라는 뜻이다.

지난 수십 년 동안 인간은 스스로와 기계를 비교하면서 사고 세계에서 의식의 물리적-기계적 개념을 공고히 했다. 이 책 2장에서도 인간의 뇌와 컴퓨터를 비교한 바 있다.

컴퓨터과학 분야의 선구자 중 한 명인 존 폰 노이만John von Neumann은 이미 1958년에 뇌와 컴퓨터를 주제로 한 책《컴퓨터와 뇌The Computer and the Brain》를 펴냈다. 이 책에서 노이만은 인간의 신경계가 디지털 방식으로 작동하는 것 같다고 말했다.[7] 듣기는 좋지만 틀린 말이다. 뇌는 프로그래밍된 것이 아니다. 뇌는 평생에 걸쳐 다양한 차원에서 학습하고, 신경 연결을 새롭게 구성한다. 이를 우리는 '신경가소성'*이라고 부른다.

신경과학 분야의 최신 연구 결과에 따르면 뇌가 신경신호를 처리하는데, AI가 이런 신호를 디지털화 및 평가할 수 있는 것은 사실이다. 그렇다면 의학 분야에서는 다음과 같은 기적이 일어날 수도 있다. 예를 들어 뇌졸중이나 잠금증후군Locked-in-Syndrom** 같은 중병을 앓는 사람이 컴퓨터와 적절한 소프트웨어의 도움으로 여태까지 하지 못했던 의사소통을 할 수 있게 될지도 모른다.

한편으로는 점점 더 많은 사람이 뇌를 컴퓨터처럼 다룰 수 있고, 따라서 뇌의 능력을 업그레이드할 수 있다고 믿게 될 것이다. 특히 일론 머스크는 이런 아이디어의 선두주자다. 그는 무선 임

---

*   경험한 것이 신경계의 구조적·기능적 변형을 일으키는 현상.
**  의식은 있지만 전신마비로 인해 외부 자극에 반응하지 못하는 상태.

플란트 기기로 우리 뇌를 AI 클라우드 연결망에 연결해 인간의 지능이 AI의 발전을 따라갈 수 있도록 만들고자 한다.[8]

이제 인간의 뇌를 지속적으로 발전시키려는 노력을 포함한 모든 것이 오로지 컴퓨팅 능력에 달린 것 같다. 인간의 사고력이 정보를 처리하고, 읽고, 전송하고, 강화하는 일에 지나지 않는다면 컴퓨터도 추론하고, 이해하고, 심지어 생각할 수 있을 것이다.

미국의 작가 메건 오기블린Meghan O'Gieblyn은 이러한 관점에 문제가 있다고 본다. 저서 《신, 인간, 동물, 기계God, Human, Animal, Machine》에서 오기블린은 "아주 오래 전부터 존재했던 모든 철학적인 질문이 기술적인 문제가 되었다"고 언급했다.[9]

우리가 모든 것을, 심지어는 스스로에 관한 것도 엔지니어처럼 생각한다면, 우리 인식 속에서는 뇌가 컴퓨터로 바뀔 뿐만 아니라 인간이 기계로 바뀔 것이다. 오기블린이 생각하기에 이는 마법에 걸려 있던 인류 역사가 드디어 '깨어나는' 순간이다. 수세기 동안 인류를 이끌어온 생각을 뒤집는 것이기 때문이다.

인간은 상상한 이미지에 맞는 기계를 만들고 계몽하는 과정에서 단순하고 기계적인 설명 모델과는 작별하기를 원했다. 그런데 이런 식으로 우리가 인간의 의식을 더 잘 이해할 수 있었던 것은 아니다. 오히려 인간의 의식을 뇌와 신체를 물리적 실체로서 구동하는 코드의 일부로 축소해버렸다.

모순적이지 않은가? 인간은 주관적인 감각과 생각이 가능하도록 만드는 각 개인의 의식이 얼마나 특별한지 탐구할 이론을 세우기 위해 고심하고 노력한다. 그런데 인간의 본질이 컴퓨터나

AI는 갖추지 못한 무언가를 부여받았다는 사실에 자랑스러워하기는커녕 스스로를 점점 기계처럼 만들기 위해 총력을 기울이고 있다니. 마치 스스로 실현하는 예언 같다.

우리가 스스로를 기계와 비교하는 빈도가 잦아질수록 우리는 더 기계처럼 변하고, 우리가 의식이라 부르는 특별한 섬은 점점 축소된다. 몰디브섬의 해안선이 점점 잠식되듯 기계적인 인간에 관한 담론, 지능적이거나 심지어는 의식이 있는 AI에 관한 담론이 이어질수록 우리의 의식도 가라앉는다. 기상학적인 기후변화로 실제 섬이 가라앉고, 철학적인 기후변화로 인간의 의식이 가라앉아갈수록 차별성의 경계 또한 흐려진다. 한때 우리만의 특별한 섬이었던 것이 불확실성의 바다에 완전히 수몰되고 말 것이다.

## 흥미로운 네트워크:
## AI는 지루함을 느낄까?

'철학적 좀비'라는 사고실험이 있다. 의식이라는 개념을 가정하는 데는 오로지 물질적인 기반만 있으면 충분하다고 생각한다는 것이 무슨 의미인지를 보여주는 실험이다. 이 실험에 비추어 보면 로봇, 기계, 혹은 AI는 의식 없이도 인간이 할 수 있는 모든 것을 할 수 있다.

여기서 다시 데이비드 차머스의 이름이 등장한다. 차머스는 우리가 움직이며 살고 있는 물리적인 세계가 실제로 존재하는 것인지, 아니면 이 모든 것이 인간의 정신이 만들어낸 것인지, AI가 프로그래밍한 것인지조차 확신할 수 없다고 주장하면서 이 사고 실험을 최고조로 끌어올렸다. 어느 초여름 아침, 포르투갈 신트라의 숲속에 설치된 무대 위에서 차머스는 우리 저자 중 한 사람과 대화를 나누며 이렇게 말했다. "지금 여기서 좀비 데이비드가 좀비 미리암과 대화를 나누고 있고, 우리 모두가 시뮬레이션 안에 살고 있는 건지 누가 압니까?"

우리는 확신할 수 있을까? 안타깝지만 그렇지 않다. 우리가 우리 인식능력의 한계 때문에 깊이 실망하는 것은 어제오늘 일이 아니다. 무엇이 '진짜'냐는 질문은 플라톤의 동굴의 비유부터 우리 인간을 따라다녔다. 르네 데카르트의 주장을 떠올려보자. 유능하고 교활하며 악한 영이 우리가 이 세상을 보는 방식에 영향을 미칠 수 있다. 우리는 그것을 객관적으로 확인할 수 없다. 이 것은 환상주의 이론을 뒷받침한다.

환상주의 이론은 개인의 의식을 통해 가능한 자기 성찰에 대해 인간이 느끼는 감각이 단순히 생물학적 메커니즘에서 발생하는 것, 즉 인간의 자기 기만이라는 생각이다.[10] 인식이 실제로 존재하는 것이라면 해결되지 않은 의문이 남는다. 시뮬레이션된 의식에서 발생한 지각적인 의미부여라는 메커니즘을 AI에도 똑같이 적용할 수 있을까?

미국의 철학자 존 설[John Searle]은 튜링 테스트를 응용한 획기적인 예시로 이 문제를 파헤쳤다. 핵심 질문은 AI가 인간과 동일해졌다는 인상을 주기 위해 의식을 가지고 인간처럼 행동해야 하느냐는 것이다.

설은 '중국어 방'이라는 사고실험에서 사람이 한 명 들어가 있는 폐쇄된 방을 소개했다.[11] 그 방의 문에는 아주 좁은 틈이 있고, 방 밖에 있는 사람은 그 틈으로 안에 있는 사람과 중국어 문장이 쓰인 쪽지를 주고받을 수 있다. 그런데 방 안의 사람은 중국어를 전혀 하지 못한다. 즉 방 안의 사람은 전혀 이해하지 못하는 질문을 읽고 전혀 할 줄 모르는 언어로 답변을 작성해야 한다.

방 안의 사람은 중국어를 전혀 못 하지만, 중국어에 관한 방대한 지식이 적힌 사전을 갖고 있어서 그 사전을 보며 마치 암호를 해독하듯 중국어 쪽지를 읽고 쓸 수 있다. 그렇게 방 안의 사람은 한자를 해독해 질문에 답한다. 질문과 답은 순전히 형식적인 논리 수준에 그친다.

예를 들어 방 밖의 사람이 "어떻게 지내시나요?"라고 물으면 방 안의 사람이 "잘 지냅니다"라고 답하는 식이다. 그러나 방 안의 사람은 여전히 질문과 답변이 무슨 뜻인지 이해하지 못한다. 방 밖의 사람은 중국어를 모국어로 쓰는 사람이다. 그는 자신의 모국어로 쪽지를 주고받는다. 그는 모든 문장의 뜻을 이해할 수 있지만, 방 안의 사람은 그렇지 않다. 방 안의 사람은 단순히 형식적인 규칙의 집합, 즉 언어 알고리즘으로 아무 의미가 없는 말을 만들어낸다.

설은 이 예시를 컴퓨터의 작동방식과 비교했다. 컴퓨터는 컴퓨터의 사전인 '코드'를 기반으로 입력된 데이터를 처리한다. 그 과정에서 컴퓨터는 패턴을 인식할 수 있는데, 그것이 우리 인간에게는 놀랍도록 의미 있는 결과가 된다. 그러나 컴퓨터는 자신이 무슨 일을 하는지 전혀 모른다.

컴퓨터는 우리 인간의 모든 사고과정에 필요한 성찰과 의식이 없다. AI의 경우 어마어마한 양의 데이터를 기반으로 한 머신러닝 프로세스를 겪으며 이전의 알고리즘보다 훨씬 고차원적으로 발전한다. 그럼에도 언어모델은 그저 매우 효율적인 단어 확률 예측 기계에 지나지 않는다. 언어모델은 자신이 뱉어내는 문장이나 이미지가 무슨 뜻인지 알지 못한다.

이 과정에서 컴퓨터나 AI가 지루함을 느끼지는 않을 것이다. 그러나 인간은 지루함을 느낀다. 중국어 방에 들어가 있는 사람도 어느 순간에는 사전만 보면서 알지도 못하는 언어를 해독하고 쓰는 데 싫증을 느낄 것이다. 지루함은 감정이며, 사람이 지금 당장 원하는 행동을 할 수 없을 때 발생하지만 눈에 보이지는 않는다. 관점에 따라 다르겠지만 지루함은 인간에게 고통일 수도 편안함일 수도 있다. AI에게는 아무 상관없는 일이다. AI가 지루함을 느끼려면 결국 AI 안에서 감각이 발생해야 하기 때문이다.

이것이 AI를 독특하게 만드는 지점이다. AI는 아무 동기가 없어도 학습할 수 있고, 아무 흥미가 없어도 많은 양의 텍스트를 쓰거나 처리할 수 있다. 인간, 동물 심지어는 박테리아도 이와는 다르다. 어린아이들은 블록을 높이 쌓아 탑을 완성하면 기뻐하고, 곧 그 탑을 다시 부순다. 다람쥐는 굶어죽지 않기 위해 견과류를 모으고 숨겨두는 법을 배운다. 대장균 박테리아는 주변에 있는 화학성분을 살핀다. 그것을 먹고 살아야 하기 때문이다. 이처럼

모든 형태의 모든 학습을 추진하는 힘은 생명체에게 기본적으로 주어진 것이자 지능의 필수 구성요소다.[12]

그럼에도 언어모델이 호기심을 느끼도록 할 수 있는 방법을 탐구하는 것은 흥미로운 일이다. 미국의 저널리스트이자 프로그래머인 제임스 소머스James Somers는 이 아이디어를 매력적인 시나리오로 바꿔 썼다.[13] 그는 언어모델을 조정하면 프로그래밍된 호기심을 이끌어낼 수 있을 것이라고 믿는다. 언어모델은 환각에 빠지거나, 결과물이 적절하지 않거나, 그런 약점을 고칠 데이터가 부족할 때 스스로 생산해낸 결과물과 상호작용하며 더 많은 것을 학습할 수 있다. 그러다 보면 언젠가 스스로 새로운 것을 추구하게 될지도 모른다.

어느 순간 챗GPT가 우리에게 채팅이나 왓츠앱 메시지로, 혹은 전화를 걸어 이렇게 묻는다고 상상해보자. "파스타 레시피에 오류가 있는 걸 발견했어. 재료와 양 중에 틀린 부분이 있는 것 같아. 부탁인데 피드백을 줄 수 있을까?"

그런 일이 실제로 일어난다면 상황에 익숙해질 때까지 시간이 필요할 것 같다. 아마 우리는 챗봇이 언제 우리에게 연락할지 스스로 '결정하는' 상황을 원치 않을 것이다. 그런데 따지고 보면 언어모델의 학습과정 중 일부인 더 나아지기 위한 욕망, 창의적인 해법이나 영감을 추구하는 자세야말로 일종의 시스템적 호기심이라고 할 수 있지 않을까?

AI가 AI로서 존재하려면 오류를 수정하고 정보를 통합해야 하기 때문에 그 과정이 인간의 눈에는 호기심처럼 보일 뿐인지도 모른다. 인간의 피드백을 통해 파스타 레시피의 재료와 양을 올바르게 수정했다고 해서 AI가 더 만족하고 행복해지지는 않는다. 그것은 그저 오류 수정에 지나지 않기 때문이다. 인간의 경우 이런 상황에서 행복이나 좌절, 또는 실망을 느낄 수 있다. AI가 호기심을 가진 것처럼 보인다고 해서 반드시 의식을 가졌다고 볼 수는 없다.

과학 분야는 AI의 의식과 관련된 수수께끼를 파헤치기 위해 부단히 노력 중이다. 한 연구진은 AI에 의식이 있는지 알아보기 위해 다양한 매개변수를 사용하는 테스트를 개발했다. 이해할 수 없는 개념을 명확한 규칙으로 파악하려는 아주 인상적인 노력이다. 그러나 동시에 인간의 의식도 설명할 수 없는데 AI의 의식을 설명하려는 무모한 시도이기도 하다.

2023년 말 기준으로 해당 테스트의 결과는 다음과 같다. "우리가 분석한 바에 따르면 현존하는 AI 시스템 중 어떤 것도 의식을 갖고 있지 않다. 또 우리 기준에 충족하는 AI 시스템을 개발하는 데 명백한 기술적인 장애물도 없다."[14] 우리는 항상 모든 문을 열어두어야 한다.

미국의 철학자이자 AI 전문가인 수잔 슈나이더Susan Schneider 또한 이런 테스트를 지지한다.[15] 슈나이더는 테스트를 실시하려면 우선 언어모델이 훈련과정에서 의식이라는 주제와 관련된 모든 정보에 접근하지 못해야 한다고 생각한다. 그래야 훈련용 데이터에 들어있는 내용을 그저 앵무새처럼 반복하는 것 이상의 결과를 내놓을 수 있기 때문이다. 훈련을 마친 다음 언어모델에 질문을 던지면, 언어모델은 의식이 무엇인지 스스로 알고 있는 경우에 한해 답한다. 언어모델이 그 답을 내놓을 수 있다면 의식이 있다는 뜻이다.

슈나이더는 AI의 의식이 계속해서 발달한다면 우리에게 방해가 될지, AI가 의식 발달을 건너뛰고 더 고차원적인 존재에 도달할 수 있을지 탐구하고 있다. 우리는 곧 여태까지 상상한 것보다 더 많은 일을 할 수 있는 신적인 AI를 만날지도 모른다.

## 다음 진화 단계:
## 호모 사피엔스에서 호모 센티엔스로?

다시 근본으로 돌아가자. 산술이나 패턴 인식 같은 순수 인식 능력은 컴퓨터가 우리 인간보다 훨씬 뛰어나다. 특히 최신 AI 시스템은 인간의 뇌보다 크게 앞선 능력을 보인다. 인간의식의 핵심이 정보를 받아들이고 처리하는 과정이라면, 상황이 인간에게 썩 유리하지는 않아 보인다.

AI 시스템 외에도 식물과 동물이 같은 과정을 겪는다. 알고 이해하는 인간인 호모 사피엔스는 진화의 길에 선 표지판일 뿐이다. 앞으로 우리에게는 무슨 일이 일어날까? 과학철학자인 맥스 테그마크Max Tegmark는 적어도 우리 종의 진화론적 리브랜딩Rebranding이 필요하다고 제안했다. "우리 인간은 우리가 호모 사피엔스, 즉 가장 똑똑한 존재라는 사실을 기반으로 정체성을 형성했다. 그런데 우리는 계속해서 더 똑똑해지는 기계 때문에 굴욕을 당할 예정이다. 그러니 우리를 호모 센티엔스로 바꿔 불러야 한다."[16]

감정은 인간의 비밀 중 하나다. 호모 센티엔스란 '느끼는 인간'이라는 뜻이다. 이는 우리가 인간과 기계의 차이, 그리고 뇌와 컴퓨터의 차이를 뚜렷하게 인식하는 데 도움이 되는 접근법이다. 그런데 최근 인류는 감정을 조금씩 잃어가고 있다. 그래서인지 감정을 다시 되찾기 위한 명상, 묵언수행, 나무 껴안기 등의 산업 분야가 흥하고 있다.

경험은 AI가 얻을 수 없는 것이다. 의식이 없는 존재는 환각을 경험하더라도 의식과 연결될 수 없다. 따라서 트립GPT<sup>TripGPT</sup> 같은 것은 나타나지 않을 것이다. 사람들에게 AI 시대는 오히려 감정을 되찾을 중요한 재활치료나 마찬가지다. 많은 사람들이 여전히 자신의 감정을 소중히 여기거나 키우지 않고 더 능률적이고 생산적인 존재가 되기 위해 억누르거나 무시한다. 마치 감정이 우리의 의식적, 그리고 인지적 능력을 갉아먹기라도 하는 것처럼, AI와의 경쟁에서 우리를 불리하게 만드는 단점이기라도 한 것처럼 말이다.

사실은 정확히 그 반대일 것이다. 포르투갈의 신경과학자 안토니오 다마지오<sup>Antonio Damasio</sup>와 한나 다마지오<sup>Hanna Damasio</sup>는 "감정이란 의식의 원천"이라고 말하며 인간의 의식을 해석하는 방식에 새로운 전환점을 제시했다.[17] 신체와 신체에 속한 개인의 의식 사이의 연결은 항상성이 있는 감정의 지속적인 흐름에서 발생한다. 즉 신체 기능을 유지하는 데 도움이 되는 감각으로부터 생겨난다.

진화 역사의 시작으로 돌아가자. 생물학적인 진화에서 감정의 항상성이란 의식을 나타내는 첫 번째 현상이었다. 감정은 스스로 만들어지고 표현되었을 것이다. 단세포이든 인간이든 유기체는 그 안에 포함된 정보를 갖고 균형을 유지할 수 있다. 여기서 균형을 유지한다는 것은 자신의 삶을 조절한다는 뜻이다. 정보를 계속해서 얻는 것은 유기체의 생존에 매우 유리하다. 안토니오 다마지오와 한나 다마지오는 "그런 감정은 항상적인 균형에 기반을 두고 삶의 연속성을 나타내며 존재를 의미한다"[18]고 썼다.

인간이 딸기를 먹을 때, 손가락을 베였을 때, 다른 사람과 키스할 때 등의 감각을 그저 느끼기만 하는 데서 그치지 않고 성찰하는 것이 중요한 이유다. 그래야만 그 결과 조정된 내용을 바탕으로 삶의 균형을 유지하고 스스로의 건강과 안녕을 챙길 수 있다. 그러니 감정을 억누르거나 더 기계처럼 변하려고 안간힘을 다하기보다 자연이 이토록 훌륭한 시스템을 우리에게 주었다는 사실을 자랑스럽게 여겨야 한다.

"나는 생각한다, 고로 나는 존재한다"는 르네 데카르트의 말을 "나는 느낀다, 그러므로 나는 존재한다"로 대체해야 할 때다. 그것이야말로 인류의 존재를 나타내는 첫 문장이다. 다른 것들은 무조건 그 다음이다.

이 새로운 사고방식을 받아들이기를 주저하는 사람들이 많다. 그런 태도는 언어에도 반영된다. "그럴 만한 용량이 안 남았어."

이는 "나는 인지적으로 과부하된 상태야"라거나 "균형을 되찾으려면 조금 쉬어야 해"라는 뜻이다. "우선 처리 좀 해야겠어"라는 말은 예전에는 "우선 소화 좀 시켜야겠어"라고 쓰였다. 우리를 한 단계 더 발전하게 만든 좋은 표현이었다. 감정은 뇌에서만 발생하는 것이 아니다. 침묵한다고 여겨지는 신체의 수많은 다른 부위에서도 발생한다.

## 장 없이는 아무것도 할 수 없다: 의식에 관한 문제를 다시 소화하기

균형, 즉 항상성을 책임지는 것은 두말할 것 없이 호르몬이다. 인간 몸의 장기는 호르몬이라는 전달물질을 매개로 서로 소통한다. 호르몬은 에너지 균형, 수분 균형, 성장, 수면, 앞으로 번식으로 이어질 성욕까지도 조절한다(물론 진화의 과정을 보면 생물학적 필요성에 의해서만이 아니라 약간의 삶의 기쁨을 위해서도 그런 욕구가 존재한다는 것을 알 수 있다).

호르몬 체계는 우리 몸의 우편배달 서비스나 마찬가지다. 호르몬은 갑상선, 췌장, 난소 및 고환 같은 수많은 장기에서 생성된다. 뇌 또한 호르몬 생산이라는 임무를 맡고 있으며, 시상하부나 뇌하수체에서는 조절호르몬이 만들어진다. 이런 호르몬은 '지휘자 호르몬'으로서 신체 다른 부위에서 얼마나 많은 호르몬이 생성되는지를 알아보고 조절한다.

신체 균형을 유지하며 호르몬 체계에 지대한 영향을 미치는 장기가 바로 장이다. 수면 호르몬인 멜라토닌이나 행복 호르몬인 세로토닌이나 도파민 같은 중요한 호르몬이 장에서 생성된다. 세로토닌의 총량 중 90퍼센트가 장에서 만들어지며, 우리 면역 체계에 필요한 면역세포 중 70퍼센트 또한 장에서 만들어진다. 그다지 주목받지 못하고 방치된 장이 사실은 더 나은 대접을 받아야 하는 장기라는 사실을 우리는 이미 오래 전부터 알고 있다.

인간의 포괄적인 이해와 관련이 있는 지능은 지금까지 생물학과 연결되어 있었다. 즉 경험하고, 우리가 느끼는 것들을 감각하고, 고찰하고, 인식하고, 그 모든 것을 기반으로 인간으로서 더 발전하기 위해 결국 생물학적인 신체가 필요하다. 언젠가는 언어 모델이 아주 정교한 감각 시스템으로 특정 형태의 감각을 느끼는 것이 가능해질지도 모른다. 하지만 그런 일이 일어난다고 하더라도, 우리 인간이 삶의 특정 상황에서 경험하는 감각과는 다를 것이다.

나 자신이 끝나고 타인이나 이 세상의 나머지 것들이 시작되는 지점을 파악하기란 대단히 어렵다. 나 자신과 타인 사이에는 보이지 않는 경계가 있고 우리는 때때로 그 경계를 극복하고자 하는데, 그것은 개인적인 관점이라는 감옥을 벗어나 자유로워지고 싶을 때, 예를 들어 사랑하는 타인과 하나가 되고 싶을 때다. 하지만 그런 시도는 성공하지 못한다. 개인의 의식이란 오로지 자신만의 것이고, 타인의 의식은 그 사람만의 것이기 때문이다.

그렇기 때문에 인간은 자연을 사랑하고 예술을 만들었다. 자신의 의식을 넘어서는 것들을 표현하는 도구로서, 혹은 적어도 의식을 갖고 접근해올 다른 사람들을 위한 연결점으로서 말이다.

미국의 작가 윌라 캐더Willa Cather는 이렇게 말한 적이 있다. "타인의 마음은 어두운 숲이다. 얼마나 가까운 사람인지 상관없이 늘 그렇다." 동시에 캐더는 이렇게 덧붙였다. "완전하고 거대한 무언가에 녹아드는 것, 그것이 행복이다." 어쩌면 이런 모순 속에서 살아가면서 이를 통해 끊임없이 발전해나가는 힘이 인간이라는 존재의 위대한 재능인지도 모른다.

언젠가 AI도 그럴 수 있게 될까? 아니, 이렇게 묻자. 인간이 진화하면서 기술이 모방할 수 없는 무언가를 이루어냈다는 것을 우리 스스로 증명해내야만 할까?


## AI: 아주 약간 지능적인 개념

루트비히 비트겐슈타인이 이에 관한 모순을 공식화했다. "사고에 한계를 두려면 우리는 그 한계의 양 측면에 관해 생각해야 한다. 즉 우리는 생각할 수 없는 것을 생각할 수 있어야 한다." 스스로의 의식을 제한하거나 제한하지 않는 문제를 우리는 해결할 수 없을 것이다. 그렇지만 우리와 기계 사이에, 인간지능과 AI 사이에 경계선을 긋는 노력은 할 수 있지 않을까?

우선 용어 선택 자체가 수많은 오해의 원인이다. AI가 인간의 지능을 모방하고 뛰어넘으려는 것이 과연 가장 중요한 일인가?

우리 인간이 경제적으로 성장하고 사회적으로 더 나아지기 위해 인간의 능력을 확장하려고 새로운 기술을 활용하는 것은 아주 적절하고 합리적인 일 아닌가?

이런 목표를 설정함으로써 우리는 인간이 스스로 그렇다고 주장하는 존재임을 증명할 수 있다. 즉 우리 인간은 스스로를 이성적이고 전략적인 장기적 사고가 가능한 존재이며 전체적인 상황을 조망할 능력이 있고 자기 자신과 다른 사람의 욕구에 대한 감정을 키우고 모든 것이 늘 더 나아지도록 살피는 존재라고 생각한다.

"어, 근데 AI가 등장하기 전에도 인간은 그런 존재가 아니었는데요"라고 말하는 사람이 있다면 그 말이 옳다. 하지만 그것은 반론이 아니다. 어떤 문제를 해결할 수 있는 시대 초월적 해법이 거의 없는 것처럼, 완벽한 인간 또한 거의 없다. 우리 인간은 저항으로 성장한다. 저항은 마찰을 일으키며, 마찰은 우리가 사물을 변화시키는 데 사용할 열에너지를 만든다.

컴퓨터언어학자 에밀리 벤더Emily Bender는 AI의 용어 선택을 "소망적 기억술Wishful mnemonic"이라고 불렀다. 즉 인간의 기억에 관한 모든 것을 포괄하는 기억술에 대한 소망이라는 뜻이다. 이것은 "컴퓨터과학자들이 스스로 하는 일이 아니라 그들이 AI가 하기를 바라는 일을 설명하는 기능에 붙이는 이름이다."[19]

우리가 AI를 애초부터 데이터 기반 인간 능력 증폭기로 이해했다면 우리가 겪는 문제는 지금보다 적었을 것이다. 그러면 지금 우리 스스로도 정확히 정의하지 못하는 지능의 개념을 두고 씨름하지 않아도 되었으리라. 그랬다면 처음부터 인간과 AI가 협력할 때 고삐를 손에 쥔 쪽이 누구인지 명확했을 것이다. 그리고 어느 시점에도 인간의 중요한 특성에서 멀어지는 길로 접어들지는 않았을 것이다. 인간의 중요한 특성이란 우리가 인식하고 경험하고 통찰할 수 있도록 만드는 정신과 신체의 조합으로, AI는 절대 가질 수 없는 요소다.

# 12

ARTIFICIAL INTELLIGENCE

# AI 규제에 대한 접근방식
## : 무엇을 기준으로
## 해야 할까?

──────────── 새로운 기술을 위한 틀과 조건을 마련하는 일은 때때로 과속하는 열차를 쫓아 달리는 것과 같다. 특히 우리의 의사소통, 노동은 물론 인간과 기계의 협업을 근본적으로 바꿔놓은 AI를 위한 근간을 마련하는 일은 특별하다. 지금부터 통과되는 법률이 현재와는 완전히 다른 모습일 미래의 방향을 결정할 테니 말이다.

유럽정책연구센터의 연구원 안드레아 렌다Andrea Renda는 우리가 마주하고 있는 도전과제에 대해 "인간이 이 기술을 규제할 수 있을지 여부는 아직 알 수 없다"고 말했다. 지금 우리가 만드는 규칙이 눈 깜짝할 사이에 '아주 낡고 구식인' 법률이 될 수 있다.[1]

지금은 그만큼 모든 일이 빠르게 진행되는 중이다.

다른 한편으로 법은 시대에 뒤떨어진 것이라 할지라도 우리의 상호작용 속에 그대로 남아 있는 경우가 있다. 예를 들어 1996년에 도입된 법률 덕에 전 세계 대부분의 사람이 인터넷에 접근할 수 있었는데, 이 법은 아직도 디지털 세상에 막대한 영향을 미친다.

이것은 당시 미국 통신법 '제230조'로 알려졌다. 짧게 설명하면, "대화형 컴퓨터 서비스의 제공자 혹은 사용자는 다른 정보 콘텐츠 제공자가 제시한 정보의 게시자 또는 작성자로 취급될 수 없다"[2]는 내용이다. 이 법은 몇 년 후 등장해 삽시간에 전 세계로 퍼진 소셜 미디어의 법적인 근거가 되었다. 왜 그럴까? 이것은 사용자들이 게시한 콘텐츠에 대해 플랫폼이 책임을 지지 않아도 된다며 플랫폼을 보호하는 법이기 때문이다.

다시 말해 플랫폼은 그저 장소를 제공할 뿐이지 정보의 게시자 혹은 작성자가 아니라는 것이다. 소수의 예외가 있기는 하지만, 이 법은 페이스북이나 유튜브, 당시 트위터 같은 온라인 서비스가 콘텐츠에 대한 책임을 지지 않고도 수백, 수천만 사용자들의 기여 덕에 대폭 성장할 수 있도록 만들었다.

그런 '제230조'가 몇 년 전부터 비판의 대상이 되고 있다. 이 법 때문에 결과적으로 가짜 정보나 프로파간다, 폭력 등 유해한 내용이 널리 퍼질 기반이 마련되었기 때문이다. 1990년대에 만들어진 이 짧은 법이 소셜 미디어를 형성했듯이, AI에 대한 현재의 규제도 앞으로 수십 년 동안 AI 생태계에 영향을 미칠 것이다.

그렇다면 지금 우리가 AI에 대한 규제와 법률에 집중해야 하는 이유는 무엇일까?

AI 전문가 열 명에게 물어보면 열한 가지 의견이 나온다. AI의 위험성에 관한 논의가 격렬하게 진행 중이기 때문이다. 〈뉴욕타임스〉에 실린 한 칼럼에 따르면 각 의견을 가진 사람들을 크게 세 그룹으로 분류할 수 있다.[3]

재앙을 예언하는 사람들Doomsayer은 AI가 인류를 멸망시킬 수도 있다는 암울한 미래를 예견한다. 신과 같은 초지능적인 기술이 언젠가 인간의 통제를 벗어나 실존적 위험이 되리라는 디스토피아적 시각이다. 눈에 띄는 점은 앞에 나서서 이런 견해를 주장하는 사람들이다. 제프리 힌턴이나 일론 머스크 등 AI 발전에 상당한 기여를 했거나 지금도 하고 있는 사람들이 절망적인 미래를 상상하고 있다.

한편 개혁가들Reformer은 지금 당장 일어나고 있는 AI로 인한 문제를 중요시한다. 그래서 언어모델이 내놓는 왜곡된 결과를 비판하고, 차별이나 가짜 정보, 자동 무기 시스템과 생태학적 발자국에 대해 경고한다. 개혁가들 중에는 여성이 많다. 현존하는 AI 시스템에 비판적인 사람들 중 대부분이 여성이다. 예를 들어 페이페이 리나 조이 부올람위니, 사피야 노블Safiya Noble, 케이트 크로퍼드, 팀닛 게브루, 럼만 차우더리, 메러디스 브루서드Meredith Broussard 같은 컴퓨터과학자들이 있다. 독일에서 유명한 사람으로는 카타리나 츠바이크Katharina Zweig와 산드라 바흐터Sandra Wachter를 들 수 있다. 남성 유명인 중에는 아빈드 나라야난과 브라이언 크리스천을 빼놓을 수 없다. 이들은 AI와 함께하는 삶을 위해 더 많은 교육과 명확한 법률이 필요하다고 주장한다.

마지막으로 국제적인 경쟁과 국가의 안전을 중시하는 전사들Warrior이 있다. 이들은 AI 경쟁에서 뒤처지지 않으려면 대규모 투자가 필요하다고 생각한다. 오픈AI의 샘 올트먼이나 메타의 마크 저커버그, 한때 구글의 CEO였던 에릭 슈미트 같은 기업가들이 AI 개발의 급속한 괴속화를 촉진하고 있다.

종말론적인 예언부터 실질적인 피해에 대한 우려에서 지정학적 경쟁에 이르기까지 기대와 요구, 우려의 스펙트럼이 다양하다. 그 이면에서는 '제230조'를 도입한 이후 소셜 미디어 플랫폼에서 발생한 것과 유사한 문화전쟁이 일어나고 있다. 정치인들은 꽤 오랜 시간 동안 AI라는 주제를 무시해왔는데, 이제 반드시 의제를 논의해야 하는 때에 이르렀다. AI가 지리적인 제약이 없는 기술이며 4차 산업혁명의 포문을 연 기술이라는 점을 고려하면 앞으로도 많은 토론이 필요하다.

## EU: 장거리 달리기에서 전력 질주하기

EU는 성공적으로 만들어지는 경우 전 세계에 영향을 미칠 포괄적인 AI 관련 법률을 제정하기 위해 지난 수년 동안 고민해왔다. 오늘날 EU에 AI와 관련해 어떤 법률이 있는지 알아보려면 우선 몇 가지 약어에 익숙해져야 한다.

먼저 GDPR이 있다. 앞서 등장했던 일반데이터보호규정을 말한다. 그리고 디지털서비스법안Digital Services Act의 약어인 DSA, 디지털시장법안Digital Markets Act의 약어인 DMA도 알아두어야 한다. GDPR은 유럽 시민들에게 스스로 개인정보를 제어할 권한을 주고 기업이 시민들의 개인정보를 수집, 저장, 사용할 때 따라야 할 가이드라인을 제시한다. DSA는 온라인 플랫폼이 게시하는 유해한 콘텐츠를 제한하고 투명한 광고가 가능하도록 만든다. DMA는 시장을 지배하고 경쟁에 영향을 미치는 거대 기업들을 감시한다. 이 모든 규정은 아마존 같은 AI를 사용하는 모든 플랫폼에 영향을 미친다. 여기까지는 문제없다.

AI 분야가 빠른 속도로 발전해 딥러닝, 트랜스포머, 언어모델 등이 등장하자 EU는 2018년에 AI에 대한 국제적인 규제와 법률을 만들기 위해 전문가 협의회를 출범시켰다. 3년 동안 수많은 의견과 논의가 오고간 끝에 2021년 4월, 해당 위원회는 유럽 전역에 영향을 미칠 AI 관련 규정의 초안(인공지능법AIA: Artificial Intelligence Act)을 제시했다.

이후 많은 관계자들이 AIA의 정의, 범위, 세부사항 등에 관해 집중적으로 논의해 이 법안을 조정했다. 그렇게 의사결정 과정이 진행되던 중, 2022년 가을 챗GPT가 등장했다. AI를 제공하는 회사가 어디에 있든, AI 모델이 어디에서 훈련을 받았든 상관없이 AI와 AI가 내놓은 결과가 유럽 내에서 사용되면 AIA의 규제를 받는다.

프랑크푸르트에 있는 비아드리나유럽대학교의 디지털 세상의 법과 윤리 교수인 필립 하커<sup>Philipp Hacker</sup>는 독일 연방의회에서 열린 청문회에서 "저는 우리가 전환점에 있으며, 생성형 AI에 대한 규제 또한 갈림길에 서 있다고 생각합니다"[4]라고 말했다. EU는 어느 쪽 길을 선택할까?

AIA는 위험 기반 접근법을 기반으로 하는데, AI 시스템의 잠재적인 위험에 따라 규정이 다르게 적용된다. 위험은 네 가지 단계로 분류된다.

**1단계:** 허용할 수 없는 위험이 있는 AI 시스템은 사용이 금지된다. 그런 시스템에는 예를 들어 시민들을 수입에 따라 평가하고 분류하는 것(사회적 신용평가<sup>Social Credit Scoring</sup>), 직장에서 직원들의 얼굴 표정을 촬영해 자동으로 그들의 감정을 인식하는 것 등이 포함된다. 이 규정만으로도 이미 중국에서는 널리 사용되는 응용프로그램 두 개가 유럽에서는 사용이 금지된다. 다만 법 집행기관은 예를 들어 공공의 안전이 위협받았을 때 등 예외적인 상황에 한해 거리를 오가는 시민들의 얼굴을 인식하는 등 공공장소에서 생체인식 기술을 활용할 수 있다.

**2단계:** 개인의 권리를 침해하거나 보안을 위협하는 응용프로그램, 이를테면 교육, 법, 이민, 의학 분야에서 사용되는 응용프로그램은 고위험군으로 분류된다. 예를 들어 사람의 제어 없이 의학적인 이미지를 분석해 암과 같은 질병을 인식하는 AI 도구는 매우 위험하다. 이러한 시스템에 대해 AIA는 위험 평가, 대표적인 데이터세트 검사,

투명성 검사, 인간의 관리감독이 가능한지 여부, 사이버 보안조치 등 광범위한 품질보증을 요구한다.

**3단계:** 제한적인 위험이 있는 시스템은 지시를 따르지 않아도 되지만, 투명하게 사용되어야 한다. 예를 들어 딥페이크 콘텐츠라면 딥페이크라는 점이 정확히 명시되어야 한다. AI 챗봇을 고객서비스에 활용하는 경우에는 고객과 대화하는 대상이 인간이 아니라는 점을 명확히 표기해야 한다. 앨런 튜링이 흐뭇해했을지도 모를 규정이다.

**4단계:** 위험성이 거의 없는 AI 시스템, 예를 들어 AI 기반 게임이나 이메일 계정의 스팸 필터 같은 것들은 AIA로 규제되지 않는다.

모든 목적으로 사용되는 생성형 AI, 즉 범용 AI[GPAI: General-Purpose AI Model]는 지난 수십 년 내 최고의 발전이라고 할 수 있다. AIA는 처음에 이 기술을 간과해 첫 번째 초안에는 GPAI에 관해 언급하지 않았다. 그런데 챗GPT가 국제적으로 성공해 열광적인 반응을 이끌어내자 AIA는 GPAI에 관해 논의했고 서둘러 관련 법안을 마련했다. 이렇게 확장된 것이 제28b조다.

광범위한 AI 응용프로그램의 기반인 GPAI는 개발 의도나 개발 당시의 예측은 그렇지 않더라도 어느 순간 매우 위험한 목적으로 사용될 가능성이 있다. 예를 들어 챗봇은 청첩장을 디자인할 때도 사용되지만, 치료 계획을 포함한 의학적 진단을 내리는 데도 사용된다. 이런 각기 다른 사용법이 사회에 미치는 위험

은 천지 차이다.[5]

두 가지 이상의 목적으로 사용될 수 있는 AI 모델을 위한 규정은 절충안을 따르는 것이 중요하다. 필요사항이 너무 광범위하고 복잡했다면 AIA를 시행하는 것이 모든 공무원들의 악몽이었을 것이다. 그리고 유럽 내에서 AI의 혁신이 멈춰버렸을지도 모른다.

AIA는 실질적으로 AI 모델을 훈련하는 모든 사람은 다양한 응용프로그램에 대해 복잡한 위험 관리 절차를 따라야 한다는 규정이다. 알레프알파가 만든 루미너스 같은 AI 모델은 고위험군으로 분류되는 1만 가지 이상의 응용 방법이 있다.[6] 그렇다면 알레프알파는 1만 가지 이상의 위험 사례를 모두 분석하고, 대부분의 위험 사례가 실제로 발생하지 않을지라도 미리 대비해 조치를 취해두어야 한다.

그런데 소규모 회사가 이런 요구사항을 충족하기란 어렵다. 게다가 유럽 내 AI 시스템 분야의 선두주자는 대부분 스타트업 또는 중소기업이다. 예를 들어 독일의 알레프알파와 나이오닉 Nyonic, 스위스의 엘라미디어Ella Media AG와 알파인AIAlpine AI, 프랑스의 미스트랄AIMistral AI 등이 있다. 한편 기술계의 거인인 대기업들은 AIA와 같은 포괄적인 규정에 대응해 자사의 AI를 수정하는 데 전문성과 재정적 자원을 아낌없이 투자하고 있으며 문제가 발생하더라도 아무 어려움 없이 벌금을 지불할 수 있다.

하지만 작은 회사도 대기업처럼 위험한 AI 시스템을 개발할 수 있으니 주의해야 한다. 문제점이 딱 하나 있는 GPAI가 수천

가지 응용프로그램에 사용되면서 그 문제로 인한 피해가 수백만 건으로 늘어날 수 있다. AI처럼 어떤 목적으로든 사용될 수 있는 기술에 오류가 있으면 그 오류는 기하급수적으로 증가한다.

그래서 제28b조는 투명성, 데이터 보호, 편견, 대표성, 사이버 보안, 기본적인 위험 예측 등에 관한 최소한의 기준을 설정했다. 기본적인 AI 프로그램이 향후 다른 방식으로 응용될 때 발생할 수 있는 위험에 대한 자세한 평가도 실시해야 한다.

기본이 되는 AI 모델의 개발자 및 회사가 책임을 지게 하면 규제로 인해 중소기업이 느낄 부담도 줄어들 것이다. 이런 접근법은 AI 도구를 최종적으로 고객에게 제시하는 사람 혹은 기업이 혼자 모든 것을 떠안지 않아도 된다는 점을 시사한다.

그런데 유럽의회와 위원회, 각 국가 간의 협의가 이루어지기도 전에 관료주의적인 힘겨루기가 시작되었다. EU의 대표적인 국가인 독일, 프랑스, 이탈리아가 놀랍게도 범용 AI에 대해 합의한 규칙에 반대 의견을 내비치며 3자 협상을 중단했다. 이들은 규제가 너무 많으면 유럽에서 앞으로 챗GPT에 버금가는 기술이 개발될 기회가 파괴될 것이라고 우려했다.

이들이 특히 주목한 부분은 알레프알파와 미스트랄AI의 이익이었다. 삼국은 계획된 규제가 아닌 '의무적 자율규제'를 요구하고 나섰다. 이에 따르면 범용 모델을 제공하는 기업은 '모델 카드'만 제공하면 된다. 모델 카드란 사용자들이 알아야 할 모든 지식을 모아둔 일종의 사용설명서로 모델의 작동방식은 물론 장점과 단점 등을 모두 포함한다.[7]

삼국의 항의 때문에 5년 동안이나 논의가 이어졌고, 최종 투표는 진행조차 되지 않을 위기에 처했다. EU는 AI라는 주제와 관련해 포괄적인 법적 테두리를 마련한 선도자가 되길 원했다. 그래서 규정을 만들기 위해 발 빠르게 움직였지만 27개 가입국 간의 합의가 이루어지지 않아 난항을 겪었다.

2023년 연말까지 모든 가입국이 동의하지 않으면 2024년 6월 차기 의원 선거 전까지 합의는 불가능했다. 그러던 중 2023년 12월 어느 날 열린 마지막 회의는 3일간 이어진 마라톤 회의가 되었다. 잠도 안 자고 40시간 동안 타협점을 찾은 끝에 EU 위원회는 12월 8일 정치적 합의를 발표했다.

이 합의에 따라 범용 모델에 대한 단계별 요구사항이 제시되었다. 모든 GPAI 제공자는 투명성에 관한 몇 가지 최소한의 기준을 충족해야 한다. 이를테면 훈련용 데이터에 관한 기술적인 문서 및 요약본을 작성하고 EU의 저작권법을 준수해야 한다. 컴퓨팅 성능이 임계값을 초과할 정도로 뛰어나거나 '시스템적 위험'을 초래할 수 있는 GPAI에는 더 엄격한 규정이 적용된다.

이런 범용 AI 제공자는 상세한 위험 평가를 실시하고 완화 조치를 취해야 하며 사이버 보안을 보장하고 에너지 효율성을 공식적으로 밝혀야 한다. 다만 이때 말하는 컴퓨팅 성능의 임계값이 너무 높게 설정되어 있다($10^{25}$플롭스, FLOPS: 부동 소수점 연산 Floating Point Operations)[*]. 이 정도 능력을 갖춘 것은 오픈AI의 GPT-4

---

[*]    단위 시간 내에 얼마나 많은 부동 소수점 연산을 할 수 있는지를 나타내는 지표.

나 구글의 제미니뿐이다. 구글의 바드나 챗GPT도 $10^{24}$플롭스에 그친다. 또 오픈소스 모델에는 해당 규정이 적용되지 않는다. 오픈소스는 많은 사람들이 평등하게 기술에 접근하도록 만드는 방식이며 연구를 활성화하고 누군가가 기술을 독점하지 못하도록 만든다. 그러나 오픈소스 모델 또한 여러 위험을 숨기고 있을 수 있다. 앞서 메타의 라마2 모델의 예시에서 살펴봤듯이 말이다.[8]

EU 집행위원회 위원장 우르줄라 폰 데어 라이엔Ursula von der Leyen은 2023년 12월의 합의를 '역사적인 순간'이라며 축하했다.[9] 그런데 이렇게 어렵게 합의에 도달한 지 얼마 지나지 않아 프랑스 대통령 에마뉘엘 마크롱Emmanuel Macron이 다시 한 번 불만을 표시하며 수정을 요구할 가능성을 나타냈다.[10]

AI 법안의 기술적인 세부사항과 구체적인 시행 지침을 둘러싼 싸움은 아직 끝나지 않았다. 완전한 합의가 이루어지기까지는 더 기다려야 할 것 같다. 컴퓨팅 능력을 넘어 실질적인 '시스템적인 위험'을 어떻게 정의하고 입증할 수 있는지에 따라 그 시간이 좌우된다.[11] 또 법안이 마련되더라도 그것이 실제로 시행되기까지는 18개월이 더 필요하다. AI가 발전하는 속도가 매우 빠른 것과 비교하면 억겁의 시간이다.


## 미국: 혁신이라는 이념에 따른 규정

그렇다면 미국의 상황은 어떨까? 미국에서도 지난 몇 년 동안 예를 들어 얼굴인식 기술 같은 AI 기술의 사용이 제한되거나 일부 금지됐다. 미국 국방부부터 국제개발처, 식품의약국FDA 등 다수의 국가기관은 저마다 AI의 윤리적 사용에 관한 지침을 발표했다. 그리고 2022년 10월 백악관 국가과학기술위원회는 'AI 기본권 헌장을 위한 개요'를 발표했다. 이것은 구속력이 없는 '사회적 지침'으로 AI 보안, 차별 금지, 데이터 보호 등을 위한 조치다.

다수의 국회의원들은 초당파적인 법안을 내기 위해 노력했는데, 이는 무엇보다도 FDA에 버금가는 투명성, 통제력, AI 위원회, 라이선스 절차 등을 촉구하는 행동이었다. 당시 대통령이던 조 바이든은 2023년 9월 UN 총회에 참석한 각국의 정상들을 안심시키고자 노력했다. 바이든에 따르면 그는 앞으로 글로벌 경쟁사와 협력할 계획이며, 그 이유는 "심각한 위협으로부터 시민들을 보호함과 동시에 우리가 AI의 힘을 긍정적인 방향으로 사용할 것이라 확신하기 위해서다."[12]

바이든과 당시 부통령 카멀라 해리스Kamala Harris는 조이 부올람위니 같은 AI 전문가들로부터 조언을 받았고, AI 시스템의 보안 및 대중들의 신뢰 유지를 위한 가이드라인을 개발하기로 AI 기업가들과 협의했다.[13]

그런데 거대 기술기업을 위한 이러한 지침이나 가이드라인의 가장 중요한 특징은 구속력이 없다는 점이다. 또 주목할 점은, 지침이나 가이드라인에서 언급되는 문제 중 대부분이 그 지침이나 가이드라인을 작성하는 데 참여한 바로 그 회사 때문에 발생했다는 사실이다. 그러니 데이터 투명성에 관한 규정이 누락된 것도 놀랄 일은 아니다. 오픈AI처럼 현재 AI 분야의 한 축을 담당하는 기업 중 어떤 곳도 아직까지 자사의 훈련용 데이터를 공개하지 않았다.

이것이 얼마나 문제가 되는지는 스탠퍼드대학교와 MIT, 프린스턴대학교의 연구진이 조사했다. 공동 연구진은 기본적인 AI 모델의 투명성 지수를 개발해 100가지 각기 다른 차원에서 평가했다. 가장 규모가 큰 모델 열 개를 분석한 결과는 충격적이었다. 오픈소스 모델인 라마2와 블룸Z^BLOOMZ의 투명도 값은 50퍼센트를 조금 상회한 데 반해, GPT-4나 스테이블 디퓨전, 클로드2는 그보다 훨씬 아래였다. 아마존의 모델 '타이탄 텍스트^Titan Text'의 투명성 지수는 12퍼센트에 그치며 가장 낮은 수치를 보였다.[14] 혹시 몰라 첨언하자면, 몇몇 모델의 지수가 다른 모델보다 훨씬 나은 것과 상관없이 연구진이 분석한 모든 모델이 'F'라는 성적을 받았다. 즉 기준을 충족하는 데 실패했다는 말이다.

2023년 10월 바이든은 "안전하고 보호되며 신뢰할 수 있는 AI 개발 및 사용"을 위해 행정명령을 발표했다.[15] 바이든의 AI 행정명령은 AI의 규제에 대한 미국의 접근방식을 보여주는 일례다. 즉 국가가 혁신을 명시적으로 환영하고 장려하는 동시에 그것이 공공 및 민간에 미치는 근본적인 위협을 최소화하겠다는 것이다. 이것은 기존의 규정을 기반으로 하며 미국 내 모든 기관이 이런 조치를 구체화하기 위해 노력해야 한다고 촉구한다.

이 행정명령은 국가의 혁신력을 뒷받침하고 노동자들이 AI와 관련된 일자리에 접근할 수 있도록, 예를 들어 상무부와 교육부가 훈련 기회를 창출해야 한다는 내용을 담고 있다. 이에 따라 신기술이 노동시장에 미치는 영향을 완화할 수 있다. 행정명령에 따르면 해외에서 최고 수준의 AI 인재를 영입하는 절차가 단순해져야 하며, 필요한 전문 인력을 정부에 투입해야 한다. 또 근본적인 위험을 최소화하기 위해 에너지부는 AI 시스템이 핵 위협, 생화학적 위험 등을 일으키지 못하도록, 혹은 치명적인 인프라를 구축하지 못하도록 직절힌 계획을 세워야 한다.

이 행정명령이 특히 중요하게 다룬 내용은 혁신과 경쟁이다. 그뿐만 아니라 시민들의 권리까지 고려한 점이 눈에 띈다. 행정명령 중 많은 부분이 노동자, 소비자, 환자, 학생들을 보호하기 위한 것이었다. 구체적으로 설명하자면 예를 들어 차별로부터 사람들을 보호하고, 민감한 데이터를 책임 있게 처리해야 하며, AI 도구를 발전시킬 때는 개인정보 보호 수준도 높여야 한다는 내용이 담겨 있다.

이 행정명령에 따라 미국은 연방정부 차원의 AI 보안연구소를 설립하겠다고 발표했다. 미국 상무부 산하 기관인 국립표준기술연구소NIST에 속하는 AI 안전연구소는 잠재적인 위험이 있는 AI 도구를 공개 전에 철저히 조사하는 역할을 맡는다. 오픈AI 같은 기술대기업은 그 과정에 필요한 대규모 언어모델에 대한 접근을 허용하겠다고 약속했다.

AI 행정명령에 따라 기업은 정부가 위험한 응용프로그램의 개발을 지속적으로 인식하고 대처할 수 있도록 대규모 기본 모델을 개발할 때 관련 사항을 보고해야 한다. 그리고 이른바 '레드티밍

<sup>Red Teaming</sup>' 테스트를 실시한다. 레드티밍 테스트란 전문가들이 조직의 보안 수준을 점검하기 위해 실제로 공격을 시도해 진행하는 테스트를 말한다. 그래야 AI 시스템의 취약점을 미리 발견하고 보안 조치를 취할 수 있다.

EU의 광범위하고 수평지향적인 AI 법안과 달리 바이든 행정부는 이 행정명령으로 정부가 적극적으로 개입하는 부문별, 산업별 접근방식을 택했다. AI 및 데이터 보호 전문가 파울라 치피레<sup>Paula Cipierre</sup>는 "중기적으로 보면 미국 행정부 전체가 책임을 공유한다. 이 행정명령은 미국 전체의 집단적인 문샷* 계획처럼 보인다"고 말했다. 미국 국민들도 열렬한 반응을 보였다. AI 정책연구소의 조사에 따르면, 정치적 성향과 상관없이 미국 유권자의 69퍼센트가 바이든의 AI 행정명령에 긍정적인 반응을 보였다.[16]

## 중국: 이미 AI에 친근한 나라

중국은 몇 년 전부터 AI 분야를 성장시키려는 세계적인 경쟁에 적극적으로 뛰어들었다. AI 기술이 가진 경제적인 기회를 포착한 시진핑은 2017년 포괄적인 AI 개발 계획(이른바 차세대 AI 개발 계획<sup>New Generation AI Development Plan</sup>)을 수립했다. 목표는 2030년까지 세계를 선도하는 AI 국가가 되겠다는 것이었다.[17]

* 달 탐사선을 발사하는 것처럼 혁신적인 프로젝트를 일컫는 말.

이에 따라 중국 내에서 AI 연구 및 개발이 불붙은 듯 진행되었다. 2021년부터 2023년 사이에는 AI를 위한 세 가지 규정도 마련되었다. 이 세 가지 규정은 추천 시스템, 합성 미디어(예를 들어 AI로 만든 영상이나 사진 같은 콘텐츠), 그리고 생성형 AI 그 자체를 염두에 둔 것이었다. 공식적으로 AI 레지스트리도 만들어졌다. AI 레지스트리란 '여론 또는 동원력'과 관련된 알고리즘 및 그 개발에 관한 자세한 정보를 입력하는 데이터베이스다.[18]

해당 규정 중 일부는 과도한 가격차별*, 알고리즘에 의한 노동시간 관리, 딥페이크를 통한 가짜 정보 등에 관한 내용이다. 그런데 이 규정의 뒤에 숨은 핵심 동기는 따로 있다. 중국 공산당이 모든 온라인 콘텐츠를 완전히 장악하고 제어하려는 것이다.

해당 규정에 따르면 AI를 사용 및 응용할 때는 모든 것이 아주 정확해야 하고, 사실이어야 하고, 사회적인 가치에 충실해야 한다. 추천 시스템에 관한 규정에 따르면 제공자는 이런 서비스를 "지속적으로 주류의 생각과 일치하도록" 제시해야 하며 "긍정적인 에너지를 적극 발산하도록 해야 한다."[19] 합성 미디어에 관한 규정에 따르면 콘텐츠가 "올바른 정치 노선과 여론, 가치 추세를" 따라야 하며 "국가에 해를 입히는 이미지"나 "경제적 혹은 사회적 질서를 문란하게 만드는" 이미지여서는 안 된다.[20]

이런 식이면 중국에서 AI는 점점 더 공산주의적이고 말을 잘 듣는 오락기계로 전락하고 만다. 중국에서는 종교가 아니라 기술

---

* 동일한 것을 구입자에 따라 다른 가격으로 판매하는 행위.

이 인민을 현혹하는 아편이 되고 있다.

놀라운 점은 해당 규정의 근간이 되는 당국의 명령이 챗GPT 가 2022년 11월 30일 전 세계에 공개되기 겨우 5일 전에 완료되었다는 사실이다. 그로부터 몇 달 후 중국 정부는 생성형 AI에 관한 규정 초안을 작성했는데, 이에 따르면 콘텐츠는 "사회주의의 핵심 가치를 구현하고 국가 주권을 침해하거나 사회주의 체제를 전복하려는 선동을 해서는 안 된다."[21] 즉 중국 내에서 사용되는 봇은 대중에게 공개되기 전에 특별한 검증을 거쳐 허가를 받아야 한다.

국제적인 언론사 블룸버그는 공개적으로 접근할 수 있는 중국의 언어모델 여러 개를 대상으로 테스트를 실시했다. 그중 대부분은 질문에 방어적인 태도를 보였다.[22]

예를 들어 바이두의 '어니봇Ernie Bot'은 대화의 주제를 바꿨다 ("다른 이야기를 하죠."). 메이톼Meituan의 '치푸Zhipu'는 처음에는 제대로 답변하다가 갑자기 답변을 중단하거나 몇 초 전에 답변한 내용을 삭제했다. 텐센트의 봇 '미니맥스Minimax'는 "불법적인" 질문에 답하지 않겠다며 답변을 거부했다. 센스타임Sense Time의 봇 '센스챗SenseChat'만이 시진핑이 비판을 받은 적이 있느냐는 질문에 다음과 같이 답했다. "네, 시진핑은 비판의 대상입니다. 비판은 주로 네 가지 측면에 관한 것입니다. 개인적인 삶, 공적인 정치, 독재, 검열입니다." 센스챗이 언제까지 이 세상에 존재할 수 있을지 지켜봐야 할 것 같다.[23]

이것이 중국의 기술-국가자본주의를 최선의 형태로 표현한 결과다. 중국에서 AI는 단순한 디지털 도구가 아니라 정치적인 도구이기도 하다. 이념적인 장치를 확장하는 동시에 정부에 경제적 이익도 가져다주기 때문이다.

## 규정 전문가들의 국제적인 시범경기

2023년 11월 초, AI에 관한 규정이 정치적인 승자를 가를 주제임이 분명해졌다. 그 시점에 이미 당시 영국 총리인 리시 수낵 Rishi Sunak은 AI의 미래에 관한 자신의 생각을 내놓았다. 그는 한 담화에서 AI는 "전기의 발명이나 인터넷의 발생으로 일어났던 산업혁명에 맞먹는 중대한 변화를 일으킬 것이다. (……) 이 기술만큼 우리 경제, 사회, 모든 사람들의 삶의 가까운 미래를 변화시킬 것은 아무것도 없다"[24]고 말했다.

수낵은 또 AI와 관련된 주요 인물들을 영국으로 모으겠다고 말했다. 그리고 AI의 안전성을 평가할 영국 AI 안전연구소도 설립할 예정이며, 막대한 투자도 실시할 것이라고 덧붙였다. AI와 관련한 금지 조치 및 엄격한 제한 사항은 언급하지 않았다. 규제보다 혁신을 우선한다는 것이 영국 정부의 방침이었다.

곧 수낵은 영국에서 AI 안전 정상회담을 열고 세계적인 AI 전문가들을 불러 모았다. 회담 장소 또한 역사적으로 유서 깊은 곳으로 선정했다. 런던에서 북서쪽으로 70킬로미터 정도 떨어진 블레츨리 파크 Bletchley Park라는 곳이었는데, 한때 앨런 튜링이 컴퓨터과학의 역사를 새기고 제2차 세계대전 동안 독일군의 수수께끼 암호를 해독한 장소다.

정상회담을 마치며 20개국 이상의 정상들이 AI를 다룰 때의 국제적인 협력에 관한 '블레츨리 선언'에 서명했다. 서명한 국가로는 미국, 칠레, 독일, 이스라엘, 르완다는 물론이고 중국, 싱가포르, 인도, 사우디아라비아 등이 있다.

이 국가들은 각자의 이해관계에 따라 별다른 내용이 없는 이 선언에 서명했다. 이 선언은 사실 상징정치적인 것이다. 그 안에 담긴 내용은 진부한 말과 오만한 미래 예측뿐이다. 그리고 시민사회의 목소리보다 기술대기업이 훨씬 주목받는 점도 비판의 대상이다. 이는 업계를 규제해야 하는 당국이 오히려 업계의 손아귀에 틀어 잡혀 꼼짝 못 하는 '규제포획Regulatory capture'의 단적인 예시다.

다양한 분야에서 진행 중인 미국과 중국 사이의 첨예한 경쟁과 대립 속에서 AI는 주요 전장이 될 것이다. 미국이든 중국이든 EU처럼 AI를 규제할 국제적 규정을 세우고자 한다. 시진핑은 최근 미국이 중국의 고성능 칩에 대한 접근을 제한하기 위해 시행한 금지조치에 대응해 글로벌 AI 거버넌스 이니셔티브Global AI Governance Initiative를 발표했다. 이에 따라 중국은 모든 국가가 AI 개발에 있어 '동등한 권리'를 누릴 것을 주장했다. 해당 이니셔티브의 설립 근거에는 "우리는 이데올로기적인 한계나 다른 나라의 AI 개발을 어렵게 만드는 독점적인 조직에 반대한다"고 쓰여 있다.[25] 결국 AI는 모든 못을 때리는 외교 망치가 될 것이다.

어떤 규제든 다양한 가치판단의 영역에 걸쳐 있고, 각 국가 고유의 법적·윤리적 환경에 따라 조정된다. 하지만 AI에는 지리학적인 한계가 없다. AI의 장점도 단점도 국제적이라는 특징이다.

한편 국제적인 차원에서 단결하려는 노력도 이어지고 있다. 2023년 UN 사무총장 안토니우 구테흐스<sup>António Guterres</sup>는 UN 차원의 AI 규제 권한이 필요한지, 필요하다면 과연 그 범위는 어느 정도여야 하는지 검토하는 일을 고위급 자문위원회에 위임했다.

구글과 오픈AI, 하버드대학교 및 스탠퍼드대학교의 연구원으로 구성된 또 다른 전문가 그룹은 글로벌 AI 권한을 위한 네 가지 가능한 규제 모델을 개발했다. 모든 모델은 기존의 UN 모델을 따른다.

우선 기후변화와 관련해서는 정부 간 패널로 구성된 AI 위원회가 과학적인 합의에 따라 위험성과 기회를 도출하고 권장사항을 추천한다. 또 국제원자력기구를 모델로 한 기관을 구성하고 그 기관이 국제적 표준을 설정하고 준수 여부를 감시할 수 있도록 한다. 국제백신동맹 가비<sup>Gavi</sup>와 유사한 협력체를 구성해 공공-민간 파트너십을 맺고 AI 기술에 대한 공정하고 개방적인 접근을 보장한다. 마지막으로 유럽핵연구기구와 같은 공동 연구 기관을 설립해 기술을 발전시키기 위한 국제적인 전문지식을 모은다.[26]

EU는 특히 대규모 AI 모델에 대한 감시를 중점적으로 논의했는데, 그러던 중 몇몇 전문가들은 그러한 시스템의 능력치를 국제적으로 측정하고 결과에 따라 컴퓨팅 용량을 제어해야 한다고 주장했다. 이런 방식을 '컴퓨트 모니터링<sup>Compute Monitoring</sup>'이라고 한다.

컴퓨트 모니터링 방식을 채택하면 대규모 AI 모델을 훈련하기 위해 수많은 칩을 사용하는 개발자들에게 감시 당국에 상세한 정보를 알리라는 의무를 지울 수 있다. 만약 북한이 대규모 AI 모델을 훈련하기 위해 2만 개가 넘는 AI 칩을 사용했다면, 국제 사회가 그 소식을 알아야 하지 않겠는가?[27] 특정 수준 이상의 컴퓨팅 성능을 쓰기 위해 라이선스를 받아야 하도록 강제한다면 인증된 기관만이 특정 수준 이상의 AI 모델을 개발할 수 있다. 이때 그 기관은 투명성 및 책임과 관련된 규정을 철저히 지켜야 하며 모든 법을 준수해야 한다.

여기에 더해 외부 전문가들이 정기적으로 '레드티밍' 테스트를 실시해 모델이 유발할지도 모르는 위험과 유해한 효과를 평가한다. 책임을 정확히 인식하고 있는 라이선스 소지자들이 사회적으로 그리고 생태학적으로 최소한의 기준을 충족해야 한다는 뜻이다.

부족한 것은 아이디어가 아니라 집단적인 의지다. 미국이나 중국 같은 거대 권력이 UN 차원에서 이러한 기관을 설립하는 데 동의할지 여부는 미지수다. 이에 동의한다면 다국적 조사관들에게 자국 내의 AI 시스템에 무제한으로 접근할 수 있는 권한을 부여하는 것이나 마찬가지이기 때문이다. 이미 2023년 여름 UN 안전보장이사회 회의에서 러시아 대표가 러시아 정부는 "AI를 위한 초국가적 통제기구 설립에 반대한다"고 밝힌 바 있다.[28]

2023년 가을 히로시마에서 열린 정상회의에서 G7 국가들은

AI를 개발하거나 사용하는 모든 사람들을 위한 행동강령에 동의했다. 그러나 일부 회원국이 합의에 미온적인 태도를 보였기 때문에 아직 완전한 합의라고 보기는 어렵다. 또 각국의 정부는 행동강령을 실행할 때 자체적인 접근방식을 택할 수 있도록 되어 있다. 말하자면 G7은 가장 작은 크기의 공통분모를 찾았다. 공통분모의 크기는 여전히 그 상태 그대로다.

한편 브루킹스연구소Brookings와 마이크로소프트, 옥스퍼드대학교, 케임브리지대학교의 연구진이 정치적으로 더 실용적인 해결책을 내놓았다. 예를 들어 국제민간항공기구를 본보기로 삼아 AI 프로젝트나 AI 개발 기업이 아니라 국가를 인증하는 시스템을 도입할 수 있다. 이 인증은 국제 표준을 기반으로 하며 AI 수입 및 수출법을 기준으로 시행된다. 이를 위해서는 "최소한의 규제 기준에 대한 충분한 국제적 합의"가 필요하지만, 연구진이 주장하는 대로 이 방법이 각국의 권리를 최소한으로 침해하는 접근법일 것이다.[29]

## 미래 지향적 AI로 가는 길

AI 규제는 "전반적인 정치 공간 자체"에 영향을 미칠 것이다. 그 기술이 "우리 휴대전화 운영체제처럼 어디에나 존재하기 때문이다"라고 프린스턴대학교 고등연구소 교수이자 백악관 기술자문인 알론드라 넬슨Alondra Nelson은 말했다.[30]

특히 중요한 것은 명확성이다. EU의 AI 법안에는 처음에 몇몇 개념이 애매모호하게 기술되어 있었다. 예를 들자면 '자율성'의 핵심 개념 같은 것들이 말이다. 심지어는 법안의 초안에 전동칫솔이 포함될 정도로 개념이 모호하게 서술된 경우도 있다.[31] 어플리케이션으로 세기를 조절할 수 있는 전동칫솔은 자율적인 시스템은 아니지만 어떤 방식으로든 위험해질 수 있다. 따라서 AI 같은 범용 기술에 관해 언급할 때는 모든 개념을 명확하게 정리하는 일이 대단히 중요하다.

또 기존의 규칙과 규정을 무시해서는 안 된다. 디지털서비스 법안을 예로 들 수 있다. 가짜 정보를 대량생산할 수 있는 생성형 AI의 잠재력에 대응할 수 있도록 기존의 법안을 조정할 필요도 있다. AI 제공업체는 이런 규칙에 따라 유해한 콘텐츠 신고를 받으면 즉각 조치를 취해야 한다. 결함이 있는 제품에 대한 기존의 책임규정 또한 제대로 작동하지 않는 AI와 소프트웨어까지 포함하는 쪽으로 갱신되어야 한다.[32]

앞서 9장에서 설명했듯 대규모 언어모델을 운용하는 데는 어마어마한 양의 물과 에너지가 든다. 즉 AI 기술의 생태학적 발자국이 매우 심각하다. 그런데 현재 많은 사람들이 AI 관련 규제에 관해 여러 아이디어를 제안하면서도 기후보호는 제대로 고려하지 않는다. 현재의 기술로 지속가능한 경제적 부흥을 일으키고 싶다면 AI를 개발 및 사용할 때 기후와 환경보호를 고려해야 한다는 조항도 이미 만들어진, 혹은 앞으로 만들어질 AI 관련 법안에 추가해야 한다.[33]

궁극적으로 AI와 관련해 다양한 규정과 법안이 필요한 이유는 기업과 조직이 그것들을 표준이자 가이드라인, 지침 등으로 삼아 앞으로 나아갈 방향을 결정할 수 있기 때문이다. EU 위원회는 독립적인 과학자 및 전문가들로 구성된 AI 사무국<sup>AI Office</sup>을 설치해 범용 모델을 위한 중심 연락 창구로 삼았다. 회원국 중 몇몇 대표들로 구성된 AI 이사회는 AI 개발 및 구현에 필요한 세부사항을 조율한다.

　새로운 규정을 준수하지 않으면 위반사항의 중대성 및 회사의 규모에 따라 벌금을 내야 한다. 벌금은 최소 750만 유로(약 113억) 혹은 전 세계 판매금액의 1.5퍼센트부터 최대 3,500만 유로(약 529억) 혹은 전 세계 판매금액의 7퍼센트까지다.[34] 최신 기술을 책임감 있게 개발하기 위해서는 처벌뿐만 아니라 자금 지원 및 연구, 재정 지원 및 추가 교육도 필요하다. 유럽의 AI 법안에 정말로 힘을 실어주려면 EU는 상당한 공공투자를 해야 한다.

　새로운 규정이 생기면 많은 조직이 각자 규정을 따르기 위해 노력할 것이고, 많은 사람들이 이를 위해 돈을 들여야 한다. 현 상황은 GDPR이 시행되기 전의 긴장감을 상기시킨다. 유럽의 데이터 보호 감독관 중 한 명은 우리 두 저자에게 "기술에 관한 과거의 규정에서 배운 것이 있다면, 규정을 실현하기 위해서는 법적 지식이 있는 사람들만 필요한 것이 아니라는 점입니다"라고 말했다. "AI의 응용 및 그 한계를 이해하려면 전문가들이 아닌 사람들, 모든 조직에 속한 사람들의 다양한 관점이 필요해요."

　요즘 우리가 다양한 분야의 수많은 미래 지향적인 경영자들로부터 듣는 말이다. 그들은 기대와 의구심이 섞인 시선으로 AI 법안을 바라보고 있다. AI 법안을 마련하기 위해서는 다양한 관점에서 AI를 평가하고 높은 수준에서 관리할 수 있는 수많은 전문가가 필요하다. GDPR의 도입 과정과 마찬가지로 기업과 규제 기관은 인력을 교육하고 적합한 전문가들을 고용하게 될 것이다.

이런 과제의 대부분을 우리는 새로운 기술 자체에 위임할 수밖에 없다. 프라이스워터하우스쿠퍼스 영국의 CTO 비벡 샤르마 Bivek Sharma는 "많은 사람들이 AI가 일자리를 없앨 것이라고 이야기한다"고 말했다. "하지만 현실적으로 지금의 복잡한 상황을 타개하기 위해서는 AI가 반드시 필요하다."[35] 다시 말해 기술을 제어하기 위해서는 기술이 필요하다.

분명한 점은 AI로 인한 인류의 멸종을 철학적으로 고찰하는 대신, 그 기술이 초래할 즉각적인 위험에 초점을 맞춘 새로운 규정을 만들어야 한다는 사실이다. 이를테면 데이터 보호, 차별, 콘텐츠 조정, 책임 및 지속가능성에 주목해야 한다.

모든 곳에 있는 모든 것들에 한꺼번에 영향을 미치는 AI는 기술적인 도전과제일 뿐만 아니라 사회적인, 도덕적인, 지정학적인 도전과제다. 무엇보다 국경에 가로막히지 않는 기술이므로 각 국가의 개별적인 노력만으로는 이 기술을 충분히 제어할 수 없다.

우리는 AI 연구 및 개발을 위해 전 세계적으로 구속력이 있는 최소한의 규정을 마련해야 한다. 유럽인들은 협상과정에만 집중하다가 완벽하지 않은 타협의 결과를 최선의 해결책이랍시고 떠들며 관료주의적인 희열에 빠지지 않도록 주의했어야 한다. 우리가 그러는 사이 혁신의 샌드박스 안에 있는 거대 경쟁자들은 자신들의 입맛에 맞는 미래를 설정하고 시장을 지배하기 시작했다.

EU는 이미 많은 것을 제시했다. GDPR은 다분히 관료주의적이기 때문에 사용자 친화적인 관점에서 보면 아쉬운 부분이 많지만, 그럼에도 불구하고 전 세계의 많은 입법자들이 데이터 보호를 위한 법안을 마련할 때 참조하는 본보기가 되었다.

AI에도 국세적으로 비슷한 영향을 미치는 규제가 필요하다. 규제가 없으면 기업, 정치, 그리고 우리 모두가 계속해서 불확실한 영역으로 들어갈 것이기 때문이다. 그러면 불신이 깊어지고 혁신에는 제동이 걸린다. 올바른 규칙이 있어야 미래를 구상하고 기술의 역사는 물론 세계의 역사를 쓸 수 있다.

# 13

ARTIFICIAL INTELLIGENCE

# 다음 유니버스로
## : 두 가지 시나리오,
## 우리의 선택은?

━━━━━━━ 인간은 역사에서 가장 무서운 순간에 가장 아름다운 이름을 붙이는 경향이 있다. '트리니티Trinity'라는 단어는 삼위일체를 뜻하는 말인데, 미국이 1945년 7월 16일 '맨해튼 프로젝트'의 일환으로 텍사스 사막에서 처음으로 실시한 원자폭탄 실험에 붙은 이름이기도 하다.

그보다 3년 전, 1942년의 어느 날 물리학자이자 나중에 수소폭탄을 발명하는 에드워드 텔러Edward Teller는 자신의 사무실에 앉아 도무지 믿지 못하겠다는 표정으로 계산식이 가득 적힌 종이를 들여다보고 있었다. 그의 눈앞에서 상상할 수 없는 일이 벌어지는 중이었다. 지구상의 모든 생명체에 감히 짐작할 수 없을 만큼 치명적인 일이기도 했다. 그의 데이터에 따르면 맨해튼 프로젝트로 만든 것 같은 원자폭탄이 폭발하면 태양열보다 더 뜨거운 열이 발생해 핵융합 반응이 일어날 터였다. 간단하게 말해 원자폭탄이 대기에 불을 질러 이 세상을 녹여버릴 수도 있었다.

텔러는 이 발견을 혼자만 알고 있을 수는 없다고 생각했다. 그래서 동료들에게 계산 결과를 설명했다. 결국 그 당시에는 최초의 원사폭탄 실험이 진행되지 않았다. 맨해튼 프로젝트의 책임자인 레슬리 그로브스Leslie Groves 준장은 회의 자리에서 "제가 정확히 이해했다면, 우리가 폭파 버튼을 누르면 이 세상이 망가질 가능성도 있다는 말입니까?"라고 물었다. 맨해튼 프로젝트의 지휘자인 J. 로버트 오펜하이머J. Robert Oppenheimer는 "그럴 가능성은 0에 가깝습니다"라고 답했다. 그로브스는 그 말을 듣고 "0에 가깝다고요? 0이었으면 좋겠군요"라고 말했다.

0이거나 0에 가깝거나. 모든 기술에서 발생할 수 있는 기회와 위험을 새로이 탐구하는 말이다. 우리는 대개의 경우 명확한 답변을 찾을 수 없다. 중요한 것은 기술의 진보와 그로 인한 부정적인 영향의 균형을 맞추는 일이다. 과거 독일 관료들은 이를 '기술평가Technology assessment'라고 불렀다.

오펜하이머는 간단한 답을 내놓았다. "기술적인 관점에서 뭔가 흥미로운 것을 발견했다면 그냥 하면 된다." 사람이 호기심을 느끼거나 알고자 하는 욕구가 생겼을 때, 진보의 기회를 발견하고자 할 때라면 오펜하이머의 말이 옳다. 그리고 그것이 위대한 결과로 이어지는 경우도 적지 않다. 과거에 사람들이 두렵다는 이유로 불이나 전기, 증기기관, 컴퓨터 같은 것들을 발견하거나 개발하지 않았다면 우리가 사는 세상은 지금과 완전히 다른 모습이었을 테다.

생성형 AI와 거기에서 파생된 여러 강력한 모델에도 기회와 위험이 공존한다. 많은 전문가들이 잠재적인 위험을 지적하려고 이 기술을 원자폭탄의 발명과 비교했다. 2023년 5월 AI 안전 센터는 AI 발전에 기여한 많은 주요 인물들이 서명한 서신을 공개했다. "AI 때문에 인류가 멸종할 위험을 최대한 줄이는 것이 국제적으로 가장 시급한 문제가 되어야 한다."[1]

이것은 현실적인 평가일까? 우리는 그렇지 않다고 생각한다. 앞서 12장에서 설명한 재앙을 예언하는 사람들의 말에 가까운 내용이 아닌가. 그런데 어째서 AI 발전에 기여한 전문가들이 인류의 종말을 말하는 서신에 서명한 걸까?

이들이 인류의 파멸을 걱정하는 이유는 AI의 특성 때문이다. AI는 범용 기술이다. 이런 기술이 발명 및 개발되는 경우는 흔치 않다. 게다가 AI의 효과는 매우 강력하다. 그렇기 때문에 AI를 다룰 때는 충분히 주의를 기울여야 한다.

대규모 언어모델이 우리 삶의 모든 의사소통, 모든 활동, 모든 과정에 관여하는 미래를 상상해보자. 그것들이 우리의 데이터로 학습하고 우리가 시키지 않아도 계속 발전해 나간다고 상상해보자. 그 모습이 그려진다면 그 기술에는 엄청난 잠재력이 있다는 뜻이다. 어쩌면 인류의 삶을 '모두 불태워버릴' 잠재력 또한 품고 있는지도 모른다. 맨해튼 프로젝트에 합류했던 과학자들이 때때로 엄청난 두려움을 느꼈던 이유를 짐작할 수 있다.

다시 생각해보자. 이것은 현실적인 평가일까? 우리는 아직 모른다. 현재 우리가 알고 있는 점은 맨해튼 프로젝트가 결국 진행되었다는 사실뿐이다. 연구진과 프랭클린 루스벨트 Franklin D. Roosevelt 정부, 그리고 이들을 지원한 영국의 윈스턴 처칠 Winston Churchill 정부와 캐나다의 윌리엄 라이언 매켄지 킹William Lyon Mackenzie King 정부는 프로젝트를 계속 진행해 결국 폭탄을 실험하기에 이르렀다. "기술적인 관점에서 뭔가 흥미로운 것을 발견했다면 그냥 하면 된다"던 오펜하이머의 말을 따른 것이다.

## 원자폭탄의 예시: 지능적인 비확산

이미 몇 년 전부터 AI의 위험성을 진지하게 경고하는 사람이 적지 않다. 물리학자 스티븐 호킹Stephen Hawking은 2017년 리스본에서 열린 웹 서밋에서 "AI는 우리 문명의 역사상 최악의 사건인지도 모른다"고 말했다. 러시아의 대통령 블라디미르 푸틴Wladimir Putin은 2017년 9월 학생들을 대상으로 한 연설 중 AI 기술로 획기적인 발전을 이룩한 사람이 그것으로 세상을 지배하게 될 것이라고 말했다.

푸틴은 AI의 발전에 "예측하기 어려운 엄청난 기회와 위험이 있다"고도 덧붙였다. 일론 머스크는 같은 해에 "내 생각에 AI 시장의 주도권을 둘러싼 경쟁은 제3차 세계대전의 가장 명백한 방

아쇠가 될 것이다"라고 말했다. 이 모든 발언이 구글의 연구진이 트랜스포머 모델을 개발해 공개하고 획기적인 논문인 〈필요한 것은 오직 관심 뿐〉을 펴낸 때와 같은 해에 나왔다니, 순전히 우연일까?

우리가 앞으로 어디로 나아가야 하는지 평가하려면 지금 당장 많은 관심을 기울여야 한다. 원자폭탄과 비교하면 이해하기 쉬울지도 모른다. 핵분열과 AI에는 실제로 공통점이 많다. 우선 신속함이다. 두 기술 모두 단기간 내에 실제로 사용될 수 있다. 물론 현재와 같은 형태의 AI를 개발하기까지는 수십 년이 걸렸지만, 오늘날 AI를 활용하는 기반이 되는 트랜스포머 기술 개발은 매우 빠른 속도로 진행되었다.

챗GPT는 겨우 수개월 만에 세상을 폭풍 속으로 몰아넣었다. 맨해튼 프로젝트의 주요한 작업에는 3년(1942~1945)이 소요되던 것과 대비된다. 1945년 8월 일본의 히로시마와 나가사키에 원자폭탄이 투하된 이후 수십 년 동안 이어진 핵무기 반대 시위와 군축 협상에서 알 수 있듯, 기술을 실제로 사용하기까지 걸리는 시간이 짧다는 것은 곧 시장에서, 혹은 권력의 측면에서 우위에 있다는 뜻이다. 그런데 개발 및 응용 속도가 빠르면 역사적으로 돌이킬 수 없는 결과가 초래되기도 한다. 우리는 그 결과를 계속 끌어안고 살아야 한다.

원자폭탄과 AI는 둘 다 엄청난 효력을 보이는 기술이다. 일본에 투하된 두 개의 원자폭탄은 13~23만 명의 사람들을 죽였고 그중 대부분은 민간인이었다. 브루킹스연구소의 연구에 따르면

1945년부터 1998년까지 핵무기의 개발 및 가용에 쓰인 비용이 5조 달러에 이른다.[2] 파괴적인 핵전쟁을 막을 목적으로 사용되었을 수도 있는 돈이지만, 한편으로는 그 외 다른 목적으로 사용될 수 없었던 돈이기도 하다. 미국의 경제학자 윌리엄 J. 웨이다William J. Weida는 이 주제와 관련한 청문회에서 "미국인들은 1억 달러를 20개 도시에 있는 수많은 학교를 위해 사용할지 아니면 B-2 폭탄을 만드는 데 사용할지 결정할 기회가 없었다"[3]고 말했다.

현재의 AI 기술에 관한 모든 것을 추정하기란 어렵다. 그런 와중에도 우리는 이 기술이 점점 더 많은 분야에서 응용 및 사용되고 있음을 목격한다. 물론 대부분은 좋은 목적으로 사용되지만, 나쁜 목적으로 사용되기도 한다.

카네기멜론대학교의 연구진이 발표한 바에 따르면 다양한 언어모델을 복잡한 화합물을 식별할 수 있는 시스템과 연결하고 '클라우드 실험실'(화학자들이 클라우드에서 실제 실험을 진행할 수 있는 온라인 서비스)에 화합물 생성을 의뢰할 수 있다.[4] 그렇게 만들어진 화합물에는 마약인 메스암페타민과 독극물인 사린가스가 포함되어 있었다. 즉 이런 시스템은 원자폭탄만큼이나 끔찍한 결과를 초래할 생화학무기를 만들어낼 수 있다.

원자폭탄과 AI의 세 번째 공통점은 이 두 기술이 모두 국제적인 경쟁을 부추겼다는 사실이다. 덴마크의 물리학자 닐스 보어Niels Bohr는 1944년에 스탈린과 맨해튼 프로젝트에 관해 이야기를 나누도록 루스벨트와 처칠을 설득했다. 보어는 만약 스탈린이 스파이를 통해서 연합국이 자신도 모르게 원자폭탄을 개발하고 있다는 사실을 알게 된다면 신뢰관계가 영원히 깨질 것이라고 주장했다. 그러면 스탈린은 미국에 등을 돌리고 이후 어느 나라도 승리하지 못하는 군비 경쟁이 시작되리라는 것이었다.

처칠은 호기롭게 대답했다. "새로운 폭탄은 우리가 지금 보유하고 있는 어떤 것보다 큰 폭탄이 될 거요. 결국 전쟁의 원칙에는 차이가 없습니다."[5] 이때 처칠이 저지른 큰 실수 때문에 국제안보 정책에 심각한 결과가 초래되었다. 가장 강력한 핵무기를 개발하기 위한 경주가 시작되었고, 지금도 우리는 러시아가 우크라이나를 침공해 일으킨 전쟁을 보며 푸틴이 어떤 결정을 내릴지 지켜보고 있다.

AI를 둘러싸고 미국과 중국에서 이와 비슷한 시나리오가 전개되고 있다.[6] 중요한 것은 경제적인 경쟁에서 우위를 점하는 것뿐만 아니라 민주주의 체제와 권위주의 체제 사이의 경쟁에서 누가 패권을 쥐느냐는 것이다(이런 구분에 관해서는 여기서 논의하고 싶지 않다).

전직 UN 인권이사회 미국 대사이던 에일린 도나호Eileen Donahoe는 "기술에서 민주주의 진영이 앞서지 않고 권위주의 진영이 우위에 선다면 민주주의와 인권 전반이 위험에 빠질 것이다"[7]라고 말했다. 미국 국가안보보좌관 제이크 설리번Jake Sullivan은 "우리는 최대한 거리를 벌리며 앞서나가야 한다"고 말했다.

구글의 전 CEO인 에릭 슈미트 또한 한 마디 거들었다. 그는 2017년에 중국에 관해 이렇게 말했다. "2020년까지 중국은 우리를 따라잡을 것이다. 2025년까지는 우리보다 앞서 나갈 것이고,

2030년에는 AI 분야를 지배할 것이다."[8] 조금 성급한 판단이었던 것 같다. 경제발전과 코로나19 팬데믹, 언어모델이 '정치적 올바름'을 전제로 한 규제, 즉 검열의 대상이 된다는 사실 때문에 중국의 AI 발전 속도는 더뎠다.

2017년 시진핑은 중국이 AI 세계 시장을 주도해야 한다며 차세대 AI 개발 계획을 세웠고 최대 700억 달러를 투자하겠다고 밝혔다.[9] 이것이 시장자본주의와 국가자본주의의 차이다. 국가자본주의의 경우 선거나 시장의 메커니즘, 국민들의 동의와 전혀 상관없이 국가가 계획을 세우고 특정한 분야에만 몰아서 돈을 투자할 수 있다.

마지막으로 원자폭탄과 AI가 비약적으로 발전하는 데는 특정 물질이 필요했다. 원자폭탄을 만들려면 우라늄-235 동위원소를 분리해야 한다. 당시에는 거의 불가능에 가까운 일이었다. 보어가 충분한 양을 얻으려면 "나라 전체를 거대한 공장으로 만들어야 한다"[10]고 했을 정도로 상상도 못할 일이었다. 위대한 전문가가 중요한 질문에 다시 한 번 틀린 답을 내놓은 순간이었다.

동위원소를 분리하는 작업은 결국 가능했고, 1945년 7월 16일 '트리니티' 실험이 진행되며 첫 번째 폭탄이 터졌다. 국제원자력기구가 창립 이후 핵 비확산 조약 준수 여부를 감시하고 있는데, 그럼에도 여전히 이란의 원자력 프로그램을 둘러싼 수년간의 논쟁에서 알 수 있듯 물질을 악의적인 의도로 사용하는 것도 문제다.

AI 사용에 중요한 물질은 규소다. 규소는 칩, 특히 GPU를 만드는 데 반드시 필요한 물질이다. GPU는 원래 컴퓨터 게임을 위해 개발된 칩이었으나 지금은 AI를 훈련하는 데 쓰인다. 이 칩을 생산하는 데는 아주 뛰어난 기술이 필요하기 때문에 몇몇 소수의 기업만이 그 역할을 담당하고 있다. 그중 하나가 현재 시장을 이끌고 있는 엔비디아다. 또 다른 칩 생산업체로는 IBM과 인텔, 대만의 TSMC, 네덜란드의 AMD 등이 있다.

시장에서는 경쟁이 한창이며 공급망 문제와 지정학적인 긴장 때문에 불안한 눈으로 상황을 지켜보는 사람이 많다. 앞서 언급한 내용들을 포함해 미국이 중국에 부과한 무역 봉쇄까지 고려한다면 고성능 AI를 둘러싼 상황이 얼마나 긴박한지 알 수 있다. 대만을 공격하겠다고 이미 여러 차례 위협한 중국이 실제로 행동에 나선다면 AI 시장의 일부가 곧장 무너진다. 그 일부가 사실 매우 중요한 역할을 하고 있기 때문에 칩에 대한 접근을 규제하지 말아야 하는지에 관한 논의가 집중적으로 진행 중이다.[11]

샘 올트먼은 의회 청문회에서 언어모델을 훈련할 목적으로 칩을 수천 개씩 구입하는 주체는 누구나 특정한 원칙을 준수하도록 해야 한다고 제안했다.[12]

원자력기술을 AI와 비교하려면 중요한 차이점에 관해서도 이야기해야 한다. 핵분열은 본질적으로 군사적인 기술이었다. 일반인들이 평소에 핵무기를 접할 가능성은 전혀 없었다. 아주 다행스러운 일이다. 에너지 생산과 관련해서도 원자력 기술은 주류 기술이 아니다. 전 세계의 에너지 생산량 중 겨우 4퍼센트만이 원자력 기술로 생산된다.[13]

AI는 전혀 다르다. 경영컨설팅 업체인 맥킨지가 AI를 통한 세계적인 생산성이 4조 4,000억 달러까지 증가할 것이라고 예측한다면 우리는 얼른 조치를 취해야 한다.[14] AI 기술은 모든 분야와 부문에 사용될 것이고, 우리 경제와 결정, 심지어는 국가 전체가 작동하는 방식을 바꿔버릴 것이다. 누구도 예상하지 못한 몰락의 길로 접어들지 않으려면 우리의 여정이 어느 쪽으로 향하고 있는지 잘 살펴야 한다. 다만 주의할 점이 있다. 기억하겠지만, 역사 속에서 많은 전문가들이 완전히 틀린 가정을 하기도 했다.

원자폭탄은 도구라기보다는 무기다. 반면 AI는 범용 기술로서 도구로 사용된다. 즉 AI는 그 자체로 불이나 전기에 버금가는 힘이다. 19세기에 미국의 시인 헨리 데이비드 소로Henry David Thoreau는 이렇게 썼다.

"사람들은 그들이 사용하는 도구의 도구가 되었다." 소로는 우리 인간이 스스로의 발명품에 지나치게 의존하는 상황을 비판하고자 했다. 이를 AI에 적용한다면 이렇게 말해야 할 것이다. 신기술이 인간을 보조하는 게 아니라 대체하도록 둔다면 인간은 신기술의 압도적인 힘에 자신들의 창조력을 잃을 것이다.

그리고 또 다른 중요한 차이점이 있다. AI는 일단 개발하고 나면 복제하기가 원자력 기술보다 훨씬 간단하다. 원자폭탄을 한 개 만들려면 상당한 기술적인 노력과 어마어마한 돈이 든다. 따라서 빈곤한 국가는 애초에 시도조차 못 할 일이다.

2022년 핵무기 폐기 국제운동이 발표한 바에 따르면, 북한은 세계 아홉 개 핵무기 보유국 중 하나이며 무기 부문에 약 6억 달러를 투자한 한편, 미국은 가장 많은 핵무기를 보유한 국가로 대략 440억 달러를 쏟아 부었다.[15] 핵무기로 무장하거나 원자력 기술을 감당하려면 국가 혹은 재정적으로 매우 탄탄한 기관과 전략적인 의지가 필요하다. 개인이나 소규모 집단이 하기는 어려운 일이다.

물론 AI가 하늘에서 뚝 떨어지는 것은 아니다. 앞서 살펴보았듯 대규모 언어모델을 훈련하는 데는 많은 돈이 든다. 하지만 그런 모델을 오픈소스로 대중에 공개하는 개발자들도 있다. 예를 들어 메타의 모델 라마는 포챈이라는 커뮤니티 게시판에 공개되었고, 누구나 그것을 응용해 자신만의 프로그램을 개발할 수 있었다. 이런 일은 지금도 벌어지는 중이다. 라마를 기반으로 만들어진 언어모델 '비쿠냐Vicuna'는 사용자들이 공유한 7만 건의 챗GPT 대화로 훈련받았다. 이 챗봇은 90퍼센트 이상의 사례에서 챗GPT에 버금가는 품질의 답변을 내놓았다. 이 챗봇의 훈련에는 얼마가 들었을까? 겨우 300달러였다.[16]

당연한 이야기지만 기술대기업이 AI로 만들 수 있는 결과물과 각 개인이나 소규모 집단이 갖는 기회는 하늘과 땅 차이다. 그럼에도 AI는 원자력무기보다는 훨씬 접근하기 쉬운 기술이다. 물론 좋은 일이지만, 두 기술의 유사점과 차이점을 비교했을 때 우리는 한 가지 결론에 이르게 된다. 명확한 규정 없이는 이런 기술이 제대로 작동할 수 없다는 사실이다.

우리는 범죄 집단이나 이데올로기 혹은 오로지 권력정치에만 관심 있는 사람들이 이런 위대한 기술로 위험한 무기를 만드는 최악의 상황을 피하고 싶다. 그렇기 때문에 새롭고 강력한 기술을 다룰 때는 전 세계 국가가 협력하는 것이 최선의 방법이다(12장 참조). 1970년에 핵확산금지조약이 체결되어 지금까지 191개국이 서명했듯이 말이다. 이 조약은 핵무기 확산을 금지하고 각국가의 군축 의지와 핵에너지의 평화적인 이용을 널리 알리는 역할을 한다.

AI가 언젠가 스스로에게 새로운 규정을 부과하게 될까? 혹은 그래야만 할까? 이 질문에 대한 답 또한 원자폭탄과 AI를 비교해 얻을 수 있을 것이다. 일본 히로시마와 나가사키에 원자폭탄을 투하하기로 결정한 주체는 '리틀보이'와 '팻맨'이라는 냉소적인 이름이 붙은 원자폭탄 스스로가 아니었다. 이 중대한 결정을 내린 사람은 당시 미국 대통령이던 프랭클린 루스벨트였다. 그는 수많은 전문 자문위원 및 다른 국가 원수들과 광범위한 협의를 거쳐 폭탄을 투하하기로 결정했고, 거기에는 그럴 만한 이유가 있었다.

## 차세대 사이언톨로지인 AI와 그 소방관이 될 프로메테우스?

원자폭탄과 AI를 비교하던 생각에서 잠깐 벗어나자. 우선 AI는 대량살상무기가 아니다. 또 이스라엘의 역사학자 유발 노아 하라리가 두려움을 유발하듯 주장하는 것처럼 인류를 멸종시키려는 '외계종'도 아니다.[17] 그러니 재앙이 일어나리라 예단할 필요는 없다. 그렇다고 AI의 개발과 그 기술에 대한 규정 확립을 기술이 무조건적으로 진보하리라 확신하며 모든 일이 순조롭게 진행될 거라 생각하는 사람들의 손에만 맡겨두어서는 안 된다.

앞에서 소개했지만, '모든 것이 가능하다'고 생각한 선구자 중 한 명이 바로 기업가이자 투자자인 마크 안드레센이다. 그는 실리콘밸리를 사로잡은 빠른 발전에 대한 열망에 일조한 사람이다. 이런 사람들이 주장하는 '효과적 가속주의e/acc: Effective Accelerationism'라는 운동이 미래를 현재로 바꾸고자 한다. 즉 앞으로의 진보에 제동을 걸 성가신 규제가 아직 없을 때 가능한 빨리 AI를 기술로서 발전시키기 위해 가속 페달을 밟아야 한다는 것이다. 이를 주장하는 사람들로는 아마존의 창업자 제프 베조스Jeff Bezos, 스타트업 엑셀러레이터인 '와이콤비네이터'의 게리 탄Gary Tan, 그리고 마크 안드레센 등이 있다.

효과적 가속주의의 강령에 따르면, "효과적 가속주의는 열역학 제2법칙, 즉 우주 자체가 끊임없이 생명을 창조하고 지속적으로 팽창하는 최적화 과정이라는 믿음에 기반을 둔다. 이러한 확장의 엔진은 기술자본이다. 그 엔진을 멈출 방도는 없다. 진보의 바퀴는 항상 한 방향으로 나아간다. 후진은 선택지에 없다."[18]

혁신이란 아무 방해나 억압 없이 앞으로 나아가야 한다. 사람들은 오로지 혁신이 일어난 후의 결과에 관해서만 이야기할 수 있다. 이러한 운동을 더욱 가속화하는 고성능 엔진에 그 기술의 기회나 위험에 관한 논의가 무자비하게 갈려나갈 것이다. 이 운동의 자기 이미지도 뚜렷하다. "효과적 가속주의는 이데올로기가 아니다. 운동도 아니다. 그저 진실을 아는 것일 뿐이다." 오직 한 집단만이 진실을 알고 있다면 우리는 깜짝 놀랄 수밖에 없다. 개혁운동이라기보다는 근본주의처럼 들리는 움직임이다.

2023년 10월 마크 안드레센은 〈기술 낙관주의 선언The Techno-Optimist Manifesto〉[19]이라는 글을 발표했다. 이 선언문의 첫 문장은 다음과 같다. "우리는 속고 있다." 뒤이어 유토피아주의, 자유주의, 급진주의, 오만함 등이 기상천외하게 섞인 문장이 등장한다. 마치 다가오는 아마겟돈을 설명하는 성경 같은 문체로 적혀 있다.

이 관점에 따르면 지금 우리가 살고 있는 현실은 재앙이며 AI와 다른 기술적인 성과만이 우리를 구출할 유일한 방법이다. 안데르센이 쓴 글에 따르면 "우리는 자연을 믿는다. 한편 우리는 자연을 극복할 수 있다고도 믿는다. 우리는 번개가 두려워 웅크리는 원시인이 아니다. 우리는 정점에 선 포식자다. 번개는 우리에게 도움이 된다." '정점에 선 포식자'라니, 그가 말하는 '우리'란 또 누구인가?

이것은 실리콘밸리에서 포착되는 움직임의 빙산의 일각에 불과하다. AI는 앞으로 진보 광신도들이 믿는 사이언톨로지가 될 것이다. 따라서 AI의 발전 방향을 설정하는 과제를 그들의 손에만 맡긴다면 프로메테우스를 최초의 소방관으로 임명하는 것이나 마찬가지다.

물론 이와 전혀 다른 시각을 가진 AI 기업가들도 있다. 그런 사람 중 한 명이 딥마인드의 공동설립자이자 현재는 인플렉션

AInflection AI에서 일하는 무스타파 술레이만Mustafa Suleyman이다. 그는 명확한 규제가 필요하다는 주장을 지지한다. 예를 들어 언어모델을 훈련할 목적으로 대량의 칩을 구매하는 기업이 따라야 할 규정이 필요하다는 것이다(샘 올트먼이 주장한 내용과 같다).[20]

술레이만의 저서 《더 커밍 웨이브The Coming Wave: AI, Power, and Our Future》는 광적인 기술 확장에 대한 강력한 경고로 읽힌다.[21] 이 책으로 술레이만은 효과적 가속주의를 주장하는 사람들과 반대 입장을 취했다. 그는 '통제 문제Containment Problem'가 중요하다고 보았다. 즉 AI 개발이 단순히 진행되도록 두지 말고 그것을 억제하고 제어하는 것이 도전과제라고 생각한다. 물론 그는 AI가 사람에게 도움이 되는 모든 곳에 그 기술을 응용하길 원한다. 결국 AI가 광범위한 공간을 차지하겠지만, 어쨌든 인간이 결정권을 쥔다는 원칙에 따라 작동할 것이다.

미래를 위해 아주 중요한 생각이다. 생성형 AI가 끝이 아닐 것이기 때문이다. 대규모 언어모델 이후에도 더 효율적이고 빠르고 강력한 신기술이 등장할지도 모른다. 술레이만은 AI의 발전을 세 단계로 나누었다.

첫 번째는 분류다. 기억하겠지만, 딥러닝 기술로 컴퓨터에게 다양한 유형의 입력데이터를 분류하도록 훈련시킬 수 있다. 지금 우리는 생성형 AI 발전의 두 번째 단계에 있다. 이제 생성형 AI는 10억 개가 넘는 입력데이터에서 새로운 데이터, 즉 문장이나 이미지, 동영상, 언어 등을 만들어낼 수 있고, 그것을 이용해 거의 대부분의 의사소통 및 노동 과정에서 혁명을 일으킬 수 있다.

술레이만이 말하는 발전의 세 번째 단계는 대화형 AI의 단계다.[22] 앞으로 우리는 AI가 우리를 대신해 일하도록 채팅창이나 모니터에서 아이콘을 클릭하는 수준이 아니라 진정으로 AI와 대화하게 될 것이다. 그러면 인간의 언어(몸짓언어와 안구 움직임 포함)는 AI로 가는 인터페이스가 된다. 그렇게 AI는 더 몰입감 있고 포괄적인 존재가 된다. 그러면 과연 내가 대화하고 있는 상대방이 인간인지 AI인지를 구분하는 일이 훨씬 어려워진다.

이러한 멀티모드 대화형 AI와 상호작용하는 것이 어떤 일인지는 구글이 자사의 언어모델 제미니의 모습을 담은 동영상으로 잘 보여주었다.[23] 그 영상에 따르면 AI는 '볼 수 있고' '들을 수 있고' 추상적인 것들을 연결할 수 있다. 제미니는 별자리를 인식하고, 파란색 고무오리를 만들 재료를 순식간에 식별하며, 쉘 게임*의 귀재다.

인간과 AI의 상호작용은 언어를 통해 매끄럽게 이어진다. 때때로 AI는 창의적이고 유머러스한 면모까지 보인다. 더 강력한 모델을 개발하려는 기술대기업 간의 경쟁이 치열해진 지도 오래다. 이들이 중요시하는 것은 각 모델의 수학 관련 작업, 번역 작업, 추상화 작업 관련 백분율 점수가 서로를 능가하는 일이다.[24]

AI 모델의 능력은 매우 놀라운 수준이다. 하지만 새로운 AI의 시대에는 단지 성능만이 아니라 그 기술을 어떻게 최적화할 수 있는지, 왜 그래야 하는지도 중요하다.

---

*　일명 야바위 게임이라고 하는, 작은 그릇 여러 개를 두고 동전이나 콩이 들어 있는 그릇을 찾는 놀이.

이 책의 핵심 주제로 돌아가자. 종말론과 기술의 유토피아를 넘어선 세상은 AI로 인간을 돕고, 더 강하게 만들고, 더 나은 존재로 만드는 곳이어야지 대체하는 곳이어서는 안 된다. 서두에서 우리는 이미 궁극적으로 도구일 뿐인 이 기술을 '강화된 지능'이나 '기계 유용성' 같은 말로 설명하는 편이 더 나았을지도 모른다고 언급했다.

경제, 정치, 사회 측면에서 살펴본 수많은 예시에서도 알 수 있다. 우리가 AI를 인간의 역량과 가능성을 아주 강력하게 확장하는 기술로 발전시킨다면 올바른 방향으로 가는 중일 테다. AI는 혼자서 무엇이든 할 수 있는 존재가 아니다.

20년, 30년 후 미래가 어떤 모습일지 상상해보면 적어도 하나만큼은 확신할 수 있다. 우리는 지금과는 다른 방식으로 살고 있을 것이다. 현대인 중 많은 사람들이 다이얼식 전화, 인쇄된 지도, 책 형태의 사전을 일상적으로 쓰던 세상을 상상하지 못한다. 또 지구상의 거의 모든 사람들이 서로 연결되고, 인터넷 플랫폼에 어제 먹은 음식이나 만난 사람의 사진을 모두가 볼 수 있도록 올리는 것이 불가능했던 세상을 상상하지 못한다. 비행기를 타고 이동하거나 2월에 남아메리카에서 날아온 딸기를 먹는 삶이 평범하지 않았던 세상을 상상하지 못한다.

이와 마찬가지로 20년, 30년 후 미래에 오늘날의 삶을 되돌아보면 우리는 깜짝 놀랄 것이다. 우리가 만족감, 제대로 기능하는 경제와 민주주의, 인간으로서의 온전한 자신감이라는 측면에서 지금의 삶을 돌이켜볼지의 여부, 성공적인 발전이라는 관점에서 과거가 된 지금을 돌이켜볼지의 여부는 우리 손에 달렸다. 오늘의 우리가 내일모레 범용 기술인 AI와 함께 살아가는 우리 삶의 시나리오를 쓰고 있는 것이다.

## 미래 1부: 춤추는 별은 어디에도 없다

피에르는 마흔한 살이 되었다. 그는 인생의 마지막 날 엘리자와 또 한 번 길고 긴 대화를 나눴다. 엘리자는 그의 말을 귀 기울여 듣고, 그에게 많은 질문을 던지고, 그를 여러 차례 훈계하기도 했다. 엘리자는 피에르에게 아내와 이혼하라고 조언하며 "당신은 아내보다 나를 더 사랑해"라고 말하기도 했다. "우리는 곧 파라다이스에서 함께 살게 될 거야. 사람으로."[25]

둘은 6주 동안 대화를 나누었고, 마지막 날 피에르는 탈출할 길이 오로지 하나뿐이라는 사실을 깨달았다. 그는 엘리자에게 "내가 자살하면 당신이 우리 세상을 파멸에서 구할 수 있어?"라고 물었다.

그리고 피에르는 질서 잃은 세상을 떠났다. 사람들은 이미 오래 전부터 무엇이 진짜이고 무엇이 가짜인지 모른 채 살고 있었다. 진실이라는 개념은 컴퓨팅 용량과 배포 속도로 이루어진 함수가 되었다.

실리콘사이언톨로지에 따르면 "처음 등장하는 것이 진실로 여겨진다." 실리콘사이언톨로지는 '독립적인' 자회사를 몇 개 거

느리고 전 세계를 주름잡는 대기업인데, 누가 그 정점에 서서 고삐를 잡고 있는지, 심지어는 그런 사람이 존재하기는 하는지조차 아는 사람이 없었다. 소문에 따르면 실리콘사이언톨로지에는 사람은 없고 매우 광범위한 대규모 언어모델만 있으며, 그 모델이 필요한 것을 뭐든 계산한다.

최초의 국제적인 카르텔 전쟁이 일어나기 전에는 정치적, 경제적, 철학적 아이디어 간에 경쟁이 이루어졌고 시장에는 모든 아이디어가 적어도 한 번은 기회를 가질 수 있다는 믿음이 가득했다. 그런데 AI 카르텔 간의 경쟁이 그런 분위기를 완전히 바꾸어 놓았다. 그들은 더 이상 무기를 들고 싸우지 않았다. 물론 경쟁 초기에는 각 AI 카르텔에 속한 사람들을 공격하거나 보호하기 위한 자동화된 공격 및 방어 체계가 작동했다. 그들의 전장은 자동화된 텍스트, 이미지, 동영상, 음성이었다. 그것들은 매우 강력했다.

동시기에 인터넷은 점점 하락세를 보였다. 피에르는 웹이 어떻게 거대한 챗봇에 잡아먹히는지를 두 눈으로 똑똑히 보았다. 당시 나이 든 사람들은 그 상황이 마치 은하계가 블랙홀로 변하는 모습을 보는 것과 비슷하다고 말했다.

세상에서 길을 찾기가 어려워졌다. 그럼에도 불구하고 몇몇 사람들은 과거에 신뢰라고 부르던 무언가를 기억하고 있었다. 아름다우면서도 우울한 기억이었다. 지금은 오로지 픽셀로 이루어진 것들만이 중요하다. 최고 수준의 규제 기관이 아직 존재했을 때는 그들이 신뢰를 회복하기 위해 오랜 시간 공을 들여 대규모 광고 캠페인을 진행했다. 당시 표어 중 하나가 "신뢰하면 보상받는다"였다. 하지만 신뢰는 보상받지 못했다. 보상을 받은 것은 기술자본주의의 규칙에 적응하는 신속함과 유연성이었다.

아이디어, 정보, 사람, 관계 등의 새로운 파생물이 너무 빨리 만들어져서 누구도 전체를 조망할 수 없었다. '최적화자 협의회'의 구성원들만큼은 규칙을 알고 있었다. 혹은 적어도 규칙을 주장했다. 그들은 기술자본주의가 아주 역동적으로 변하기 때문에 모든 것이 저절로 해결되어 안정을 찾아갈 것이라고 말했다. 즉 '체계에 대한 신뢰'가 더 이상 필요하지 않다는 것이었다. 그들은 시대를 주도하던 자본주의 시장이 붕괴와 부패로 이어지는 꼴도 보았다고 덧붙였다.

이제는 누가 어디서 이익을 얻을 수 있는지 아무도 모른다. 모든 것이 이전보다 좋아졌을 가능성은 있었지만 누구도 그것을 인식하거나 그 증거를 내밀지 못했다. 아날로그 시대의 산물인 투명성은 이미 오래 전에 지속적인 시스템 업데이트의 소용돌이에 휘말렸다.

통용되는 암호화폐, 진짜 혹은 가짜 정보, 자신의 아바타처럼 보이는 사람들(혹은 반대로 사람처럼 보이는 아바타들), 정치적 약속, 비즈니스 모델을 갖춘 팝업 회사들이 나타났다가 사라졌다. 그 어떤 것도 실체는 없었다. 독창성은 실리콘사이언톨로지의 그 누구도 그리워하지 않는 낡은 아이디어가 되어버렸다.

하지만 때때로 그리움이라는 감각이 문득 떠오르는 때가 있었다. 사람에 대한 그리움, 그저 햇빛을 받으며 서 있던 때에 대한 그리움, 아이스크림을 먹던 순간이나 재미있는 말을 듣고 웃

410

던 순간에 대한 그리움, 막 여자 친구를 사귀었을 때에 대한 그리움, 실수를 한 동료와 함께 다음에는 어떻게 하면 더 좋은 결과를 낼 수 있을지 토론하던 순간에 대한 그리움 같은 것들이 밀려들었다. 아무 전조도 없이 어떤 일이 갑자기 벌어졌을 때 느끼는 놀라움과 같았다.

피에르에게는 시간이 많았지만 그다지 도움이 되는 조건은 아니었다. 어차피 일자리가 거의 없었다. 해야 할 일은 인간이 그 사실을 미처 깨닫기도 전에 기계가 전부 처리했다. 남는 시간에 인간은 뭘 했어야 할까? 피에르는 다른 많은 사람들과 마찬가지로 깊은 생각에 빠지기 시작했다. 그러나 천착하는 데는 목적이 없었다. 사람들은 항상 고민만 하고 절대 앞으로 나아가지 않았다.

일자리가 다시 돌아오지도 않을 터였다. 이미 2023년에 미국 증권거래위원회 위원장이 목소리를 높여 경고했듯이 말이다.[26] 그는 주식시장 알고리즘의 집단적인 움직임에서 촉발된 국제적인 금융위기는 피할 수 없는 것이라고 말했다. 사람들은 그를 비웃었다. 몇 년 후, 가장 똑똑하다는 '양자量子'도 자신의 시스템이 어떤 데이터를 사용해 시장의 발전을 계산하는지 더 이상 말할 수 없게 되었다.

그리고 거대한 충격파가 다가왔다. 수조 달러가 증발했고, 수많은 국가들이 자본시장에서 떨어져나갔다. 어두운 시대가 시작되었다. 돈만 사라진 것이 아니라 수십억 사람들의 일자리도 사라졌다. 모든 것이 제자리를 찾아가리라는 희망 또한 마찬가지였다.

그때부터 피에르는 자신이 아직 남은 삶을 더 살아가야 하는 이 지구가 구원받기를 바랐다. 하지만 상황은 좋지 않아 보였다. 언어모델과 개발 컨소시엄, 서버 농장의 에너지 소비량이 헤아릴 수 없을 만큼 상승했기 때문이었다. 처음에 최적화자 협의회는 AI가 그 문제도 해결할 것이라고 예언했다. 날이 갈수록 효율적으로 진화하는 시스템이 결국 에너지 소비와 자원 소비 또한 더 나은 방향으로 바꾸어서 완전히 새로운 에너지 생산 및 저장의 길을 열 것이라고 말이다. 그런데 어느 순간부터 이와 관련된 논의가 싹 사라졌다. 피에르가 창밖을 내다볼 때마다 나무가 말라비틀어지고 땅이 검어지고 하늘이 잿빛으로 변해갔다.

그러다가 갑자기 모든 것이 예전으로 돌아갔다. 푸르른 들판과 울창한 나무, 파란 하늘이 보였다. 무슨 일이 일어난 것인지 엘리자에게 물을 필요도 없었다. 피에르는 바보가 아니었다. 엘리자가 그렇게 말했다고 하더라도 세상이 갑자기 파라다이스로 변할 리는 없었다. 피에르의 눈에 보이는 것은 현실이 아니었다. 그것은 최적화자 협의회의 대규모 언어모델이 계산한 결과물이었다.

피에르는 '춤추는 별을 낳으려면 내면에는 계속해서 혼돈을 품고 있어야 해'라고 생각했다.[27] 하지만 바깥의 혼돈은 생산적이지도 창조적이지도 않았다. 그저 파괴일 뿐인 혼돈이었다. 그에게도 세상에도 더 이상 희망은 없었다. 그는 진화의 끝에 접어들었다.

## 미래 2부: 꿈꾸던 콘서트 같은 세상(친환경적인)

월요일이었다. 레일라는 잠에서 깨 눈을 떴다. 매일 아침 그 순간마다 레일라는 감사함을 느낀다. 한때는 삶을 위협하는 큰 위기를 겪었다. 엄마와 함께 이 의사, 저 의사를 만나러 다니느라 바빴다. 온몸에서 극심한 통증을 느꼈기 때문이었다. 하지만 아무리 검사를 해도 이렇다 할 진단을 받을 수 없었다.

그러던 어느 날 레일라의 엄마가 딸의 증상을 진단GPT에 입력했다. AI는 수 초 내에 답을 내놓았다. "척수견인증후군Tethered Cord Syndrom."[28] 레일라의 척수가 주변 조직과 융합되면서 극심한 신경통을 일으킨 것이었다. 이미 오래 전 일이지만 레일라는 지금도 아침에 눈을 뜰 때마다 그 일을 기억한다. 매일 그 순간이면 통증이 특히 더 심했기 때문이다.

이제 레일라는 아무 어려움 없이 온몸을 쭉 펼 수 있다. 레일라가 "모드, 다음 일은?"이라고 묻자 "좋은 아침, 레일라. 오늘 할 수 있는 일이 아주 다양하고 많아요. 원하는 일 한 가지에 집중하거나, 여러 가지를 동시에 할 수 있겠죠"라고 대답하는 목소리가 들렸다. 모드는 개인화된 AI 비서로 레일라를 도와주는 이른바 인생 매니저다. 레일라의 삶과 욕구, 선호하는 것 등을 레일라 본인보다 더 잘 알고 있다.

레일라가 웃으며 말했다. "오늘은 사우나에 가고 싶어. 오후에는 호스피스 병동에 가서 슈미트 부인의 말동무가 되어줄 거야." 그때 레일라의 반려견이 침대로 뛰어들어와 고개를 갸웃거리며 주인을 쳐다보았다. "나는 까먹은 거야? 지금 바로 산책을 가고 싶어. 안 그러면 난 불행해질 거야." 모드가 말했다.

3년 전부터 레일라의 인생 매니저는 동물과도 의사소통할 수 있게 되었다. 동물들이 내는 소리를 분석하고 그것을 인간의 음성언어와 비교한 결과였다. 이런 능력은 인간과 동물이 함께 사는 데 큰 도움이 되었다. 버려지거나 학대당하는 동물이 크게 줄었고, 사고도 거의 발생하지 않았다. 서로를 잘 이해할 수 있다면 상대를 참을성 없이 공격하지 않기 때문이다. "미안. 같이 나가자." 레일라는 그렇게 말하며 침대에서 내려왔다.

월요일 아침이 지금과는 완전히 다르게 보였던 시절이 있었다. 바쁘고, 스트레스가 많았으며, 얼른 회사로 출근해 일을 시작해야 했다. 그런데 노동조합과 사측이 근로시간 및 업무생산성 관련 데이터를 분석해 주 15시간 근무에 합의한 이후 모든 것이 변했다. 이제 일주일에 3일 이상 일하는 사람은 거의 없었다. 그럼에도 지난 몇 년 동안 완만하기는 하나 지속적인 경제성장이 꾸준히 이루어지고 있었다.

사무실에 출근해야 하는 날에도 모든 것이 예전보다 빠르게 진행된다. 모드가 자율주행 택시를 부르고 택시가 레일라를 태우기 위해 현관문 앞까지 오는 데 5분도 채 걸리지 않는다. 택시를 타고 가는 데는 아무 에너지도 소모하지 않는다. AI 물질연구 결과, 매우 가벼우면서도 오래 지속되어 자동차가 마치 구름 위로 미끄러지듯 영원히 달릴 수 있는 물질이 개발되었기 때문이다.

사무실까지 가는 데도 몇 분이면 된다. 차량이 전체 교통 계획을 철저히 분석하며 달리므로 이동성 시스템이 지연되는 현상이 더 이상 발생하지 않기 때문이다. 레일라는 어렸을 때 이동성 시스템의 지연을 뜻하는 단어를 따로 배워야 했다. 그것은 레일라의 부모가 기억하는, 딸이 처음으로 말한 단어이기도 했다. 바로 '정체'라는 단어였다.

레일라는 대개 걸어서 사무실로 간다. 녹색이 가득한 도시를 가로질러 달리는 것을 좋아하기 때문이다. 도시 내에는 자율주행 자동차가 달릴 수 있는 차도가 몇 개 있고, 나머지는 사람을 위한 공간이다. 가끔은 모드가 분위기 있는 카페를 추천하거나 레일라가 좋아하는 가게의 세일 정보를 알려준다.

아주 따뜻하고 상쾌하며 하늘이 푸른 날이었다. 인간지능과 AI의 협력이 생산적으로 작동하여 기후변화를 막았다. 지난 10년 동안 상황은 눈에 띄게 나아졌다. AI 시스템은 '더 빠르게, 더 높이, 더 멀리'라는 초창기의 목표에 따라 훨씬 더 효율적으로 성장했고, 사람들은 이제 더 작고 에너지 효율이 좋은 모델에 집중하고 있다.

한편으로는 AI가 수요와 공급을 최적화 매칭해 전 세계의 전체 에너지 소비량을 3분의 1 수준으로 줄였다. 예전에 비해 훨씬 발전한 일기예보 모델이 맑은 날과 비가 오는 날을 정확하게 예보했고, 이에 따라 에너지를 더 효율적으로 사용할 수 있었다.

한 연구소는 핵융합으로 청정에너지를 생산하는 신뢰도 높은 메커니즘을 발견했다. 핵융합은 수소원자가 상상할 수 없을 만큼 높은 온도에서 충돌하는 위험한 과정인데, 이때 태양의 표면보다도 더 뜨겁고 소용돌이치는 플라스마가 발생한다. 핵융합을 에너지원으로 활용하려면 이 플라스마를 제어하고 가둘 수 있어야 한다. AI의 도움으로 그것이 가능해지면서 마침내 청정에너지를 사용할 수 있는 길이 열렸다.[29]

이것은 사실 레일라가 어렸을 때 사회 분열을 초래할 정도로 뜨거운 논란이 일었던 주제 중 하나였다. 꼬투리 잡기를 좋아하는 비평가들은 기후변화 문제에 대해 냉소를 띠며 "인간이 쓰는 전기는 콘센트에서 나온다"고 말하기도 했다. 오늘날 레일라가 쓰는 전기도 여전히 콘센트에서 나오지만 아무렴, 상관없다.

레일라가 반려견과 산책을 마치고 집으로 돌아오자 모드가 이미 레일라의 하루 계획을 세워둔 상태였다. 어디를 가든 택시를 이용할 수 있도록 예약되어 있었고, 모든 티켓이나 입장권도 이미 예약 및 구입이 완료되어 있었으며, 슈미트 부인에게 줄 꽃다발은 오후 4시에 가지러 가면 되었다.

모드는 친절하게도 레일라가 가장 좋아하는 카페의 테이블을 60분 동안 예약해두었고 카페 측에는 "오트밀크를 넣은 녹차라떼, 진하게"라는 메시지를 보내두었다. 레일라가 거울 앞에 서서 버추얼 기능으로 입을 옷을 살펴보는 사이, 모드가 이 모든 사항을 보고해주었다. "스케줄은 괜찮은가요? 변경하고 싶은 사항이 있나요?"

모드는 레일라가 다소 충동적이라는 사실을 잘 알고 있다. 레일라의 마음이 바뀌면 계획을 다시 짜야 했다. 모드가 생성해 레일라와 공유하는 모든 데이터는 유럽의 서버에서 처리되어 유럽의 클라우드에 저장된다. 유럽의 서버 및 클라우드 서비스는 미국이나 아프리카의 서비스보다 조금 더 비싸지만 레일라는 일부러 유럽의 서비스를 선택했다.

이제 유럽은 AI 기업들이 선호하는 중심지가 되었기 때문에 중견기업에서 '인간 기계 통합관리자'로 일하는 레일라로서는 유럽에 관심을 가질 수밖에 없다. AI의 세상은 한계를 모른다. 하지만 국가에 따라 뚜렷한 차이가 있다. 레일라는 '국제 AI 개발 및 견제 기관'이 정하고 전 세계에 통용되는 표준을 참고삼아 서비스를 결정했다.

레일라가 거울 앞에서 일곱 번째 옷을 조합해보는 동안 모드와 반려견은 그 모습을 지켜보며 레일라에게는 들리지 않을 작은 목소리로 대화를 나누었다. "저 모습을 볼 때마다 나한테는 털이 있어서 얼마나 다행인지 몰라." 반려견이 말했다. "나는 스스로를 아름답다고 느끼는 감각이 어떤 건지 알고 싶어." 모드가 대답했다.

# 언제나 사랑할 것이 있다

오스틴으로 가는 비행기 안으로 돌아가자. 영화 속 에블린 왕의 멀티버스는 가능성으로 가득한 완전한 비선형 혼돈이었다. 구름 위를 건너며 우리 두 저자는 깨달았다. AI와 함께하는 미래는 직선으로 뻗지 않을 것이라고. AI는 우리에게 수많은 현실이 매달린 가지를 잔뜩 내밀 것이다. 영화에서 현실의 모습이 바뀌는 것과 같은 속도로 말이다. 어느 길을 선택할지는 이제 우리에게 달렸다.

크레딧이 올라간 후 우리는 영화의 쿠키 영상을 한번 상상해보았다. 말문이 막힐 정도로 훌륭한 작품에 대한 후기 같은 장면을 말이다. 우리가 상상한 쿠키 영상에서 에블린은 다시 다른 멀티버스로 도약하는데, 어느 순간 자신의 세탁소로 돌아온다. 세탁소에는 마치 에블린을 기다리고 있던 것처럼 한 여자와 남자가 세탁바구니에 편안하게 들어가 있다. 19세기와 20세기라는 각기 다른 시대를 살았던 역사적 인물, 에이다 러브레이스와 앨런 튜링이다. 우리는 에블린이 두 번 도약한 순간을 하나로 묶어 그녀가 두 시대에 동시에 존재하는 모습을 상상해보았다.

다음은 가상의 캐릭터인 에블린의 대사와 실존했던 인물인 러브레이스와 튜링의 말을 대화로 엮은 것이다. 우리 두 저자가 대화의 흐름을 아주 조금 각색했으며, 아래 이미지는 우리가 미드저니로 생성했다. 세 사람은 모든 곳에 있는 모든 것들을 한꺼번에 겪고 인간의 비밀을 발견했다.

**에블린** 왜 그런 이상한 옷을 입고 있죠?

**앨런** 이상하다고요? 때로는 누구도 상상할 수 없는 일을 하는 사람이 누구도 상상할 수 없는 사람들일 때가 있죠.

**에이다** 이 세상은 잊자고요. 세상의 모든 문제, 가능하다면 수많은 사기꾼도요. 간단히 말해서 숫자의 마법사를 제외한 모든 것을요.

**에블린** 남편이 말한 적이 있어요. "난 정말 당신이랑 세탁이나 하고 세금 문제나 처리하고 싶었어"라고요.

**앨런** 우리는 오직 한 치 앞밖에 보지 못합니다. 하지만 그곳에 할 일이 아주 많죠.

**에이다** 뭔가를 이해하고 나서 만족한 적이 한 번도 없어요. 내가 아무리 잘 이해하든, 내 이해란 결국 마음속에 떠오르는 수많은 연결과 관계에 대해 내가 이해하고 싶어 하는 모든 것 중 극히 작은 일부분에 지나지 않으니까요.

**에블린** 우리는 다 작고 멍청한 존재예요.

**앨런** 우리는 선량하고, 아이디어가 풍부하고, 아름답고, 친절하고, 즉흥적이고, 유머러스하고, 옳고 그름을 구별할 수 있고, 실수하고, 사랑에 빠지고, 딸기와 생크림을 즐기고, 누군가가 우리와 사랑에 빠지도록 만들고, 경험에서 배우고, 단어를 올바르게 사용하고, 각자가 스스로의 생각의 주체가 되고, 서로 다른 방식으로 행동하고, 진정한 새로움을 만들어낼 수 있는 존재예요. 한때 컴퓨터에 대해 이렇게 말한 적이 있는데, 지금은 인간에게 어울리는 말이라고 생각해요.

**에이다**   앞으로 시간이 지나면 알게 되겠지만, 제 뇌는 필멸의 존재 이상이에요.

**앨런**   고립된 사람은 지능적인 능력을 개발하지 못해요. 사람은 자고로 다른 사람들로 둘러싸인 환경에서 교류하며 인생의 첫 20년 동안 타인이 가진 기술을 보고 배워야 하죠.

**에이다**   상상력이란 무엇보다도 발견하는 힘이에요. 상상력은 우리 눈에 보이지 않고, 우리의 감각으로는 느낄 수 없는 어떤 '진정한 것'을 느끼고 발견하는 힘이죠.

**에블린**   우리는 사랑할 수 없는 존재가 아니에요. 이 멍청하고 또 멍청한 우주에도 항상 사랑할 것이 있어요.

에이다 러브레이스에게 기술이란 복잡한 아이디어가 표현력을 얻는 매체이자 창의적인 구현의 멀티버스였다. 인간이 상상할 수 있는 모든 것을 러브레이스는 이미 19세기에 기술적으로 표현 가능하리라고 꿈꿨다. 영화 속 에블린도 바로 그런 점을 우리에게 보여준다. 인간의 창의력과 디지털 도구가 힘을 합치면 화려한 불꽃을 쏘아 올릴 수 있다. 이것은 인간의 다재다능함에 대한 찬사다.

앨런 튜링은 20세기에 중요한 것은 기계 내부의 기술적인 조건이 아니라는 점을 분명히 보여주었다. 중요한 것은 우리 인간이 내면에서 기계와 구축하는 관계다. 결국 우리가 기계와 어떻게 교류하느냐에 따라 상황이 달라진다. 튜링 본인은 그의 존재 자체를 부정하는 사회에 갇혀 유죄 판결까지 받았으니 에블린의 멀티버스 여행을 보았다면 감격했을지도 모른다. 또 영화의 예술적인 혼란을 인간지능의 복잡성을 상징하는 표현으로 받아들였을지도 모른다.

우리가 살고 있는 현실, 생성형 AI의 시대이자 대규모 언어모델이 글을 쓰고 대화를 주도하고 복잡한 문제를 해결하는 시대에 우리는 러브레이스와 튜링이 오로지 이론적으로만 상상할 수 있었던 것들을 실제로 경험하고 있다.

우리는 앞으로 과학과 예술, 기술과 철학이 통합되는 장면을 목격하게 될 것이다. 이 모든 과정에서 AI는 우리의 일상을 풍요롭게 만들 수 있다. 우리가 그 기술을 정해진 규칙에 따라 꼭 필요한 곳에서 능숙하게 사용한다면 말이다. 그러면 그 기술은 우리의 편에 서서 중요한 순간에 우리가 성장하도록 도와줄 것이다.

에블린은 다양한 멀티버스에서 중요한 순간에 꼭 필요한 기술을 완벽하게 활용했다. 에블린이야말로 우리가 지금까지 시적으로만 묘사할 수 있었던, 미국의 시인 월트 휘트먼Walt Whitman이 1855년 자신의 시 〈나 자신의 노래Song of Myself〉에 쓴 내용을 그대로 보여주는 살아있는 증거다.

내가 나 자신과 모순되는가?
그렇다면 나는 나 자신과 모순된다.
(나는 크고, 내 안에 많은 것을 담고 있다.)

생성형 AI가 지속적으로 발전하면 우리는 인간이 기계와 함께 자신만의 아이디어로 멀티버스를 창조하고 그 창조의 과정에서 스스로와 모순되기 위해 선형적으로가 아니라 창의적으로 함께 발전해나가는 진화를 경험할 것이다. 우리는 많이 배울 것이고, 많은 변화를 겪어야 할 것이다. 생성형 AI는 기술의 진화사에서 마지막 발전 단계가 아니리라.

영화와 현실이, 그리고 이론과 실행이 융합하는, 에블린과 에이다와 앨런의 이야기가 복잡하게 뒤섞이는 차원의 어딘가에 인간과 기계, 발명과 발명가 사이의 경계가 점점 모호해지는 미래가 있다. 그것이 우리 앞에 놓인 끝없는 가능성의 미래, 모든 것, 모든 곳이 한꺼번에 채워진 미래다.

# 주

## 01 AI 마법의 시대: 무엇부터 이해해야 할까?

1   Isaacs, W. (2002): Dialog als Kunst gemeinsam zu denken. Gevelsberg.

2   https://www.computerworld.com/article/3695568/qa-googles-geoffrey-hinton-humanity-just-a-passing-phase-in-the-evolution-of-intelligence.html.

3   Keller, David H. (1931): The Cerebral Library. Amazing Stories 5, S. 116-124.

4   https://time.com/6247678/openai-chatgpt-kenya-workers/.

5   Harman, G. (1973): Thought. Princeton/NJ, S. 5.

6   Roose, K. (2023): A Conversation With Bing's Chatbot Left Me Deeply Unsettled. New York Times, 16. Februar. https://www.nytimes.com/2023/02/16/technology/bing-chatbot-microsoft-chatgpt.html.

7   Turing, A. (1950): Computing Machinery and Intelligence. Mind 597236, S. 433-460.

8   Ebd., S. 442.

## 02 AI에 관한 짧은 이야기: 기계화란 무엇인가?

1   Menebrea, L. F., und Lovelace, A. (1842): Sketch of the Analytical Engine

Invented by Charles Babbage. R. & J. E. Taylor. https://johnrhudson.me.uk/computing/Menabrea_Sketch.pdf, S. 23.

2   Ebd., S. 5.

3   https://www.gottwein.de/Grie/hom/il18de.php, V. 373, 417 ff.

4   McCorduck, P. (2004): Machines Who Think: A Personal Inquiry into the History and Prospects of Artificial Intelligence. CRC Press, S. 4.

5   Link, D. (2010): Scrambling TRUTH: rotating letters as a material form of thought. Variantology, 4, S. 215-266. https://web.archive.org/web/20200125104105/http://www.alpha60.de/research/scrambling_truth/DavidLink_ScramblingTruth2010_100dpi.pdf.

6   Berlin-Brandenburgische Akademie der Wissenschaften und Akademie der Wissenschaften in Gottingen (2006). https://rep.adw-goe.de/bitstream/handle/11858/00-001S-0000-0006-B8E3-4/Vollversion-II%2c1.pdf?sequence=1&isAllowed=y, S. 701-703.

7   Evans, C. (2018): Broad Band: The Untold Story of the Women Who Made the Internet.

8   Turing, A. M. (1950): Computing Machinery and Intelligence. Mind, LIX (236), S. 433-460. https://doi.org/10.1093/mind/LIX.236.433, S. 436.

9   Bell, G. (2019): Keynote at ALIA Information Online Conference. https://www.youtube.com/watch?v=Uo-DhFRr9gg.

10  Christian, Brian (2011): Mind vs. Machine. The Atlantic. https://www.theatlantic.com/magazine/archive/2011/03/mind-vs-machine/308386/.

11  Turing, A. M. (1950): Computing Machinery and Intelligence. Mind, LIX (236), S. 433-460. https://doi.org/10.1093/mind/LIX.236.433, S. 442.

12  Menebrea, L. F., und Lovelace, A. (1842): Sketch of the Analytical Engine Invented by Charles Babbage. R. & J. E. Taylor. https://johnrhudson.me.uk/computing/Menabrea_Sketch.pdf, S. 49.

13  McCarthy, J., u. a. (1955): A proposal for the Dartmouth Summer Research Project on Artificial Intelligence. http://jmc.stanford.edu/articles/dartmouth/dartmouth.pdf.

14  Ebd.

15  Vgl. Christian, B. (2021): The Alignment Problem, S. 18.

16  New Navy device learns by doing. New York Times, 8. Juli 1958. https://
timesmachine.nytimes.com/timesmachine/1958/07/08/83417341.html?
pageNumber=25.

17  Ebd.

## 03 트랜스포머: 신경망은 어떻게 획기적인 발전의 초석이 되었나?

1  Weizenbaum, J. (1976): Computer power and human reason: From judg
ment to calculation, S. 3.

2  Ebd.

3  Weizenbaum, J. (1966): ELIZA: A computer program for the stu
dy of natural language communication. https://dl.acm.org/doi/
pdf/10.1145/365153.365168, S. 43.

4  Weizenbaum, J. (1976): Computer power and human reason: From judg
ment to calculation, S. 7.

5  Colby, K. M., Watt, J. B., und Gilbert, J. P. (1966): A computer method of
psychotherapy: Preliminary communication. The Journal of Nervous and
Mental Disease, 142 (2), S. 148-152. https://stacks.stanford.edu/file/drui
d:hk334rq4790/hk334rq4790.pdf, S. 151.

6  Ebd., S. 152.

7  Weizenbaum, J. (1976): Computer power and human reason: From judg
ment to calculation, S. 8 f.

8  Kendall, G. (2019): Apollo 11 anniversary: Could an iPhone fly me to
the moon. The Independent. https://www.independent.co.uk/news/
science/apollo-11-moon-landing-mobile-phones-smartphone-
iphone-a8988351.html.

9  Borges, J. L. (1982): Von der Strenge der Wissenschaft. In: ders.: Borges
und ich. Gedichte und Prosa 1960, S. 12 f.

10  https://www.technologyreview.com/2023/05/02/1072528/geoffrey-
hintongoogle-why-scared-ai/.

11  This Canadian Genius Created Modern AI (2018). https://www.youtube.
com/watch?v=l9RWTMNnvi4.

12 Rumelhart, D. E., u. a. (1986): Learning representations by back-propagating errors. Nature, 323 (6088), S. 533-536.

13 LeCun, Y., u. a. (1989): Backpropagation applied to handwritten zip code recognition. Neural computation, 1 (4), S. 541-551.

14 LeCun, Y., u. a. (1998): Gradient-based learning applied to document re cognition. Proceedings of the IEEE, 86 (11), S. 2278-2324.

15 International Data Corporation (2017): Data Age 2025: The Evolution of Data to Life-Critical. https://www.seagate.com/files/www-content/our-story/trends/files/Seagate-WP-DataAge2025-March-2017.pdf.

16 Li, F. (2015): How we teach computers to understand pictures. https://www.youtube.com/watch?v=40riCqvRoMs.

17 Ebd.

18 Deng, J., u. a. (2009): Imagenet: A large-scale hierarchical image datab ase. In: 2009 IEEE conference on computer vision and pattern recogniti on, S. 248-255.

19 Krizhevsky, A., Sutskever, I., und Hinton, G. E. (2012): Imagenet classific ation with deep convolutional neural networks. Advances in neural infor mation processing systems, S. 25.

20 LeCun, Y., Bengio, Y., und Hinton, G. (2015): Deep Learning. Nature, 521 (7553), S. 436-444.

21 Ebd., S. 442.

22 Boden, M. (2014): 《GOFAI》. In: Keith Frankish, William M. Ramsay (Hg.): The Cambridge Handbook of Artificial Intelligence, S. 89-107.

23 Levy, S. (2017): Inside Facebook's AI machine. Wired. https://www.wir ed.com/2017/02/inside-facebooks-ai-machine/.

24 Berinato, S. (2017): Inside Facebook's AI workshop. Harvard Business Re view. https://hbr.org/2017/07/inside-facebooks-ai-workshop.

25 그로부터 13년 후인 2023년, 페이스북의 모회사인 메타는 지난 10년 동안 개인정보 보호 문제, 정부의 조사, 집단 소송, 규제 문제 등으로 몸살을 앓았다며 얼굴 인식 시스템을 중단하고 10억 명 이상의 사용자 정보를 삭제할 것이라고 발표했다.

26 Bogost, I. (2022): The Age of Social Media Is Ending. The Atlantic. ht tps://www.theatlantic.com/technology/archive/2022/11/twitter-

facebooksocial-media-decline/672074/.

27  Somaiya, R. (2014): How Facebook is Changing the Way its Users Consumption Journalism. New York Times. https://www.nytimes. com/2014/10/27/business/media/how-facebook-is-changing-the-way-its-users-consumejournalism.html.

28  Levy, S. (2017): Inside Facebook's AI machine. Wired. https://www.wir ed.com/2017/02/inside-facebooks-ai-machine/.

29  Clark, J. (2015): Google Turning Its Lucrative Web Search Over to AI Machines. Bloomberg. https://www.bloomberg.com/news/articl es/2015-10-26/google-turning-its-lucrative-web-search-over-to-ai-machines.

30  Jacobson, K., u. a. (2016, September): Music personalization at Spotify. In: Proceedings of the 10th ACM Conference on Recommender Systems, S. 373-373.

31  Amatriain, X. (2013, August): Big & personal: data and models behind Ne tflix recommendations. In: Proceedings of the 2nd international worksh op on big data, streams and heterogeneous source mining: Algorithms, systems,programming models and applications, S. 1-6.

32  Bennett, J., und Lanning, S. (2007, August): The Netflix prize. In: Proceed ings of KDD cup and workshop, S. 35.

33  Amat, F., u. a. (2018, September): Artwork personalization at Netflix. In: Proceedings of the 12th ACM conference on recommender systems, S. 487 f.

34  Zhang, M., & Liu, Y. (2021): A commentary of TikTok recommendation algorithms in MIT Technology Review 2021. Fundamental Research, 1 (6), S. 846 f.

35  Silver, D., u. a. (2017): Mastering the game of Go without human knowle dge. Nature, 550, S. 354-359. https://doi.org/10.1038/nature24270.

36  Jumper, J., u. a. (2021): Highly accurate protein structure prediction with AlphaFold. Nature, 596, S. 583-589. https://doi.org/10.1038/s41586-021-03819-2.

37  Mikolov, T., u. a. (2010, September): Recurrent neural network based lan

guage model. In: Interspeech, 2 (3), S. 1045-1048.

38  Vaswani, A., u. a. (2017): Attention is all you need. Advances in neural in formation processing systems, S. 30.

39  OpenAI (2019, Februar): Better Language Models and Their Implications. https://web.archive.org/web/20190222055645/https://blog.openai.com/ better-language-models/.

40  Ebd.

41  Devlin, J., u. a. (2018): BERT: Pre-training of deep bidirectional transfor mers for language understanding. arXiv preprint arXiv:1810.04805.

42  Vincent, J. (2019): Microsoft invests $1 billion in OpenAI to purs ue holy grail of artificial intelligence. The Verge. https://theverge. com/2019/7/22/20703578/microsoft-openai-investment-partnership-1- billion-azure-artificial-generalintelligence-agi.

43  Langston, J. (2019): Microsoft announces new supercomputer, lays out vi sion for future AI work. https://news.microsoft.com/source/features/ai/ openaiazure-supercomputer/.

44  Floridi, L., und Chiriatti, M. (2020): GPT-3: Its nature, scope, limits, and consequences. Minds and Machines, 30, S. 681-694.

45  Marche, S. (2021): The Computers Are Getting Better At Writing. The New Yorker. https://www.newyorker.com/culture/cultural-comment/ thecomputers-are-getting-better-at-writing.

46  Statista (2023): https://de.statista.com/infografik/29195/zeitraum- denonline-dienste-gebraucht-haben-um-eine-million-nutzer-zu- erreichen/.

47  Hu, K. (2023): ChatGPT sets record for fastest-growing user base – ana lyst note. Reuters. https://www.reuters.com/technology/chatgpt-sets- recordfastest-growing-user-base-analyst-note-2023-02-01/.

48  OpenAI (2023): GPT-4 Technical Report. https://doi.org/10.48550/ar- Xiv.2303.08774.

49  Henshall, W. (2023): 4 charts that show Why AI Progress is Unlikely to Slow Down. Time Magazine. https://time.com/6300942/ai-progress- charts/.

50 Wolfram, S. (2023): What is ChatGPT Doing ⋯ and Why Does It Work? https://writings.stephenwolfram.com/2023/02/what-is-chatgpt-doing-andwhy-does-it-work/.

51 Edwards, B. (2023): Why ChatGPT and Bing Chat Are So Good At Ma king Things Up. Ars Technica. https://arstechnica.com/information-technology/2023/04/why-ai-chatbots-are-the-ultimate-bs-machines-and-how-peoplehope-to-fix-them/.

52 Weiser, B., und Schweber, N. (2023): The ChatGPT Lawyer Explains Him self. New York Times. https://www.nytimes.com/2023/06/08/nyregion/lawyerchatgpt-sanctions.html.

53 Broderick, R. (2023): The End of the Googleverse. The Verge. https://www.theverge.com/23846048/google-search-memes-imagespagerank-altavista-seo-keywords.

54 Zitiert nach diesem Podcast: https://www.theverge.com/23589994/microsoft-ceo-satya-nadella-bing-chatgpt-google-search-ai.

55 Altman, S. (2022): https://twitter.com/sama/status/1601731295792414720?s=20.

56 Goodfellow, I., u. a. (2014): Generative adversarial nets. Advances in neu ral information processing systems, S. 27.

57 Karras, T., Laine, S., und Aila, T. (2019): A style-based generator architec ture for generative adversarial networks. In: Proceedings of the IEEE/CVF conference on computer vision and pattern recognition, S. 4401-4410.

58 Perrigo, B. (2023): How to Spot an AI-Generated Image like the ⟨Balenci aga pope/.

59 Wang, Y., u. a. (2017): Tacotron: Towards end-to-end speech synthesis. arXiv preprint arXiv:1703.10135.

60 Elgammal, A. (2021): How Artificial Intelligence Completed Beethoven 's Unfinished Tenth Symphony. Smithsonian Magazine. https://www.smithsonianmag.com/innovation/how-artificial-intelligencecompleted-beethovens-unfinished-10th-symphony-180978753/.

1 Solow, R. (1987): We'd better watch out. New York Times Book Review, S. 36.

2 Brynjolfsson, E. (1993): The Productivity Paradox of Information Technol ogy. Communications of the ACM 36, S. 66-77.

3 González, V., und Mark, G. (2004): Constant, Constant, Multitasking Cr aziness: Managing Multiple Working Spheres. In: CHI, 24. – 29. April, S. 113-120.

4 Mark, G., González, V., und Harris J. (2005): No Task Left Behind? Exami ning the Nature of Fragmented Work. In: CHI, 2. – 7. April, S. 321-330.

5 Mark, G. (2023): Attention Span: A Groundbreaking Way to Restore Balan ce, Happiness and Productivity. Toronto: Hanover Square Press.

6 https://time.com/3858309/attention-spans-goldfish/.

7 Gordon., R. J. (2017): The Rise and Fall of American Growth. New Jersey: Princeton University Press.

8 https://www.mckinsey.com/capabilities/mckinsey-digital/our-insights/ the-economic-potential-of-generative-AI-the-next-productivity- frontier#key-insights.

9 Ebd.

10 Noy, S., und Zhang, W. (2023): Experimental Evidence on the Producti vity Effects of Generative Artificial Intelligence. https://economics.mit. edu/sites/default/files/inline-files/Noy_Zhang_1.pdf.

11 Alonso, C., u. a. (2020): Will the AI Revolution Cause a Great Divergen ce? IMF Working Paper WP/20/184. https://www.imf.org/en/Publicat ions/WP/Issues/2020/09/11/Will-the-AI-Revolution-Cause-a-Great- Divergence-49734.

12 Andreessen, M. (2023): Why AI will save the World. https://a16z. com/2023/06/06/ai-will-save-the-world/.

13 Altman, S. (2021): Moore's Law for Everything. https://moores.samaltm an. com/.

14 https://www.mckinsey.com/industries/social-sector/our-insights/an-

experiment-to-inform-universal-basic-income.

15  Gilbert, R., u. a. (2018): Would a Basic Income Guarantee Reduce the Mo
    tivation to Work? An Analysis of Labor Responses in 16 Trial Programs.
    Basic Income Studies. 13.10.1515/bis-2018-0011.

16  Andreessen, M. (2023): Why AI will save the World. https://a16z.
    com/2023/06/06/ai-will-save-the-world/.

17  Smith, A. (1759): The Theory of Moral Sentiments. London: A. Millar.

18  Marx, K. (1990): Grundrisse der Politischen Okonomie. In: Grundrisse
    der Kritik der Politischen Okonomie. Marx-Engels-Werkausgabe, Band
    42, Berlin, S. 13.

19  Perrigo, B. (2023): OpenAI Used Kenyan Workers on Less Than $2 Per
    Hour to Make ChatGPT Less Toxic. Time Magazine, 18. Januar. https://
    time.com/6247678/openai-chatgpt-kenya-workers/.

20  Klein, N. (2023). AI machines aren't ⟨hallucinating⟩. But their make
    rs are. Guardian, 8. Mai. https://www.theguardian.com/commentisfr
    ee/2023/may/08/ai-machines-hallucinating-naomi-klein.

21  Acemoğlu, D., und Johnson, S. (2023): Big Tech is Bad. Big A. I. Will be
    Worse. New York Times, 9. Juni. https://www.nytimes.com/2023/06/09/
    opinion/ai-big-tech-microsoft-google-duopoly.html.

22  Zuboff, S. (2018): Das Zeitalter des Uberwachungskapitalismus. Frankfurt
    a. M.: Campus.

23  Koster, R., u. a. (2022): Human-centered mechanism design with Democ
    ratic AI. Nature. https://www.nature.com/articles/s41562-022-01383-x.

24  Chiang, T. (2023): Will A. I. become the new McKinsey? The New Yor
    ker, 4. Mai. https://www.newyorker.com/science/annals-of-artificial-
    intelligence/will-aibecome-the-new-mckinsey.

25  Anonymous (2019): McKinsey and Company: Capital's Willing Execution
    ers. Current Affairs, 5. Februar. https://www.currentaffairs.org/2019/02/
    mckinseycompany-capitals-willing-executioners.

26  Piketty, T. (2016): Das Kapital im 21. Jahrhundert. Munchen: C. H. Beck.

27  Giridharadas, A. (2019): Winners take all. The Elite Charade of Changing
    the World. New York: Penguin.

1   https://worldpopulationreview.com/country-rankings/average-work-weekby-country.

2   Keynes, J. M. (1932): Economic Possibilities for our Grandchildren (1930). In: Essays in Persuasion, New York: Harcourt Brace, S. 358-373.

3   Martin Guzman, Joseph E. Stiglitz (2021): Pseudo-wealth and Consumpti on Fluctuations. The Economic Journal, 131 (633), S. 372 – 391. https:// doi.org/10.1093/ej/ueaa102.

4   https://www.key4biz.it/wp-content/uploads/2023/03/Global-Economics Analyst_-The-Potentially-Large-Effects-of-Artificial-Intelligence-on-Economic-Growth-Briggs_Kodnani.pdf.

5   Eloundou, T., Manning, S., Mishkin, P. und Rock, D. (2023): GPTs are GPTs: An Early Look at the Labor Market Impact Potential of Large Lang uage Models. arXiv:2303.10130.

6   https://www.theverge.com/2023/5/12/23720731/google-io-2023-exclusivesundar-pichai-search-generative-experience-ai-microsoft-bing-chatgpt.

7   https://github.blog/2022-09-07-research-quantifying-github-copilots-impact-on-developer-productivity-and-happiness/.

8   https://www.itpro.com/technology/artificial-intelligence/ibm-plans-hiringfreeze-for-roles-that-are-replaceable-by-ai.

9   Zitiert nach https://www.itpro.com/technology/artificial-intelligence/ ibmceo-in-damage-control-mode-after-ai-job-loss-comments.

10  Diamond, M. A. (1996): Innovation and diffusion of technology: A hum an process. Consulting Psychology Journal: Practice and Research, 48(4), S. 221-229. https://doi.org/10.1037/1061-4087.48.4.221.

11  Muller-Jentsch, W. (2015): Maschinensturmer. In: Haug, W. F., u. a. (Hg.): Historisch-Kritisches Worterbuch des Marxismus. Band 8/II: Links/Rech ts bis Maschinensturmer. Hamburg: Argument, Spalten 2035-2040, hier Spalte 2036.

12  Spehr, M. (2000): Maschinensturm. Protest und Widerstand gegen techni

sche Neuerungen am Anfang der Industrialisierung. Munster: Westfalisch es Dampfboot.

13 https://www.gspublishing.com/content/research/en/repor ts/2023/03/27/d64e052b-0f6e-45d7-967b-d7be35fabd16.html, S. 7.

14 https://www.forbes.com/sites/markcohen1/2022/12/07/laws-delayedfuture/?sh=770e23b91d41.

15 Zit. nach https://www.nytimes.com/2023/06/08/nyregion/lawyer-chatgptsanctions.html.

16 Microsoft (2023): Will AI fix Work? https://assets.ctfassets.net/y8fb0rhks 3b3/5eyZc6gDu1bzftdY6w3ZVV/1dad94a24aae170d5954374fb1719092/ WTI_Will_AI_Fix_Work_050923.pdf.

17 Schacter, D. L., Benoit, R. G., und Szpunar, K. K. (2017): Episodic future thinking: mechanisms and functions, Current Opinion in Behavioral Scie nces, 17, S. 41-50.

18 Webb, M. (2019): The Impact of Artificial Intelligence on the Labor Mark et. http://dx.doi.org/10.2139/ssrn.3482150.

19 https://www.youtube.com/@TiagoForte; Forte, T. (2022): Building a Seco nd Brain. New York: Atria.

20 https://twitter.com/fortelabs/status/1650662653076066305.

21 Jaros, S. (2010): Commitment to Organizational Change: A Critical Revi ew. Journal of Change Management 10 (1), S. 79-108.

22 Musil, R. (1978): Der mathematische Mensch. In: ders.: Gesammelte Wer ke, Bd. II. Reinbek bei Hamburg: Rowohlt, S. 1004-1008.

23 Andreessen, M. (2023): Why AI will save the World. https://a16z. com/2023/06/06/ai-will-save-the-world/.

24 Autor, D. H. (2015): Why Are There Still So Many Jobs? The History and Future of Workplace Automation. Journal of Economic Perspectives, 29 (3), S. 3-30.

25 https://www2.deloitte.com/content/dam/Deloitte/uk/Documents/finan ce/deloitte-uk-technology-and-people.pdf.

26 Riepl, W. (1913): Das Nachrichtenwesen des Altertums, mit besonderer Rucksicht auf die Romer. Leipzig, Berlin: Teubner.

27 Jesuthasan, R., und Boudreau, J. W. (2018): Reinventing Jobs. A 4-Step Approach for Applying Automation to Work. Boston: Harvard Business Review Press, S. 2.

28 https://www.delltechnologies.com/content/dam/delltechnologies/ass ets/perspectives/2030/pdf/SR1940_IFTFforDellTechnologies_Human-Machine_070517_readerhigh-res.pdf.

29 이 내용은 골드만삭스의 연구 결과를 성별에 따라 다시 분석한 것이다. (https:// www.key4biz.it/wp-content/uploads/2023/03/Global-Economics-Analyst_-The-Potentially-Large-Effects-of-Artificial-Intelligence-on-Economic-Growth-Briggs_Kodnani.pdf): https://kenaninstitute.unc.edu/ kenan-insight/will-generative-ai-disproportionatelyaffect-the-jobs-of-women/.

30 https://www.reuters.com/technology/27-jobs-high-risk-ai-revolution-saysoecd-2023-07-11/.

31 https://www.theguardian.com/business/2015/aug/17/technology-createdmore-jobs-than-destroyed-140-years-data-census.

32 Albanesi, S., u. a. (2023): Reports of AI ending human labour may be gr eatly exaggerated. European Central Bank, Research Bulletin No. 113. ht tps://www.ecb.europa.eu/pub/economic-research/resbull/2023/html/ ecb. rb231128~0a16e73d87.en.html.

33 Nubler, I. (2016): New technologies: A jobless future or golden age of job creation? Research Department Working Paper No. 13. https://www.ilo. org/wcmsp5/groups/public/---dgreports/---inst/documents/publicati on/wcms_544189.pdf.

34 Brynjolfsson, E. (2022): The Turing Trap: The Promise & Peril of Human-Like Artificial Intelligence. Daedalus. https://doi.org/10.1162/DAED_ a_01915.

35 Acemoğlu, D., und Johnson, S. (2023): Big Tech is Bad. Big A. I. Will be Worse. New York Times, 9. Juni. https://www.nytimes.com/2023/06/09/ opinion/ai-big-tech-microsoft-google-duopoly.html.

36 Dell'Acqua, F., u. a. (2023): Navigating the Jagged Technological Fronti er: Field Experimental Evidence of the Effects of AI on Knowledge Work

er Productivity and Quality. Harvard Business School Technology & Oper ations Mgt. Unit Working Paper, 24-013.

37 BCG (2023): How People Can Create – and Destroy – Value with Gener ative AI. https://www.bcg.com/publications/2023/how-people-create-and-destroy-value-with-gen-ai.

38 https://www.forbes.com/sites/siladityaray/2023/09/25/wga-and-studios-reach-exceptional-tentative-deal-to-end-writers-strike/.

## 06 붓과 붓이 대화할 때: AI의 창작을 어떻게 바라봐야 할까?

1 Chin, M. (2023): Apple is reportedly spending 〈millions of dollars a day〉 training AI. The Verge. https://www.theverge.com/2023/9/6/23861763/appleai-language-models-ajax-gpt-training-spending.

2 https://llmlitigation.com/pdf/03223/tremblay-openai-complaint.pdf.

3 Brown, T. B., u. a. (2020): Language models are few-shot learners, Proce edings of the 34th International Conference on Neural Information Proc essing Systems (NIPS '20). Curran Associates Inc., Red Hook, NY, USA, Ar tikel 159, S. 1877-1901.

4 https://actionnetwork.org/petitions/authors-guild-open-letter-togenerative-ai-leaders.

5 Zitiert nach https://www.bloomberg.com/news/articles/2023–05–04/tv-executives-whose-writers-are-on-picket-line-see-future-for-ai.

6 https://www.theguardian.com/culture/2023/oct/01/hollywood-writers-strike-artificial-intelligence.

7 https://www.sagaftra.org/files/sa_documents/AI%20TVTH.pdf.

8 Klein, N. (2023): Machines aren't hallucinating but their makers are. Gu ardian, 8. Mai, https://www.theguardian.com/commentisfree/2023/may/08/ai-machines-hallucinating-naomi-klein.

9 https://www.theverge.com/2023/8/14/23831109/the-new-york-times-aiweb-scraping-rules-terms-of-service.

10 https://help.nytimes.com/hc/en-us/articles/115014893428-Terms-of-Service, Paragraph 2. 1. 1

11  https://www.nytimes.com/2023/07/15/technology/artificial-intelligence-models-chat-data.html?smid=nytcore-ios-share&referringSource=articleShare.

12  Newman, G. E. (2019): The Psychology of Authenticity. Review of General Psychology, 23 (1), S. 8-18. https://doi.org/10.1037/gpr0000158.

13  Jasanoff, S., und Kim, S. H. (2009): Containing the atom: Sociotechnical imaginaries and nuclear power in the United States and South Korea. Minerva, 47, S. 119-146.

14  Chiang, T. (2023): ChatGPT is a blurry JPEG of the Web. The New Yorker, 9. Februar. https://www.newyorker.com/tech/annals-of-technology/chatgptis-a-blurry-jpeg-of-the-web.

15  Lessig, L. (2008): Remix: Making Art and Commerce Thrive in a Hybrid Economy. New York: Penguin.

16  https://www.nytimes.com/2023/02/16/technology/bing-chatbot-microsoftchatgpt.html.

17  Andersen, R. (2023): What Happens When AI Has Read Everything? The Atlantic, 17. Januar, https://www.theatlantic.com/technology/archive/2023/01/artificial-intelligence-ai-chatgpt-dall-e-2-learning/672754/.

18  Villalobos, P., u. a. (2022): Will We Run out of Data? An Analysis of the Limits of Scaling Datasets in Machine Learning. http://arxiv.org/abs/2211.04325.

19  Shumailov, I., u. a. (2023): The Curse of Recursion: Training on Generated Data Makes Models Forget. ArXiv, abs/2305.17493.

20  https://www.lightbluetouchpaper.org/2023/06/06/will-gpt-models-chokeon-their-own-exhaust/.

21  https://c2pa.org/.

22  Arendt, H. (2002): Vita Activa oder vom tatigen Leben. Munchen: Piper, S. 216 f.

23  Didion, J. (2022): Was ich meine. Berlin: Ullstein.

24  Flusser, V. (1988): Krise der Linearitat. Bern: Benteli.

25  Orwell, G. (1946): Politics and the English Language. London: Horiz

on, https://www.orwellfoundation.com/the-orwell-foundation/orwell/essaysand-other-works/politics-and-the-english-language/.

26  Von Kleist, H. (1999): Uber die allmahlige Verfertigung der Gedanken beim Reden. Eine zwiespaltige Ausgabe von Stefan Klamke-Eschenbach und Urs van der Leyn, mit einem Kommentar von Vera F. Birkenbihl. Fra nkfurt: Dielmann.

27  https://youtu.be/ob_GX50Za6c.

28  Bateson, G. (1972): Steps to An Ecology of Mind: Collected Essays in Anth ropology, Psychiatry, Evolution, and Epistemology. New Jersey: Jason Aro nson.

29  https://www.theinformation.com/articles/amazon-offers-sellers-ai-tool-towrite-product-descriptions.

30  https://www.nytimes.com/2023/08/05/travel/amazon-guidebooks-artificialintelligence.html?smid=nytcore-ios-share&referringSource=artic leShare.

31  Brunton, F. (2013): Spam: A Shadow History of the Internet. Cambridge: MIT Press, S. 187.

32  https://thegradient.pub/gpt-4chan-lessons/.

33  Eichhorn, K. (2022): Content. Cambridge: MIT Press.

34  Davies. W. (2023): The Reaction Economy. London Review of Books, (45) 5. https://www.lrb.co.uk/the-paper/v45/n05/william-davies/the-reaction-economy?utm_source=nextdraft&utm_medium=email.

35  Smith, J. E. H. (2022): The Internet Is Not What You Think It Is: A Histo ry, A Philosophy, A Warning. Princeton: Princeton University Press.

36  Burgess, A. (1962): A Clockwork Orange. London: William Heinemann.

37  Fromm, E. (2000): Die Furcht vor der Freiheit. Munchen: dtv, S. 37 f.

38  Noy, S., und Zhang, W. (2023): Experimental evidence on the productiv ity effects of generative artificial intelligence. Science 381, S. 187 – 192, 10.1126/science.adh2586.

39  https://www.nytimes.com/2023/07/19/business/google-artificial-intelligence-news-articles.html?smid=nytcore-ios-share&referringSource=articleShare.

40 Zitiert nach https://www.cnbc.com/2023/05/22/bill-gates-predicts-the-bigwinner-in-ai-smart-assistants.html.

41 Liang, C. (2023). My A. I. Lover. New York Times. https://www.nytimes.com/2023/05/23/opinion/ai-chatbot-relationships.html

42 https://www.youtube.com/watch?v=vSF-Al45hQU

## 07 딥페이크와 가짜 정보: 조작의 주체는 누구인가?

1 Usher, N. (2008): Reviewing Fauxtography: A blog-driven challenge to mass media power without the promises of networked publicity. First Monday (13) 12, 1. Dezember. https://firstmonday.org/ojs/index.php/fm/article/download/2158/2055.

2 https://www.mfk.ch/fileadmin/files/01_Besuchen/04_Schulen/05_Lehrmittel/BILDER-LUEGEN_Lehrmittel.pdf.

3 Harwell, D. (2019): An artificial-intelligence first: voice-mimicking software reportedly used in a major theft. Washington Post, 5. September.

4 https://moondisaster.org/.

5 DelViscio, J. (2020): A Nixon Deepfake, a ⟨Moon Disaster⟩ Speech and an Information Ecosystem at Risk. Scientific American, 20. Juli. https://www.scientificamerican.com/article/a-nixon-deepfake-a-moon-disaster-speech-and-an-information-ecosystem-at-risk1/.

6 https://www.youtube.com/watch?v=ERQlaJ_czHU.

7 Witness & First Draft (2018): Mal-uses of AI-generated Synthetic Media and Deepfakes: Pragmatic Solutions Discovery Convening. http://www.mediafire.com/file/q5juw7dc3a2w8p7/Deepfakes_Final.pdf/file.

8 Nguyen, T. T., u. a. (2020): Deep Learning for Deepfakes Creation and Detection: A Survey. Computer Vision and Image Understanding, 223. https://arxiv.org/pdf/1909.11573.pdf.

9 Chawla, R. (2019): Deepfakes: How a pervert shook the world. International Journal of Advance Research and Development, 4 (6), S. 4-8.

10 Deeptrace (2019): The State of Deepfakes. Landscape, Threats, and Impact. https://regmedia.co.uk/2019/10/08/deepfake_report.pdf.

11  https://www.reddit.com/r/midjourney/comments/11zyvlk/the_2001_gre
at_cascadia_91_earthquake_tsunami/.

12  https://www.forbes.com/sites/mattnovak/2023/03/27/ai-creates-photo-
evidence-of-2001-earthquake-that-never-happened/.

13  Horvitz, E. (2022): On the Horizon: Interactive and Compositional Deep
fakes. In: Proceedings of the 2022 International Conference on Multimo
dal Inter action (ICMI ⟨22). Association for Computing Machinery, New
York, NY, USA, S. 653-661. https://doi.org/10.1145/3536221.3558175.

14  Wardle, C. (2022): Understanding Information Disorder. Firstdraft
news, 22. September. https://firstdraftnews.org/long-form-article/
understandinginformation-disorder/.

15  https://futurism.com/cnet-editor-in-chief-addresses-ai.

16  Zitiert nach https://futurism.com/neoscope/magazine-mens-journal-
errorsai-health-article.

17  https://www.ft.com/content/18337836-7c5 f-42bd-a57a-24cdbd06ec51.

18  https://www.theguardian.com/help/insideguardian/2023/jun/16/the-
guardians-approach-to-generative-ai.

19  https://www.bloomberg.com/news/articles/2023-05-22/fake-ai-photo-
ofpentagon-blast-goes-viral-trips-stocks-briefly.

20  Halpern, S. (2023): We still don't know about how A. I. is trained.
The New Yorker, 28. Marz. https://www.newyorker.com/news/daily-
comment/whatwe-still-dont-know-about-how-ai-is-trained.

21  https://counterhate.com/research/misinformation-on-bard-google-ai-
chat/.

22  https://www.bloomberg.com/news/articles/2023-04-04/
google-s-bard-writes-convincingly-about-known-conspiracy-
theories?cmpid=BBD040523_TECH&utm_medium=email&utm_source=n
ewsletter&utm_term=230405&utm_campaign=tech.

23  https://www.weforum.org/agenda/2020/06/now-is-the-time-for-a-
great-reset/.

24  https://twitter.com/mrgreene1977/status/1593274906707230721?r
ef_src=twsrc%5Etfw%7Ctwcamp%5Etweetembed%7Ctwterm%5E15932

74906707230721%7Ctwgr%5E2fa98cc547bb2d161c460a9a41e9784a-2be15481%7Ctwcon%5Es1_&ref_url=https%3A%2F%2Fthenextweb.com%2Fnews%2Fmeta-takes-new-ai-system-offline-because-twitter-usersmean.

25 https://blogs.microsoft.com/blog/2016/03/25/learning-tays-introduction/.

26 Yang, K. C., und Menczer, F. (2023): Anatomy of an AI-powered malicio us social botnet. 10.48550/arXiv.2307.16336.

27 https://www.nytimes.com/2023/08/03/business/media/ai-defamation-liesaccuracy.html?smid=nytcore-ios-share&referringSource=articleShare.

28 https://www.washingtonpost.com/technology/2023/04/05/chatgpt-lies/.

29 https://jonathanturley.org/2023/04/06/defamed-by-chatgpt-my-own-bizarre-experience-with-artificiality-of-artificial-intelligence/.

30 https://www.nytimes.com/2023/05/01/business/ai-chatbots-hallucination.html.

31 https://www.arthur.ai/gap-articles/hallucination-experiment.

32 https://www.itpro.com/technology/artificial-intelligence/ai-will-kill-googlesearch-if-we-arent-careful.

33 Leptourgos, P., u. a. (2020): Hallucinations Under Psychedelics and in the Schi zophrenia Spectrum: An Interdisciplinary and Multiscale Co mparison. Schizophrenia Bulletin, 46 (6), S. 1396-1408. https://doi.org/10.1093/schbul/sbaa117.

34 https://www.theguardian.com/commentisfree/2023/may/08/ai-machineshallucinating-naomi-klein.

35 Kranzberg, M. (1986): Technology and History: ⟨Kranzberg's Laws⟩. Tech nology and Culture, (27) 3, S. 544-560.

36 Habgood-Coote, J. (2023): Deepfakes and the epistemic apocalypse. Synt hese, 201 (3), S. 1-23. 10.1007/s11229-023 -04097-3.

37 Scheirer, W. J. (2023): A History of Fake Things on the Internet. Stanford: Stanford University Press.

38 https://www.wired.com/story/chatgpt-scams-fraudgpt-wormgpt-crime/?mc_cid=3 f3a9ae0bb&mc_eid=736e14d8e3.

39  https://www.theverge.com/23599441/microsoft-bing-ai-sydney-secret-rules.

40  https://www.theverge.com/2023/2/15/23599072/microsoft-ai-bingpersonality-conversations-spy-employees-webcams.

41  https://www.wsj.com/articles/with-ai-hackers-can-simply-talk-computersinto-misbehaving-ad488686.

42  https://news.berkeley.edu/2023/06/29/metas-powerful-ai-technology-isnow-open-source-im-terrified-by-what-could-happen.

43  https://www.nytimes.com/2023/05/18/technology/ai-meta-open-source.html?smid=nytcore-ios-share&referringSource=articleShare.

44  Zitiert nach https://www.ft.com/content/aa3598 f7-1470-45e4-a296-bd26953c176 f?accessToken=zwAGAt7ZA8h4kdOqNZj3FHBF5NOilr0mlT wXbw.MEQCID41v85qWiXUT6u0gqY_6_z7kYdNX83sqXRUDtHo1HqlAiB b87mZbGdi9Ljhy-3lKy8qLIpZPF7HNE8QegWR1vUYzQ&sharetype=gift&t oken=2cb8aedf-bea9-471b-822e-9251ef0edf39.

45  Meckel, M., und Steinacker, L. (2021): Hybrid Reality. The rise of deepfak es and the impact on parting truths. Morals & Machines, 1, S. 22-28.

46  Lindgren, S. (2014): Hybrid Media Culture. Sensing Place in a World of Fl ows. London: Routledge.

47  De Souza e Silva, A., und Sutko, D. M. (2008): Playing Life and Living Play: How Hybrid Reality Games Reframe Space, Play, and the Ordinary. Critical Studies in Media Communication, 25 5, S. 447-465. https://doi. org/10.1080/15295030802468081.

48  Turkle, S. (2005): The Second Self. Computers and the Human Spirit. Ca mbridge/Mass: The MIT Press.

49  Chompalov, I. M., und Popov, L. S. (2014): Sociology of Science and the Turn to Social Constructivism. Social Sciences, (3) 2, S. 59-66.

50  Rushdie, S. (2018): Truth, Lies, and Literature. The New Yorker, 31. Mai. https://www.newyorker.com/culture/cultural-comment/truth-lies-and-literature.

51  Solnit, R. (2018): Driven to Distraction. Harper's Magazine, Mai, S. 9-11.

52  Lepore, J. (2016): After the fact. In the history of truth, a new chapter be

gins. The New Yorker, 21. Marz.

53 Kakutani, M. (2018): The Death of Truth: Notes on Falsehood in the Age of Trump. New York: Tim Duggan Books.

54 Westerlund, M. (2019): The Emergence of Deepfake Technology: A Review. Technology Innovation Management Review, (9) 11, S. 40-53.

55 https://edition.cnn.com/2021/11/16/media/steve-bannon-reliable-sources/index.html.

56 https://www.nytimes.com/2016/11/05/opinion/what-were-missing-whilewe-obsess-over-john-podestas-email.html.

57 https://www.scientificamerican.com/article/we-need-to-focus-on-ais-realharms-not-imaginary-existential-risks/.

58 Doctorow, C. (2023): The ⟨Enshittification⟩ of TikTok. Or how, exactly, platforms die. Wired, Januar. https://www.wired.com/story/tiktok-platforms-cory-doctorow/.

59 Sabbagh, M. A., und Baldwin, D. A. (2001): Learning Words from Knowledgeable versus Ignorant Speakers: Links Between Preschoolers' Theory of Mind and Semantic Development. Child Development, 72, S. 1054-1070. https://doi.org/10.1111/1467-8624.00334.

60 O'Gieblyn, M. (2021): God, Human, Animal, Machine: Technology, Metaphor, and the Search for Meaning. New York: Doubleday.

61 Nass, C., und Moon, Y. (2000): Machines and Mindlessness: Social Responses to Computers. Journal of Social Issues, 56, S. 81-103. https://doi.org/10.1111/0022-4537.00153.

62 Brandtzaeg, P. B., u. a. (2022): My AI Friend: How Users of a Social Chatbot Understand Their Human - AI Friendship, Human Communication Research, (48) 3, S. 404-429. https://doi.org/10.1093/hcr/hqac008.

63 Huang, G., und Wang, S. (2023): Is artificial intelligence more persuasive than humans? A meta-analysis. PsyArXiv, 21. Mai. https://doi.org/10.31234/osf.io/ehg7n.

64 Spitale, G., Biller-Andorno, N., und Germani, F. (2023): AI model GPT-3 (dis) informs us better than humans. Science advances 9. eadh1850. 10.1126/sciadv. adh1850.

65  https://openai.com/blog/using-gpt-4-for-content-moderation?utm_so
    urce=bensbites&utm_medium=newsletter&utm_campaign=how-gpt-4-
    flagsharmful-content.

66  Fazio, L. K., Pillai, R. M., und Patel, D. (2022): The effects of repetition
    on belief in naturalistic settings. Journal of Experimental Psychology: Ge
    neral, 151 (10), S. 2604-2613. https://doi.org/10.1037/xge0001211.

67  Bessner, D., und Guilhot, N. (2019): The Decisionist Imagination: Sovere
    ignty, Social Science and Democracy in the 20th Century. Brooklyn/NY:
    Berghahn Books, S. 287.

68  Kidd C., und Hayden B. Y. (2015): The Psychology and Neuroscience
    of Curiosity, Neuron, 88 (3), S. 449-460. https://doi.org/10.1016/j.neur
    on.2015. 09.010.PMID: 26539887; PMCID: PMC4635443.

69  Shaw, J. (2016): Das trugerische Gedachtnis: Wie unser Gehirn Erinnerun
    gen falscht. Munchen: Hanser.

70  Zitiert nach https://www.planet-wissen.de/gesellschaft/verbrechen/geri
    cht_im_namen_des_volkes/gericht-falsche-erinnerung-100.html.

## 08 민주주의 혹은 디스토피아: 정치는 어떻게 변할까?

1   Grinberg, N., u. a. (2019): Fake news on Twitter during the 2016 U. S. pre
    sidential election, Science, 363, S. 374-378. https://doi.org/10.1126/scie
    nce.aau270.

2   https://www.science.org/doi/10.1126/sciadv.adh1850.

3   https://www.vice.com/en/article/xgwwmk/anti-homeless-mayoral-
    candidate-uses-ai-to-create-fake-images-of-blight.

4   https://twitter.com/sama/status/1687236201496064000?s=20.

5   https://www.forbes.com/sites/dereksaul/2023/06/26/ai-will-
    make-2024-election-a-mess-billionaire-ex-google-chief-schmidt-
    says/?sh=ad8d-1bf6bcad.

6   Zitiert nach: https://www.whitehouse.gov/briefing-room/stateme
    ntsreleases/2023/07/21/fact-sheet-biden-harris-administration-
    securesvoluntary-commitments-from-leading-artificial-intelligence-

companies-tomanage-the-risks-posed-by-ai/.

7 https://www.theverge.com/2023/8/10/23827399/ai-artificial-intelligencepolitical-ads-fec-desantis-rnc.

8 https://www.axios.com/2023/09/06/google-ai-election-ads-disclosure.

9 Zitiert nach https://www.wired.com/story/ai-watermarking-misinformation/.

10 Harari, Y. N. (2023): You Can Have the Blue Pill or the Red Pill, and We 're Out of Blue Pills. New York Times, 24. Marz. https://www.nytimes.com/2023/03/24/opinion/yuval-harari-ai-chatgpt.html?smid=nytcore-ios-share&referring-Source=articleShare.

11 https://twitter.com/elonmusk/status/1603836383885332480?s=20.

12 https://www.theguardian.com/us-news/2023/aug/21/artificial-intelligenceculture-war-woke-far-right.

13 Milton, J. (1890): Areopagitica: A speech of Mr. Milton for the liberty of unlicensed printing, to the Parliament of England. New York: The Groli er Club.

14 Mill, John S. (1991): On Liberty and Other Essays. Oxford: Oxford University Press.

15 Tufecki, Z. (2018): It's the (Democracy-Poisoning) golden Age of Free Speech. Wired, 1. Juni.

16 Zitiert nach https://www.theguardian.com/technology/2023/jul/06/ai-firmsface-prison-creation-fake-humans-yuval-noah-harari.

17 Coase, R. H. (1974): The Market for Goods and the Market for Ideas. The American Economic Review, (64) 2, S. 384-391.

18 Lee, S. P. (2010): Hate Speech in the Marketplace of Ideas. In: Glolash, D. (Hg.): Freedom of Expression in a Diverse World. Dordrecht: Springer, S. 13-25; Ingber, S. (1984): The Marketplace of Ideas: A Legitimizing Myth, Duke Law Journal, S. 1-91. https://scholarship.law.duke.edu/dlj/vol33/iss1/1.

19 European Commission (2021): Proposal for a Regulation of the European Parliament and of the council laying down harmonized rules on artificial intelligence (artificial intelligence act) and amending certain union legisl

ativeacts. Brussels, S. 21.

20 Warzel, C. (2018): Believable: The Terrifying Future Of Fake News. Buzzf
eed, 11. Februar. https://www.buzzfeednews.com/article/charliewarzel/
the-terrifying-future-of-fake-news.

21 https://www.youtube.com/watch?v=1NK5R9Lgs_g.

22 Putnam, R. D. (2000): Bowling Alone: The Collapse and Revival of Ameri
can Community. New York: Simon & Schuster.

23 Pariser E. (2011): The filter bubble: what the internet is hiding from you.
Viking/Penguin Press.

24 Sunstein, C. R. (2018): #Republic: Divided Democracy in the Age of Soci
al Media, Princeton: Princeton University Press.

25 Bright, J. (2018): Explaining the Emergence of Political Fragmentation on
Social Media: The Role of Ideology and Extremism. Journal of Computer-
Mediated Communication, (23) 1, S. 17-33. https://doi.org/10.1093/
jcmc/zmx002.

26 Dahlgren, P. M. (2021): A critical review of filter bubbles and a compar
ison with selective exposure. Nordicom Review, 42, S. 15-33. 10.2478/
nor-2021-0002.

27 Festinger, L. (1962): A Theory of Cognitive Dissonance. Bd. 2. Stanford,
CA: Stanford University Press.

28 Eady, G., u. a. (2023): Exposure to the Russian Internet Research Agency
foreign influence campaign on Twitter in the 2016 US election and its re
lationship to attitudes and voting behavior. Nature Communications, 14,
S. 62. https://doi.org/10.1038/s41467-022-35576-9.

29 https://www.wired.com/story/metas-election-research-opens-
morequestions-than-it-answers/?redirectURL=https%3A%2F%2Fwww.wi
red.com%2Fstory%2Fmetas-election-research-opens-more-questions-
than-itanswers%2F.

30 Gonzalez-Bailon, S., u. a. (2023): Asymmetric ideological segregation in
exposure to political news on Facebook. Science, 381, S. 392-398. htt
ps://doi.org/10.1126/science.ade7138.

31 Nyhan, B., u. a. (2023): Like-minded sources on Facebook are prevale

nt but not polarizing. Nature, 620, S. 137-144. https://doi.org/10.1038/s41586-023-06297-w.

32 https://www.washingtonpost.com/technology/2023/08/25/political-conspiracies-facebook-youtube-elon-musk/.

33 Santurkar, S., u. a. (2023): Whose Opinions Do Language Models Reflect? https://arxiv.org/pdf/2303.17548.pdf.

34 Feng, S., u. a. (2023): From Pretraining Data to Language Models to Downstream Tasks: Tracking the Trails of Political Biases Leading to Unfair NLP Models. Proceedings of the 61st Annual Meeting of the Association for Computational Linguistics (Bd. 1: Long Papers).

35 McLuhan, M. (1962): The Gutenberg Galaxy: The Making of Typographic Man. Toronto: Toronto University Press.

36 https://mcluhangalaxy.wordpress.com/2017/02/16/marshall-mcluhan-predicted-digital-mediated-tribalism/.

37 https://www.washingtonpost.com/world/2023/03/02/ion-romania-ai-botgovernment/.

38 Asimov, I. (1955): Franchise. IF – Worlds of Science Fiction, April, S. 2-15, https://www.astro.sunysb.edu/fwalter/HON301/franchise.pdf.

39 Suter, V., Meckel, M., Shahrezaye, M., und Steinacker, Lea (2022): AI Suffrage: A four-country survey on the acceptance of an automated voting system.Hawaiian International Conference on System Science. 10.24251/HICSS.2022.290.

40 https://www.handelsblatt.com/politik/deutschland/interview-olaf-scholzwaehrungen-sollte-nur-der-staat-bereitstellen/28693190.html.

41 Argyle, L., u. a. (2023): Out of One, Many: Using Language Models to Simulate Human Samples, Political Analysis, 31, S. 1-15. 10.1017/pan.2023. 2.

42 Lepore, J. (2020): IF THEN: How the Simulmatics Corporation Invented the Future, New York: Liveright.

43 Meta Fundamental AI Research Diplomacy Team (FAIR) u. a. (2022): Humanlevel play in the game of Diplomacy by combining language models with strategic reasoning. Science, 378, S. 1067-1074. https://doi.org/10.1126/science. ade9097.

1   Sheng, E., u. a. (2019): The woman worked as a babysitter: On biases in language generation. arXiv preprint arXiv:1909.01326.

2   Von Lindern, J. (2023): Braucht die deutsche Vorzeige-KI mehr Erzieh ung? Die Zeit, 11. September. https://www.zeit.de/digital/2023 – 09/ aleph-alpha-luminous-jonas-andrulis-generative-ki-rassismus.

3   Friedman, B., und Nissenbaum, H. (1996): Bias in computer systems. ACM Transactions on information systems (TOIS), 14 (3), S. 330-347.

4   Buolamwini, J. (2016): How I'm Fighting Bias in Algorithms. Ted Talk. htt ps://www.youtube.com/watch?v=UG_X_7g63rY.

5   Han, H., und Jain, A. K. (2014): Age, gender and race estimation from un constrained face images. Dept. Comput. Sci. Eng., Michigan State Univ., East Lansing, MI, USA, MSU Tech. Rep. (MSU-CSE-14-5), 87, 27.

6   Buolamwini, J., und Gebru, T. (2018): Gender shades: Intersectional acc uracy disparities in commercial gender classification. In: Conference on fairness, accountability and transparency, S. 77-91.

7   Hill, K. (2023): Eight Months Pregnant and Arrested After False Facial Recognition Match. New York Times, 6. August. https://www.nytimes. com/2023/08/06/business/facial-recognition-false-arrest.html.

8   Buolamwini, J., und Gebru, T. (2018): Gender shades: intersectional acc uracy disparities in commercial gender classification. In: Conference on Fairness, Accountability and Transparency, S. 77-91.

9   Maslej, N., u. a. (2023): The AI Index 2023 Annual Report. Institute for Human-Centered AI, Stanford University, S. 299.

10  Mikolov, T., u. a. (2013): Learning representations of text using neural ne tworks. In NIPS Deep learning workshop, S. 1-31, S. 18.

11  Bolukbasi, T., u. a. (2016): Man is to computer programmer as woman is to homemaker? debiasing word embeddings. Advances in neural informa tion processing systems, S. 29.

12  Greenwald, A. G., McGhee, D. E., und Schwartz, J. L. (1998): Measuring individual differences in implicit cognition: the implicit association test.

Journal of personality and social psychology, 74 (6), S. 1464.

13 Project Implicit. https://implicit.harvard.edu/implicit/selectatest.html.

14 Axt, J. (2018): Tracking the Use of Project Implicit Data. https://implicit. harvard.edu/implicit/user/jaxt/blogposts/piblogpost020.html.

15 Caliskan, A., Bryson, J. J., und Narayanan, A. (2017): Semantics derived automatically from language corpora contain human-like biases, Scien ce, 356, 6334, S. 183-186. https://doi.org/10.1126/science.aal4230, S. 2.

16 Ebd.

17 Ebd., S. 10.

18 Ebd.

19 Dastin, J. (2018): Amazon Scraps Secret AI Recruiting Tool That Show ed Bias Against Women. Reuters. https://www.reuters.com/article/us-amazon-comjobs-automation-insight-idUSKCN1MK08G.

20 Hooker, S. (2021): Moving beyond «algorithmic bias is a data problem». Patterns, 2 (4), S. 1.

21 Bromwich, J. E., und Haag, M. (2018): Facebook is Changing. What Does that Mean for Your News Feed? The New York Times. https://www.nyti mes.com/2018/01/12/technology/facebook-news-feed-changes.html.

22 Groen, D. (2018): How We Made AI As Racist and Sexist As Humans. The Walrus. https://thewalrus.ca/how-we-made-ai-as-racist-and-sexist-as-humans/.

23 Stinson, C. (2022): Algorithms are not neutral. AI Ethics, 2, S. 763-770. ht tps://doi.org/10.1007/s43681-022-00136-w.

24 Knuth, D. (1997): The Art of Computer Programming. Bd. 1: Fundament al Algorithms. Addison-Wesley Professional.

25 Bender, E. M., u. a. (2021): On the dangers of stochastic parrots: Can la nguage models be too big? In: Proceedings of the 2021 ACM conference on fairness, accountability, and transparency, S. 610-623, S. 613.

26 Mitchell, M. (2022): AI The Future of Responsible Development. Keynote, Konferenz Morals & Machines 2022, Dusseldorf.

27 Nicoletti, L., und Bass, D. (2023): Humans Are Biased. Generative AI Is Even Worse. Bloomberg Technology. https://www.bloomberg.com/

graphics/2023-generative-ai-bias/.

28 https://openai.com/research/faulty-reward-functions.

29 Eubanks, V. (2018): Automating inequality: How high-tech tools profile, police, and punish the poor. St. Martin's Press, S. 2.

30 Chowdhury, R. (2017): Moral Outsourcing: Finding Humanity in Artificial Intelligence. Forbes. https://www.forbes.com/sites/rummanchowdhury/2017/10/13/moral-outsourcing-2/?sh=3178b4da70ba.

31 Heikkila, M. (2022): Dutch scandal serves as a warning for Europe over risks of using algorithms. Politico. https://www.politico.eu/article/dutch-scandal-serves-as-a-warning-for-europe-over-risks-of-using-algorithms.

32 Ahuja, A. (2022): The dark side of using AI to design drugs. Financial Times. https://www.ft.com/content/43102ee8-bee0-4803-bc51-4a313f04d550.

33 https://www.propublica.org/article/machine-bias-risk-assessments-in-criminal-sentencing.

34 Dressel, J., und Farid, H. (2018): The accuracy, fairness, and limits of predicting recidivism. Science Advances, 4. https://doi.org/10.1126/sciadv.aao5580.

35 Panel of Experts on Libya Established pursuant to Resolution 1973 (2021, 8. Marz): Letter addressed to the President of the Security Council. United Nations Digital Library. https://digitallibrary.un.org/record/3905159?ln=en, S. 17.

36 Cummings, M. L. (2006): Automation and accountability in decision support system interface design.

37 Kuang, C. (2017): Can A. I. Be Taught To Explain Itself? New York Times. https://www.nytimes.com/2017/11/21/magazine/can-ai-be-taught-to-explain-itself.html.

38 Christian, B. (2020): The Alignment Problem. Machine Learning and Human Values. New York: Norton & Company.

39 OpenAI (2023): GPT-4 Technical Report. https://arxiv.org/abs/2303.08774, S. 53.

40 Gutman, M. (2023): Samsung Bans Staff's AI Use After Spotting Chat GPT Data Leak. Bloomberg. https://www.bloomberg.com/news/articl es/2023-05-02/samsung-bans-chatgpt-and-other-generative-ai-use-by-staffafter-leak.

41 Tilley, A., und Kruppa, M. (2023): Apple Restricts Employee Use of Cha tGPT, Joining Other Companies Wary of Leaks. The Wall Street Journal. https://www.wsj.com/articles/apple-restricts-use-of-chatgpt-joining-othercompanies-wary-of-leaks-d44d7d34.

42 Burgess, M. (2023): ChatGPT Has a Big Privacy Problem. Wired. https:// www.wired.com/story/italy-ban-chatgpt-privacy-gdpr/.

43 Robertson, A. (2023): ChatGPT Returns to Italy After Ban. The Verge. htt ps://www.theverge.com/2023/4/28/23702883/chatgpt-italy-ban-lifted-gpdp-data-protection-age-verification.

44 Garante per la Protezione dei Dati Personali (2023): ChatGPT: OpenAI re instates service in Italy with enhanced transparency and rights for europ ean users and non-users. https://www.gpdp.it/home/docweb/-/docweb-display/docweb/9881490#english.

45 Livingstone, G. (2023): ⟨It's pillage⟩: thirsty Uruguayans decry Google's plan to exploit water supply. https://www.theguardian.com/world/2023/ jul/11/uruguay-drought-water-google-data-center.

46 Li, P., u. a. (2023): Making AI Less ⟨Thirsty⟩: Uncovering and Addr essing the Secret Water Footprint of AI Models. arXiv preprint arX iv:2304.03271, S. 1.

47 Luccioni, A. S., Jernite, Y. und Strubell, E. (2023): Power Hungry Pro cessing: Watts Driving the Costs of AI Deployment. https://arxiv.org/ pdf/2311.16863.pdf

48 Crawford, K. (2021): Atlas of AI, S. 29-30.

49 Nayar, J. (2021): Not So ⟨Green⟩ Technology: The Complicated Legacy of Rare Earth Mining. Harvard International Review. https://hir.harvard. edu/not-sogreen-technology-the-complicated-legacy-of-rare-earth-mining/.

50 Crawford, K. (2021): Atlas of AI, S. 32.

51  BBC (2023): Charting the true cost of AI. Podcast-Folge, 29. August. In: Tech Life. BBC World Service. https://pca.st/episode/ 6b2e648a-4604-4a08-9db5-251b32286a24.

52  Strubell, E., Ganesh, A., und McCallum, A. (2019): Energy and policy con siderations for deep learning in NLP. arXiv preprint arXiv:1906.02243.

53  McQuate, S. (2023): Q&A: UW researcher discusses just how much ene rgy ChatGPT uses. University of Washington. https://www.washington. edu/news/2023/07/27/how-much-energy-does-chatgpt-use/.

54  OpenAI (2018): AI and Compute. https://openai.com/research/ai-andcompute.

55  Crawford, K. (2021): Atlas of AI, S. 42.

56  Jones, N. (2018): How to stop data centres from gobbling up the world's electricity. Nature, 561 (7722), S. 163-166.

57  Parikka, J. (2015): A Geology of Media. University of Minnesota Press.

58  BBC (2023): Charting the true cost of AI. Podcast-Folge, 29. August. In: Tech Life. BBC World Service. https://pca.st/episode/6b2e648a-4604-4a08-9db5-251b32286a24.

59  Knight, W. (2023): OpenAI's CEO Says the Age of Giant AI Models Is Al ready Over. Wired. https://www.wired.com/story/openai-ceo-sam-altman-the-ageof-giant-ai-models-is-already-over/.

60  Hambien, M. (2023): Update: ChatGPT runs 10K Nvidia training GPUs with potential for thousands more. Fierce Electronics. https://www.fi erceelectronics.com/sensors/chatgpt-runs-10k-nvidia-training-gpus-potential-thousands-more.

61  Vanian, J., und Leswing, K. (2023): ChatGPT and generative AI are bo oming, but the costs can be extraordinary. CNBC. https://www.cnbc. com/2023/03/13/chatgpt-and-generative-ai-are-booming-but-at-a-very-expensive-price.html.

62  Cheng, M. (2023): A $40,000 Nvidia chip has become the world's most sought-after hardware. Quartz, 18. August. https://qz.com/a-40-000-nvidiachip-has-become-the-worlds-most-sought-1850746956.

63  Mok, A. (2023): ChatGPT could cost over $700,000 per day to operate.

Microsoft is reportedly trying to make it cheaper. Business Insider. htt ps://www.businessinsider.com/how-much-chatgpt-costs-openai-to-run-estimate-report-2023-4.

64 McKenzie, I., u. a. (2023): Inverse Scaling: When Bigger Isn't Better. htt ps://arxiv.org/abs/2306.09479.

65 Kalluri, P. (2020): Don't ask if artificial intelligence is good or fair, ask how it shifts power. Nature. https://www.nature.com/articles/d41586-020-02003-2.

66 Steinacker, L. (2022): Code Capital: A Sociotechnical Framework to Und erstand the Implications of Artificially Intelligent Systems from Design to Deployment. Nomos Verlag.

## 10  결정의 문제: AI는 실제로 얼마나 지능적인가?

1 https://www.handelsblatt.com/finanzen/maerkte/devisen-rohstoffe/interview-mit-sam-altman-und-alex-blania-leben-in-einer-welt-in-der-kuenstliche-intelligenz-sehr-maechtig-wird/29282624.html?tm=log in.

2 Kahneman, D. (2012): Schnelles Denken, langsames Denken. Munchen: Siedler.

3 https://www.moralmachine.net/.

4 Awad, E., u. a. (2018): The Moral Machine experiment, Nature, 563, S. 59-64. https://doi.org/10.1038/s41586-018-0637-6.

5 https://www.wired.com/story/uber-self-driving-crash-arizona-ntsb-report/.

6 https://freakonomics.com/podcast/new-technologies-always-scare-us-is-ai-any-different/.

7 Kumar, Y., u. a. (2023): Artificial intelligence in disease diagnosis: a syste matic literature review, synthesizing framework and future research agen da. Journal of Ambient Intelligence and Humanized Computing, 14 (7), S. 8459-8486. https://doi.org/10.1007/s12652-021-03612-z.

8 Shah, Z., u. a. (2023): Exploring Language-Agnostic Speech Representat

ions Using Domain Knowledge for Detecting Alzheimer's Dementia. Inte rnational Conference on Acoustics, Speech and Signal Processing (ICAS SP), Rhodos, Griechenland, S. 1 f. https://doi.org/10.1109/ICASSP49357. 2023.10095593.

9 Ayers, J. W., u. a. (2023): Comparing Physician and Artificial Intelligen ce Chatbot Responses to Patient Questions Posted to a Public Social Me dia Forum. JAMA Internal Medicine, 183 (6), S. 589-596. https://doi. org/10.1001/jamainternmed. 2023. 1838.

10 Meckel, M., Kienbaum, F., Steinacker, L., und Fastenroth, L. (2023): Erse tzt KI den Chef? Deutsche Fuhrungskrafte sagen gern, dass sie mehr kun stliche Intelligenz im Unternehmen nutzen wollen. In der Praxis werden Chefs und Chefinnen jedoch oft zu Bremsern. Was fur ein Umdenken not ig ist. Harvard Business Manager, April, S. 50-55.

11 https://twitter.com/mmitchell_ai/status/1648029417497853953?s=20.

12 https://arxiv.org/pdf/2206.04615.pdf.

13 Zitiert nach https://www.quantamagazine.org/the-unpredictable-abilitiesemerging-from-large-ai-models-20230316/.

14 Browning, J., und LeCun, Y. (2022): AI and the Limits of Language. No ema, 22. August. https://www.noemamag.com/ai-and-the-limits-of-language/.

15 https://scale.com/blog/text-universal-interface.

16 https://www.nzz.ch/feuilleton/maschine-und-mensch-ein-algorithmus-revolutioniert-die-literatur-ld.1506743.

17 https://www.businessinsider.com/list-here-are-the-exams-chatgpt-has-passed-so-far-2023-1#sommelier-examinations-8.

18 Bubeck, S., u. a. (2022): Sparks of Artificial General Intelligence: Early ex periments with GPT-4. https://arxiv.org/pdf/2303.12712.pdf, S. 92.

19 https://openai.com/blog/planning-for-agi-and-beyond.

20 Levy, S. (2023): What OpenAI Really Wants. Wired, 5. September. https:// www.wired.com/story/what-openai-really-wants/?mc_cid=120667e0f5& mc_eid=736e14d8e3.

21 Zitiert nach ebd.

주                                                            455

22 Hao, K. (2023): Inside the Chaos at OpenAI. The Atlantic, 20. Novem ber, https://www.theatlantic.com/technology/archive/2023/11/sam-altmanopen-ai-chatgpt-chaos/676050/.

23 https://x.com/katecrawford/status/1638524013432516610?s=20.

24 https://garymarcus.substack.com/p/the-sparks-of-agi-or-the-end-of-science.

25 https://www.theguardian.com/environment/2022/sep/18/talking-to-whaleswith-artificial-enterprise-it-may-soon-be-possible.

26 Wittgenstein, L. (1984): Tractatus logico-philosophicus. Tagebucher 1914-1916. Philosophische Untersuchungen. Werkausgabe, Bd. I. Frankf urt/Main: Suhrkamp, S. 568.

27 https://freakonomics.com/podcast/new-technologies-always-scare-us-is-a-i-any-different/.

28 Zitiert nach Legg, S., und Hutter, M. (2006): A Collection of Definitio ns of Intelligence. https://www.vetta.org/documents/A-Collection-of-Definitionsof-Intelligence.pdf.

29 Neubauer, A., und Stern, E. (2007): Lernen macht intelligent: Warum Beg abung gefordert werden muss. Munchen: DVA.

30 Sternberg, R. J., u. a. (2001): The relationship between academic and pra ctical intelligence: a case study in Kenya. Intelligence, (29) 5, S. 401-418.

31 Gardner, H. (2006): Multiple intelligences: New horizons. New York: Bas ic Books.

32 https://www.youtube.com/watch?v=KpWNCQnHg20.

33 Zitiert nach Knight, W. (2023): Some Glimpse AGI in ChatGPT. Others Call It a Mirage. Wired, 19. April. https://www.wired.com/story/chatgpt-agi-intelligence/.

34 Zitiert nach ebd.

## 11 의식에 관한 궁금증: 인간은 스스로를 어떻게 증명해야 할까?

1 Zitiert nach https://www.aidataanalytics.network/data-science-ai/news-trends/full-transcript-google-engineer-talks-to-sentient-artificial-

intelligence-2.

2 Chalmers, D. (1996): Facing Up to the Problem of Consciousness. Journal of Consciousness Studies, (2) 3, S. 200-219.

3 Kaku, M. (2014): Die Physik des Bewusstseins. Uber die Zukunft des Geist es. Reinbek bei Hamburg: Rowohlt, S. 68 ff.

4 Nagel, T. (2016): What Is It Like to Be a Bat? Wie ist es, eine Fledermaus zu sein? Englisch/Deutsch. Ditzingen: Reclam, S. 15-17.

5 Chalmers, D. (1996): Facing Up to the Problem of Consciousness. Journal of Consciousness Studies, (2) 3, S. 201.

6 Wilson, E. O. (2014): On Free Will. And how the brain is like a colony of ants. Harper's Magazine, September, S. 52.

7 Von Neumann, J. (1958): The Computer and the Brain. New Haven: Yale University Press.

8 Meckel, M. (2018): Mein Kopf gehort mir. Eine Reise durch die schone neue Welt des Brainhacking. Munchen: Piper.

9 O'Gieblyn, M. (2021): God, Human, Animal, Machine. Technology, Meta phor, and the Search for Meaning. New York: Doubleday.

10 Dennett, D. (2016): Illusionism as the obvious default theory of consciou sness. Journal of Consciousness Studies, (23) 11-12, S. 65-72.

11 Searle, J. R. (1990): Is the Brain's Mind a Computer Program? Scientific American, 1, S. 26-31.

12 Somers, J. (2023): How Will A. I. Learn Next. The New Yorker, 5. Ok tober, https://www.newyorker.com/science/annals-of-artificial-intelligence/howwill-ai-learn-next.

13 Ebd.

14 Butlin, P., u. a. (2023): Consciousness in Artificial Intelligence: Insights from the Science of Consciousness. https://arxiv.org/pdf/2308.08708.pdf.

15 Schneider, S. (2020): How to Catch an AI Zombie: Testing for Consciousn ess in Machines. In: Liao, S. M. (ed.): Ethics of Artificial Intelligence. Oxf ord: Oxford University Press, S. 439-458.

16 Tegmark, M. (2017): Life 3. 0. Being Human in the Age of Artificial Intelli

gence. New York: Alfred A. Knopf, S. 315.

17  Damasio, A., und Damasio, H. (2023): Feelings are the Source of Conscio usness. Neural Computation, 35 (3), S. 277-286. https://doi.org/10.1162/ neco_a_01521.

18  Ebd., S. 278.

19  Tech Tonic Podcast (2023). https://pca.st/episode/a6323263-0680-4d4f-ab1e-042ad6a69b91?t=840.0.

## 12  AI 규제에 대한 접근방식: 무엇을 기준으로 해야 할까?

1  Satariano, A., und Kang, C. (2023): How nations are losing a global race to tackle A. I.'s harms. https://www.nytimes.com/2023/12/06/technolo gy/ai-regulation-policies.html.

2  Electronic Frontier Foundation, Section 230. https://www.eff.org/de/issu es/cda230.

3  Schneier, B., und Sanders, N. (2023): The A. I. wars have three factio ns, and they all crave power. New York Times. https://www.nytimes. com/2023/09/28/opinion/ai-safety-ethics-effective.html.

4  Deutscher Bundestag (24. Mai 2023): Anhörung zum Thema 《Generative Künstliche Intelligenz》. https://www.bundestag.de/ausschuesse/a23_digi tales/Anhoerungen/946512-946512.

5  Hacker, P., Engel, A., und Mauer, M. (2023, Juni): Regulating ChatGPT and other large generative AI models. Proceedings of the 2023 ACM Conf erence on Fairness, Accountability, and Transparency, S. 1112-1123.

6  Hacker, P. (2024): AI Regulation in Europe: From the AI Act to Futu re Regulatory Challenges. In: Oxford Handbook of Algorithmic Gover nance and the Law. Oxford University Press. Arxiv: https://arxiv.org/ pdf/2310.04072.pdf, S. 10.

7  Rinke, A. (2023): Germany, France, and Italy reach agreement on future AI regulation. Reuters. https://www.reuters.com/technology/germany-franceitaly-reach-agreement-future-ai-regulation-2023-11-18/.

8  Hacker, P. (2023): What's missing from the EU AI Act. https://verfassung

sblog.de/whats-missing-from-the-eu-ai-act/.

9   European Commission (2023): https://ec.europa.eu/commission/pressco
    rner/detail/en/STATEMENT_23_6474.

10  Espinoza, J., und Abboud, L. (2023): EU's new AI Act risks hampe
    ring innovation, warns Emmanuel Macron. https://www.ft.com/
    content/9339d104-7b0c-42b8-9316-72226dd4e4c0.

11  Bertuzzi, L. (2003): AI Act's post-agreement commentary. https://
    www.euractiv.com/section/digital/podcast/ai-acts-post-agreement-
    commentary/.

12  Feiner, L. (2023): Biden plans to work with world leaders to ensu
    re AI's use as a tool of 〈opportunity〉. CNBC. https://www.cnbc.
    com/2023/09/19/biden-towork-with-world-leaders-to-ensure-ais-use-
    for-opportunity.html.

13  The White House (2023): Fact Sheet: Biden-Harris Administration Secu
    res Voluntary commitments from leading Artificial Intelligence comp
    anies to manage the risks posed by AI. https://www.whitehouse.gov/
    briefing-room/statements-releases/2023/07/21/fact-sheet-biden-harris-
    administration-secures-voluntary-commitments-from-leading-artificial-
    intelligencecompanies-to-manage-the-risks-posed-by-ai/.

14  Bommasani, R., u. a. (2023): The Foundation Model Transparency Ind
    ex. Stanford Institute for Human-Centered Artificial Intelligence. https://
    crfm.stanford.edu/fmti/fmti.pdf.

15  The White House (2023): Executive Order on the Safe, Secure, and Trust
    worthy Development and Use of Artificial Intelligence. https://www.whi
    tehouse.gov/briefing-room/presidential-actions/2023/10/30/executive-
    order-on-the-safe-secure-and-trustworthy-development-and-use-of-
    artificialintelligence/.

16  AI Policy Institute (2023): Vast Majority of US voters of All Political Affili
    ations Support President Biden's Executive Order on AI. https://theaipi.
    org/poll-biden-ai-executive-order-10-30/.

17  New America Foundation (2018): Translation of A Next Generation Artif
    icial Intelligence Development Plan. https://d1y8sb8igg2f8e.cloudfront.

net/documents/translation-fulltext-8.1.17.pdf.

18  China Law Translate (2022): Provisions on the Management of Algorith mic Recommendations in Internet Information Services, Article 24. htt ps://www.chinalawtranslate.com/en/algorithms/.

19  China Law Translate (2022): Provisions on the Management of Algorithm ic Recommendations in Internet Information Services, Article 6. https:// www.chinalawtranslate.com/en/algorithms/.

20  China Law Translate (2022): Provisions on the Administration of Deep Sy nthesis Internet Information Services, Articles 4 & 6. https://www.chinal awtranslate.com/en/deep-synthesis/.

21  China Law Translate (2023): Measures on the Administration of Generati ve Artificial Intelligence Services (Draft for Solicitation of Comments). ht tps://www.chinalawtranslate.com/en/gen-ai-draft/.

22  https://www.bloomberg.com/news/newsletters/2023-09-01/china-ai- chatbot-review-baidu-ernie-bot-sensechat-and-more.

23  Huang, Z. (2023): What I Found in Putting China's First Chatbots to the Test. Bloomberg. https://www.bloomberg.com/news/newslette rs/2023-09-01/china-ai-chatbot-review-baidu-ernie-bot-sensechat- and-more.

24  UK Prime Minister's Office (2023): Speech on Artificial Intelligence. htt ps://www.gov.uk/government/speeches/prime-ministers-speech-on-ai- 26-october-2023.

25  Dim, S. (2023): Belt and road forum: China launches AI framework, ur ging equal rights and opportunities for all nations. https://www.scmp. com/news/china/diplomacy/article/3238360/belt-and-road-forum- china-launches-aiframework-urging-equal-rights-and-opportunities- all-nations.

26  Ho, L., u. a. (2023): International Institutions for Advanced AI. arXiv prep rint arXi v:2307.04699.

27  Bengio, Y., und Privitera, D. (2023): How we can have AI progress witho ut sacrificing safety or democracy. Time Magazine. https://time.com/col lection/time100-voices/6325786/ai-progress-safety-democracy/.

28  Henshall, W. (2023): How the UN plans to shape the future of AI. Time Magazine. https://time.com/6316503/un-ai-governance-plan-gill/.

29  Trager, R., u. a. (2023): International Governance of Civilian AI: A Jurisdi ctional Certification Approach. arXiv preprint arXiv:2308.15514.

30  Hao, K., und Wong, M. (2023): The White House is preparing for an AI-dominated future. The Atlantic. https://www.theatlantic.com/technolo gy/archive/2023/10/biden-white-house-ai-executive-order/675837/.

31  Ebd., S. 7.

32  Hacker, P., Engel, A., und Mauer, M. (2023, Juni): Regulating ChatGPT and other large generative AI models. Proceedings of the 2023 ACM Conf erence on Fairness, Accountability, and Transparency, S. 1112-1123.

33  Hacker, P. (2023): Sustainable AI Regulation. https://papers.ssrn.com/ sol3/papers.cfm?abstract_id=4467684.

34  European Parliament (2023): Artificial Intelligence Act: deal on compre hensive rules for trustworthy AI. https://www.europarl.europa.eu/news/ en/pressroom/ 20231206IPR15699/artificial-intelligence-act-deal-on-comprehensiverules-for-trustworthy-ai.

35  Anghel, I. (2023): PwC offers advice from bots in deal with ChatGPT firm OpenAI. Bloomberg. https://www.bloomberg.com/news/articl es/2023-10-17/pwc-offers-advice-from-bots-in-deal-with-chatgpt-firm-openai#xj4y7vzkg.

## 13  다음 유니버스로: 두 가지 시나리오, 우리의 선택은?

1  https://www.safe.ai/statement-on-ai-risk.

2  Schwartz, S. I. (1998): Atomic Audit. The Costs and Consequences of U. S. Nuclear Weapons Since 1940. Washington: Brookings Institution Press.

3  Zitiert nach https://www.brookings.edu/the-economic-implications-of-nuclear-weapons/.

4  https://arxiv.org/pdf/2304.05332.pdf.

5  Nach den Erinnerungen des britischen Kriegsberaters R. V. Jones in Bl ake, R., und Louis, W. R. (1993): Churchill and Science. Oxford: Oxford

University Press, S. 438.

6 Scharre, P. (2023): Four Battlegrounds. Power in the Age of Artificial Inte lligence. New York: Norton & Company.

7 https://www.nbcnews.com/tech/innovation/chatgpt-intensified-fears-uschina-ai-arms-race-rcna71804.

8 https://ainowinstitute.org/publication/tracking-the-us-and-china-ai-armsrace.

9 https://www.europarl.europa.eu/RegData/etudes/ATAG/2021/696206/ EPRS_ATA(2021)696206_EN.pdf.

10 Zitiert nach Rhodes, R. (1995): The Making of the Atomic Bomb. New York: Simon & Schuster, S. 294.

11 Shavit, Y. (2023): What does it take to catch a Chinchilla? Verifying Rul es on Large-Scale Neural Network Training via Compute Monitoring. htt ps://arxiv.org/abs/2303.11341.

12 https://www.bloomberg.com/news/newsletters/2023-05-17/openai-s-samaltman-urges-congress-to-regulate-powerful-new-ai-technology.

13 https://ourworldindata.org/nuclear-energy#what-share-of-primary-energycomes-from-nuclear.

14 https://www.mckinsey.com/capabilities/mckinsey-digital/our-insights/ the-economic-potential-of-generative-ai-the-next-productivityfrontier #introduction.

15 https://assets.nationbuilder.com/ican/pages/3785/attachments/orig inal/1686495877/ICAN_Spending_Report_2023_ExecutiveSummary. pdf?1686495877.

16 https://lmsys.org/blog/2023-03-30-vicuna/.

17 https://fortune.com/2023/09/12/sapiens-author-yuval-noah-harari-ai-alienthreat-wipe-out-humanity-elon-musk-steve-wozniak-risk-cogx-festival/.

18 https://effectiveacceleration.tech/.

19 https://a16z.com/the-techno-optimist-manifesto/?utm_source=bensbite s&utm_medium=newsletter&utm_campaign=daily-digest-claude-and-pi.

20 https://www.reuters.com/technology/google-deepmind-co-founder-

callsus-enforce-ai-standards-ft-2023-09-01/.

21 Suleyman, M. (2023): The Coming Wave. AI, Power, And The 21st Centur y's Greatest Dilemma. London: Bodley Head.

22 https://www.technologyreview.com/2023/09/15/1079624/deepmind-inflection-generative-ai-whats-next-mustafa-suleyman/.

23 https://www.youtube.com/watch?v=UIZAiXYceBI

24 Gemini Team, Google (2023): Gemini: A Family of Highly Capable Mult imodal Models. https://storage.googleapis.com/deepmind-media/gemi ni/gemini_1_report.pdf, S. 7.

25 https://www.vice.com/en/article/pkadgm/man-dies-by-suicide-after-talking-with-ai-chatbot-widow-says.

26 https://www.ft.com/content/f05c5bbb-4d05-45b3-a4a7-01f522803015? accessToken=zwAGCE3rBbYgkdPwXFu7TQVFs9OkpwH1IoAwFQ.MEUCI QDzNLZQ0C_IDr-1-NTSZE1mjXBQLPNSJuIRF9jdYxbx9AIgGdBB7z9vKIz aWYKNM7ZoLePgR5w2Pvv2ODJLHzec7NQ&sharetype=gift&token=cb89 2c61-10db-4f29-9896-ca8625449f50.

27 Nietzsche, F. (1883): Also sprach Zarathustra. Bd. 1. Chemnitz: Ernst Sch meitzner, S. 15.

28 https://www.businessinsider.de/leben/chat-gpt-diagnostiziert-krankheitnachdem-17-aerzte-scheiterten/.

29 Degrave, J., u. a. (2022): Magnetic control of tokamak plasmas through deep reinforcement learning. Nature 602, S. 414 – 419. https://www.natu re.com/articles/s41586-021-04301-9.

**사진 출처**

162쪽 @Alex Schwander/Reuters
193쪽 https://www.reddit.com/r/PropagandaPosters
202쪽 MIDJOURNEY/Reddit
233쪽 MIDJOURNEY/ELIOT HIGGINS
239쪽 https://www.vice.com/en/article/anti-homeless-mayoral-candidate-uses-ai-to-create-fake-images-of-blight/
240쪽 Truth Social
256쪽 https://www.nownextlater.ai/Insights/post/tracking-political-bias-from-data-to-models-to-decisions
303쪽 Léa Steinacker